Helmuth Bischoff

Baden-Baden

Die romantische Bäderstadt im Tal der Oos
Kurbetrieb zwischen Casino, Park und Kloster

DUMONT

Kunst-Reiseführer

In der vorderen Umschlagklappe:
Stadtplan von Baden-Baden

In der hinteren Umschlagklappe:
Umgebungskarte von Baden-Baden

Wichtige Sehenswürdigkeiten auf einen Blick

BADEN-BADEN

UMGEBUNG

keine Sterne
sehenswert

☆
Umweg lohnt

☆☆
keinesfalls verpassen

Inhalt

Vorwort

Zur Recherche dieses Buches gehörten über den Zeitraum von drei Jahren wöchentliche Fahrten nach Baden-Baden und mehrere längere Aufenthalte in der ehemaligen Sommerhauptstadt Europas. Nicht nur wegen der Thermen hatten solche Arbeitsbesuche für den Autor oft die Wirkung eines Jungbrunnens. Wie erholsam ist es, beim Eintreffen im Tal der Oos die aufgewühlte Betriebsamkeit unserer Zeit abstreifen zu dürfen und in der Ruhe eines Klosterhofs, auf einer Parkbank der Lichtentaler Allee oder im Salon eines der zeitlos eleganten Luxushotels den Geschichten zuzuhören, die diese kleine große Stadt zu erzählen weiß. Man sieht sie vor sich: die großen Maskenbälle des 19. Jahrhunderts in den prunkvollen Sälen des Casinos; den russischen Grafen mit seiner Schimmel-Troika in der Allee; die Herren Nietzsche und Twain als scharfzüngige Beobachter der Badegesellschaft; die Pianistin und Komponistin Clara Schumann am Konzertflügel; die Kaiser und Könige mit ihrem Hofstaat im Fürstenempfangssaal des alten Stadtbahnhofs; die Jesuiten, die oben am Marktplatz den Mädchen und Buben einst das Lesen und Schreiben beibrachten.

Hier, wo die Palmen im Freien überwintern, wo Sommerabende italienisch werden, Frankreich auf jeder Speisekarte seine Nähe deutlich macht und Winterstimmungen in den Parks an russische Märchen erinnern, hier kommt man zu sich. Wie angenehm ist es, in Baden-Baden Müßiggang zu üben, Zeit vergehen zu lassen, um vor ganz verschiedenen Kulissen von der Phantasie sanft in andere Welten getragen zu werden. Wenn das Buch dem Leser ein bißchen dabei hilft, diese Stimmungen und den Zauber von Baden-Baden aufzunehmen, dann ist viel getan.

Matthäus Merian, Ansicht von Baden-Baden, Kupferstich aus der ›Topographia Sueviae‹, 1643 ▷

Stadt und Geschichte

A
D

Die Kunst der Kulisse

Geschichte hinter der Fassade

Stadtansichten

Der 1643 von Matthäus Merian (1593–1650) gefertigte Kupferstich aus der ›Topographia Sueviae‹ zeigt Baden-Baden vor der Zerstörung durch den großen Stadtbrand 1689. Einige Details entsprechen nicht der Realität. Das Schloß ist überproportional groß angelegt, die Wohnbebauung um die Stiftskirche herum war anders, und der Graben entlang der Stadtmauer ist nicht erkennbar. Größe und Anlage der Stadt sind dagegen auf der ersten repräsentativen Stadtansicht sehr ausgewogen dargestellt. Die mächtige Stützmauer des Schloßgartens sieht man heute noch, die Oos hieß noch lange Oelbach, und an die Stelle der beiden Betrachter links im Vordergrund baute Weinbrenner später das heutige Kurhaus. Mit dem ›Salmen‹, dem ›Ungemach‹ oder dem ›Baldreich‹ verzeichnete Merian auch die ersten bedeutsamen Badeherbergen und späteren Hotels. Neben der Spitalkirche (außerhalb der Stadtmauern) ist bereits das heute im Chor der Stiftskirche befindliche Kruzifix des Niclaus Gerhaert von Leyden erkennbar. Martin Zeiller, Merians Schreiber, notierte 1632: »Baden ist die Hauptstatt deß Markgraffthumbs Baden, in der Ortenaw gelegen: Ein kleines, aber an Wein, Korn und Hanff sehr fruchtbares Ländlein … der kessel daerauß das Wasser in großer Menge quillet unnd Schwefel, Saltz und Allaun führet, ist siedenheiß.« Dem Wasser spricht er »starcke Würckung bei Zittern der Glieder und Gelenke« zu und daß es »gesundt für alle seye, die von Leibwehe, Grimmen und Darmgicht geplagtet worden.«

Baden-Baden, die kleine Stadt mit dem großen Namen, zeigt sich den Gästen gegenüber tolerant. Das war vor langer Zeit schon so, als hier die vornehme Welt Europas Sommer für Sommer ihre Spiele trieb, erlaubte und unerlaubte. Und das gilt auch noch heute. Die Stadt ist denen nicht böse, die nur zu gesellschaftlichen Großereignissen oder zum Besuch des schönsten Spielcasinos der Welt kommen. Sie freut sich verständlicherweise aber mehr über nähere Bekanntschaften und Gäste, die Zeit und Muße mitbringen.

Die Stadt ist klein und gleichzeitig groß. Klein, das merkt man auf dem schönen Stadtfriedhof oder mit einem Blick auf die Bevölkerungszahl (1995 mit eingemeindeten Stadtteilen etwas mehr als 50 000 Einwohner) wie bei der Betrachtung verschiedener lokaler Familiendynastien. Noch um 1940 ist der Bruder des Apothekers Rössler Besitzer des ›Holland Hotels‹, ein weiterer Bruder ist Besitzer des Schlosses Neuweier, seine Ehefrau entstammt der Familie der berühmten ›Maison Messmer‹, der Neffe Reinhold Schneider – ein namhafter Literat – ist ebenfalls in der Kaiserherberge ›Messmer‹ aufgewachsen. Ähnlich enge Geflechte lassen sich noch heute darstellen. Groß ist Baden-Baden durch sein grenzüberschreitendes Ansehen.

Linke Seite:
Blick auf die Altstadt mit der Stiftskirche

Das Städtchen an der Oos drängt sich niemandem auf. So wären wir auch schon bei einem ersten Charaktermerkmal: Baden-Baden gibt sich nicht machtbewußt und streng, sondern tolerant. Die Stadt gebietet nicht, sie bietet an. Sonderlinge bleiben nicht ausgeschlossen, sie gehören dazu und bereichern das Kolorit. Als alle Welt zu Beginn des 19. Jahrhunderts die Standesunterschiede noch durch strenge Kleiderordnungen betonte, spazierte und tanzte das internationale Kurpublikum über Standesgrenzen hinweg, ohne deshalb die Maßstäbe für ein gehobenes Stilempfinden aufzugeben. Die Demimonde war akzeptiert, wenn sie sich nur entsprechend zu bewegen wußte. Argwohn hegte die Stadt sehr lange Zeit – und das war gut für sie – gegenüber dem Massenpublikum. In Baden-Baden ist mit dem 19. Jahrhundert ein ausgeprägtes Stilempfinden heimisch geworden, und daraus leiten sich Erwartungen ab. So ist es auch kein elitärer Dünkel, dem Besucher ein bestimmtes Maß an Einfühlsamkeit für die äußere Form nahezulegen.

Das Stadtbild von Baden-Baden zeigt keine machtinszenierende Monumentalität: keine überdimensionierten Plätze zur Huldigung eines Herrschers, keine ehrfurchtgebietenden großen Kathedralen. Den eisernen Kanzler Bismarck hat man auf seinem hohen Sockel diskret in eine Ecke am Rathaus gestellt. Baden-Baden, das ist die Freude am Kleinen, am Detail sowie am zurückgezogenen und zeitlosen Luxus: Kunstvoll gearbeitete Brücken und Brunnen sind die Wahrzeichen; unverwechselbar die romantischen Lichtquellen der mehr als tausend Laternen und die von Richard Riemerschmid entworfenen Stühle, die den Namen der Stadt tragen; einladend die Pavillons als kleine weiße Ruheinseln und Orte der Kontemplation im großen Stadtpark, der Lichtentaler Allee. Eine Atmosphäre der Vertrautheit und Diskretion zeichnet Luxushotels in gleichem Maße aus wie Klöster. Es gibt in Baden-Baden ein Theater, aber kein großes Konzert- und Festspielhaus. Daß die ganz große Bühne fehlt – so hält sich eine Legende wider die Fakten –, soll Richard Wagner ehemals veranlaßt haben, sich zur Etablierung seiner Festspiele gegen Baden-Baden und für Bayreuth entschieden zu haben. Richtig ist allerdings, daß in Ermangelung eines geeigneten Vortragsorts das große Orchester des in Baden-Baden ansässigen Südwestfunks 1996 nach Freiburg umzieht. So bleibt es bei der Salonkultur mit Haus- und Gartenkonzerten, Kamingesprächen und Bridgeabenden, zumindest bis das neue Festspielhaus 1998 seine Pforten öffnet.

Was Kaiser, Könige und gut betuchte Edelleute einst in die Kurstadt zog? Es war der Hof von Baden, der sich zu Beginn des 19. Jahrhunderts durch die geschickte Erbprinzessin und spätere Markgräfin Amalie mit ›halb Europa‹ zu verheiraten wußte. So kamen russische Zaren, schwedische Könige und französische Kaiser als Schwiegersöhne oder Adoptivväter mit dem Haus und der Stadt Baden in engere Verbindung. Die geographische Nähe zu Frankreich und das Roulette taten das Ihre dazu. In Frankreich nach der Julirevolution von 1830 als unmoralisch verboten, drehte die kleine weiße Kugel in Baden-Baden zum Vergnügen des französischen Adels unter den Spielbankpächtern Bénazet um so munterer ihre Runden. Der Sommer sollte Paris von da an aussterben und Baden-Baden zur *Capitale d'été de l'Europe,* der Sommerhauptstadt Europas werden lassen.

Natürlich gab auch die Natur ihren Segen zum Aufstieg des kleinen Orts am Fuß des Schwarzwalds: Die heißen Quellen wußten schon den Römern Gutes zu tun, bescherten Baden-Baden 1507 eine erste Art Kurtaxe, machten 1878 den weltberühmten Zweifler Friedrich Nietzsche an ihre Heilkraft glauben und geben auch heute noch so manchem Kranken Hoffnung auf Genesung. Das Wasser ist es aber nicht allein, was die Natur uns hier zu schenken weiß. Auch das Wechselspiel von Tälern, Auen, sanften Hügeln, Bergen, Seen, Wäldern, Schlössern und Burgruinen gehört zur Ausstattung von Baden-Baden und Umgebung. Markante Höhenzüge grenzen die Nord- und Südseite des Tals von Baden-Baden ein. Im Norden, auf der Altstadtseite, erhebt sich der Hardberg (374 m), der Battert (568 m) mit der Schloßruine Hohenbaden, der Merkur (auch Großer Staufenberg, 668 m) und der Kleine Staufenberg. Die Altstadt selbst liegt mit dem Neuen Schloß und der Oberstadt auf dem Schloßberg, einem Ausläufer des Battert. Im Süden haben wir den Fremersberg (524 m), den Iberst (586 m) und den Steinberg (652 m). So darf sich Baden-Baden rühmen, den größten Stadtwald in Deutschland zu besitzen. Nie wären die Romantiker gekommen, hätten sie hier nicht die Bilder gefunden, die sie suchten: das Kloster Lichtenthal, die Ruinen vom Alten Schloß Hohenbaden und der Yburg, den Geroldsauer Wasserfall, die Schlösser von Rastatt und Favorite. Das Angebot an ausgedehnten Waldspaziergängen und Kunstwanderungen in die nähere und weitere Umgebung ist beachtlich.

Souvenirblatt ›Rose von Baden-Baden‹, durchbrochenes Faltblatt mit 12 Lithographien, um 1850

Daten zur Geschichte

Aquae – Das Bad der Römer

Um 80 n. Chr.	Die Römer errichten feste Bauten im heutigen Stadtbezirk von Baden-Baden.
Um 200	Erste Blüte der Stadtgemeinde ›Aquae‹, später Hauptort des Verwaltungsbezirks ›Civitas Aurelia Aquensis‹.
259/60	Alemannen beenden die römische Herrschaft.

Von der Spätantike zur ersten markgräflichen Residenz

Um 500	Fränkische Eroberungen
Um 700	Anlage einer Königspfalz in der Stadt
987	Erste Stadtkirche beurkundet
1046	Bis zur Kirchenreform im 19. Jahrhundert bildet der Oosbach die Grenze der Diözesen Speyer und Straßburg.
1112	Hermann II., der Erbauer von Schloß Hohenbaden (Altes Schloß), begründet als ›marchio de Baduon‹ die Zähringerherrschaft und damit die Markgrafschaft Baden.
1120	Freiburg wird als Marktort gegründet.
1245	Markgräfin Irmengard stiftet das Kloster Lichtenthal.
Um 1250	Markgraf Rudolf I. baut das Schloß Hohenbaden aus.

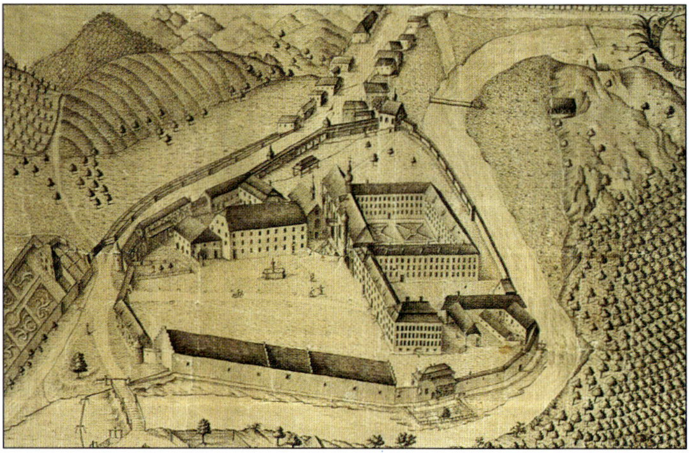

Balthasar Schmid, Kloster Lichtenthal, Federzeichnung, 1775

Kuren, Kriege und Klöster

1349	Die Thermalquellen werden zur Abwehr der Pest geöffnet.
1393–1431	Markgraf Bernhard I. von Baden baut das Schloß Hohenbaden weiter aus.
Um 1420	Gründung des Klosters Fremersberg
Um 1431	Ausbau von Schloß Hohenbaden und des Neuen Schlosses durch Markgraf Jakob I.
1453	Die Pfarrkirche wird in eine Stiftskirche (Kollegiatstift) umgewandelt und zur Grablege der Markgrafen.
1467	Kruzifix des Niclaus Gerhaert von Leyden auf dem Friedhof
1473	Kaiser Friedrich III. kommt zur Badekur und zum Fürstentag nach Baden; Anzeichen für eine zweite Blüte von Baden-Baden.
1479	Markgraf Christoph I. verlegt seine Residenz ins Neue Schloß.
1535	Teilung Badens in die Markgrafschaften Baden-Baden und Baden-Durlach
Ab 1556	Reformation in der Kurpfalz und der Markgrafschaft Baden
1574	Ausbau des Neuen Schlosses durch Baumeister Caspar Weinhart und den Maler Tobias Stimmer
1580	Im Zuge der Gegenreformation kommen Jesuiten und andere Orden an den Oberrhein; es folgen Klosterneugründungen: Kapuzinerkloster (1631), Frauenkloster vom Heiligen Grab (1687).
1689	Im Orléansschen Krieg wird Baden-Baden fast vollständig niedergebrannt und zerstört.

Aufstieg zwischen den Fronten

1706	Markgraf Ludwig Wilhelm verlegt die Residenz nach Rastatt; Baden-Baden ist nach dem Stadtbrand nahezu bedeutungslos; Rastatt und Karlsruhe werden Residenzstädte.
1748	Erste Urkunde über konzessioniertes Glücksspiel in Baden
1771	Vereinigung der Markgrafschaften von Baden-Baden und Baden-Durlach
1797–99	Der Kongreß zu Rastatt ›entdeckt‹ Baden-Baden als Kurort; Beginn einer dritten Blütezeit.
1806	Baden wird Großherzogtum.
1807	Cotta läßt durch Weinbrenner das ehemalige Kapuzinerkloster zum ersten Luxushotel in Europa umbauen: ›Hotel Badischer Hof‹.

1811	Karl, verheiratet mit Stephanie de Beauharnais, wird Großherzog.
1812	Geburt des ersten Sohnes (Kaspar-Hauser-Legende)

Roulette und Romantik machen ein Weltbad

1815	Die Stadttore werden niedergelegt: zuerst das Ooser Tor; 1821/22 folgen Gernsbacher- und Beuerner Tor; 1834 das Obertor.
1818	Badische Verfassung
1824	Weinbrenner prägt mit seinem klassizistischen Baustil das Stadtbild von Baden-Baden: Neues Konversationshaus (Kurhaus)
1831/32	Durch die Auffüllung des Stadtgrabens entsteht die Grundlage für die heutige Sophienstraße.
1838	Der Bau einer Staatseisenbahn Mannheim–Basel wird beschlossen; Jean Jacques Bénazet ist Pächter der Spielbank; Höhepunkt der dritten Blütezeit.
1846	Beim Bau des neuen Dampfbads werden die römischen Kaiser- und Soldatenbäder freigelegt.
10. 5. 1849	Einmarsch der Bundestruppen unter Prinz Wilhelm von Preußen in Baden-Baden
27. 7. 1849	Kapitulation der Republikaner in der Garnison Rastatt
1854	Gründung des Kurorchesters
1858	Erste Internationale Rennen in Iffezheim
1861	Analyse der Thermen durch Bunsen
1862	Liberale Reformen; Judenemanzipation; Eröffnung des Neuen Theaters.

Szene vor dem Konversationshaus, Charles Heath nach Tony Johannot, farbiger Stahlstich, um 1840

1863	Gründung eines Kunstvereins auf Anregung Großherzog Friedrichs I.; Dostojewskij weilt zum ersten Mal in Baden-Baden; die Künstlerinnen Pauline Viardot-Garcia und Clara Schumann lassen sich in Baden-Baden nieder.
1864	Johannes Brahms' erster Aufenthalt in Baden-Baden
1865	Victor Hugo und Richard Wagner besuchen Baden-Baden.
1867	Der Norddeutsche Bund ordnet die Schließung aller Spielbanken im Bundesgebiet ab 1870 an; Baden-Baden erhält eine Fristverlängerung bis 1872.
1869	Baubeginn des Friedrichsbads
1871	Nach Ende des Deutsch-Französischen Kriegs kommt es in Versailles zur Kaiserproklamation durch Großherzog Friedrich I.
1872	Aufhebung der Spielbank; Gründung des Internationalen Clubs.
1875	Nietzsche hält sich zur Kur in Baden-Baden auf.
1880	Tonkünstlerfest in Baden-Baden; Bau der Russischen Kirche.
1881	Gründung des ersten Tennisclubs Deutschlands in Baden-Baden
1887	Letzter Kuraufenthalt Kaiser Wilhelms I. in Baden-Baden
1898	Die Israelitische Gemeinde baut eine Synagoge.
1909	Max Laeuger entwirft und gestaltet die Gönneranlage.
1913	Eröffnung der Merkurbahn

Zwei große Kriege

3. 10. 1918	Prinz Max von Baden wird deutscher Reichskanzler.
10. 11. 1918	Großherzog Friedrich II. dankt ab; seither ist der Titel wieder ›Markgraf von Baden‹.
1931	Der Stadtname ›Baden-Baden‹ löst erst jetzt offiziell den Namen ›Baden‹ ab.
1933	Die ›Machtergreifung‹ der Nationalsozialisten in Baden-Baden; Wiedereinführung der Spielbank.
30. 1. 1934	Auflösung des Landtags
9./10. 11. 1938	›Reichskristallnacht‹; die Synagoge wird niedergebrannt.
22./23. 10. 1940	Deportation der jüdischen Bürger nach Gurs
1943	Schließung der Spielbank

Ansicht von Baden-Baden, kolorierte Fotografie, um 1890

Schauplatz oder Platz zum Schauen

1945	Nach Kriegsende wird die Stadt zum Sitz der französischen Militärverwaltung in Deutschland.
1946	Gründung des Südwestfunks in Baden-Baden
1950	Wiedereröffnung der Spielbank und erste Nachkriegssaison des Kurorts
9. 12. 1951	In einer Volksabstimmung wird über die Zusammenfassung von Baden und Württemberg zum Südweststaat Baden-Württemberg abgestimmt.
1962	Das Augustabad wird abgebrochen und dafür das neue Kurmittelhaus (später Caracalla-Therme) errichtet; Neuordnung des Bäderviertels.
1989	Eröffnung des Michaelstunnels
1994	Öffentlich finanzierte Bäder- und Kurverwaltung wird privatisiert; ›Baden-Baden Marketing GmbH‹ koordiniert die neuen Einzelgesellschaften.
1995	Das Inventar des Neuen Schlosses wird versteigert; der Verkauf des Schlosses ist vorgesehen.

Aus der Stadtgeschichte

Vor der Zeitenwende

Seit etwa 10 000 Jahren gibt es Menschen, die im Tal der Oos seßhaft werden. Steingeräte, Werkzeuge, Schmuckstücke und Urnenfelder gehören zu den Funden, die auf eine derart lange Siedlungsgeschichte hinweisen. Das heutige Kernstadtgebiet von Baden-Baden scheint vor der Zeitenwende allerdings nicht oder nur sporadisch besiedelt gewesen zu sein. Das sind die Erkenntnisse eines Forschungsprojekts des Landesdenkmalamts Baden-Württemberg aus den Jahren 1991 bis 1993, bei dem 230 archäologische Fundstellen im Bereich der Kurstadt untersucht und klassifiziert wurden. Die frühesten Hinweise der Siedlungsgeschichte stammen dem Bericht zufolge aus der Mittelsteinzeit (9. bis 5. Jahrtausend v. Chr.). Sie weisen die ›Sandtone‹ der Niederterrasse westlich der Stadtteile Oos und Haueneberstein sowie die Vorbergzone als erste Wohnorte aus. In der Jungsteinzeit (5. Jahrtausend bis ca. 1800 v. Chr.) wurden diese Plätze erneut besiedelt und ausgeweitet auf das Oostal bis Oberbeuern und Geroldsau. Zur Bronzezeit (ca. 1800 bis ca. 850 v. Chr.) erlauben die spärlichen Einzelfunde keine weitergehenden Aussagen, während ein im Stadtteil Oos aufgefundener Bestattungsplatz aus der Übergangszeit von der Bronze- zur Eisenzeit wiederum Einblicke in die vorzeitliche Siedlungsgeschichte gewährt. Die Eisenzeit (ca. 850 bis 1. Jahrhundert v. Chr.) bleibt in bezug auf den näheren Stadtbereich vor den Augen der Archäologen ein weißer Fleck, wenn auch viele Geschichts- und Heimatkundebücher daran festhalten, daß die Reste des Ringwalls auf dem nördlich der Stadt gelegenen Battert als eine keltische Ansiedlung aus der La-Tène-Zeit (ca. 450 bis 50 v. Chr.) anzusehen sei. Eine solche Datierung konnte bisher aber nicht mit entsprechenden Funden bestätigt werden, und durch den Vergleich mit ähnlichen Wallanlagen ist eine eher frühmittelalterliche Entstehung des beliebten Ausflugsziels nicht auszuschließen. Bleibt zu hoffen, daß die Literatur wenigstens mit dem schönen Beispiel der Namensnennung ›Oos‹ richtig liegt. Denn es sollen die Kelten gewesen sein, die den kleinen Fluß ›Ausava‹ nannten, was soviel wie ›leuchtendes Wasser‹ bedeutet und heute bei schönem Wetter in gewandelter Form als ›Oos‹ in tausend Farben strahlt und funkelt.

Aquae – Das Bad der Römer

Eine deutlich größere Zahl an Spuren als ihre Vorgänger hinterlassen die Römer, die sich unter Caesar am linken Rheinufer festgesetzt haben, aber erst im Lauf des 1. Jahrhunderts das rechtsrheinische Obergermanien besetzen können. Ihnen wird die Begründung des

Ehemaliges Museum Palaeotechnicum, de Lemercier, Lithographie, um 1840

heutigen Stadtgebiets zugeschrieben. Die Ausdehnung der römischen Siedlung *Aquae* (1. bis 3. Jahrhundert n. Chr.) entspricht in etwa dem heutigen Kernstadtgebiet. Mehrere römische Gutshöfe sowie die Anlage von Straßen lassen sich in unmittelbarer Nachbarschaft nachweisen. Schon in der Zeit des Humanismus werden die Bewunderer der Antike auf die im Stadtgebiet geborgenen römischen Inschriften aufmerksam. Systematische Forschungen und Grabungen schließen sich dann aber erst im 19. Jahrhundert an. Im nachhinein muß unverständlich bleiben, aus welchem Grund ein 1803/04 von Friedrich Weinbrenner am Marktplatz errichtetes ›Museum Palaeotechnicum‹ zugunsten eines Dampfbads 1846 wieder abgerissen wurde. Die klassizistische Säulenhalle hatte viele römische Denkmäler aufbewahrt, die bald nach dem Abriß der Halle in die Großherzogliche Sammlung von Karlsruhe kamen. Ironie der Geschichte: beim Neubau des Dampfbads werden die großen Römerbäder entdeckt und viele historische Schätze geborgen. Weitere Grabungen fördern nicht nur römische Keramik, Bauinschriften, Brunnen, Altarblöcke, Weihesteine und Statuen zutage. Durch die Entdeckung von Soldaten- und Kaiserbädern, Wohn- und Verwaltungsgebieten, Kult- und Kastellbezirken, Gräbern, Gutshöfen und Römerstraßen kann im Laufe der Zeit fast das gesamte Stadtbild des römischen *Aquae* rekonstruiert werden.

Zunächst entsteht um das Jahr 75 n. Chr. auf dem Rettighügel ein militärischer Stützpunkt aus Holzbauten. Am Südhang des Florentinerbergs, zwischen dem Marktplatz und der Steinstraße, werden die Kaiserbäder und die Soldatenbäder errichtet. Der Umfang und die aufwendige Ausstattung der Bäder läßt sich insbesondere bei den Kaiserbädern durch entsprechende Funde von Marmorverkleidungen und Inschriften nachvollziehen, wenn auch nur Teile freigelegt werden konnten, da sie von jüngeren Bauwerken wie der Stiftskirche überbaut sind. *Aquae* ist wohl als regelrechtes Kur- und Heilbad der in *Argentorate* (Straßburg) stationierten 8. Legion anzusehen. Ein steinerner Fund von 1804, bis dahin im Glockenturm der Stiftskirche eingemauert, gibt folgende Inschrift zu erkennen: »M[arco] Aurelio/Antonino/Caes[ari] Imp[eratori] de/stinato Imp[eratoris]/ L[ucii] Septimi[i] Se/veri Pertin/acis aug[usti] fili/o res p[ublica] Aqu[ensis] (Dem Prinzen Marcus Aurelius Antoninus, dem Sohn des regierenden Kaisers Lucius Septimius Severus Pertinax von der Bezirksgemeinde von Baden).

›Caracallastein‹, Stadtmuseum Baden-Baden

Die Inschrift datiert aus dem Jahr 197 n. Chr. und ehrt den damals zehnjährigen Prinzen, der als späterer Kaiser Caracalla recht unrühmlich von sich reden macht. Sein Name ziert oder verunziert, je nach Anschauung, den 1983–85 vorgenommenen Erweiterungsbau des Neuen Augustabads zur heutigen Caracalla-Therme. Und in dieser Namensgebung liegt ein Streit begründet. Zum einen ist nicht zweifelsfrei geklärt, ob Kaiser Caracalla je in Baden-Baden weilte, zum anderen merken kritische Geister der Stadt an, daß Wohlklang nicht das alleinige Kriterium einer Namensgebung sein darf. Hat man damit nicht einem Menschenverächter eine unverdiente späte Ehre erwiesen? Die Historikerin Emilie Ruf nennt den römischen Kaiser »eines der größten Scheusale der Geschichte« und führt aus, daß er nicht nur Frau und Bruder töten ließ, sondern auch 20 000 Anhängern seines Bruders einen grausamen Tod bescherte.

In der Zeit zwischen 99 und 197 n. Chr. steigt *Aquae* zum Hauptort *Aquae Aureliae* der *Civitas Aurelia Aquensis* auf, es ist der Übergang des militärisch verwalteten Badeorts zu einem unter ziviler Verwaltung stehenden Gebietszentrum. Daraus folgten sowohl die Entwicklung städtisch geprägter Strukturen mit einer Zunahme der Bevölkerung, Einrichtungen wie Verwaltungsforum, Theater, Tempel und Stadtmauer sowie eine wachsende Bedeutung des Umlands und des Straßenbaus zur besseren Versorgung. In der Blüte des 2. und beginnenden 3. Jahrhunderts erstreckt sich das städtische Siedlungsareal der Römer vom Verwaltungszentrum auf dem Rettighügel südlich der Sophienstraße über den Bäder-, Weihe- und Wohnbezirk im heutigen Stadtkern bis hin zum Gräberfeld westlich des Hindenburgplatzes (›Badischer Hof‹).

Wurden bis zum Ende des 19. Jahrhunderts alle wichtigen Funde ins Landesmuseum nach Karlsruhe gebracht, können erst seit der Gründung einer eigenen Sammlung im Jahr 1892 römische Exponate auch in Baden-Baden, heute in den Stadtgeschichtlichen Sammlungen im Neuen Schloß und im Stadtmuseum im Baldreit, gezeigt werden. Dazu gehören neben den guterhaltenen Soldatenbädern unter dem Römerplatz (Zugang neben der Tiefgarage; gegenwärtig leider nicht zu besichtigen) unter anderem Votiv- und Grabsteine, Terra-Sigillata-Scherben, Gebrauchskeramik und ein Merkurrelief, das bis 1979 auf dem Großen Staufenberg stand und diesem Berg seinen zweiten Namen gab.

Von der Spätantike zur ersten markgräflichen Residenz

Als die Alemannen um 260 im Osten den Limes durchbrechen und das Land in Besitz nehmen, ist das Ende des römischen Baden-Baden besiegelt. Da es aber nie zu einem einheitlichen alemannischen Reich kommt und keine eigene Stammesgeschichte geschrieben wird, wenden wir uns noch einmal an die Römer, um von ihrem letzten großen Geschichtsschreiber Ammianus Marcellinus zu erfahren, daß die Alemannen gegen das Stadtleben eine Abneigung hegten; ein indirekter Hinweis auf den Verfall der städtischen Struktur des von Rom aufgegebenen *Aquae*. Der Niedergang des vormaligen Kaiserbads in frühalemannischer Zeit wird auch durch die geringe Zahl an Fundstücken aus dem Stadtgebiet dokumentiert: eine Armbrustfibel, die Nachbildung einer römischen Münze und ein Reitsporn aus Bronze.

Auch die anschließende fränkische Siedlungsphase hinterläßt nur sehr wenige Spuren im Stadtgebiet. Um das Jahr 500 werden Oos- und Murgtal zum Grenzgebiet zwischen den nichtchristlichen Alemannen und den christlichen Franken. Einige heutige Orts- und Flurnamen der Gegend um Baden-Baden bringt der Stadtchronist Heinrich Berl mit den Auseinandersetzungen der Christianisierung in Zusammenhang. Die Engels- und Teufelskanzel, dargestellt auf den großen Wandbildern der Trinkhalle, Engelsgrund, Teufelsbrücke, Höllhäuserweg und viele ähnliche Namen von stadtnahen Bergen, Felsen, Brücken und Schluchten spiegeln der Beobachtung Berls zufolge durch ›Satanisierung‹ oder ›Angelisierung‹ die frühmittelalterliche Durchsetzung des Christentums wider.

Urkundliche Hinweise auf den Ort und die spätere Stadt Baden-Baden finden sich nach der Römerzeit erst mit dem Jahr 712. Eine Schenkungsurkunde des Merowingerkönigs Dagobert III. aus diesem Jahr überläßt dem Kloster Weißenburg im Elsaß »... alle über dem Rhein im Ufgau gelegenen Bäder, die von den Kaisern Antoninus und Hadrian erbaut wurden, nebst der dazu gehörenden Mark«. Die Echtheit dieser Urkunde ist umstritten. Ihr Inhalt ergibt aber zeitlich einen Sinn. Die namentlich erste Erwähnung der Stadt, mit der die Geschichtsforschung zu Baden wieder festen Boden betritt, stammt aus dem Jahr 987: Durch eine kaiserliche Schenkung von Otto III. kommt ein Graf Managold aus einem Hause, das sich später Nellenburg nennt, in den Besitz von *Badon im Ufgau*. Der genaue Umfang dieser Schenkung geht aus der Urkunde nicht hervor. 1040 gibt sich die *Villa Baden* urkundlich als Ort mit eigenen Marktrechten zu erkennen. So führt die Wende zum zweiten Jahrtausend also den Namen *Baden* ein, der erst den Ort, später die Markgrafschaft und das Großherzogtum bezeichnen sollte.

Eine der wichtigsten Epochen der Stadt- und Landesgeschichte ist die Begründung der Zähringer Herrschaft in Baden. Erst die For-

Altes Schloß (Schloßruine Hohenbaden)

schungsergebnisse unserer Tage konnten sicherstellen, was lange als Vermutung galt: Judith, Erbtochter des Anfang des 12. Jahrhunderts ausgestorbenen Hauses Nellenburg, bringt das badische Erbe in ihre Ehe mit dem Zähringer Hermann II. ein und ermöglicht jenem die Übernahme der gräflichen Gewalt über den Ufgau. Im Jahr 1112 wird Hermann II. erstmals als ›marchio de Baduon‹ benannt. Den Titel des Markgrafen hatte sich sein Vater, Hermann I., 1061 mit dem Lehen der Markgrafschaft Verona erworben. Bis heute ist das Wappen der Zähringer das Hauswappen der badischen Markgrafen geblieben. Zwischen 1806 und 1918 wird der Markgrafentitel zeitweilig zugunsten des Titels eines Großherzogs aufgegeben.

Ein Herrscher braucht eine entsprechende Residenz. Und so sieht man im ersten badischen Markgrafen, Hermann II. (gest. 1130), den Erbauer von Schloß Hohenbaden, des heute so genannten Alten Schlosses. Wenn die Burg als ›in castro Baden‹ urkundlich erst 1257 zu greifen ist, läßt sich auch daran ablesen, daß Baden-Baden noch lange brauchen sollte, um zur ersten Stadt innerhalb der Markgrafschaft aufzusteigen. Die Bauperioden erstrecken sich über vier Phasen bis ins 15. Jahrhundert, in dessen zweiter Hälfte in kurzer Folge erst Hohenbaden, dann das tiefer und stadtnah gelegene Neue Schloß zur bevorzugten Residenz der Markgrafen wird.

Über das Leben unterhalb der Burg ist für das 12. und 13. Jahrhundert nur wenig bekannt. Unter dem ersten badischen Markgrafen beginnt mit dem 12. Jahrhundert der Aufbau eines badischen Territorialstaats, der seinen Namen von der Residenz bezieht. Und der Ort *Baden* sieht jetzt einen allmählichen Ausbau, im 13. Jahrhundert erste Wehranlagen, um 1340 die Umrisse der heutigen Altstadt. Die

herausragenden Daten der Stadtgeschichte des 13. Jahrhunderts sind dabei sicherlich dem Kloster Lichtenthal zuzuordnen. Die Zisterzienserinnenabtei feierte 1995 ihren 750jährigen, ununterbrochenen Bestand. Sie verdankt ihre Gründung von 1245 der Frau Irmengard, Witwe des Markgrafen Hermann V. Durch verbriefte Schenkungen, Zehnt- und Allmendrechte, die dem Kloster zukommen, tragen sich mit der Gründung der Abtei 1245 und in den Folgejahren auch erstmals die übrigen Siedlungen des Oostals in die Geschichtsbücher ein: Das Kloster erhält den markgräflichen Zehntanteil von Baden, Rastatt, Balg und Oos, 1256 die Allmendrechte von Beuern und 1278 das Salzregal, Wasser- und Holzschlagsrecht, Verkaufsrecht auf dem Wochenmarkt und Allmende von Geroldsau und Scheuern.

Das Hauskloster und die erste Grablege der badischen Markgrafen wird durch die Säkularisation zwar um viele seiner ausgedehnten Besitzungen und Ländereien reduziert, aber nicht aufgelöst.

Kuren, Kriege und Klöster – Die zweite Glanzzeit verbrennt

Das späte Mittelalter setzt der Entwicklung von Land und Stadt Baden folgende Rahmen: Erste, aus Klosterschulen hervorgehende Universitäten begünstigen ein Zeitalter der Entdeckungen und des beginnenden Welthandels; zunehmender Güterverkehr verhilft den Städten und lokalen Märkten zu wachsender Bedeutung. Die damit einhergehende Verschärfung des Gegensatzes von Arm und Reich führt auf der bessergestellten Seite zur Abkehr von mittelalterlicher Innerlichkeit und zur Hinwendung auf sinnenfreudige Genußhaltung und Repräsentation; auf der anderen Seite steigert sich die Verelendung bis zum Ausbruch von Epidemien. Die Bauern ziehen gegen ihre Herren in einen großen Krieg, ein Schwerpunkt liegt am Oberrhein. Diese Jahrhunderte sehen auch die Herausbildung des französischen Nationalstaats und rechts des Rheins das Ende der Idee vom ›Heiligen Römischen Reich Deutscher Nation‹. Die Hausmachtpolitik der deutschen Könige verhindert die Herausbildung eines nationalen Staats. So wird der habsburgisch-französische Konflikt bis ins 18. Jahrhundert zu einem zentralen Problem des Gleichgewichts der Kräft in Europa, das mit dem großen Krieg zwischen 1618 und 1648 in eine erbitterte Auseinandersetzung gerät.

Schließlich steht die Epoche unter den Vorzeichen der Reformation und Gegenreformation. Die päpstliche Weltherrschaft und der kirchliche Moralkodex verfallen, die Reformation schafft neue Glaubensgrundsätze, die Gegenreformation neue Klöster; Ketzerbekämpfung und Machtstreitigkeiten zwischen katholischen und protestantischen Landesherren verhindern einen dauerhaften Frieden. Im 14. Jahrhundert drohen viele Erbteilungen die Markgrafschaft aufzulösen. Erst Markgraf Bernhard I. gelingt es 1391, die angestammten

Gebiete wieder zu vereinen, wenn auch nur vorläufig, denn das Reformationszeitalter spaltet Baden 1533 in eine protestantische Durlacher Linie und eine katholische Linie Baden-Baden. Diese ›dynastische Katastrophe‹ wurde erst 1773 durch das Verlöschen der Baden-Badener Linie wieder behoben.

Vor dem Hintergrund von Fürstenstreit, ersten badischen Universitäten (Freiburg 1457), städtischem Wachstum, Reformation und Gegenreformation erlebt Baden-Baden auch als gut besuchter Badeort im Spätmittelalter seine zweite Blüte nach der Römerzeit. Ihren glanzvollen Ausdruck findet die Zeit vor allem im Neuen Schloß der Stadt. Es wird 1479 als Residenz bezogen und macht die Stadt erst jetzt zum dauerhaften Sitz der Markgrafen und politischen Zentrum. Die aufwendige Um- und Neugestaltung des Neuen Schlosses ist mehreren Gründen zuzuschreiben: dem gewachsenen Repräsentationsbedürfnis der Zeit, einer größeren Hofhaltung sowie dem dynastischen Konflikt. Auch unterhalb des Schlosses ist die spätmittelalterliche Blüte der Stadt abzulesen: Um die Burg herum lassen sich selbstbewußte Bürger und Handelsleute nieder, 1410 wird erstmals ein Rathaus erwähnt. Die Pfarrkirche löst 1391 die Fürstenkapelle im Kloster Lichtenthal als markgräfliche Grablege ab und erfährt 1453 eine Erhebung zur Stiftskirche. Gleichzeitig gründet Markgraf Jakob I. ein Kollegiatstift mit zehn Kanonikern und zehn Vikaren. Dies belegt die Bedeutung der Klöster im Zusammenhang der Gegenreformation und des Aufbaus von Bildungseinrichtungen.

Nach dem Dreißigjährigen Krieg werden im Friedensschluß von 1648 die badischen Konfessionsstände der Vorkriegszeit wiederhergestellt. Das heißt für Baden-Baden die Wiedereinsetzung des Katholizismus, für Baden-Durlach die Festschreibung der evangelischen Landeskirche. Für die Durchsetzung des Katholizismus im Baden-Badener Gebiet sind vor allem die Ordensgemeinschaften von Bedeutung. Neben den großen Klöstern der Benediktiner (Hirsau) und der reformorientierten Zisterzienser (Salem, Maulbronn, Herrenalb, Lichtenthal) sehen der Nordschwarzwald und insbesondere Baden-Baden im 17. Jahrhundert einige Klosterneugründungen durch die Jesuiten, Kapuziner sowie die Frauen vom Heiligen Grab. Mit Strenge und Selbstdisziplin werden die Jesuiten in der Nachfolge des Ignatius von Loyola zu erfolgreichen Erneuerern des Katholizismus. In Baden-Baden gründet der Orden 1642 ein Kolleg als erstes Gymnasium (heutiges Rathaus). Auch die Frauen vom Heiligen Grab und die Zisterzienserinnen des Klosters Lichtenthal richten Schulen ein, die bis heute Bestand haben. Aus dem Kapuzinerkloster schließlich wird nach der Säkularisation das Badehotel ›Badischer Hof‹.

Was sich in Baden-Baden seit etwa 1350 bis ins 17. Jahrhundert durch relativen Reichtum, das Bäderwesen, die Herausbildung von Verwaltungs- und Bildungsstrukturen allmählich zu einer zweiten Blüte entwickelt hatte, darf allerdings nicht mit dem Bild größerer Handelsstädte dieser Zeit verglichen werden. Einem kirchlichen

Der große Brand von Baden-Baden 1689

Visitationsbericht zufolge zählt Baden-Baden 1683 außer dem Hofpersonal 300 Familien und »... ist dreierlei: Eine Residenzstadt mit manch abenteuerlicher Kreatur, ein lustiger Bäderplatz und ein halbbäuerlicher Landort.« Der allmähliche Aufstieg zu Residenz und Badeort nimmt aber mit dem Dreißigjährigen Krieg und einem feindlichen französischen Nachbarn ein jähes Ende.

In den Wirren des großen Kriegs zwischen 1618 und 1648 hat Baden-Baden einen Angriff durch schwedische Truppen auszuhalten; die Teilung Badens und daraus resultierende Machtkonflikte führen im Baden-Baden dieser Jahre zu häufigen Regierungs- und damit zu Religionswechseln; die Kriege halten Kurgäste fern und lassen die Badeeinrichtungen auch durch Plünderungszüge verfallen. Und den Tiefpunkt dieser Entwicklung markiert das Datum vom 24. August 1689: Im Orléansschen Krieg (Pfälzischen Erbfolgekrieg) machen die französischen Truppen unter den Befehlshabern Duras und Mélac nach Mannheim und Heidelberg auch Baden-Baden dem Erdboden gleich. Die Stadt brennt bis auf ihre Grundmauern nieder.

Aufstieg zwischen den Fronten

Baden im europäischen Verteilungskampf

Der Weg Baden-Badens von einem Ruinenfeld zur ›Sommerhauptstadt Europas‹ ist der Weg Badens von einer zweigeteilten und recht unbedeutenden Markgrafschaft zu einem Großherzogtum, das aus dem Verteilungskampf der Napoleonischen Kriege nicht als Sieger, wohl aber als großer Gewinner hervorgeht. Wir sehen das 18. und beginnende 19. Jahrhundert als Epoche, in der sich Frankreich, Österreich, Preußen, England und das erwachende Rußland als europäische Dominanten etablieren und gegeneinander Front beziehen. Nach der Revolution von 1789 wird das Frankreich Napoleons I. in fünf Kriegen gegen verschiedene europäische Koalitionen (Koalitionskriege) bis 1809 zur vorherrschenden Macht auf dem Kontinent. Erst der verlorene Rußlandfeldzug (1812), die Völkerschlacht bei Leipzig (1813) und die Schlacht bei Waterloo (1815) führen es wieder in die Grenzen von 1792 zurück. Die vom Wiener Kongreß (1814–15) formulierte Neuordnung Europas erlebt neben dem eigentlichen Sieger England den Aufstieg Rußlands zur führenden Kontinentalmacht.

Mit den Napoleonischen Kriegen werden deutsche Mittelstaaten wie Bayern, Württemberg, Baden, Kurpfalz, Hessen oder Sachsen zu Karten im Machtspiel der Großmächte und tun gut daran, sich zu überlegen, in wessen Hand sie sich begeben. Es gilt die Großen in der Hoffnung auf Schonung und Belohnung zu hofieren, und für Baden realisiert sich diese Hoffnung in besonders üppiger Weise. Bis 1813 spielte Baden als Mitglied des für Napoleon kämpfenden Rheinbunds die ›französische Karte‹, um dann spät, aber nicht zu spät, zu den siegreichen Alliierten überzugehen. Die Möglichkeit zu diesem Übertritt hatte die badische Erbprinzessin Amalie geschaffen. Schon 1793 war es der späteren ›Schwiegermutter halb Europas‹ gelungen, ihre Tochter Luise Marie (nach der Eheschließung: Elisabeth Alexiewna) mit dem späteren russischen Zaren Alexander I. zu verheiraten.

Die Annäherung an das Napoleonische Frankreich hatte vor allem Sigismund von Reitzenstein betrieben, dem man in seiner Eigenschaft als leitender Minister und Gesandter Badens in Paris großes Verhandlungsgeschick bescheinigte. Der Lohn dafür zahlt sich in Etappen aus: Bei einem letztlich gescheiterten Friedenskongreß, der zwischen 1797 und 1799 viele europäische Machthaber nach Rastatt (und in den Kongreßpausen auch nach Baden-Baden) bringt, erhält Baden als Entschädigung für linksrheinische Verluste große rechtsrheinische Zugewinne durch die nach französischem Vorbild vorgenommene Säkularisation. Aus dem Reichsdeputationshauptschluß von 1803 erwächst für die bis dahin kleine Markgrafschaft ein Flächenzugewinn von mehr als 700 %. Baden reicht jetzt vom Bodensee bis zum ehemals kurpfälzischen Mannheim und erhält 1806 den Status eines Großherzogtums. Mehr als eine französische Dreingabe für Baden ist die im gleichen Jahr vollzogene Hochzeit zwischen dem badischen Kurprinzen Karl und Stephanie de Beauharnais, Nichte und Adoptivtochter von Napoleon. Als Karl 1811 die Regentschaft im Großherzogtum Baden übernimmt, kann er Napoleon als seinen Schwiegervater und den Zaren Alexander I. als seinen Schwager bezeichnen.

Den verwandtschaftlichen Banden mit Rußland und dem Geschick des badischen Außenministers Freiherr von Berstett soll es zu

Baden nach 1810

1 Tauberbischofsheim
2 Heidelberg
3 Karlsruhe
4 Rastatt
5 Baden-Baden
6 Straßburg
7 Offenburg
8 Freiburg
9 Donaueschingen
10 Basel
11 Konstanz
■ Altbaden vor 1800

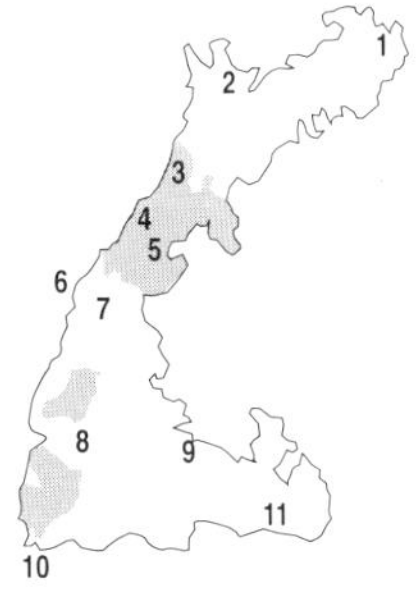

Stephanie de Beauharnais

verdanken sein, daß der Untergang der ›Grande Armée‹ nicht auch ein badisches Waterloo bedeutete. Denn schon der Wiener Kongreß stellt 1814/15 das Großherzogtum Baden als Kunstgebilde Napoleons in Frage. Württemberg und Bayern sind dabei besonders an Landeskorrekturen interessiert. Und erst bei einer Audienz, die der Zar dem badischen Außenminister anläßlich des Aachener Kongresses von 1818 gewährt, werden dem russischen Monarchen folgende entscheidende Worte zugunsten des badischen Bestands zugeschrieben: »Nun wohl, Ihr sollt alles behalten … die Erbfolgefähigkeit der Hochberger, die Verfassung, die Unteilbarkeit des Landes. Ist das genug, seid Ihr zufrieden?« Mit der hier angesprochenen ›Erbfolgefähigkeit der Hochberger‹ hängt auch die ›Kaspar-Hauser-Legende‹ um Prinzenentführung und Prinzenmord zusammen.

Bis in die Gegenwart knüpfen sich an die Legende um Kaspar Hauser, den vermeintlich aus der Wiege gestohlenen Sohn des badischen Großherzogs Karl und seiner Frau Stephanie de Beauharnais, nicht nur in Baden-Baden leidenschaftlich geführte Diskussionen. Um die tragische Geschichte des ›Findlings‹ ranken sich Mythen und Filmstoffe, aber auch ein ausgewachsener historischer Forschungszweig befaßt sich damit; bisher allerdings ohne eindeutige Ergebnisse. Die Gründe des Streits um Wahrheit und Legende: Der badische Markgraf (ab 1806 Großherzog) Karl Friedrich (gest. 1811) geht mit knapp 60 Jahren eine zweite Ehe mit Karoline Geyer von Geyersberg (auch Gräfin von Hochberg genannt) ein. Sollte sein Enkel und dynastischer Nachfolger Großherzog Karl ohne männliche Erben bleiben, so wäre die Nachfolge an die Söhne der Gräfin von Hochberg gefallen. Dieser Wunsch der Gräfin wird auch wahr; allerdings unter Begleitumständen, die einem Kriminalfall gleichen: Der erste Sohn von Großherzog Karl stirbt 1812 kurz nach der Geburt. An ihn knüpft sich die Legende. Durch eine Intrige soll der Prinz aus dem Kindbett entwendet und durch einen sterbenden Säugling ersetzt worden sein. 16 Jahre später taucht in Nürnberg ein im Kerker aufgewachsener Jüngling namens Kaspar Hauser auf, dessen Herkunft nicht zu klären ist. Durch einige undurchsichtige Begebenheiten konstruiert sich ein Zusammenhang zwischen seiner Person und dem Hause Baden. Kaspar Hauser wird im Dezember 1833 von einem Unbekannten ermordet. Täter und Motiv bleiben im dunkeln. Inzwischen ist 1816 in Karlsruhe allerdings ein zweiter Sohn des Großherzogs Karl geboren. Aber auch er stirbt kurz nach seiner Geburt. Daß die Gräfin von Hochberg auch mit diesem Fall zu tun hat, bleibt ohne schlüssige Hinweise. Das Ziel der Gräfin, die Linie Hochberg in Baden an die Macht zu bringen, ist trotzdem erreicht, als ihr Sohn Leopold 1830 den Titel des Großherzogs übernimmt.

Kaspar Hauser bei seinem Auftauchen in Nürnberg am 26. Mai 1828, Radierung, neu koloriert, aus: ›Erinnerung an merkwürdige Gegenstände‹, Prag 1830

›Aufbauprojekte‹

Innerhalb der badischen Grenzen bedeuten das 18. und beginnende 19. Jahrhundert die Einrichtung der neuen herrschaftlichen Resi-

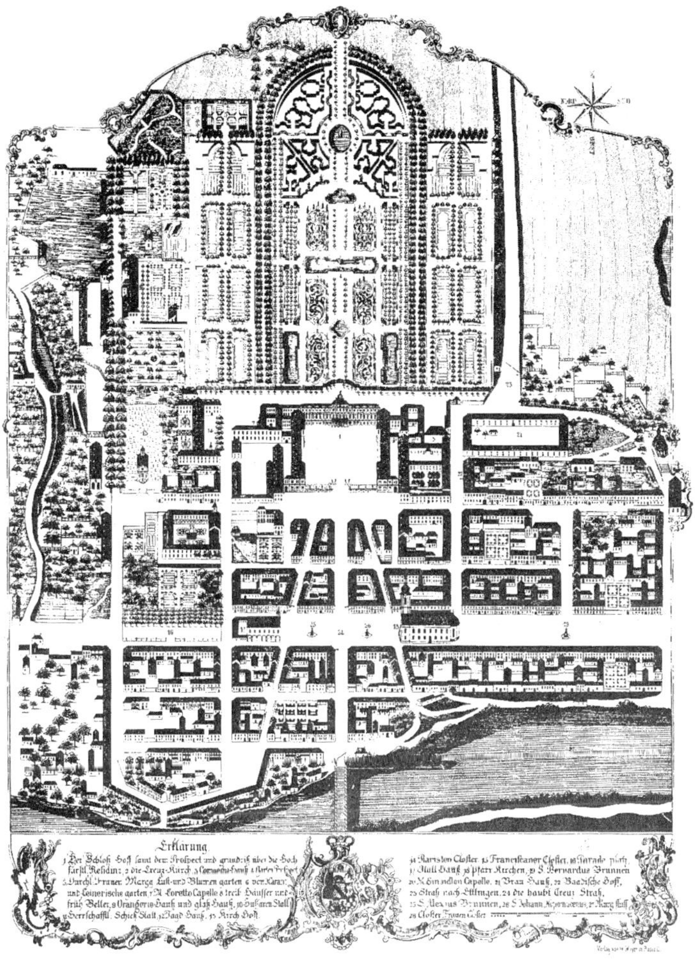

Idealplan der Stadt Rastatt, Situation Ende 18. Jahrhundert, Druck 1860 verlegt

denzen Rastatt und Karlsruhe, die Wiedervereinigung des Landes nach dem Aussterben der Baden-Badener Linie und, im Rahmen der langen Regentschaft von Markgraf und Großherzog Karl Friedrich, die Überwindung des Hochabsolutismus durch eine aufgeklärte Reformpolitik, die der drohenden bürgerlichen Revolution Einhalt gebieten sollte.

Nach der Zerstörung von Baden-Baden durch die Franzosen 1689 beginnt Markgraf Ludwig Wilhelm, der nach seinen militärischen Erfolgen in den Türkenkriegen auch als ›Türkenlouis‹ bekannt ist, mit dem Bau der Festung und des Schlosses Rastatt. In diese erste deutsche Schloßanlage nach dem Vorbild von Versailles verlegt der

Ludwig Wilhelm I., ›Türkenlouis‹, zeitgenössisches Gemälde

Markgraf 1705 dann auch seine Residenz aus Baden-Baden. Die Durlacher Linie steht diesen Bauten nicht lange nach und gibt mit der Grundsteinlegung eines Jagdschlosses 1715 den Anstoß zur Gründung Karlsruhes. In kurzer Zeit entsteht eine einzigartige Schloß- und Stadtanlage, deren fächerförmiger Grundriß Ausdruck der fürstlichen Gnadensonne ist, die alles mit ihren Strahlen durchdringt. Durch das Aussterben der dynastischen Linie von Baden-Baden findet das Land Baden 1771 wieder unter einer gemeinsamen Herrschaft zusammen. Ihre Residenz ist Karlsruhe, das sich in der zweiten Hälfte des 18. Jahrhunderts zu einem kulturellen und wissenschaftlichen Zentrum entwickelt. Friedrich Weinbrenner prägt mit seinen klassizistischen Bauten sowohl die neue Residenzstadt als auch die alte Residenz Baden-Baden. Sein Mitstreiter beim Aufbau einer Technischen Hochschule 1825 in Karlsruhe, Johann Gottfried Tulla, sorgt mit seinem Lebenswerk für die Begradigung des Rheins und somit für die Beseitigung vorher stets auftretender Hochwassergefahren im badischen Land.

Baden-Baden selbst erlebt das 18. Jahrhundert als schleppenden Wiederaufbau, um mit seinen Qualitäten anläßlich des Kongresses zu Rastatt 1797–99 ein drittes Mal ›entdeckt‹ zu werden. Zeitdokumente geben den trostlosen Zustand der Stadt nach dem Angriff der Franzosen zu erkennen: Die Flammen haben der Stiftskirche das Dach genommen, die verbliebenen Mauern beherbergen Vieh. Das Neue Schloß ist umfassend zerstört, die Bäder und Badehäuser alle ruiniert. Weitsichtig zeigt sich in dieser Situation der Amtsmann Johann Weiss von Baden in einer Schrift zum ›Aufbauprojekt nach dem großen Brand von 1689‹. Erst viel später verwirklichte Projekte, wie die Anlage möglichst gerader Straßenzüge, die Gestaltung von Plätzen und neuen Wohnvierteln außerhalb des Stadtmauerrings sowie die Einbeziehung von Zierbrunnen, sind in dieser Schrift schon modellhaft ausgearbeitet. Bis zur Realisierung solcher Pläne sollte aber noch ein Jahrhundert vergehen. Zunächst verlegt Markgraf Ludwig Wilhelm die Residenz nach Rastatt. Seine Witwe Sibylla Augusta, die ihm in der Regentschaft folgt, kommt nur selten nach Baden-Baden in das wiederhergestellte Schloß. Auch sie zieht Rastatt vor, zumal dort zwischen 1710 und 1714 ihr Lustschloß Favorite entstanden ist.

Entscheidende und wegweisende Bedeutung für den Wiederaufbau Baden-Badens soll dann aber folgenden Daten zukommen: der ersten Konzession für das Glücksspiel aus dem Jahr 1748, der Einrichtung einer Bäderkommission als Vorläufer einer Kurverwaltung im Jahr 1775 sowie der Berufung von Friedrich Weinbrenner, der als Baumeister das Gesicht Baden-Badens zu Beginn des 19. Jahrhunderts durch mehrere hervorragende Gebäude prägt (s. S. 87 f.). Seine Richtlinien und Erlasse zur Stadtbebauung und Verschönerung des Straßenbilds betreffen das neu entstehende Promenaden- und Kurviertel westlich der Oos ebenso wie die innerstädtischen Bauten und haben weitreichende Auswirkungen. Wurden im Jahr 1802 in

Baden-Baden kaum 300 Kurgäste gezählt, so sind es im Jahr 1816 schon 3620 und weitere neun Jahre später stolze 8364. Ein Mitbegründer der Baden-Badener Luxushotellerie sieht beim Bau des ›Badischen Hofs‹ (1807–09) nach der »tausendjährigen Nacht des Mittelalters« den Glanz kommender Jahre voraus. Baden-Baden ist um 1830 also gerüstet, den Wettlauf deutscher Kurstädte um die Gunst internationaler Gäste aufzunehmen. Dieses Mal nicht nur als Heilbad für Kranke, sondern vielmehr als Gesellschaftsbad, in dem sich Kaiser und Könige genauso wohl fühlen sollten wie Künstler und Kurtisanen.

Roulette und Romantik machen ein Weltbad

In den stürmischen Jahren des Kampfs um eine Reichsverfassung, der Durchsetzung staatsbürgerlicher Rechte, der Auseinandersetzungen zwischen Revolution, Reform und Reaktion sowie der deutschen Nationalstaatenbildung unter preußischer Hegemonie gewinnt Baden-Baden den Ruf einer friedvoll mondänen Insel, die ein internationales, buntgemischtes Publikum anzieht und begeistert. Die jetzt zu einem Weltbad avancierende kleine Stadt an der Oos empfängt dabei ebenso gern namhafte Vertreter der künstlerischen Romantik wie höhere Herrschaften, die sich in den Bann der rollenden Kugel beim Roulette ziehen lassen. »Tout Baden-Baden« – das ist um 1860 eine heitere Melange aus Künstlern, Königen, Kurgästen, Köchen, Casinobesuchern, Kavalieren und Kokotten. Als nur wenige Kilometer entfernt die Freischaren unter Friedrich Hecker für demokratische Ideale kämpfen und diesen Kampf 1849 in Rastatt unter dem Verlust vieler Menschenleben aufgeben müssen, hat Baden-Baden die Revolution auf seine Weise schon gemacht: Die Badekultur des frühen 19. Jahrhunderts lebt jenseits aller gesellschaftlichen Trennungen. Sie speist, spaziert und tanzt über Standesgrenzen hinweg. Die internationale Kurgesellschaft gibt sich aufgeklärt, schaulustig, tolerant und polyglott. Eine strikte Grenzziehung erfolgt dabei nur nach ganz unten. Mit niederen Ständen, die in gleichen Jahren als Schwarzwaldbauern verarmen und in Heimarbeit den späteren Industriezweig der Kuckucksuhren begründen, will die vornehme Badegesellschaft nichts gemein haben. Zu denen, die Baden-Badens dritte Glanzzeit mitbegründen, zählen zweifelsfrei der Spielbankpächter Jean Jacques Bénazet (ab 1838) und sein Sohn Edouard, der die Aufgaben seines Vaters nach dessen Tod 1848 übernimmt. Jean Jacques Bénazet macht sich mit einem Veranstaltungsprogramm, das viele Künstler und Gäste nach Baden-Baden bringt, binnen zehn Jahren zum ›roi de Bade‹.

Seine besondere Ausstrahlung im 19. Jahrhundert verdankt Baden-Baden aber auch einem Paar, dem das Glücksspiel fremd war. Der Blick auf den Stadtplan gibt die Namen preis: Augustaplatz und Kaiser-Wilhelm-Straße als Referenz an das hier ab 1850 regelmäßig

Paul Stankiewicz, Porträt Wilhelm I., um 1890

logierende Prinzen-, Königs- und schließlich Kaiserpaar. Daß bei diesen, vor allem von Augusta oft länger gepflegten Aufenthalten in der ›Maison Messmer‹ auch Tochter Luise mit von der Partie ist, kommt dem Hause Baden bald vonstatten. Der badische Erbprinz Friedrich, seit 1852 Prinzregent, verliebt sich in das Ferienkind Luise und führt die Preußentochter 1856 zum Altar. Im gleichen Jahr übernimmt er die Landesherrschaft als Großherzog. So begründet sich ein badisch-preußisches Verwandtschaftsverhältnis in Sympathie und hat doch so grausam kriegerisch begonnen; denn Prinz Wilhelm von Preußen war im Juli 1849 erstmals als Befehlshaber von Truppen des Deutschen Bundes nach Baden gekommen, um der badischen Obrigkeit Waffenhilfe zu leisten und republikanische Aufstände niederzukämpfen. Er tat dies auch mit preußischer Gründlichkeit und bestrafte die am 27. Juli 1849 kapitulierenden Republikaner durch standrechtliche Massenerschießungen. In der Folge wandern mehr als 80 000 Badener in die USA aus; die vorher wegweisende Demokratiebewegung des Landes erfährt eine schwere Niederlage.

Unter Großherzog Friedrich I., der Baden von 1856 bis 1907 als Landesvater und Förderer von Sozialreformen führt, und Großherzogin Luise, die als eine der ersten Protektorinnen der Rote-Kreuz-Bewegung gilt, erleben Stadt und Land Baden die zweite Hälfte des 19. Jahrhunderts als stabile, wirtschaftlich und kulturell blühende Zeit. Der Baden-Badener Dank läßt sich an den Namen ›Friedrichsbad‹ und ›Friedrichsstraße‹ sowie ›Luisenstraße‹ im Kern der Stadt ablesen.

Ein drittes Element macht das 19. Jahrhundert zur Blütezeit der Stadt: die Romantik. In Heinrich Berls 1936 erschienenem Buch ›Baden-Baden im Zeitalter der Romantik‹ finden sich die literarischen und musikalischen Vertreter dieser alle Gebiete des geistigen Lebens ergreifenden Haltung zwischen Bürgertum und antibürgerlicher Bohème, die mit Baden-Baden in Verbindung stehen, darunter bekannte ebenso wie vergessene: Johann Peter Hebel, Ludwig Uhland, Nikolaus Lenau, Theodor Storm, Friedrich Nietzsche, Clara Schumann, Johannes Brahms, Franz Liszt und Pauline Viardot-Garcia (s. S. 65 f.). Daß Schukowskij, Turgenjew und Dostojewskij auch zu diesem Kreis gehören, verweist auf einen weiteren Aspekt der Blütezeit im 19. Jahrhundert: als ›Sommerhauptstadt Europas‹ empfängt Baden-Baden viele Gäste aus Rußland, Holland, England und Österreich. Manche Gäste dehnen ihren Aufenthalt aus oder lassen sich sogar für Jahre und Jahrzehnte hier nieder. Durch die Beziehungen der am badischen Hof geborenen Zarin Elisabeth Alexiewna lernt der russische Adel ab 1814 Baden-Baden kennen und für fast 100 Jahre schätzen. Der alte Friedhof in Lichtental, die Russische Kirche, Villennamen wie ›Gagarin‹ oder ›Menschikow‹ geben es heute noch zu erkennen.

Augusta von Preußen, Fotografie, um 1865

Auch bildende Künstler machen auf ihren ›romantischen Rheinreisen‹ Station in Baden-Baden, so Carl Philipp Fohr, Eugène Delacroix, aber ebenso der Realist Gustave Courbet. Baugeschichtlich bringt der internationale Einfluß neben Stadterweiterungen und einzelnen Großvillen am Fremersberg auch die Ablösung des klaren und erhabenen Klassizismus durch romantisch-historistische und gründerzeitliche Detailverliebtheiten im Aufbau und an den Fassaden. Folgende Neubauten veranschaulichen den Glanz der Jahre ab 1838: die 1839–42 vom Weinbrenner-Schüler Heinrich Hübsch erbaute Trinkhalle neben dem Kurhaus; das ebenfalls im Kurviertel gelegene neue Theater (1859–62); die 1867 in Luxusgeschäfte umgewandelten Holzboutiquen der Kolonnaden; die 1864–66 nach Plänen Leo von Klenzes erbaute Stourdza-Kapelle. Dazu kommen entlang der Oos ab 1838 die Luxushotels ›Hôtel de l'Europe‹ (heute ›Europäischer Hof‹), das ›Hôtel Stephanie-les-Bains‹ (›Brenner's Park-Hotel‹), das ›Hôtel d'Angleterre‹ (›Hotel Atlantic‹). An dem 1831/32 zugeschütteten und zur Grabenpromenade umgewandelten Stadtgraben entsteht das ›Hôtel de Hollande‹ (›Holland Hotel‹) sowie namhafte Häuser, die die kommenden Kriege nicht überleben sollten.

Eine weitere Stadtansicht

Das 1869 von Th. Müller angefertigte Panoramabild gibt Baden-Baden als wachsendes Modebad zu erkennen. Zwischen 1820 und 1832 waren die Stadtmauern geschliffen, die Stadttore niedergelegt, der Graben im Süden zugeschüttet und als Allee (heute Sophienstraße) angelegt worden. Nach wie vor markiert der Oosbach die Altstadtgrenze nach Westen. Im Vordergrund links sieht man die gerade fertiggestellte Stourdza-Kapelle auf dem vorderen Friesenberg, rechts davon die zu Anfang des 19. Jahrhunderts eingerichteten

Panorama von Baden-Baden um 1869, Farblithographie nach einer Zeichnung von Th. Müller

Kuranlagen mit den Säulen der Trinkhalle und dem Konversationshaus. Auf der anderen Straßenseite steht das seinerzeit neue Theater und in dessen Rücken – für den Betrachter im Vordergrund – die ›Maison Messmer‹, die sich als Lieblingsquartier von Kaiser Wilhelm I. und Kaiserin Augusta in der zweiten Hälfte des 19. Jahrhunderts einen Namen machte und in neuerer Zeit leider abgerissen wurde. Am rechten Bildrand sehen wir jenseits der Oos das halbrunde Stephanienbad, dessen Platz heute ›Brenner's Park-Hotel‹ einnimmt. In der Mitte des dahinter befindlichen freien Geländes steht die noch turmlose Evangelische Stadtkirche, deren Türme später durch Gewinne der Spielbank finanziert werden sollten. Entlang der Oos zeigen sich von links nach rechts bereits die großen Hotelbauten des ›Badischen Hofs‹ (auf dem Panorama gegenüber der Stourdza-Kapelle) sowie des ›Russischen‹, ›Französischen‹, ›Europäischen‹ und des ›Englischen Hofs‹.

Trotz des Baus eines Neuen Dampfbads am Marktplatz (1846/48 durch Heinrich Hübsch) und der Existenz von ausgesprochenen Badehotels mit eigenen Thermalwasseranschlüssen dominiert in Baden-Baden zwischen 1838 und 1870 deutlich ein anderer Aspekt. Der Reiz, an den vielen literarischen und musikalischen Salons teilzunehmen oder am Spieltisch im Casino zu sitzen, als Pferdebesitzer oder Wettgast zur 1858 eröffneten Rennbahn ins nahe Iffezheim zu fahren oder an den Dinnertafeln der großen Hotels teilzunehmen, ist größer als das Bedürfnis nach Kur und Heilung. In der kleinen Stadt pulsiert das Leben, die Auseinandersetzung mit Krankheit und Tod wird an den Rand gedrängt: Der alte Friedhof, bis 1843 hinter der Spitalkirche, an den heute neben der Caracalla-Therme noch die monumentale Steinskulptur des Ölbergs erinnert, wird in Richtung Lichtental verlegt. In gleiche Richtung wachsen auch die ersten Villenviertel links und rechts der Oos. Südlich der Evangelischen Stadtkirche entsteht der Straßenfächer aus Maria-Viktoria-Straße, Ludwig-Wilhelm-Straße und Schillerstraße, vornehme Wohnviertel, in denen alle Baustile von Neorenaissance, Klassizismus bis Romantik vertreten sind.

Eine deutliche Wendung nimmt das heitere und verspielte Leben erst mit dem Spielverbot, das der Norddeutsche Bund 1867 verfügt und in Baden-Baden durch die Schließung des Casinos 1872 auch durchsetzt. Die verzögerte Durchsetzung des Verbots hat ihren Grund in der politischen Situation: Zwischen 1866 und 1871 ist Baden ein autonomes Land ohne übergeordnete Bindungen. Erst mit der deutschen Einigung im neuen, zweiten deutschen Kaiserreich, nimmt Baden den Status eines Bundesstaats an und unterstellt sich so der entsprechenden Gesetzgebung, zumindest was die amtliche Haltung angeht. Die Spielbank schließt, aber hinter den Türen einiger Hotelsalons und im Internationalen Club, der 1872 nicht zufällig zeitgleich mit der Schließung der Spielbank gegründet wird, kümmern sich die Spieler wenig um Verbote preußischer Herkunft.

Das ehemalige Augustabad, zeitgenössische Fotografie

Die offizielle Linie der Fremdenwerbung muß nach der Spielbankschließung hingegen auf ein anderes Pferd setzen.

Nach dem Deutsch-Französischen Krieg 1871/72 bleiben viele internationale Gäste Baden-Baden fern, und die 1872 etablierte Kurverwaltung stellt Kur und Gesundheit als attraktiven Aktivposten stärker in den Vordergrund. Wirtschaftlich bedeuten diese Jahre in Baden-Baden keinen Einbruch, im Gegenteil: 1877 kann nach mehrjähriger Bauzeit das von Carl Dernfeld großzügig ausgestattete Friedrichsbad eröffnet werden. Es soll auf den ausdrücklichen Wunsch des damaligen Landesherrn, Großherzog Friedrich I., entstanden sein, der Stadt mit einem solchen Bauwerk wieder ihre originäre Bedeutung zu verleihen. Zehn Jahre später baut Josef Wilhelm Durm unmittelbar neben dem Friedrichsbad das Augustabad, dessen Besuch mit der Fertigstellung 1893 ausschließlich weiblichen Gästen vorbehalten ist (Abriß 1962). Zwischen 1888 und 1900 entsteht durch Durm im Rotenbachtal, nur einen Steinwurf von den anderen Großbädern entfernt, das dritte große Bad als Landesbad (heute Rheumakrankenhaus). Es ist für diejenigen bestimmt, die sich eine Badekur mit Luxushotelaufenthalt nicht leisten können. Zu den Bädern kommen neue Spazierwege, Luftkurhotels, Milch- und Molkenkuren. Und seit 1854 darf sich der Gast an den vornehmlich militärischen Klängen eines Kurorchesters erfreuen.

Den Wandel dokumentieren auch Daten wie die Gründung des ersten deutschen Tennisclubs im Jahr 1881 und die Einweihung eines der ersten deutschen Golfplätze um 1900. Maßgebliche Beteiligung an der Etablierung der vornehmen Sportarten wie Reiten, Tennis und Golf wird dabei den Mitgliedern der englischen Gemeinde zugesprochen, die sich im 19. Jahrhundert hier als Teil einer internationalen Gesellschaft gegründet – und 1864 wenige Schritte vom Bertholdsplatz entfernt eine eigene, heute noch erhaltene Englische Kirche erbaut hat. Die 1882 an der Lichtentaler Straße errichtete Russische Kirche bringt zum Ausdruck, daß auch die russische Kolonie bis über die Jahrhundertwende hinaus zu den festen Größen der Stadt gehört. Ebenso hat sich in den Jahren nach der rechtlichen Gleichstellung von Juden (1862) in der Stadt eine Israelitische Gemeinde entwickelt, die 1899 in der Stephanienstraße eine große Synagoge im romanischen Rundbogenstil einweihen kann. Heute weist dort eine kleine Gedenktafel darauf hin, daß sie am Tag nach der sogenannten ›Reichskristallnacht‹, am 10. November 1938, in Flammen aufging (s. S. 38).

Der schöne 1892–94 errichtete Kuppelbau des Stadtbahnhofs ist ein weiterer Hinweis auf viele ankommende Gäste um die Zeit der Jahrhundertwende. Der Bahnhof sollte dabei als Ankunftsort nicht lange allein bleiben. In Baden-Oos wird 1910 eine Luftschiffhalle für Zeppeline eingeweiht. Graf Zeppelin gehört seither zu den Ehrenbürgern der Stadt. Allerdings kann sich der Flugbetrieb mit den Giganten der Luft nur bis zum Ersten Weltkrieg halten. Danach wird die Halle aufgegeben, und auch die 1925 von der Lufthansa eingerichtete Fluglinie von Baden-Baden nach München bleibt nur vier Jahre in Betrieb.

Die Zeit des Fin de siècle sieht auch den Ausbau der Villenviertel im Rücken der Evangelischen Stadtkirche und an den stadtnahen Hängen. Die Mehrzahl der Privatvillen bis zur Jahrhundertwende orientiert sich vor allem an zwei architektonischen Spielarten, die meist über die Karlsruher Bauhochschule vermittelt sind: die schloßartige neorenaissancistische bis neobarocke Anlage nach italienischen und französischen Vorbildern sowie das kleinere Landhaus in den Formen des Schwarzwald- oder Schweizerhauses. Unterhalb der Friedrichshöhe wird 1907 der schloßähnliche Jugendstilbau des Markgraf-Ludwig-Gymnasiums eingeweiht, der heute noch den Stadtteil jenseits der Sophienstraße dominiert. Die den Jugendstil charakterisierenden fließenden Formen sind an diesem Bauwerk wie auch an einigen Villen nur sehr zurückhaltend eingesetzt. Lediglich an den floralen Mustern von Balkongittern und Zäunen sowie an den Formen von Türbeschlägen und Fensterlaibungen wird der neue Stil erkennbar. Das beginnende Jahrhundert, in kulturellen Kreisen durch Aufbruch und Suche nach neuen Ausdrucksformen gekennzeichnet, sieht in Baden-Baden eine interessante Szenerie in den Bereichen von Musik und bildender Kunst. Dabei gerät die 1909 eingeweihte Kunsthalle mit ihrer zurückhaltenden Formensprache ebenso ins Visier einer vehementen öffentlichen Kritik wie die musikalische Überwindung der Romantik.

Zwei große Kriege – Das Luxushotel als Lazarett

Der Erste Weltkrieg bedeutet für Baden-Baden als Ereignis und in seiner Auswirkung den vielzitierten ›Blitz aus heiterem Himmel‹. Auch ohne Spielbank hat die Stadt den Anfang des neuen Jahrhunderts als gute Zeit erlebt. Durch die reizvolle Lage und hervorragende Infrastruktur ist hier eine große Zahl vermögender Einwohner heimisch geworden, die ihre Einkommen- und Vermögensteuer an die Stadt entrichtet. Man weiß den Wohnort zu schätzen, der in bequemer Erreichbarkeit Bäder, Hotels, Restaurants, Theater, Orchester, Gartenanlagen (wie die 1909 von Max Laeuger geschaffene Gönneranlage an der Lichtentaler Allee) und eine nach wie vor illustre Gesellschaft vereint. Ab 1910 war Baden-Baden mit einer Straßenbahn bequem zu durchqueren, und seit 1913 ist der Weg auf die Bergeshöhen mit der Merkurbahn vereinfacht. Im Süden entsteht 1913 die Bühlerhöhe; zuerst als Genesungsheim für deutsche Offiziere, später als Schloßhotel und Sanatorium.

In dieses Wohlergehen platzt die deutsche Kriegserklärung vom August 1914 an Rußland, Frankreich und England: Baden wird als westliches Aufmarschgebiet gleich von der allgemeinen deutschen Kriegseuphorie erfaßt, der im Verlauf des Kriegs allerdings Ernüchterung und Grauen folgen. Karlsruhe muß die schlimmsten Bombenangriffe im ganzen Deutschen Reich erleiden, und in Baden-Baden belebt sich die schon in den Napoleonischen Kriegen gegründete Tradition, im Krieg als Lazarettstadt zu dienen. Sanatorien und einige Hotels nehmen verwundete Soldaten zur Genesung auf, mehr und mehr Männer aus der Stadt werden zum Waffendienst gerufen, die Straßenbahnen schließlich von Mitgliedern des Kurorchesters gelenkt. Mit dem Kriegseintritt der USA und der russischen Revolution wird 1917 nicht nur ein kriegsentscheidendes Jahr, durch die starke Flügelbildung im Parteienspektrum gibt es auch in Baden

Prinz Max von Baden mit seiner Familie, Fotografie, um 1912

Hinweise auf die Novemberrevolution des Folgejahrs. Am 3. Oktober 1918 übernimmt der auf Ausgleich bedachte Prinz Max von Baden das Amt des Reichskanzlers, um am 9. November in Berlin die Abdankung Kaiser Wilhelms II., die Verkündung der Republik und die Einsetzung von Friedrich Ebert als neuem Regierungschef zu erleben. Wenige Tage später dankt in Karlsruhe auch der badische Großherzog Friedrich II. ab. Die Zeit der Monarchen ist auch hier vorbei, was das Haus Baden nicht daran hindert, den Markgrafentitel bis heute weiterzuführen.

Noch vor dem Zusammentreten der Nationalversammlung im Februar 1919 in Weimar und vor dem Abschluß des Friedens von Versailles finden in Baden am 5. Januar 1919 Wahlen zur Badischen Verfassunggebenden Nationalversammlung statt. Sie bringen den Sieg gemäßigter Parteien und zeigen an, daß die Novemberrevolution in dem jetzt selbständigen Bundesstaat keine große Wirkung erzielte. Eine Stabilisierung stellt sich dadurch aber nur an der Oberfläche her. Die ›Goldenen Zwanziger‹ sind durch große wirtschaftliche Instabilität gekennzeichnet und gleichen einem Tanz auf dem Vulkan. Die Kultur wird vielfältiger, neue Medien wie Film, Rundfunk und auch das Grammophon sorgen für eine populäre Verbreitung von Bild und Ton. Avantgardistische Strömungen wie Expressionismus und Neue Sachlichkeit finden dagegen in Baden-Baden kaum Anklang. Die Steuergesetzgebung hatte der Stadt nach dem Ersten Weltkrieg den Zugriff auf die Vermögen- und Einkommensteuer genommen, was zusammen mit den weiter sinkenden

Blick vom Neuen Schloß auf Baden-Baden, 1933/34 von dem schon zu dieser Zeit verfemten Karl Hubbuch aus Karlsruhe gemalt.

Besucherzahlen aus dem Ausland zu einer Finanznot führt und anspruchsvolle Kulturereignisse verhindert. Für das Jahr 1930 wird der Stadt die höchste Pro-Kopf-Verschuldung in Deutschland zugeschrieben. Daß um diese Zeit der Kurort Baden ›baden geht‹, wäre also nicht die abwegigste Erklärung für die 1931 offiziell gewordene Namensgebung ›Baden-Baden‹.

Auch die Hotellerie geht aus dem Ersten Weltkrieg als Verlierer hervor. Einige namhafte Häuser müssen schließen, andere finden sich in der Schere gleichermaßen gestiegener Luxusansprüche der Gäste wie auch der Lohnforderungen des Personals. Erschwerend kommt hinzu, daß es kaum noch Langzeitgäste gibt. Und trotzdem bleibt Baden-Baden in der offiziellen Definition der Nationalsozialisten nach der Machtergreifung 1933 ein ›Kur- und Badeort von Weltruf‹. Als Aushängeschild vor den Augen der Weltöffentlichkeit darf in Deutschland 1933 allein Baden-Baden wieder das Spielcasino öffnen und wird in den ersten Jahren der Rassenverfolgung als vom Ausland besuchter und beobachteter Platz gar zu einer Art Refugium für Juden. Dieser Schutz erweist sich aber bald als trügerisch. Zwischen 1928 und 1933 können die Nationalsozialisten in Baden die Zahl ihrer Wählerstimmen von 26 000 auf 627 000 erhöhen.

Die Bevölkerung der kulturell hochstehenden Kurstadt hat sich zwar in einigen Fällen der Judenverfolgung durch die Nationalsozialisten widersetzt, dem skrupellosen und rigorosen Rassismus aber letztlich nicht wirkungsvoll die Stirn bieten können. So erscheint bei der Entlassung des jüdischen Theaterdirektors Robert Klupp im März 1933 ein langer Artikel im Badener Tageblatt, der die Verdienste des Intendanten ausführlich würdigt und seine Absetzung mißbilligt. Ähnlich verhält es sich bei der Entlassung des Kapellmeisters Ernst Mehlich, der als Protestant jüdischer Abstammung seit 1927 das städtische Orchester geleitet und wichtige Musikfeste nach Baden-Baden gebracht hat, darunter die avantgardistische ›Deutsche Kammermusik Baden-Baden‹ 1927–29 und das achte deutsche Regerfest 1932. Unter dem Protest der Öffentlichkeit und der Medien wird Mehlich im Oktober 1933 gekündigt. Die Proteste gegen diesen Schritt sind so laut, daß sich die Nationalsozialisten gezwungen sehen, die Entscheidung in ihrem Presseorgan ›Der Führer‹ zu rechtfertigen. Beim Abschlußkonzert von Mehlich taucht das Publikum das Dirigentenpult in ein Blumenmeer. Man will sich von diesem Mann nicht verabschieden; unter anderem auch deshalb nicht, weil man weiß, daß Baden-Baden jüdischen Künstlern und Kulturschaffenden viel verdankt. Allein in den 20er Jahren haben neben Ernst Mehlich Musiker wie der Violinpädagoge Carl Flesch, einige Mitglieder des städtischen Orchesters oder die Gastdirigenten und Musiker Karel Salomon, Kurt Weill, Lotte Lenya, Joseph Schwarz und Ernest Wolff das Musikleben von Baden-Baden um wichtige Beiträge bereichert.

Die antisemitische Propaganda faßt 1937 in Baden-Baden zwar etwas später Fuß als anderenorts, der Protest verstummt aber den-

Tafel zur Erinnerung an die Baden-Badener Synagoge, Ecke Scheiben- und Stephanienstraße

noch, und die schlimmen Auswirkungen unterscheiden sich dann in nichts mehr: erst Schilder mit »Juden unerwünscht« vor den Bädern und anderen Kureinrichtungen, dann die Zerstörung der Synagoge am Tag nach der ›Reichskristallnacht‹, im Anschluß daran die Entrechtung durch Sonderverordnungen. Manche jüdische Bürger der Stadt fühlen sich dieser physischen wie psychischen Bedrohung nicht gewachsen. Sie ziehen es vor, ihr Ende selbst zu bestimmen. Einige fliehen, solange es geht, 1940 schließlich folgt die massenhafte Deportation ins Lager Gurs in den Hochpyrenäen.

Im März 1939 hinterläßt der ehemalige Direktor der Kinderklinik Karlsruhe Franz Lust seiner Frau folgende Zeilen: »Mein Lieb! Es waren 30 glückliche Jahre, glücklich im Sinne unserer Verbundenheit, glücklich im Sinne, daß eins für das andere lebte. Meine Kraft erlahmt. Ich sehe täglich mehr, wie wenig ich all dem gewachsen wäre, was uns da draußen bevorstände. Du bist die Mutigere und Stärkere. Ich würde Dir keine Hilfe und keine Stütze mehr sein können. Allein wirst Du das Leben eher wieder meistern lernen ...«

Der Zweite Weltkrieg bringt in Baden vor allem den Städten großes Leid. Mannheim verliert durch Bombenangriffe die Hälfte seines Wohnraums, Karlsruhe ein Drittel. Schreckliche Bombardierungen erleben in den letzten sechs Kriegsmonaten auch Freiburg und Pforzheim. Großangriffe der britischen Luftwaffe bringen am 27. Oktober 1944 mehr als 3000 Freiburgern den Tod, Pforzheim wird am 23. Februar 1945 nahezu völlig zerstört. In diesem Schicksal liegt wohl auch der Grund für die in den 80er Jahren von Pforzheim geschlossene Städtepartnerschaft mit dem spanischen Guernica, dessen Zerstörung durch deutsche Bombenflieger im Jahr 1937 Picasso zu dem wohl berühmtesten Bild über das Leid der Zivilbevölkerung in Kriegen angeregt hat.

Zu den wenigen Widerstandskreisen gegen die Kriegs- und Machtpolitik der Nazis gehören in Baden vor allem intellektuelle Gruppierungen um Alfred Weber in Heidelberg, in Freiburg um den Nationalökonomen Walter Eucken oder auch um den Literaten Reinhold Schneider. Die Heimatstadt des Literaten erlebt – neben Konstanz eine absolute Ausnahme in Baden – das Kriegsende praktisch unversehrt. Ende 1944 trifft ein Artilleriebeschuß zwar westliche Vororte sowie den Dagobertturm und Nebengebäude des Neuen Schlosses, auch das Leopolddenkmal auf dem gleichnamigen Platz war zu waffenfähigem Material eingeschmolzen worden, aber einen tatsächlichen baulichen Schaden hat die Stadt während der Kriegsjahre nicht genommen.

Aber auch für die Bürger Baden-Badens bedeutete der Krieg bis zu seinen letzten Stunden Angst. Am Mittag des 12. April 1945 rollen von drei Seiten feindliche Panzer auf Baden-Baden zu. Tags zuvor hatte ein Flugblatt der Werwolf-Gruppe die Bevölkerung und waffenfähige Männer noch bei Androhung der Hinrichtung vor einer Kapitulationsbereitschaft gewarnt. Im Kurgarten stehen in den Stunden des alliierten Vormarsches noch deutsche Kanonen mit Zielrichtung Leopoldsplatz. Und erst in letzter Minute erreicht Notbürgermeister Schmitt ein Feuerverbot für das Geschützkommando im Kurgarten und damit die Verhinderung einer Abwehrschlacht um Baden-Baden, das noch am gleichen Tag besetzt und zum Hauptquartier der späteren französischen Zone wird.

Schauplatz oder Platz zum Schauen – Die jüngste Zeit

Nach dem Kriegsende beginnt sich das Leben in Baden-Baden recht schnell zu normalisieren. Zur ersten Nachkriegssaison öffnet im April 1950 wieder das Casino, 1200 Gästebetten sind gemacht, Juweliere und Pelzhändler haben ihre Läden eingerichtet, das ›Café König‹ lockt mit Schwarzwälder Kirschtorte. Man arrangiert sich damit, daß es neben Entnazifizierung und Demokratisierung auch eine extensive Demontage der badischen Wirtschaft gibt, daß dem Schwarzwald durch die ›Franzosenhiebe‹ vier Millionen Festmeter Nutzholz abgenommen werden und daß Baden auf Betreiben der alliierten Siegermächte seinen Status als selbständige politische Einheit aufgeben muß. Zuerst teilen die USA und Frankreich Nord- und Südbaden in eigene Besatzungsgebiete, dann kommen zentrale Behörden der ehemaligen Landeshauptstadt Karlsruhe nach Stuttgart, und im Dezember 1951 spricht sich eine Volksabstimmung in Baden und Württemberg mehrheitlich für die Zusammenlegung und Gründung des neuen Südweststaats Baden-Württemberg aus.

In Baden-Baden richtet die französische Besatzungsmacht ihr Hauptquartier ein. Das heutige ›Brenner's Park-Hotel‹ dient dabei bis 1949 als Schaltzentrale; die anderen Hotels, das Kurhaus, der Internationale Club und die Kunsthalle werden zunächst als Unterkünfte und Dienststellen für knapp 30 000 Mitglieder der französischen Streitkräfte beschlagnahmt. Eine dieser Dienststellen nimmt als Zensor in französischer Uniform der Schriftsteller Alfred Döblin ein. Er gründet 1946 in Baden-Baden die Kulturzeitschrift ›Das Goldene Tor‹, die allerdings nur wenige Jahre besteht. Als Anfang der 50er Jahre im Westen der Stadt mit der ›Cité‹ ein eigenes Garnisonsviertel entsteht, werden die Hotels der Innenstadt wieder freigegeben. Sie füllen sich weniger mit Kaiser und Königen als mit Filmschauspielern, Schlagerstars und den Schönheitsköniginnen der ersten Miß-Germany-Wahlen. Auch nach dem Ende der eigentlichen Besatzungszeit (Pariser Verträge von 1955) bleibt das französische Militär, erst unter dem Status von ›Stationierungstruppen‹ und ab 1994 in reduzierter Form als Division des ›Europäischen Armeekorps‹ in Baden-Baden präsent.

Dem Stadtbild wächst in den Nachkriegsjahren bis in die heutige Zeit mit Ausnahme von zwei Privathäusern Egon Eiermanns architekturgeschichtlich kaum Relevantes hinzu; es sei denn, man will einer Kongreßhalle, einer Erlebnistherme oder einem großen Straßentunnel kulturelle Werte beimessen. Eher geschieht das Gegenteil. Was der Krieg nicht schaffte, bringen Stadtplaner beziehungsweise die wirtschaftlichen ›Nöte‹ einzelner Unternehmer zustande: Die späten 50er und die 60er Jahre sehen in Baden-Baden manch schönen und berühmten Bau fallen. Den Anfang macht 1957 die legendäre ›Maison Messmer‹ neben dem Kurhaus, wo das deutsche Kaiserpaar Wilhelm I. und Augusta während seiner vielen Baden-Baden Aufenthalte logiert hat. Es folgt der ›Englische Hof‹, dessen Eingangstrakt gleich an der Fieser-Brücke durch den gesichtslosen Neubau einer Bankfiliale ausgetauscht wird; das historische ›Hotel Stephanie‹ muß einer Kongreßhalle weichen; ›Stadt Paris‹, ›Zähringer Hof‹, ›Hahnhof‹ und ›Schwarzwaldhof‹ gehören ebenfalls in diese Reihe.

Auch die Villengebiete an den stadtnahen Berghängen müssen durch nicht mehr finanzierbare Unterhaltungskosten Einbußen an

Schloß Seelach in Lichtental

ihrer Großzügigkeit, im Einzelfall auch Abrisse hinnehmen. So zerfällt die Villa Menschikow ebenso wie *Schloß Seelach* in Lichtental, das von privater Hand nach Originalplänen wieder aufgebaut werden soll. Dem Anwesen Menschikow war es schon 1919 ähnlich ergangen wie anderen herrschaftlichen Besitzungen in der neueren Zeit: die große Anlage mit Stallungen, Park und eigener Hunderennbahn wurde zum Zweck der Teilbebauung reduziert; ein Tribut, das fürstliche Großzügigkeit an den sozialen Ausgleich zu zollen hatte.

Auch im Bäderviertel schafft die Abrißbirne in den 60er Jahren neue Strukturen durch die Zerstörung des barocken ehemaligen Bezirksspitals, des Inhalatoriums, des Fangohauses, der neogotischen Friedhofskapelle und des prachtvollen alten Augustabads. Am Marktplatz trifft diese fragwürdige Art der Neuordnung mit der Höllengasse ein ganzes bauhistorisch wertvolles Ensemble. Aber es wird nicht nur abgerissen, sondern auch gebaut: 1966 das Neue Augustabad als damals monumentalstes Thermenbadehaus in Deutschland, das zwi-

Caracalla-Therme

schen 1983 und 1985 noch einmal eine Modernisierung zum Vergnügungsbad erfahren hat und seither ›*Caracalla-Therme*‹ heißt.

Das Landesbad wird 1967–79 mit großem Aufwand zu einem Staatlichen Rheumakrankenhaus umgebaut. 1972/73 erhält das Friedrichsbad eine umfassende Restaurierung, bei der allerdings ein Großteil der Innendekoration verlorengeht. Mit dem Beginn der Altstadtsanierung 1979 wird die seit dem Mittelalter bekannte, jetzt aber verwahrloste Badeherberge ›Baldreit‹ neben dem Rathaus als schönes Ensemble restauriert und mit dem Stadtmuseum, Stadtarchiv und einer Weinstube eingerichtet. Nachdem in den 70er Jahren die Stichbahn von Baden-Oos stillgelegt wurde, läßt sich der Stadtbahnhof 1981 wieder herrichten und als Ausstellungs- und Veranstaltungsort umnutzen. Im gleichen Jahr findet in Baden-Baden die Landesgartenschau statt, was den Gärten des Florentinerbergs sowie der Engelswiese und dem Hungerberg im Rücken des Neuen Schlosses zugute kommt. Die 1968 erbaute Kongreßhalle am Augustaplatz wird zwischen 1992 und 1994 erweitert und modernisiert. Als sinnvolle Zweckbauten, die eine verkehrsberuhigte Innenstadt ermöglichen, erweisen sich schließlich auch die neuen Umgehungsstraßen mit Schloßbergtunnel (seit 1981) und dem unterirdischen, 1989 fertiggestellten Michaelstunnel.

Bei der kulturellen Entwicklung zeigen sich in der Stadt nach dem Krieg ein großer Bildungshunger und viele Aktivitäten, die diesem Bedürfnis nachkommen. Ein gleich nach dem Krieg gegründeter Kulturrat organisiert erste literarische Salons. Kulturzeitschriften, wie der ›Merkur‹ und ›Das Kunstwerk‹ erscheinen in Baden-Baden und erreichen Traumauflagen von bis zu 200 000 Exemplaren. Ab 1946 werden wichtige deutsch-französische Kunstausstellungen organisiert. Das Programm der seit 1950 freigegebenen Staatlichen

Kunsthalle erreicht ab Mitte der 50er Jahre ein Publikum, das weite Anreisen nicht scheut. Und auch die Freunde der Musik kommen zu ihrem Recht: Der 1946 gegründete Südwestfunk gibt vor allem durch sein eigenes Sinfonieorchester Impulse an die Stadt weiter. In den 50er Jahren kommt das wiederformierte Kurorchester hinzu. Das Theater kann im April 1956 seine erste Nachkriegsspielzeit eröffnen.

Diese vielversprechenden Ansätze finden in den 60er Jahren dann keine angemessene Fortführung. Mit dem Fernsehen, den Fernreisen, dem breiter gewordenen Konsum- beziehungsweise Freizeitangebot zerfließt das kulturelle Interesse des Publikums in eine schwer faßbare Sehnsucht nach Zerstreuung und Unterhaltung. Die für Baden-Baden so typische Form der Salonkultur gerät in Vergessenheit; das Geld für große Aufführungen und entsprechende Bühnen ist nicht vorhanden, und die Kulturpolitik der Stadt macht den Fehler, die Veranstaltungen im Kurhaus am Zeitgeist der ›leichten und seichten Muse‹ auszurichten. Schlagerfestivals, Tanzturniere und andere am Durchschnittsgeschmack orientierte Veranstaltungen geben in den 70er und 80er Jahren eine große Tradition preis. Allein die Kunsthalle hält in ihrem Programm hohe Qualitätsmaßstäbe aufrecht.

Die Grundsatzfrage, ob das ehemalige Weltbad durch ausgewählte Kunst- und Kulturprogramme, durch Casino und Iffezheim, also durch die bewußte Stärkung einer elitären Identität ein ›Schauplatz‹ sein will, oder ob leichter konsumierbare Veranstaltungen und Attraktionen aus Baden-Baden eine Stadt für jedermann machen sollen, einen ›Platz zum Schauen‹ eben, stellt die Touristiker heute vor wichtige Entscheidungen. Sie wissen, daß mehr als 50 % der Arbeitnehmer in der Stadt im Dienstleistungsbereich beschäftigt sind und zum großen Teil davon leben, daß möglichst viele der 5000 Gästebetten gefüllt werden. Im Jahr 1992 zählte Baden-Baden rund 270 000 Gäste und 830 000 Übernachtungen. Das bedeutet im Vergleich mit anderen deutschen Erholungsstätten einen Mittelplatz. Um ein effizientes und zielgerichtetes Arbeiten in der Gästewerbung und -betreuung zu verbessern, hat man 1990 die Privatisierung der Bäder- und Kurverwaltung zielbewußt vorangetrieben. Dieser bis dahin mit mehr als 400 Angestellten arbeitende und öffentlich finanzierte Apparat wurde zwischen 1992 und 1994 in schlankerer Form neu gegliedert und in eine privatwirtschaftlich arbeitende Stadtmarketing-Gesellschaft umgewandelt.

Die Kunst des Kurens

Wunder wirkendes Wasser

Thermen als Heilkraft und Elixier

»Wunderwirkend strömt die Welle · Strömt der heiße Dampf der Quelle
Mut wird freier · Blut wird neuer · Heil dem Wasser · Heil dem Feuer«

Johann Wolfgang von Goethe,
Inschrift am Portal des Friedrichsbads

Linke Seite: Friedrichsbad, der Kuppelsaal des Bewegungsbads

Das Quellgebiet, dem Baden-Baden eine tägliche Schüttung von 800 000 Liter warmem und mineralreichem Wasser verdankt, liegt auf einer Fläche von ungefähr 100 x 100 m am Hang des Florentinerbergs zwischen der Stiftskirche im Westen, dem Frauenkloster vom Heiligen Grab im Osten und den Römischen Soldatenbädern im Süden. Hier verbergen sich folgende Quellen und Quellstollen, die ihrerseits mehrere Einzelquellen zusammenfassen: der Friedrichsstollen mit täglich knapp 380 000 Liter Schüttung von 66 °C warmem Wasser, die gleich warme Ursprungquelle mit einer Tagesschüttung von 116 381 Liter, die Florentinerquelle (85 000 Liter), der Kirchenstollen (74 477 Liter) und die Fettquelle (62 726 Liter). Kleinere Mengen geben die Kühlquelle, die Freibadquelle, die Murquelle, die Klosterquelle, der Neue Stollen und die Höllgaßquelle frei. Mit

*Quellen am Florentinerberg:
A Schnitt durch den Florentinerberg: 1 Neues Schloß 2 Hangschutt 3 Thermalstollen 4 Marktplatz 5 Stiftskirche 6 Friedrichsbad 7 ehemaliger Thermalsinterhügel 8 Thermal-Hauptquellspalte 9 Friesenbergverwerfung
B Stollen und Quellen: 1 Neuer Stollen 2 Höllstollen 3 Friedrichsstollen 4 Hauptthermalstollen 5 Höllquelle 6 Friedrichsquelle 7 Klosterquelle 8 Murquelle 9 Fettquelle 10 Ungemachquelle 11 Römerquelle 12 Judenquelle 13 Brühquelle 14 Ursprungquelle 15 Kühlquelle 16 Höllgaßquelle 17 Freibadquelle 18 Kirchenstollen 19 Römische Bäderruinen (›Soldatenbäder‹) 20 Frauenkloster vom Heiligen Grab*

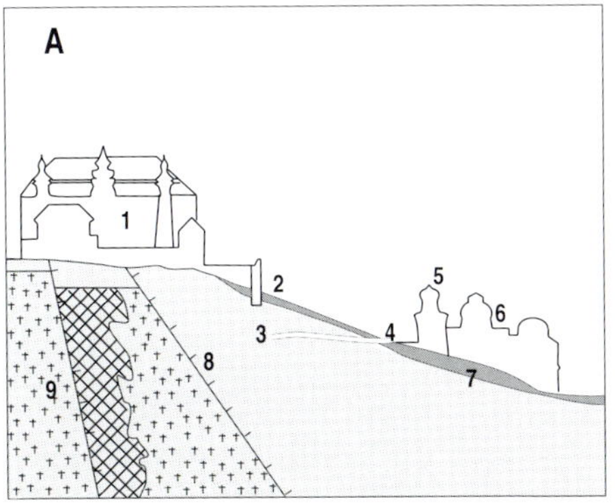

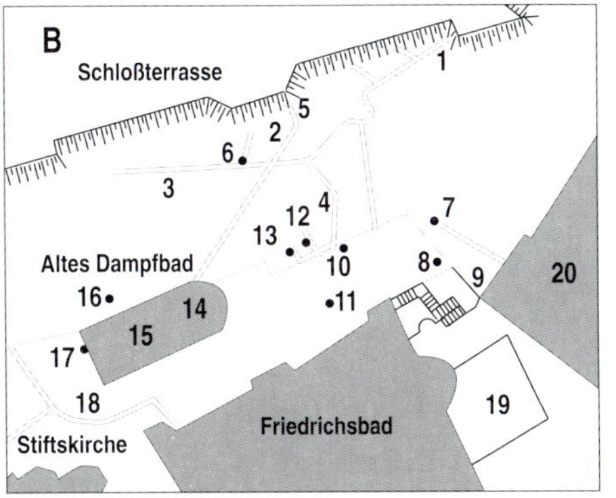

50,9 °C ist die Höllgaßquelle die ›kälteste‹ Thermalquelle von Baden-Baden. Schüttungsmenge und Temperaturen der Einzelquellen und Stollen werden jährlich gemessen. Große Schwankungen sind bei den Meßwerten der letzten Jahre nicht aufgetreten. Bei der Behandlung des Quellgebiets scheint auch die Frage von Interesse, ob Goethes Dank an das Feuer angebracht ist oder ob die natürliche ›Fußbodenheizung‹ des Florentinerbergs anderer Erklärungen bedarf. Im 17. Jahrhundert ging der Arzt Johan Küffer bei seiner ›Beschreibung des Marggrävischen warmen Bades‹ auf die Suche nach dem ›Feuer under der Erden‹, und auch die Geologen unserer Tage haben diese Suche noch nicht abgeschlossen: Ist es die im Oberrheingraben und insbesondere zwischen Baden-Baden und Mannheim vorzufindende atypisch hohe Erdwärme von 50–60 °C in 1000 m Tiefe? Sind vulkanische Kräfte im Spiel? Welche Bedeutung haben die unterirdischen Druckverhältnisse auf die Wärme des Wassers? Sicher scheint, daß die Thermalquellen von Baden-Baden mit alten vulkanischen Kräften dieser Gegend nichts zu tun haben, denn diese sind lange schon erloschen.

Das Stadtgebiet von Baden-Baden, so sagen es die Geologen, liegt in einer erdgeschichtlich recht kompliziert aufgebauten Gegend. Zur Erklärung des hiesigen Aufbaus an Gesteins- und Landschaftsformationen sind lange erdgeschichtliche Phasen zu durchschreiten. Es soll hier genügen, das Tertiär als die Zeit zu nennen, in der sich die Bildung des Rheingrabens vollzieht. Dieser Vorgang geht als mächtige Absenkung vonstatten, an deren Seiten der Schwarzwald und die Vogesen sowie Odenwald und Pfälzerwald als Randgebirge emporsteigen. Ein damit zusammenhängendes Erosionsgeschehen bildet schließlich das vielgestaltige Landschaftsbild aus, das wir in Baden-Baden genießen. Entlang einer bestimmten Bruchlinie, die sich von Badenweiler aus nach Norden zieht, liegen die Thermalquellen. Versickerndes Regenwasser sammelt sich in einer Tiefe von etwa 1500 m und wird beim Durchlaufen verschiedener Gesteinsschichten mit Mineralstoffen angereichert. Der Weg nach oben führt das Wasser durch unterschiedliche Verwerfungsspalten und bringt ihm die Berührung mit oberkarbonischen Schichten, Granit, metamorphen Schiefern und Hornfelsen. Durch unterschiedliche Eindringtiefen des Wassers, abweichende Gesteinswärmen, differierende Druckgefälle und Reibungsverhältnisse sowie durch die spezifische Wärmeminderungen verschiedener Aufstiegswege läßt sich auch erklären, warum an den 20 Austrittsstellen unterschiedliche Wärmegrade (durchschnittlich 50–66 °C) und chemische Zusammensetzungen vorliegen. In den Jahren 1868–71 wurden die Thermen in zwei Stollensysteme gefaßt, den Kirchenstollen und den Friedrichstollen. Letzterer deckt den Hauptbedarf aller Kuranstalten. Er wurde beim Bau des Friedrichsbads 1869–77 in den Schloßberg getrieben und vereinigt seither mehrere Einzelquellen.

Nach dem balneologischen System sind die Baden-Badener Quellen als Natrium-Chlorid-Thermen (Kochsalzthermen) definiert. Sie

Die Fassade des Friedrichsbads

übertreffen bei weitem die am Austritt geforderten Mindestwerte von 20 °C und 1 Gramm Mineralstoffe pro Liter Wasser. Neben dem Kochsalzgehalt findet sich im Baden-Badener Thermalwasser eine große Anzahl ionisierter Begleitelemente, denen eine hohe biologische Aktivität und Heilkraft zugeschrieben wird. Dazu gehören unter anderem Lithium, Caesium, Kieselsäure, Borsäure, Mangan und Magnesium sowie Spuren von Kobalt, Zink und Kupfer. Schließlich enthält ein Teil der Quellen Radiumemanation, wodurch sich ihre biologische Aktivität erhöht. Robert Wilhelm Bunsen lieferte 1861 und 1881, nach der Entwicklung der Spektralanalyse, die grundlegenden chemischen Bestandsanalysen des Thermalwassers von Baden-Baden. Schon seine ersten Analysen bauten auf eine seit 1830 verbreitete balneologisch-chemische Forschungsaktivität und erste haltbare Ergebnisse auf. Die neugewonnene Kenntnis über die Zusammensetzung des Baden-Badener Thermalwassers löste große Resonanz aus. Jetzt, wo der Heilcharakter auch wissenschaftlich begründet war, sollten würdige Bäderbauten diese Bedeutung auch manifestieren. So entstanden im Zeitraum von rund 20 Jahren das Friedrichsbad (1877 fertiggestellt), das Augustabad (1893 errichtet, 1962 abgebrochen) und das Landesbad (1900, heute Staatliches Rheumakrankenhaus). Den Ergebnissen von Bunsen folgt eine Weiterführung differenzierter balneologischer Forschungen bis heut .

So berichtet der Baden-Badener Oskar Rössler, seinerzeit Assistent bei Bunsen, von einem bedauerlichen Versäumnis der damaligen Landesregierung bezüglich des 1905 von Ramsay und Hahn in Ceylon festgestellten und mit ›Radiothor‹ bezeichneten Grundstoffs. Der Physiker H. Geitel hatte sich Rössler zufolge schon 1904 in Baden-Baden aufgehalten und im Quellschlamm der Thermen den radioaktiven Stoff erstmals festgestellt. Er bat die zuständigen Behörden darum, weiteren Schlamm entnehmen zu dürfen, um seine Feststellung bestätigen zu können. Die Antwort des Ministeriums fiel negativ aus, da man dort die Heilkraft nicht kannte und Radioaktivität eher als gesundheitsabträglich fürchtete. Nachdem Geitel an anderen deutschen Kurorten keine vergleichbaren Proben finden konnte, publizierte er 1905 seine Entdeckung, worauf der englische Physiker Sir William Ramsay mit einer intensiven Suche nach dem in Baden-Baden gefundenen Element begann und im gleichen Jahr in Ceylon fündig wurde. So kam es anstelle der fundortorientierten Bezeichnung ›Badenium‹ zum ›Radiothor‹.

Die Wirkung des Thermalwassers auf den menschlichen Körper wird von ärztlicher Seite wie folgt erklärt: Ionisierte Salzbestandteile dringen während des Thermalbadens durch die intakte Haut in den Organismus ein und lösen so, ihren Eigenschaften entsprechend, gewünschte biologische Reaktionen aus. Gleichzeitig gibt der Organismus im Austausch gegen die eingedrungenen Mineralbestandteile Schlackenstoffe aus dem Körper durch die Haut ab. Diese grundsätzliche Wirkungsweise trifft sowohl für Bäder als auch für Trinkkuren zu. Was schon die Römer auf diesem Wege nutzten, um ihre kampfesmüden Knochen wieder aufzurichten, hat im Laufe der Zeit eine umfangreiche Liste medizinischer Indikationen erfahren. Hilfe vom Baden-Badener Thermalwasser erwarten sich dabei vor allem Menschen mit rheumatischen Erkrankungen, Herz- und Kreislaufbeschwerden, Stoffwechselstörungen und Atemwegserkrankungen. Und wie die Indikationen, so haben sich auch die Möglichkeiten der Anwendungen ausgeweitet. Sie reichen allein im Friedrichsbad vom gewöhnlichen ›Römisch-Irischen Bad‹ mit Dampf-, Sprudel-, Tauch- und Bewegungsbad bis hin zu Kohlensäure-, Sauerstoff- und Luftperlbädern, Massagen über und unter dem Wasser sowie Kneipp-Anwendungen. In der Caracalla-Therme kommen Fangopackungen dazu, in der Trinkhalle findet das gesunde Wasser der Friedrichsquelle seinen Weg zum Ziel nicht durch die Haut, sondern durch den Mund. Und im Staatlichen Rheumakrankenhaus gibt es darüber hinaus eine Vielzahl gezielter therapeutischer Spezialanwendungen.

Kurze Geschichte der Thermen

Von römischer Badekultur

Der Blick in die Geschichte zeigt, daß die Thermen Baden-Badens schon immer aus zweifachem Grund genutzt wurden: zum einen in der Hoffnung auf Heilung, was römische Votivsteine ebenso darstellen wie Schilderungen der mittelalterlichen Pestabwehr; zum anderen schenken die Bäder aber auch Elixier und Lustgewinn. So zeigen die Ausgrabungen der Kaiserbäder und der Soldatenbäder am Florentinerberg, in welch anspruchsvoller Art und Weise sich schon die Römer auf den Kult und die Kunst der Thermalkur verstanden. Sie hatten diese Badekultur schon von den Griechen übernommen und durch Perfektionierung einen zum Teil unvorstellbaren Luxus erreicht. Man hielt sich oft stundenlang in den meist für jedermann zugänglichen Bädern auf. Da die Kaiserbäder, 1847 bei Bauarbeiten neben der Stiftskirche entdeckt, durch Kirche und die übrige Randbebauung des Marktplatzes fast vollständig überbaut waren, konnten sie nur zum Teil und nur zeitweilig freigelegt werden. Die Funde erlauben allerdings eine Rekonstruktion, nach der die Kaiserbäder eine prachtvolle Anlage mit mehreren großen Baderäumen und -becken, einer Hypokaustenanlage, Wandverkleidungen aus weißem Marmor sowie einem großen Quellheiligtum gewesen sein müssen. Bei der Freilegung der Kaiserbäder wurden Fragmente zweier Platten geborgen, die sowohl zur Identifizierung als Kaiserbäder als auch zur Namensgebung der Caracalla-Therme beitragen sollten (s. S. 19). Die aus den Jahren 213–217 n. Chr. stammende Inschrift der Marmorstücke gibt Kaiser Caracalla als Auftraggeber eines Ausbaus der Kaiserbäder zu erkennen. Nach der Bergung wichtiger Fundstücke wurden die Kaiserbäder wieder zugeschüttet, und heute gibt auf dem

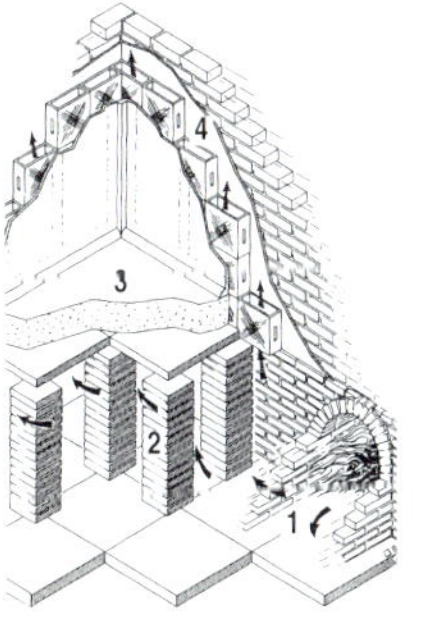

Schema Hypokaustenheizung:

1 Heißluft
2 Stützen aus Lehmziegel
3 Fußboden
4 Hohlziegel für die Wandheizung

Römischer Bäderbezirk

›Kaiserbäder‹
1, 2 Becken zur Abkühlung des Thermalwassers
3, 4 Badebecken
5 Heißluftraum

›Soldatenbäder‹
a Piscina
b Caldarium
c Tepidarium
d Sudatorium
e Praefurnium

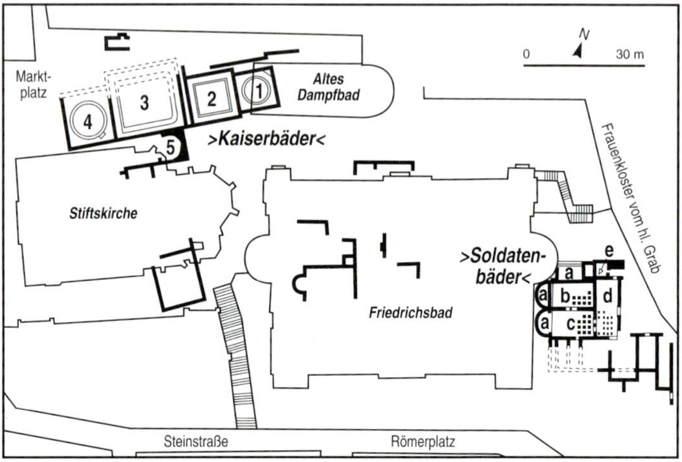

Marktplatz lediglich ein Muster aus schwarzem Kopfsteinpflaster Lage und Anordnung der Kaiserbäder zu erkennen. Mehr ist dagegen von den Soldatenbädern unter dem Friedrichsbad zu sehen. In der großen Anlage, die wegen notwendiger Restaurierungsarbeiten dem Publikum wohl erst ab 1997/98 wieder offenstehen wird, läßt sich die Aufteilung in Frigidarium (Kaltwasserbad), Caldarium (Warmwasserbad), Tepidarium (ein mäßig erwärmter Verbindungs- und Durchgangsraum) und Heißlufträume (Sudatorien) noch deutlich nachvollziehen. Da der heutige Zugang zu den Soldatenbädern etwa einen Meter unter dem Ursprungsniveau liegt, kann man das erhaltene Hypokaustensystem der Unterboden- und Wandheizung gut einsehen. Dieses Heizsystem besteht aus einem von Stein- beziehungsweise Tonstützen geschaffenen Hohlraum unter dem Fußboden. Von einer zentralen Feuerstelle (Praefurnium) aus wurde durch diesen Hohlraum Heißluft geführt, die dann durch Tonrohre in den Wänden abzog und auf diese Weise den ganzen Raum gleichmäßig beheizte. Das noch vorhandene antike Tonnengewölbe der Soldatengräber vermittelt einen Raumeindruck, der in dieser Vollständig-

Modell der ›Kaiserbäder‹

keit nur noch in wenigen Römerbädern erhalten ist. Freigelegte Mauerstümpfe zeigen, daß der begehbare Raum mit den verschiedenen Becken nur ein Teil der ebenfalls repräsentativ ausgestatteten Soldatengräber war. Weitere Ausgrabungen im anschließenden Gebiet erbrachten entsprechende Hinweise auf Einzelkabinen, Massage- und Gymnastikräume. Unter der heutigen Caracalla-Therme werden außerdem die Reste von sich anschließenden Ruheräumen vermutet.

Badefreuden im Mittelalter

Die bei den Römern hochstehende Badekultur erlebte im frühen Mittelalter zwar einen relativen Niedergang, mit der zunehmenden Beachtung der heißen Quellen in der zweiten Hälfte des 14. Jahrhunderts und unterstützt durch einen Erlaß Bernhards I., der alle Gäste unter den persönlichen Schutz des Markgrafen stellte, entwikkelte sich die Stadt jedoch zu einem gut besuchten Badeplatz. Das Vertrauen in die heilende Kraft des Wasser war so groß, daß man 1349 als Abwehrmaßnahme gegen die in der Stadt wütende Pest die heißen Quellwasser durch die Straßen fließen ließ.

Badeszene als Kalendervignette

Die Menschen des sinnenfreudigen Spätmittelalters hatten ihren Spaß am Wasser, wenn auch ohne eine besondere Badearchitektur dafür zu entwickeln. Man verzichtete auf die perfekten römischen Heizsysteme und Raumfolgen mit unterschiedlichen Temperaturen und Funktionen. Die einzelnen Baderäume wurden, wenn überhaupt, mit Öfen beheizt, und das Vergnügen beschränkte sich auf das Baden in Holzbütten, war deshalb aber sicher nicht geschmalert. Ein Spital – im heutigen Bäderviertel erinnert daran noch der Name der Spitalkirche – trägt ab 1351 zum guten Ruf der Stadt als Heilbad bei. Mit dem ›Baldrich‹ (Baldreit) ist 1460 die erste bekannte Badeherberge datiert, heute Sitz des Stadtmuseums und einer Weinstube.

In dem um 1480 erschienenen ›Puchlein‹ (Büchlein) zur Badekur in ›naturheißen Bädern‹, in dem er Baden als Luxusbad besonders lobt, gibt Meistersinger Hans Foltz einen Einblick in das mittelalterliche Badeleben. Er zeigt auf dem Titelblatt seines Buches die Ungeniertheit der Badegäste, die sich im Hof oder in den Badestuben der Herbergen zumeist über mehrere Stunden in großen Holzbütten aufhielten und sich dabei mit Speise, Trank und Musik unterhalten ließen. Die erste von Hans Foltz' ›Regeln für die Badekur‹ lautet: »... so du in ein Bad ziehest, sollst du schauen, daß dein Sekkel geladen sei mit Gold ...« Trotz der frühen Existenz von Armen- und Bürgerbädern gab es in Baden-Baden also bereits im Mittelalter genügend Gelegenheit, sein Geld unter die Leute zu bringen.

*»Wozu ein Mensch mag haben Begier,
Ist alles wohl zu finden hier
Drum reist man nach Baden von fern und nah.«*

Hans Foltz, ›Puchlein‹ von den naturheißen Bädern, um 1480

1467 belehnt Markgraf Karl I. seinen Feldscherer mit den Bädern und Badehäusern der Stadt. Hans Ulrich der Scherer erhält das Lehen mit der Auflage, die allzu locker gewordenen Badesitten wieder strengeren Regeln zu unterwerfen. Der neue ›Zuchtmeister‹ hat

Hans Foltz, ›Puchlein‹ von den naturheißen Bädern, um 1480

deshalb für die stärkere Betonung des Heilcharakters gegenüber bloßer Wonne in der Wanne Sorge zu tragen, zumal sich in den öffentlichen Badehäusern die Syphilis neben der Pest epidemisch verbreitet hatte. Er schröpft seine Gäste, indem er sie beim Aderlaß um etwas Blut erleichtert, und wird so zu einem der ersten bekannten Badeärzte. Daß es Hans Ulrich dem Scherer dabei nicht schlecht ging, zeigt noch heute seine berühmt gewordene Stiftung des steinernen Kruzifix von Niclaus Gerhaert von Leyden. Es stand einst auf dem alten Friedhof hinter der Spitalkirche und hat seit 1967 seinen Platz im Chor der Stiftskirche.

Zur Beherbergung von 3000 Badegästen pro Jahr stehen im 16. Jahrhundert zwölf Gasthäuser mit 389 Badekästen zur Verfügung, das ›Ungemach‹ gehörte zu den beliebtesten. Die Badeherberge besaß 60 hölzerne Badekästen und 26 Zimmer und stand an der Stelle, die jetzt das Kloster vom Heiligen Grab einnimmt. Wo heute auf der Wiese vor dem Friedrichsbad eine Fassadenfigur des Augustabads auf den ehemaligen Standort einer prachtvollen Badeanstalt für Frauen hinweist, da residierte einst die Badeherberge ›Salmen‹, deren »dreyunddreissig Badkästen im Hoff« der Zeitbericht des Arztes Johann Küffer von 1625 beschreibt. Von den vielen Badeherbergen, die in vergangenen Zeiten über einen direkten Anschluß an die Thermen verfügten, sind mit dem ›Badischen Hof‹ und dem ›Badhotel zum Hirsch‹ gerade noch zwei Häuser übriggeblieben, die dieses Privileg ihr eigen nennen können. Dazu kamen ein Fürstenbad, ein Armen- und Bürgerbad, zwei Stufenbäder, das Gutleuthaus- und das Spitalbad. Markgraf Christoph I., der Baden 1475–1515 regierte, hatte in einer Badeordnung festgelegt, daß »jeder Badgast von mann und frauwen, so gein Baden kompt … sechs pfennyng geben« soll. Die Benutzer des Armenbads hingegen brauchten der Bestimmung nach nur einen Pfennig zu bezahlen: ›1-Pfennig-Privileg‹. Baden-Baden erlebte in den Jahren dieser Verordnungen als Badeort seine mittelalterliche Blüte, was einige berühmte Gäste und Ärzte anzog.

Im Jahr 1473 kam Kaiser Friedrich III. mit großem Gefolge zu einer sechswöchigen Badekur. Und noch zu Lebzeiten des Markgrafen, im Jahr 1526, weilte Paracelsus (Theophrast Bombast von Hohenheim) hier und bemühte sich, die Wirkung des Heilbadens wissenschaftlich zu begründen. Er kam zu dem Schluß, daß die Baden-Badener Thermen die Kraft haben, »… etlich schwere Kranckheiten zu stillen und zu mitleren (mildern), aber kein gewalt zu heylen.«

»Damit die Kranken geheilet werden, hat Gott in seiner Schöpfung verordnet, daß im aufspringenden Wasser mehr Kraft erfunden werde, denn in gescheiten Briefen geschrieben. Die heißen Wasser von Badin aber sind vollkommener denn alles andere.«

Theophrastus Paracelsus a. D. 1541

Auf dem Weg zum Modebad

Am Standort des Armenbads, im Rotenbachtal hinter der Caracalla-Therme, dokumentiert der Bau des Landesbads 1888–90 dann die dritte Blütezeit der Kurstadt. Die Pracht von Friedrichsbad und Augustabad waren für schmale Geldbeutel nicht gemacht, und so kam es mit dem Bau des Landesbads in bewährter Manier zur Einrichtung einer Armeleute-Alternative. Die Nachfolge des Landesbads hat inzwischen das Staatliche Rheumakrankenhaus angetreten. Im Zentrum des Bäderviertels am Römerplatz nutzten die Badeherbergen ›Ungemach‹, ›Salmen‹, ›Zum Greyffvogel‹ und ›Zum Ochsen‹ im 17. Jahrhundert am Fuße des Florentinerbergs das nahe Quellwasser, sie sind namentlich auf dem berühmten Kupferstich von Merian verzeichnet. ›Ungemach‹ und ›Salmen‹ lagen an der heutigen Stelle des Frauenklosters vom Heiligen Grab, der ›Greyffvogel‹ im Bereich des hinteren Marktplatzes und die Badeherberge ›Zum Ochsen‹ gegenüber vom Kloster, wo 1869–77 von Carl Dernfeld das **Friedrichsbad** als damals modernstes Badehaus Europas errichtet wurde. Dieser große Badetempel wurde nach seiner Fertigstellung von Publikum und Fachwelt gleichermaßen bestaunt und in Kurstädten wie Wiesbaden oder Aachen auch kopiert. Die acht Jahre lange Bauzeit des Friedrichsbads erklärt sich durch Arbeitsunterbrechungen verschiedener Ursachen: der Deutsch-Französische Krieg gehörte ebenso dazu wie hier getätigte archäologische Funde, Finanzierungsprobleme oder die bautechnisch komplizierte Hanglage. Aber die langen Mühen sollten sich lohnen, denn was 1877 im ›toskanischen Viertel‹ der Stadt schließlich eine würdige Einweihung erhielt, wurde als Prachtbau nach dem Vorbild der italienischen Hochrenaissance europaweit bewundert.

Friedrichsbad: 1869–77 als seinerzeit schönstes Badehaus Europas erbaut.

Die Prunkfassade ist durch Seiten- und Mittelrisalite, große Rundbogenfenster und Balkone gegliedert. Oberhalb des Portals stehen die Statuen des Äskulap und der Hygieia, darüber die Lobpreisung des Wassers aus der Feder Goethes (s. S. 45). Den oberen Teil des Mittelbaus bildet ein triumphbogenartiger Abschluß mit der Kolossalbüste des Großherzogs Friedrich I., der den Bau veranlaßte.

Porträtbüste von Großherzog Friedrich I. an der Fassade des Friedrichsbads

Baderäume und Armaturen im Friedrichsbad

Rechts und links der Hauptgalerie erlauben mehrere namentlich beschriftete Porträt-Medaillons eine bildhafte Vorstellung von historischen Persönlichkeiten, die sich um Baden-Baden und die Thermen in besonderer Weise verdient gemacht haben. Paracelsus gehört ebenso dazu wie Robert Wilhelm Bunsen oder der römische Kaiser Caracalla (Marcus Aurelius).

Nach dem Betreten der Vorhalle kommt man über einen prachtvollen Aufgang zunächst in zwei große Renaissance-Säle. Ehemals als Wandelhalle und Empfangsraum genutzt, wurden hier später mit schwerem mechanischem Gerät Bewegungstherapien durchgeführt. Die Großzügigkeit und Eleganz der Säle rechtfertigt ihre jüngere Umwidmung für Vorträge und Veranstaltungen. 1996 soll hier mit der Erstaufführung des Stückes ›Edith Piaf‹ ein Traum des Baden-Badener Theaterintendanten in Erfüllung gehen: das Friedrichsbad als zweite Spielstätte des Stadttheaters. Vor diesem ›Zimmertheater in spe‹ zweigen die Wege zu den Umkleidekabinen ab. Die erste Berührung mit dem Wasser erfolgt durch sogenannte ›Monsterduschen‹, schwere Messing-Duschköpfe vom Durchmesser einer Langspielplatte, die das Wasser schauerlich schön auf einen niederprasseln lassen. Die anschließenden Heißluftbäder gleichen durch ihre Fliesen mit historischen Motiven oder Naturszenen mit Seerosen, Flamingos und Wasservögeln eher kleinen Gemächern als dem, was man als Sauna kennt.

Höhepunkt aber ist das zentrale, kreisrunde Bewegungsbad unter einer 18 m hohen Kuppel, das in Anlehnung an römische Vorbilder architektonisch gegliedert und mit Carrara-Marmor ausgestattet ist. Dem Kranken helfen in Baden-Badens Thermen die Spezialanwendungen, dem Gesunden sei zur Einübung in den Genuß ein ›römisch-irischer Gang‹ durch das Friedrichsbad empfohlen. Das sind zwei Stunden Labsal in historischem Ambiente; schwitzen, ausdünsten und sich im warmen Wasser aalen, dann unter den Monsterduschen abkühlen, um zuletzt, nach all dem Warm und Kalt, in eine dicke Decke eingemummt im großen Schlafsaal die Ruhe als Elixier zu erfahren. Zu einem solchen Erlebnis kommt man schon lange hierher.

Obwohl von Anfang an durch hohe Eintrittspreise für eine Minderheit eingerichtet, war das Friedrichsbad bald zu klein. So entstand schon 1890–93 in unmittelbarer Nachbarschaft das ebenso prunkvolle Augustabad als ›Frauenbad‹. Es wurde, was heute unseren denkmalpflegerischen Grundsätzen widerspräche, 1962 abgebrochen. Im gleichen Zuge ging auch das Fangohaus verloren. Etwas versetzt richtete man in den 60er Jahren im Rahmen einer Neustrukturierung des Bäderviertels ein neues Kurmittelhaus als Ersatz für das Augustabad ein. Dieser wenig geglückte Ersatz wurde vom Publikum als solcher erst richtig angenommen, als eine Modernisierung 1983–85 daraus die **Caracalla-Therme** machte. Wer noch ein unmittelbares Verhältnis zum Wasser hat und meint, es sei allein zum Trinken, Waschen oder Schwimmen da, der wird in dieser neuzeitlichen Thermenlandschaft dazulernen: Man kann es fein zerstäubt inhalieren, als ›Hot-Whirl-Pool‹ prickelnd, im Strömungskanal mitreißend, im Fangoschlamm klatschnaß, schwer und heiß erfahren. Und das ist noch lange nicht alles. Eine Gratis-Kostprobe bezüglich der Qua-

Carcalla-Therme: Große Thermalbadeanlage, die 1985 die Nachfolge des Augustabads antrat.

Aufenhaltsraum im Friedrichsbad

lität des Wassers als Heilgetränk gestattet die Caracalla-Therme im frei zugänglichen ersten Stock der Eingangshalle. Dort kommt das Quellwasser der Friedrichsquelle, Fettquelle und Murquelle an.

Verlassen wir nun das Thema Thermen und bleiben trotzdem noch einen Moment bei der Auszeichnung von Baden-Baden als Gesundbrunnen. Denn es mußte mehr als Wasser in die Waagschale gegeben werden, um im 19. Jahrhundert den Wettstreit mit den aufkommenden Modebädern Karlsbad, Wiesbaden oder Spa zu gewinnen. Ein paar Stationen dieser Konkurrenz zeigen, daß Baden-Baden die Waagschale zu füllen wußte: Für das Jahr 1800, also ein Jahr nach der Wiederentdeckung Baden-Badens als Ausflugs- und Kurort durch den Kongreß von Rastatt, hält die Badeliste 391 Besucher fest. In Wiesbaden sind es um diese Zeit ›schon‹ 900. Nachdem das Kurhaus sowie dazugehörende Gartenanlagen eingerichtet sind und mit dem ›Badischen Hof‹ ein erstes Hotel für gehobene Ansprüche entstanden ist, zählt Baden-Baden im Jahr 1825 dann 7757 Kurgäste; Wiesbaden aber behält mit 12 986 Gästen seinen Vorsprung. Im Jahr 1860 hingegen sieht sich Baden-Baden mit 46 842 Gästen gegenüber Wiesbaden mit 25 438 registrierten Besuchern vorn. Dieser Etappensieg von Baden-Baden lag sicher zum großen Teil an den erfolgreichen Aktivitäten der Spielbankpächter Bénazet; sicher aber auch daran, daß Baden-Baden neben Bad und Spiel auch die Natur zum Verbündeten hat.

Die Mediziner lassen uns wissen, daß die Nähe zur oberrheinischen Tiefebene und zum Schwarzwald ein mildes Schonklima, besonders viele heitere Tage und eine reinigende Luftzirkulation mit sich bringt. Außerdem bietet die gleichzeitige Tal- und Hanglage der Stadt mit mehreren Höhenstufen die beste Möglichkeit zu ›Terrainkuren‹. Das heißt, man kann in Baden-Baden schön spazierengehen und dabei, je nach Lust und Laune, die Ebene oder den sanften beziehungsweise steileren Anstieg in die Wälder genießen.

So haben wir in Baden-Baden neben dem Wasser also auch die Landschaft und den Wein, neben Fango auch Forellen und neben

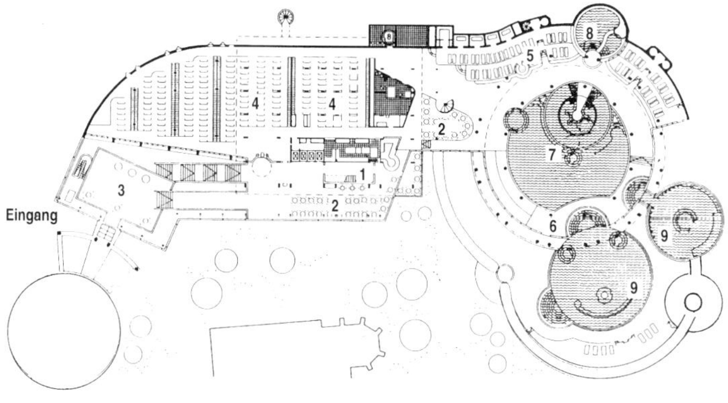

Caracalla-Therme

1 Haupttreppe
2 Restaurant
3 Empore mit Trinkbrunnen
4 Umkleideräume
5 Ruheräume
6 Thermenhalle
7 Innenbecken
8 Wassergrotten
9 Außenbereich

Waldhaus Rote Lache über dem Murgtal

speziellen Milch- und Molkenkuren auch die Möglichkeit zur Muße. Die Kunst der Kur bestand und besteht für viele Gäste der Stadt auch darin, sich den Hinweis von Georg Christoph Lichtenberg zu Herzen zu nehmen. Der erste große Meister des Aphorismus spottet, daß »die Leute, die niemals Zeit haben, am wenigsten tun«. Man nimmt sich als Gast in Baden-Baden also vor allem eines – Zeit. Zeit für die Thermen, Zeit zum Flanieren und Wandern, Zeit für die Konversation und das Konzert, für das Spiel, für Speise und Trank. Das ist die Kunst des Kurens, die man hier noch genauso pflegen kann wie vor 100 Jahren.

Die Kunst, dem Künstler zu gefallen

Ein Gespür für das Genie

Das öffentliche Musikleben

Das ›anspruchsvolle öffentliche Konzert‹ war in Baden-Baden bis zur Übernahme der Spielbank durch die Bénazets im Jahr 1838 zwar kein Fremdwort, aber im Vergleich zu den privaten ›Salons‹ eher eine sporadisch organisierte Attraktion als eine dauerhafte Einrichtung. So zeigen uns die Zeilen, die der Komponist *Carl Maria von Weber* (1786–1826) bezüglich eines von ihm geplanten Konzertauftritts in Baden-Baden an einen Freund richtete, daß der Kurort im Jahr 1810 mit dem ›Badischen Hof‹ zwar das erste europäische Luxushotel und namhafte Gäste aufzuweisen hatte, aber keinen Konzertflügel, der zum Vortrag geeignet gewesen wäre: »Den 20. Juli kamen wir endlich in Baden an und fanden alles so voll, daß wir kaum bei einigen Bekannten uns einquartieren konnten, ich fand da viele Bekannte aus allen Weltgegenden und dachte wirklich gute Geschäfte machen zu können. ... [Aber] in ganz Baden und in der Gegend [war] kein spielbares Instrument; man sagte mir von einem in Rastatt, ich reiste hin und kam eben an, als der Eigentümer verreist war.«

Mit dem Aufschwung des Kurbads am Anfang des 19. Jahrhunderts entwickelte sich das Konzertleben also nur zögerlich. Erst das 1824 fertiggestellte Neue Konversationshaus (das heutige Kurhaus) und die 1853–55 dort eingerichteten Prunksäle sollten sich als adäquate Bühne für große musikalische Vorträge erweisen. Die Reihe der Virtuosen in Baden-Baden hatte 1827 der damals 18jährige *Felix Mendelssohn-Bartholdy* (1809–1874) eröffnet. In einem späteren Brief schildert er seine ersten ›Auftritte‹ wie folgt: »Der Entrepreneur der Spielbank war wütend auf mich. Ich hätte ihm durch mein Spiel [am Klavier] eine Menge Leute von der Roulette weggelockt, das sei gegen seinen Kontrakt und er brachte es dahin, daß das Klavier gestern weggenommen wurde.« Der Wundergeiger *Niccolò Paganini* (1782–1840) konnte sich drei Jahre später schon ungeteilter Begeisterung erfreuen. Seine bis damals unbekannten Kunstgriffe hatten ihn schon in ganz Europa bekannt gemacht, und sein Konzert im Neuen Konversationshaus am 8. August 1830 erwies sich als überragender Erfolg. Paganini wurde hier erstmals von dem jungen *Jacques Rosenhain* am Klavier begleitet, der nach einer ruhmreichen Pianistenlaufbahn seinen Lebensabend bis 1894 in Baden-Baden verbrachte. Dem großen Paganini folgte 1832 mit dem damals 13jährigen *Henry Vieuxtemps* ein weiterer Virtuose an der Geige. Und 1833 konzertierte die 1816 in Lichtental geborene Franziska Helma Göringer erstmals in ihrer Heimatstadt. Ihren Künstlernamen *Francilla Pixis* hatte die weithin geschätzte Sängerin mit der Contralto-Stimme als Adoptivtochter und Schülerin des Pianisten Johann Peter Pixis angenommen, der sie bei ihren Vorträgen auch am Klavier begleitete. Eine weitere Stimme, die von Baden-Baden

Linke Seite: Weinbrennersaal im Kurhaus

Prunksaal im Konversationshaus, Charles Heath nach Tony Johannot, farbiger Stahlstich, um 1840

aus die Welt erobern sollte, gehörte der 1822 hier geborenen *Anna Zerr*. Als Tochter des Leiters der städtischen Kirchenmusik Joseph Zerr aufgewachsen, sang Anna schon mit 12 Jahren Mozartmessen ›a prima vista‹. Als 14jährige hatte sie 1836 ihr erstes großes Publikum im Konversationshaus. Nach ihrer Ausbildung am Pariser Konservatorium kehrte sie 1839 zunächst an das Karlsruher Hoftheater zurück, Gastspielreisen brachten sie an die großen Opernhäuser Europas wie auch Nord- und Mittelamerikas. Mitte der 50er Jahre zog sich die gefeierte Künstlerin vom Konzertleben nach Baden-Baden zurück, wo sie 1881 starb.

Mit dem ersten Gastspiel von *Franz Liszt* (1811–1886) beginnt im Jahr 1840 ein neues Kapitel in der Musikgeschichte der Kurstadt. Jacques und Edouard Bénazet bemühten sich als Spielbankpächter ab 1838, dem Roulette in vielerlei Hinsicht einen noblen Rahmen zu verleihen – und dazu gehörte der Aufbau eines anspruchsvollen musikalischen Programms ebenso wie die Etablierung eines regelmäßig aufführenden Orchesters. So ist es kein Zufall, daß die Gründung des ›*Orchestre de la Conversation*‹ im Jahr 1854 und die Einrichtung der Prunkräume des Spielcasinos (1853–55) durch Edouard Bénazet zur gleichen Zeit vorgenommen wurden. Aus diesem Konversations- und Kurorchester ist nach einigen Namensänderungen inzwischen die ›*Baden-Badener Philharmonie*‹ geworden. Die Anfänge müssen für die Musiker ein hartes Brot gewesen sein: Der Arbeitstag der Bläser begann morgens um sieben Uhr mit der Frühmusik für die Gäste, nachmittags Promenadenmusik, abends Konzerte, sonntags Kirchenmusik und gelegentlich Begräbnisse. Dazu kamen die Bälle, wie der 1855 eingeführte und über viele Jahre beliebte ›bal costumé‹. Von den künstlerisch anspruchsvollen Abenden seien hier nur einige genannt: die Uraufführung der Kammeroper ›Béatrice und Bénédict‹ anläßlich der Einweihung des Stadttheaters 1862, zu deren Komposition *Hector Berlioz* (1803–1869) als ›französischer Wagner‹ vom Spielbankpächter Bénazet beauftragt worden war; ein Konzertabend mit Johann Strauss im Jahr 1872; die Probeaufführung des ›Doppelkonzerts‹ von Johannes Brahms, bei der Brahms 1887 das Orchester leitete; das Baden-Badener Musikfest des Jahres 1906, bei dem Richard Strauss als Dirigent auftrat. Der heutige Bénazetsaal galt in den ›Goldenen Zwanzigern‹ als einer der besten Konzertsäle in Deutschland, der bei Gastspielen unter anderen von Wilhelm Furtwängler, Leo Blech, Fritz Busch, aber auch vom Ensemble der ›Met‹ aus New York beehrt wurde.

Franz Liszt, Fotografie von K. Ferenoz

Eine lange Tradition weisen auch die regelmäßig in Baden-Baden stattfindenden Musikfestspiele auf. Schon Mitte des 19. Jahrhunderts hatte Bénazet Hector Berlioz damit beauftragt, in Baden-Baden alljährlich ein mehrtägiges internationales Musikfest einzurichten. Das Fest war schnell zu einer beliebten Institution geworden, erlebte 1870 durch den Deutsch-Französischen Krieg aber eine Zäsur. Die kurz danach erfolgte Schließung der Spielbank brachte auch für das Orchester eine neue Situation, es wurde jetzt der Stadt unterstellt. Die Institution der Musikfeste belebte Franz Liszt 1880 mit Hilfe des badischen Großherzogenpaars in Baden-Baden erneut. Er organisierte das ›17. Tonkünstlerfest des Allgemeinen Deutschen Musikvereins‹ und machte es unter Beteiligung der Karlsruher Oper zu einem Erfolg. Das Tonkünstlerfest von 1880 fand übrigens noch unter der Orchesterleitung von *Miloslaw Koennemann* statt, der das Kurorchester 1859–90 führte und in den letzten Jahren als Kapellmeister ob seiner Neigung zur Marsch- und Militärmusik besonders von den Anhängern neuerer Musik kritisiert wurde.

1891 übernahm *Paul Hein* dieses Amt, um der musikalischen Moderne wie der Musik von Igor Strawinsky in Baden-Baden bis 1924 die Tür weit zu öffnen. Sein Nachfolger wurde 1927 *Ernst Mehlich*, der aufgrund seiner jüdischen Abstammung 1933 durch den nationalsozialistisch dominierten Stadtrat entlassen wurde. Ab 1927, dem ersten Jahr von Mehlichs Dirigentenschaft, war Baden-Baden für drei Jahre jeweils im Juli zum Festspielort für ›Deutsche Kammermusik‹ geworden. Die seit 1921 – und nach dem Zweiten Weltkrieg erneut – in Donaueschingen veranstalteten Vorträge moderner Musik wurden in jenen drei Jahren von *Paul Hindemith* organisiert. Vielleicht war die Kurstadt trotz ihrer Weltoffenheit nicht offen genug für das Neue, denn das Lehrstück ›Aufstieg und Fall der Stadt Mahagonny‹ von Bertolt Brecht und Kurt Weill sorgte bei seiner Uraufführung 1929 für einen Skandal und damit für das

Bertolt Brecht auf den Kurhaustreppen, 1928

Ende der ›Deutschen Kammermusik‹ in Baden-Baden. Die Kurgäste wollten sich von Brecht nicht belehren lassen und verstanden die Aufführung als Infragestellung ihres Kunstbegriffs. Es kam zu Handgreiflichkeiten und Tumulten.

Eng verbunden mit der Kammermusik, wenn auch nicht in Übereinstimmung mit Hindemith, waren in Baden-Baden in diesen Jahren auch *Carl Flesch* und *Carl Friedberg*. Der ›Geigenmeister aller Erdteile‹ und sein Pianist organisierten zusammen mit Orchesterleiter Ernst Mehlich bis 1933/34 die ebenfalls jährlich stattfindenden Veranstaltungen zur ›Klassischen Kammermusik‹. Auch durch ihre sommerlichen Meisterkurse 1926–33 haben sich die beiden Künstler und Musikpädagogen in Baden-Baden ein Denkmal gesetzt. Carl Flesch, 1873 als Kind jüdischer Eltern geboren, studierte in Wien und Paris. Neben den Konzertreisen machten ihn seine theoretischen Werke zum Violinspiel sowie die Qualität seines Unterrichts weltberühmt. 1935 mußte Flesch seine Ausbürgerung aus Deutschland hinnehmen. Er emigrierte zunächst nach London, ging von dort aus 1939 nach Den Haag und 1943 nach Luzern, wo er 1944 starb. Im Gedenken an das Lebenswerk von Carl Flesch finden die ›Internationalen Baden-Badener Meisterkurse‹ für den Streichernachwuchs seit 1982 wieder regelmäßig statt.

In den Jahren des Nationalsozialismus verkamen auch die Baden-Badener Musikfeste zu einer Huldigung des Deutschtums, und in den ersten Jahrzehnten nach dem Zweiten Weltkrieg wurden die großen Musikfeste in der Kurstadt durch Zyklus- und Kammerkonzerte ersetzt. Den jüngsten Anknüpfungspunkt an die Tradition

Baden-Badener Musikfeste bildet seit 1984 der ›Musikalische Sommer‹. Er steht unter der künstlerischen Leitung von Generalmusikdirektor *Werner Stiefel* und bezieht seit 1994 den Marktplatz, das Alte Schloß und andere schöne Kulissen der Stadt als Freilichtbühnen ein. Auch in der Programmgestaltung hat sich der ›Musikalische Sommer‹ gegenüber Neuerungen nicht verschlossen. Einen musikalischen Höhepunkt bildet seit einigen Jahren auch die ›Gala d'Europe‹, zu der Künstler vom Range eines José Carreras oder Placido Domingo nach Baden-Baden eingeladen werden. 1998 soll ein neues Festspielhaus eröffnen, um mit den Karajan-Pfingst-Festspielen und anderen Musikereignissen Baden-Baden wieder zu einem musikalischen Zentrum wie in der zweiten Hälfte des 19. Jahrhunderts zu machen.

Musikalische Salonkultur

Einen der Mittelpunkte dieser musikalischen Kultur im Baden-Baden des 19. Jahrhunderts bildeten zweifellos Clara Schumann (1819–1896), Johannes Brahms (1833–1897) und Pauline Viardot-Garcia (1821–1910), die auch persönlich miteinander verbunden waren.

Clara Schumann, Fotografie, um 1860

Clara Schumann fand nach dem Tod ihres Mannes Robert Schumann 1856 mit ihren sieben Kindern in Baden-Baden 1862 eine ruhige, aber gleichzeitig kunstsinnige Stadt für die konzertfreie Zeit. Das ausgewählte kleine Häuschen in Lichtental (»… welches mir so gut gefallen, daß ich darauf geboten habe«) grenzte mit seinem Garten an die Oos und erfüllte bald den gewünschten Zweck. Heute zeigt sich das Anwesen in der Lichtentaler Hauptstraße 8 baulich völlig verändert. Von wenigen Engagements abgesehen, tritt Clara Schumann in den Sommermonaten ihrer Baden-Badener Jahre nicht öffentlich auf, ein wirkliches Zurückziehen bedeutet ihr Aufenthalt hier dennoch nicht. Konzertabsprachen für den Winter sind zu führen, Musikerfreunde geben sich im Hause regelmäßig ein Stelldichein. Zu den Besuchern und Freunden des Hauses Schumann in Baden-Baden zählen neben Johannes Brahms der seinerzeit berühmte Geiger *Joseph Joachim* (1831–1907), der Maler *Anselm Feuerbach* (1829–1880), der Sänger *Julius Stockhausen* (1826–1906), der Pianist *Anton Rubinstein* (1829–1894) und der Komponist *Theodor Kirchner* (1823–1903) aus Zürich. Weniger Gast als wichtige Bezugsperson von Clara Schumann in Baden-Baden ist Pauline Viardot-Garcia, die in der Fremersbergstraße ihre eigenen musikalischen Salons unterhält. Das Kurhaus, damals noch ›Maison de Conversation‹ genannt, erlebt zwischen 1862 und 1873 zahlreiche Vorträge von Clara Schumann, so bei dem Grand Concert im Juli 1863, als sie das Klavierkonzert Nr. 1 g-Moll op. 25 von Felix

»Hier in Baden hätte ich die schöne Natur und auch künstlerischen Verkehr, denn Alles kommt ja hierher.«

Clara Schumann, Tagebuch von 1862

Julius Allgeyer, Johannes Brahms und Hermann Levi 1869 im Atelier Allgeyer in Karlsruhe beim Betrachten einer Silberschale, dem Hochzeitsgeschenk für Julie Schumann. Fotografie von J. & L. Allgeyer, Karlsruhe, 1869

Mendelssohn-Bartholdy spielt und auch Pauline Viardot-Garcia zu den Mitwirkenden des Konzerts gehört. Die Clara-Schumann-Musikschule, ein nach ihr benannter Platz und von einem Kulturkreis in lockerer Folge veranstaltete Konzerte halten das Gedächtnis an Clara Schumann in Baden-Baden lebendig.

»Manch glückliche Stunde habe ich da verlebt und manche hübsche Noten geschrieben«, so erinnert sich *Johannes Brahms* an seine Aufenthalte im Tal der Oos. Zwischen den Zeiten des Komponierens liegen lange Spaziergänge zum Geroldsauer Wasserfall, Besuche des Spielcasinos und der Freundin Clara. Als junger, unbekannter Mann hatte Brahms 1853 im Hause Schumann in Düsseldorf vorgespielt und dabei seinen Förderer Robert Schumann wie dessen Frau Clara gleichermaßen begeistert. Nach dem Tod von Robert Schumann steht Brahms Clara Schumann sehr hilfreich und mitfühlend zur Seite und wird auf seine Weise ihr Lebensgefährte. Der Komponist mietet sich 1865 in Lichtental eine kleine Dachwohnung, nachdem er die Freundin vorher einige Male in Baden-Baden besucht hat. Die Wohnung ist inzwischen von der 1966 gegründeten Brahmsgesellschaft Baden-Baden als kleines Brahmsmuseum eingerichtet worden. Außerdem erinnern noch die Baden-Badener Brahmstage – sie werden alle zwei Jahre als internationale Veranstaltung durchgeführt – an das Leben und Wirken des Komponisten in der Kurstadt.

»...Ich höre, daß Ihr die Absicht habt, nach Baden-Baden zu gehen. Da bitte ich dann recht sehr, daß Du mich wissen läßt, wann und wie lange Ihr hinzugehen gedenkt. Nach Baden-Baden habe ich ohnedies immer eine Art Sehnsucht...«

Johannes Brahms an Clara Schumann, 8. Mai 1896

Selbstverständlich stehen auch Konzertauftritte in Karlsruhe und Baden-Baden auf dem Programm, wenn Brahms an der Oos weilt.

So erleben die geladenen Gäste im Konversationshaus am 23. September 1887 die Probeaufführung des Doppelkonzerts a-Moll op. 102 für Violine, Violoncello und Orchester. Brahms leitet dabei das städtische Orchester, die Solisten sind Joseph Joachim und Robert Hausmann. Während der Sommermonate in Baden-Baden pflegt Brahms Freundschaften zu vielen Künstlern, die sich hier aufhalten: so mit dem Karlsruher Kupferstecher und Lichtbildner *Julius Allgeyer* (1829–1900), Biograph des Malers Anselm Feuerbach, der ebenfalls in Lichtental wohnt; auch mit *Hermann Levi* (1839–1900), Hofkapellmeister in Karlsruhe, fühlt sich Brahms während der Baden-Badener Jahre eng verbunden. Diese Freundschaft scheitert allerdings an der Hinwendung Levis zu Richard Wagner. Zusammen mit Joseph Joachim bezieht Brahms als eher konservativer Komponist auch öffentlich Partei gegen die ›Neudeutsche Schule‹ von Franz Liszt, Richard Wagner oder Anton Bruckner. In Baden-Baden trübt diese Gegnerschaft auch das Verhältnis von Brahms zu dem damals in Deutschland ebenso geliebten wie gefürchteten Musikkritiker *Richard Pohl.*

›Musikpapst‹ Pohl (1826–1896) hatte sich in Weimar 1854 bis 1863 mit Liszt, Berlioz und Wagner angefreundet und lebt von 1863 bis zu seinem Tod in Baden-Baden. Als Musikredakteur des ›Badeblatts‹ begleitet er publizistisch alle großen Musiker seiner Zeit und gilt als Förderer der ›Neudeutschen‹. Er ist es auch, der versucht, den Weg für den nach 1849 in Zürich und Paris exilierten *Richard Wagner* als Kapellmeister der Karlsruher Hofoper zu ebnen und Baden-Baden zum Festspielort des ›Rings‹ zu machen. Diese Pläne zerschlagen sich. Wagner kommt lediglich als Gast nach Baden-Baden und gelangt mit einer Freundin »... in die Villa der Pauline Viardot ... An der Seite meiner alten Bekannten lernte ich jetzt den russischen Dichter Turgenjew kennen ...«

Damit stellt Richard Wagner das Haus der *Pauline Viardot Garcia* bereits als Künstlertreff vor und erlaubt mit der Erwähnung Iwan S. Turgenjews den Hinweis, daß die Gesangskünstlerin mit dem russischen Literaten eine ähnlich intensive Lebensfreundschaft pflegte wie Clara Schumann mit Johannes Brahms. Ihre künstlerischen Qualitäten hat Franz Liszt in ein hübsches Bild gefaßt. Es imponiere ihm, »wie sie da mit dem Goldstift ihrer Stimme die kühnsten Regenbogen in die Luft zeichnet und dann mit Schwalbenraschheit aus der Tiefe in die Höhe sich schwingt und auf dem Triller wie auf einem Zweige ruht und dessen Tautropfen mit perlenden Kadenzen herunterschüttelt.« Die 1821 geborene Sängerin entstammte einer Künstlerfamilie hohen Rangs. Schon Paulines 13 Jahre ältere Schwester Maria Felicia Garcia war mit einer Stimmkapazität von drei Oktaven als *Maria Malibran* zu Weltruhm gekommen. Ihr früher Tod im Jahr 1836 bedeutete für Pauline fast die Verpflichtung, in die Fußstapfen der berühmten Schwester zu treten. Zunächst singt sie Belcanto-Opern, wird dann in Paris mit den gewaltigen Opern von Giacomo Meyerbeer und den psychologisch durchdrungenen Werken Giu-

Johann Grund, Porträt des ›Musikpapstes‹ Richard Pohl, 1871

Karl P. Brjullov, Porträt Pauline Viardot-Garcia, 1844

seppe Verdis vertraut und erfährt dabei die Betreuung des Direktors der italienischen Oper von Paris, Louis Viardot Ihr Ausbilder und Agent wird später auch ihr Ehemann. Bei einem Gastspiel in St. Petersburg kommt es 1843 zur Begegnung mit Iwan S. Turgenjew, der fortan die Nähe der Sängerin sucht und in Baden-Baden in den 60er Jahren dann auch findet. Die Sängerin und ihr Mann hatten sich gegen die Leichtlebigkeit und den Zwang zum »Hübschen« im Paris des Zweiten Kaiserreichs entschieden und beziehen 1863 in Baden-Baden im Thiergartenviertel (heute Fremersbergstraße) eine Villa, die sie nicht nur mit angebautem Theater, sondern auch mit einer Kunst- beziehungsweise Tonhalle ausstatten. Die private Kunsthalle wird schnell zu einem musikalischen Zentrum Baden-Badens. Zu den dort veranstalteten Matineen kommt alles, was Rang und Namen hat: *Anton Rubinstein* gibt bei seinen Aufenthalten in den 60er und 70er Jahren Vorträge am Klavier. Weitere Gäste sind Richard Wagner, Franz Liszt, Theodor Storm wie auch Augusta und Wilhelm von Preußen. Bei soviel Ausstrahlung und Anziehungskraft, mit der die Viardot das künstlerische Ambiente der Stadt im 19. Jahrhundert belebte, ist es verwunderlich, daß heute kaum etwas in Baden-Baden an die Sängerin erinnert. Kein Straßenname, keine Musikschule, keine Veranstaltungsreihe.

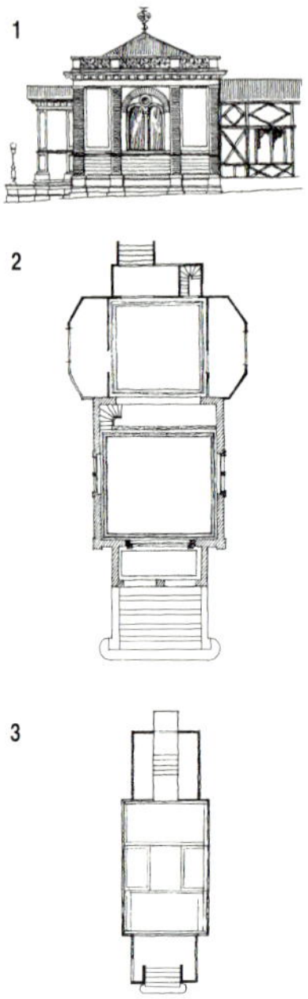

Theater der Viardots

1 *Zuschauerraum*
2 *Theater, Grundriß*
3 *Kunsthalle, Grundriß*

Literatur der Romantik und des Vormärz

Ist es die musikalische Romantik, die auch in Baden-Baden das kulturelle Leben der zweiten Hälfte des 19. Jahrhunderts prägt, so begegnen uns die literarischen Romantiker und die Vertreter des demokratischen Aufbruchs hier in den Jahren vor 1850. Sie haben – oft vom ›Romantikerzentrum‹ Heidelberg aus – die damals aufstrebende Kurstadt Baden-Baden besucht.

Einer, der im erlauchten Kreis der Heidelberger Romantiker Beachtung finden sollte, war *Aloys Schreiber* (1761–1841). Er gilt als einer der ersten mittelbadischen Berufsschriftsteller: 1761 in Kappel bei Bühl geboren, besuchte der spätere Gründer des Baden-Badener Lesevereins (1831) das Lyzeum der Kurstadt, in dem er ab 1784 auch unterrichtet. Die Schulleitung entläßt den jungen Lehrer 1788, weil er sich zu sehr als Freund der französischen Aufklärung gezeigt hatte. Schreiber arbeitet dann als Bühnenautor in Mainz und wendet sich zwischen 1793 und 1795 der Reiseschilderung zu. Sein 1812 erschienenes ›Handbuch für Reisende am Rhein‹ ist einer der Vorläufer und Konkurrenzprodukt der von Karl Baedeker ab 1832 herausgegebenen ›Rheinreise‹. Auch als Verfasser erster Führer über Baden-Baden ist er hervorgetreten, so mit dem 1805 in Karlsruhe erschienenen ›Baden in der Markgrafschaft mit seinen Bädern und Umgebungen‹.

Erst 1840, als *August Lewald* (1792–1871) die Redaktion der Zeitschrift ›Europa‹ nach Baden-Baden bringt, wird die Kurstadt für wenige Jahre ein bedeutsamer Bezugspunkt der literarischen Welt: der Vormärz löst das Biedermeier ab, die ›Europa‹ entwickelt sich zu einem Medium, das republikanisch gesinnten Schriftstellern offensteht. 1841 stellt die viel beachtete Zeitschrift ihren Lesern erstmals *Nikolaj Wassiljewitsch Gogol* (1809–1852) vor und bezeichnet ihn im Vorwort zu einer abgedruckten Erzählung als einen »...der ersten und besten Genremaler in der neueren russischen Literatur.« Gogol kam ab 1836 des öfteren nach Baden-Baden. Im Unterschied zu seinen schreibenden Landsmännern hofft er nicht auf den Gewinn beim Roulette, sondern auf den Verlust seiner Hämorrhoiden und sucht natürlich auch die Gespräche mit August Lewald, dem Redakteur der ›Europa‹.

Persönliche und berufliche Verbindungen pflegt Lewald auch mit *Georg Herwegh* (1817–1875), dem Revolutionsdichter, der seine letzten Lebensjahre in Baden-Baden verbringt. Der Herausgeber der ›Europa‹ hatte den jungen Herwegh schon 1835 als Redaktionsgehilfen beschäftigt. Der Rebell aus Stuttgart mußte wegen eines disziplinarischen Vergehens während seines Wehrdienstes ins Ausland fliehen. Seine in der Schweiz geschriebenen und 1841 publizierten ›Gedichte eines Lebendigen‹ gehören zu den erfolgreichsten Lyrikbänden der Epoche des Vormärz und machen ihn in ganz Deutschland bekannt. Im Revolutionsjahr 1848 wird aus dem politischen Dichter ein politischer Aktivist. Er führt von Paris aus eine Kolonne republikanischer deutscher Arbeiter an den Rhein. Bei Dossenbach kommt es zu einem Gefecht, das Herwegh abermals zur Flucht nach Frankreich zwingt. 1866 amnestiert, verbringt Herwegh seine letzten Lebensjahre als verarmter Mann in Baden-Baden. An seinem ehemaligen Wohnhaus in der Sophienstraße 21 erinnert eine Gedenktafel an den Revolutionsdichter, der auf eigenen Wunsch in ›freier republikanischer Erde‹ im Schweizer Liestal begraben wurde.

Episodenhaft gestaltet sich der Baden-Baden Aufenthalt von *Mark Twain* (1835–1910). Seine ausgeprägten Europareisen – sie finden in dem 1880 herausgegebenen ›A tramp abroad‹ (deutsch 1922: ›Bummel durch Europa‹) ihren Niederschlag – führen den geistigen Vater von ›Huckleberry Finn‹ und ›Tom Sawyer‹ Ende der 70er Jahre auch nach Baden-Baden und Umgebung. Mit kritischer und ironischer Distanz (s. S. 142), zuweilen bissigem Sarkasmus beobachtet er die Stadt, ihre überaus ›geschäftstüchtigen‹ Bewohner und die ›aufgeblasenen‹ Angestellten des Kurbetriebs. Trotz allem blickt Mark Twain am Ende doch versöhnlich auf seine Zeit in der Kurstadt zurück: »Ich glaube fest daran, daß ich meinen Rheumatismus in Baden-Baden gelassen habe. Er steht Baden-Baden gerne zur Verfügung. Es war wenig, aber mehr hatte ich nicht zu geben. Ich hätte gerne etwas Ansteckendes zurückgelassen, aber das lag nicht in meiner Macht.«

Mark Twain, um 1875

›Baden-Baden und die Russen‹

Iwan Sergejewitsch Turgenjew, Holzstich von F. Weiss

Mit der Wende zum 19. Jahrhundert waren die ›Westler‹ im Gegensatz zu den ›Slawophilen‹ zu der Überzeugung gelangt, daß Rußland in der Ignoranz gegenüber Westeuropa nur schwerlich einen kulturellen, wirtschaftlichen und sozialen Fortschritt erleben werde. So kam es zu einer wahren Reisewelle in Richtung Rom, Paris oder eben Baden-Baden. Nach Gogol suchte sich 1848 *Wassilij Andrejewitsch Schukowskij* (1783–1852) Baden-Baden gleich als Wohnort aus. In der Sophienstraße 5 soll der Schiller-Übersetzer und ›Vater der russischen Romantik‹ den Text zur russischen Nationalhymne der Zarenzeit geschrieben haben.

Ein weiterer russischer Literat, der kam, um länger hier zu bleiben, war *Iwan Sergejewitsch Turgenjew* (1818–1883). Seine Liebe galt dabei weniger der Stadt als der Sängerin Pauline Viardot-Garcia. Der Romancier, der in Moskau und Berlin Philosophie und Geschichte studiert hatte, sprach fließend französisch und deutsch. Er zählte sich zu den russischen ›Westlern‹ und wurde wegen eines sozialkritischen Gedenkartikels für Nikolaj Gogol 1852 auf das väterliche Gut Spasskoje in der Nähe von Mzensk verbannt. Nach seiner Amnestie zog Turgenjew Paris als Aufenthaltsort vor. Er suchte die Nähe von Pauline Viardot-Garcia und lernte so auch Baden-Baden kennen, wo er bei seinem ersten Besuch *Leo Nikolajewitsch Tolstoi* (1828–1910) begegnete, der ihn nach einer herzlichen Begrüßung gleich um Geld bat. Herr Tolstoi hatte im Casino verloren. Und nicht nur einmal. Nach 1862 kehrte Tolstoi mittel-, aber nicht besitzlos nach Rußland zurück. Zu oft hatte er nach Casinobesuchen in sein Tagebuch schreiben müssen, was dort auch in Baden-Baden am 14. Juli 1857 seinen Eintrag fand: »Roulette bis sechs Uhr abends. Alles verloren.«

Im gleichen Jahr, in dem sich Tolstoi von Europa in seine Heimat zurückzog, stattete *Fjodor Michailowitsch Dostojewskij* (1821–1881) Baden-Baden – das heißt in diesem Fall vor allem der Spielbank – seinen ersten Besuch ab. Was er bei seinen Aufenthalten hier erlebte, muß der Hölle nah gewesen sein: Spielen, Verlieren, Gewinnen, Spielen, Verlieren. 1867, das Jahr, in dem ›Schuld und Sühne‹ erschien, kam Dostojewskij zum vierten Mal nach Baden-Baden. Der Aufenthalt in der Gernsbacher Straße (heute als Bäderstraße 2 mit einer Dostojewskij-Büste auf dem Balkon ausgestattet) war Teil der Hochzeitsreise, die er mit seiner zweiten Frau, Anna Grigorjewna, unternahm. Die Baden-Badener Ausschnitte ihres Tagebuches entbehren nicht der Dramatik und zeigen in allen Details, wie sich Spielsucht äußert. Die Erfahrungen, die Dostojewskij an den Spieltischen von Baden-Baden, Wiesbaden und Bad Homburg machte, gingen später in den Kurzroman ›Der Spieler‹ ein.

»Fedja kehrte in großer Verzweiflung nach Hause zurück. Er hatte alles verloren, wollte noch zwei Goldstücke haben und sagte, er müsse noch einmal sein Glück versuchen, er müsse es, es gehe nicht anders...«

Anna Dostojewskaja, Tagebuch vom 6. Juli 1867

Turgenjew blieb dies alles fremd. Er mietete sich 1863 bei der Familie Anstett in der Schillerstraße 17 ein, dort, wo heute die Residenz Turgenjew im Rücken von ›Brenner's Park-Hotel‹ steht. Mit dem Roman ›Väter und Söhne‹ hatte er sich kurz zuvor in seiner Heimat bekannt gemacht. Der in Baden-Baden geschriebene und dort handelnde Roman ›Rauch‹ wurde in Rußland ebenfalls registriert, aber auch heftig kritisiert, denn Turgenjew geht im Buch hart mit seinen Landsleuten ins Gericht. Turgenjew folgte den Viardots 1872 nach Paris, wo er 1883 im gleichen Jahr starb wie Louis Viardot, der Ehemann der geliebten Pauline.

Literarisches Leben nach 1900

Nach der Jahrhundertwende sind es dann die 20er Jahre, die wieder ein reges kulturelles Leben in Baden-Baden sehen. Die neue Bühne im Kurhaus macht Baden-Baden für einige Jahre zu einem der Zentren der deutschen Kammermusik. Dabei ist es ein Literat, der sich als Vorsitzender des 1928 gegründeten Vereins ›Sinfoniehaus e. V.‹ für den Bau eines Festspielhauses in Baden-Baden engagiert: *Gerhart Hauptmann* (1862–1946), Ende der 20er Jahre regelmäßiger Gast in Baden-Baden, bleibt mit diesem Projekt aber ebenso erfolglos wie seine Vorgänger mit dem Versuch, die Wagner-Festspiele an die Oos zu holen.

Ein von Hauptmann sehr geschätzter Kollege, mit dem sich bei Spaziergängen in der Lichtentaler Allee gut parlieren ließ, ist *Otto Flake* (1880–1963). Mit ihm begegnen wir einem besonders vor dem Zweiten Weltkrieg viel gelesenen Schriftsteller, der ab 1928 bis zu seinem Lebensende 1963 in Baden-Baden wohnt. Flake ist im Elsaß

Otto Flake und Gerhart Hauptmann beim Spaziergang in Baden-Baden, 1928

geboren und dort auch aufgewachsen. Nach abgebrochenem Studium und bald aufgegebener Redaktionstätigkeit wird er freier Schriftsteller. Während des Ersten Weltkriegs zeigt er sich als vehementer Kritiker deutschnationaler und chauvinistischer Positionen. Er setzt sich in die Schweiz ab und schließt dort Freundschaft mit dem ebenfalls aus dem Elsaß stammenden Maler und Poeten Hans Arp. In Zürich schließen sich Arp und Flake den Dadaisten an. Ab 1921 schreibt der bisherige Romancier auch Essays für die ›Weltbühne‹ und findet dabei Anerkennung durch Kurt Tucholsky. 1933 erscheint ›Hortense oder die Rückkehr nach Baden-Baden‹. Der Roman benutzt die Kurstadt als eine wichtige Handlungsebene und dürfte durch seine Vielschichtigkeit und die eingeflochtenen Charakterstudien nach wie vor eine der schönsten literarischen Arbeiten zu Baden-Baden sein. Im Jahr des Erscheinens von ›Hortense‹ unterzeichnet Flake mit 28 deutschen Schriftstellern einen Treueschwur auf Adolf Hitler. Geflohene Autoren wie Thomas Mann, Bertolt Brecht oder Alfred Döblin sind darüber empört. Flake wird isoliert und zieht sich auch selbst zurück. Die ersten Nachkriegsjahre bedeuten für Flake eine schwierige Zeit: er sieht sich gezwungen, unter dem Pseudonym Karel Manders Groschenromane zu schreiben. Der damalige Verlagslektor Rolf Hochhuth setzt sich in diesen Jahren für Flake ein und ›entdeckt‹ den Schriftsteller neu. Am 10. November 1963 stirbt Flake in Baden-Baden. Der Flake-Nachlaß bildet den Kern der heutigen ›Literarischen Gedenkstätten‹ in der Stadtbibliothek, in der auch *Werner Bergengruen* gedacht wird. Er lebte 1958–64 in Baden-Baden und war mit Reinhold Schneider befreundet (s. S. 235).

Reinhold Schneider (1903–1958), der seine Kindheit im Baden-Badener Lieblingshotel des deutschen Kaiserpaars Wilhelm I. und Augusta, der ›Maison Messmer‹, verbrachte, war ein unruhiger und unbequemer Geist. Auch er mußte erfahren, wie es ist, als politisch inopportuner Schriftsteller totgeschwiegen zu werden. Unter den mehr als 120 Buchveröffentlichungen Schneiders ist das 1938 erschienene Stück ›Las Casas vor Karl V.‹ seine mutigste Arbeit. Sie erscheint im gleichen Jahr, in dem Schneider nach Freiburg umsiedelt, wo er bis zu seinem Lebensende wohnt. Das Rededuell zwischen dem Dominikanerpater Las Casas – Zeuge der brutalen spanischen Kolonialpolitik in Südamerika – und dem spanischen Monarchen ist eine Anklage gegen Völkermord und Rassismus. Das Buch wird überall als Warnung vor der Nazidiktatur und als Aufruf zum Beistand für die Juden interpretiert. Konsequent schließt sich Schneider in den Folgejahren auch dem Widerstand gegen Hitler an. Die Anklage wegen Hochverrat erreicht ihn 1945 nicht mehr. 1946, auf einer seiner Vortragsreisen, die er in den Nachkriegsjahren nach Baden-Baden unternimmt, setzt sich Schneider dafür ein, den zurückliegenden Schrecken ehrlich und offen aufzuarbeiten: »Es ist die schlimme Gefahr der Deutschen, zu denken, statt zu sehen, zu wollen, statt aufzunehmen, gewaltsam zu bilden, statt zu empfangen

Reinhold Schneider

und sich an der Welt dafür rächen zu wollen, daß sie der eigenmächtig entworfenen Vorstellung nicht entspricht.« Schneider ist der erste in der französischen Zone lebende deutsche Schriftsteller, der von der Besatzungsmacht eine Publikationserlaubnis erhält.

Über diese Genehmigungen entscheidet damals der nach Baden-Baden gekommene *Alfred Döblin* (1878–1957) mit. Der Autor von ›Berlin Alexanderplatz‹ war mit der Machtübernahme durch die Nationalsozialisten nach Frankreich emigriert und französischer Staatsbürger geworden. Er kommt 1945 mit der französischen Besatzungsverwaltung nach Baden-Baden, um einerseits als Zensor innerhalb der ›Direction de l'Education Publique‹ die Demokratisierung zu überwachen, andererseits aber auch sehr aktiv daran mitzuwirken, daß Baden-Baden in den ersten Jahren nach dem Krieg ein blühendes Kulturleben aufbaut. Döblin gründet hier die Literatur- und Kunstzeitschrift ›Das Goldene Tor‹, die 1948 allerdings schon nach Mainz umsiedelt. Er ist Mitorganisator französisch-deutscher Kulturereignisse von Rang (z. B. die 1946 im Kurhaus gezeigte Ausstellung ›Moderne französische Malerei‹) und übernimmt ein literarisches Programm im neugegründeten Südwestfunk.

»Ich suchte mich diesen Menschen, aus deren Mitte doch Ungeheuerliches hervorgegangen war und die doch Stücke derselben Kultur in sich trugen wie ich selbst, ich suchte mich ihnen zu nähern.«

Alfred Döblin ›Journal 1952/53‹

In das Jahr 1946 fällt auch die Gründung der Zeitschrift ›Das Kunstwerk‹, die *Leopold Zahn* (1890–1970) und *Woldemar Klein* für viele Jahre zum führenden deutschen Medium für moderne Kunst entwickeln. In öffentlichen und privaten Foren scheint die ganze Stadt in der Nachkriegszeit wieder ein einziger ›Salon‹, der, kulturell ausgehungert, all das vorstellen, dokumentieren und diskutieren möchte, was in der Zeit davor verpönt oder verbrannt worden war. Bei den ›Nachkriegsgästen‹, die wie Alfred Döblin für einige Jahre in Baden-Baden leben, sind auch die Schriftsteller Peter Bamm und Horst Krüger zu erwähnen. Krüger leitet 1952–67 das ›Literarische Nachtprogramm‹ des Südwestfunks und veröffentlicht 1965 mit ›Der grüne Salon‹ einen vielgelesenen Essay zu Baden-Baden.

Die Erfahrungen von Nationalsozialismus, Rassismus und Krieg machen *Reinhold Schneider* Anfang der 50er Jahre zu einem entschiedenen Gegner einer deutschen Wiederbewaffnung. Sein Engagement führt dazu, daß die Verlage seine Arbeiten plötzlich ablehnen. Dennoch erhält der so ›gemaßregelte‹, aber unbeugsame Autor 1956 den Friedenspreis des Deutschen Buchhandels. Kurz vor seinem Lebensende muß Reinhold Schneider 1957 noch erleben, daß sein berühmtes Elternhaus, die ›Maison Messmer‹ in der Nachbarschaft von Kurhaus und Theater, abgerissen wird. Er verarbeitet diesen Frevel an der historischen Bausubstanz seiner Heimatstadt mit einem literarischen Protokoll des Abrisses. ›Der Balkon‹ (mit diesem Titel ist der Balkon gemeint, auf dem Kaiser Wilhelm I. sich öfter zeigte) läßt noch einmal die Gäste und Bewohner des Hauses erscheinen, die Baden-Baden und die ›Maison Messmer‹ im 19. Jahrhundert berühmt gemacht haben.

Wenn von Schriftstellern in Baden-Baden die Rede ist, sollen schließlich auch diejenigen genannt sein, die sich als Chronisten einen Namen gemacht haben. *Heinrich Berl* (1896–1953) beginnt in den 20er Jahren seine Schriftstellerlaufbahn und verlegt den Schwerpunkt seines Interesses schon früh auf die Stadt Baden-Baden. Das 1936 von ihm vorgelegte ›Baden-Baden im Zeitalter der Romantik‹ ist noch heute als eines der schönsten und reichhaltigsten Bücher über die Kurstadt zu bezeichnen. Erzählbände wie ›Das Badener Tagebuch‹ (1937) sind nicht weniger lesenswert, wenn auch manchmal spekulativ in der Interpretation historischer Zusammenhänge. *Margot Fuss* (1919–1995) wurde in einem Nachruf als ›Agatha Christie‹ der Stadtgeschichte bezeichnet. Neben soziohistorischen Studien zu einzelnen Straßen und Stadtvierteln, über die sie eine Reihe von Büchern veröffentlichte, ist Margot Fuss der systematische Aufbau des Stadtarchivs zu verdanken. *Klaus Fischer* (geb. 1930) schreibt die Geschichte Baden-Badens fort. Der auch überregional publizierende Schriftsteller hat unter anderem bis zur Gegenwart reichende Bücher zur Stadtentwicklung, der Spielbank und des Südwestfunks herausgegeben.

›Baden und seine Umgebungen in malerischen Ansichten‹

Carl Ludwig Frommel (1789–1863) gilt als einer der vielseitigsten Künstler, die Baden hervorgebracht hat. Nach seiner Schulzeit in Karlsruhe lernte er das Zeichnen, Aquarellieren und Radieren. Schon als 20jähriger ging Frommel nach Paris. Danach folgten Studien- und Wanderjahre durch Italien und Griechenland. 1818 erfolgte in Karlsruhe seine Ernennung zum Professor für Malerei und Kupferstich. Im gleichen Jahr wurde der Badische Kunstverein gegründet, zu dessen Gründungs- und Vorstandsmitgliedern Frommel gehörte. In London lernte er 1826 die neue Technik des Stahlstichs kennen, um in Karlsruhe die erste deutsche Stahlstichwerkstatt zu gründen. Aus dieser Werkstatt kommen dann zahlreiche Städte- und Naturansichten, die, durch das neue Tiefdruckverfahren in hoher Zahl reproduzierbar, in Almanache, der sich verbreitenden Reiseliteratur und Heimatkundebücher Eingang finden. Neben seinen Italienbildern gilt der in der Überschrift zitierte Zyklus ›Baden und seine Umgebungen in malerischen Ansichten‹ als Meisterwerk Frommels. Nach seiner Pensionierung zog Frommel 1858 in sein Haus an der Lichtentaler Allee und wurde einer der Künstlernachbarn von Clara Schumann. Arbeiten von ihm finden sich vor allem im Stadtmuseum Baden-Baden und in der Kunsthalle Karlsruhe.

Schon als 16jähriger zeigte der in Heidelberg geborene *Carl Philipp Fohr* (1795–1818) große Qualitäten, die ihm in Darmstadt eine Förderung durch die Erbprinzessin Wilhelmine zukommen ließen. Mit ihm besuchte im Sommer 1814 einer der großen Landschaftsma-

Carl Ludwig Frommel, Stadtansicht Baden-Baden vom Rotenbachtal aus, um 1830

ler der Romantik Baden-Baden. Die dabei entstandenen Skizzen vom Geroldsauer Tal oder vom Kloster Lichtenthal (s. S. 164) arbeitete er im darauffolgenden Winter als Aquarelle aus. Fohr ging 1816 nach Rom, um dort nicht nur die Antike zu studieren, sondern sich auch dem Kreis seiner Künstlerfreunde im ›Caffè Greco‹, den Nazarenern, anzuschließen. Ein früher Tod ereilte ihn 1818 beim Baden im Tiber.

Als Gesellschaftsbad und ›Vorort von Paris‹ war Baden-Baden im 19. Jahrhundert auch für französische Maler ein beliebtes Ziel. *Eugène Delacroix* (1798–1863), einer der bedeutendsten französischen Maler der Romantik, hielt sich mehrmals und produktiv in Baden auf. Im sogenannten Chicagoer Skizzenbuch findet sich unter anderen eine Landschaft um Baden-Baden vom 25. September 1855, vierzehn Tage bevor Courbet ebenda weilte.

Jean Jacottet (geb. 1806) hatte als gebürtiger Schweizer die französische Staatsbürgerschaft angenommen, bevor er sich 1827 erstmals am Pariser Salon mit Landschaftsveduten beteiligte. Von ihm stammt das 1840 geschaffene und berühmt gewordene Album ›Souvenirs des Eaux de Baden-Baden‹ mit 40 Ansichten zur Stadt und ihrer Umgebung, die inzwischen als preiswertes Reprint aufgelegt sind. *Jules Coignet* (1798–1860), der seine Landschaften ab 1824 regelmäßig auf dem Pariser Salon ausstellte, fertigte 29 Lithographien für das 1858 erschienene ›Bade et ses environs‹.

Mit *Gustave Courbet* (1819–1877) verbindet sich eine sehr junge und spannende Entdeckungsgeschichte. Erst 1983/84 wurde eine bis dato unbekannte Mappe mit rund 200 Zeichnungen in französischem Privatbesitz entdeckt. Etwa 50 dieser Blätter weisen in ihrer

Gustave Courbet, Wäscherinnen am Rotenbach, unterhalb des Neuen Schlosses, Baden-Baden 1858

Thematik auf Baden-Baden und Umgebung hin. Die Staatliche Kunsthalle konnte 1984 im Rahmen der Ausstellung ›Les voyages secrets de Monsieur Courbet‹ die Baden-Badener Blätter vorstellen. Die Kohle-, Bleistift- und Kreidezeichnungen zeigen neben Landschaften und Stadtbildern auch einige soziale Situationen, die in ihrer Auswahl Courbets künstlerische und soziale Ansprüche dokumentieren: anstatt des mondänen Modebadpublikums stellte er Alltagssituationen mit Waschfrauen und gesellschaftlichen Außenseitern dar. Auch das damals im Rotenbachtal gelegene Gefängnis gehörte nicht zum üblichen Programm der damals Baden-Baden besuchenden Maler.

›Gesellschaftsfähig‹ hingegen sind die Porträts des Fürstenmalers *Franz Xaver Winterhalter* (1805–1873). Der Weg zum Erfolg führte den ausgebildeten Zeichner und Kupferstecher von Freiburg aus über Karlsruhe, wo er zum badischen Hofmaler ernannt wurde, 1834 nach Paris. Dort entwickelte er sich schnell zu einem der beliebtesten Porträtisten der Zeit, der viele europäische Monarchen zu seiner Klientel zählen durfte. In Baden-Baden unterhielt der Fürstenmaler und Malerfürst eine Villa, die er häufig bewohnte. Seine Nachfolge als Hofmaler trat 1839 *Johann Grund* (1808–1887) an, der ab 1852 bis zu seinem Tod in Baden-Baden lebte. Acht Werke dieses Historien-, Genre- und Porträtmalers werden im Stadtmuseum aufbewahrt; darunter ein Bildnis des ›Musikpapstes‹ Richard Pohl. Zu den erfolgreichen Porträt- und Fächermalern der Zeit gehören auch die Brüder *Charles* und *Georges Gimbel* (1817–1884 und 1823–1889). Geboren in Straßburg und vor der Jahrhundertmitte als beliebte Fächermaler in Paris tätig, siedelten sie 1859 nach Baden-Baden um. In ihrem Haus am Schloßpark fanden in den Folgejahren ähnlich hochrangige Kultursalons statt wie im Hause Viardot-Garcia. Dem Maler und Zeichner *Ludwig Pietsch* (1824–1911) begegnen wir jeweils dann, wenn wir Zeichnungen des Viardotschen Salons in Händen halten. Pietsch kam mit dem Kreis um Viardot-Garcia und Turgenjew in den 60er Jahren des 19. Jahrhunderts nach Baden-Baden. Sein Turgenjew-Porträt gehört zu den meistabgebildeten Darstellungen des Dichters.

Ludwig Pietsch, Porträt Turgenjew, 1866–68

Dem Künstlerkreis um Brahms und Schumann, der sich in den 60er Jahren in Lichtental niedergelassen hatte, ist auch *Anselm Feuerbach* (1829–1880) zuzurechnen. Als enger Freund von Brahms unterhielt der romantisch-klassische Maler für einige Jahre in der Baden-Badener Nachbarschaft von Clara Schumann eine Wohnung, ohne allerdings künstlerische Spuren seiner Kurortaufenthalte hinterlassen zu haben.

Baden-Baden und die Moderne

In *Max Beckmanns* (1884–1950) Werk lassen sich dagegen von den Aufenthalten mit seiner Frau Mathilde in Baden-Baden während der 20er und 30er Jahre mindestens sechs deutlich ablesbare ›Nachweise‹ erbringen. Zweimal hat er die Stourdza-Kapelle gemalt; ein Springbrunnen, Park und Golfplatz sind ebenso wiederzuerkennen wie der ›Blick aus dem Fenster‹ des Hotels ›Europäischer Hof‹ auf die Trinkhalle (s. S. 122). Andere Motive, wie die Drahtseil bahn, aber auch mondäne Stimmungen wie in dem ›Tanz in Baden-Baden‹ von 1923, das möglicherweise von einer Szene im ›Europäischen Hof‹ angeregt wurde, haben Eingang in seine Bilder gefunden. Auf engstem Raum zusammengedrängt, wird das von Luxus und latenter Erotik geprägte Gesellschaftsspiel der Tango tanzenden Kurgäste zu einem Spiegelbild grotesker Gegenwart und damit zu einer

Das Ehepaar Beckmann in Baden-Baden, 1929

Max Beckmann, Tanz in Baden-Baden, 1923

Metapher für den Tanz des Lebens, das Aneinandergebundensein und die gleichzeitige Beziehungslosigkeit der Geschlechter.

Die schönsten Hotelschilder der Stadt, zum Beispiel am ›Badhotel zum Hirsch‹, die Illustrationen von Speisekarten und die heute wieder gesuchten frühen Werbeschilder großer Markenartikel wurden von *Ivo Puhonny* (1876–1940) entworfen. Über viele Grenzen hinweg bekannt wurden auch die mehr als 250 Marionetten, die der

Kunsthandwerker für sein Baden-Badener Marionettentheater schnitzte. Die meisten dieser Puppen, die schon lange nicht mehr spielen dürfen, haben ihr Zuhause inzwischen in der Puppentheatersammlung des Stadtmuseums München; einige der Marionetten sind in Besitz des Stadtmuseums Baden-Baden.

Mit *Hans Kuhn* (1905–1991) begegnen wir dem »ersten Baden-Badener, der es als Maler über seine Heimatstadt hinaus zu Ansehen brachte«. Nach dem Studium von Kunstgeschichte und Malerei zog es Kuhn 1927 nach Paris und 1930 weiter nach Florenz. Bei dem fünfjährigen Aufenthalt in Italien entstanden die ersten mediterranen Bilder. Mit der bildnerischen Umsetzung der Leichtigkeit des Südens entwickelte Kuhn eine Sprache, die schließlich Gegenständliches mehr und mehr verläßt, um allein der Komposition von Farben und Formen zu folgen. 1935 kehrte der Künstler nach Berlin zurück. Dort wurden seine 1937 für eine Ausstellung vorbereiteten Bilder als ›entartet‹ beschlagnahmt und verboten. Unmittelbar nach dem Krieg engagierte sich der politisch unbelastete Hans Kuhn für den kulturellen Wiederaufbau seiner Heimatstadt. Sein Atelier in Baden-Baden wurde zu einem Treffpunkt für deutsch-französische Kunstgespräche. 1947 an die Hochschule der bildenden Künste Berlin berufen, übernahm er dort die Klasse für Wandmalerei. 1965 ehrte Baden-Baden Hans Kuhn mit einer ersten großen Retrospektive in der Staatlichen Kunsthalle.

Zu jenen, die wie Hans Kuhn von Baden-Baden aus für den Aufbau eines neuen kulturellen Lebens im Nachkriegsdeutschland wichtige Impulse gaben, gehörten neben *Leopold Zahn* (s. S. 77) auch *Klaus Jürgen Fischer* (geb. 1930) und *Rolf Gunter Dienst* (geb. 1942), Kunstkritiker und Maler des Informel, der 1964 Redakteur der Zeitschrift ›Das Kunstwerk‹ wurde. Mit Dietrich Mahlow, dem damaligen Leiter der Staatlichen Kunsthalle, gründeten sie 1955 die Baden-Badener ›*Gesellschaft der Freunde junger Kunst*‹ und sorgten für einen institutionellen Rahmen, der bis heute durch Ausstellungen und Förderaktivitäten nicht etablierten Künstlern und Außenseitern ein Forum bietet, Kunst als ein Medium zu präsentieren, das nicht bequem zu konsumieren ist, sondern Brüche in der Realität reflektiert. Inzwischen Tradition sind die jeweils unter ein Thema gestellten Jahresausstellungen der Gesellschaft in der Staatlichen Kunsthalle geworden.

Zusammen mit *Bernd Berner* (geb. 1930) und *Eduard Micus* (geb. 1925) bildeten Fischer und Dienst Anfang der 60er Jahre auch die Gruppe ›SYN‹, die sich durch gemeinsame Ausstellungen ab 1965 als einzige in Baden entstandene Künstlergruppe über die Grenzen hinaus bekannt macht. In den 90er Jahren haben in Baden-Baden Gegenwartskünstler wie *Alfonso Hüppi* (geb. 1938) oder *Karl Manfred Rennertz*, einer der letzten ›jungen Wilden‹, ihren Wohnsitz.

Brücke über die Oos ▷

Stadtrundgänge und Ausflüge

Die Kunst der angemessenen Gehweise

Sechs Stadtrundgänge

Stadteinblicke

Einige Sätze zur städtebaulichen Entwicklung von Baden-Baden sollen am Anfang der Spaziergänge eine Vorstellung von dem geben, was uns erwartet: Die Umrisse der Altstadt haben sich seit dem Mittelalter nicht viel verändert. Ein Blick auf Merians Kupferstich (s. S. 6/7) aus dem Jahr 1643 zeigt: der Stadtkern erstreckt sich damals fast wie heute im Westen bis zur Langen Straße, im Osten bis zum Bäderviertel, im Süden bis zu dem Graben, der heute Sophienstraße heißt, und im Norden bis zum Abhang des Schloßbergs, dem Pflutterloch.

Reste romanischer Bauten sind in den Römerbädern und der Stiftskirche vorhanden. Gotische Stilelemente zeigen die kleine Spitalkirche im Bäderviertel und die Klosterkirche in Lichtental. Das Neue Schloß repräsentiert die Zeit der Renaissance; Barock ist vertreten durch das Frauenkloster vom Heiligen Grab und das Rathaus als ehemaliges Jesuitenkolleg.

Die Wende zum 19. Jahrhundert bedeutet für Baden-Baden eine Ausweitung in die Berglagen jenseits der Oos und in Richtung Lichtental. Der vertikalen Verdichtung in der bürgerlich geprägten Altstadt entfliehend, gönnen sich der internationale Adel sowie Kaufleute und Industrielle ab 1850 große Gärten und eine räumliche Ausbreitung. Im gleichen Zug werden auch das Kurviertel, neue Hotels und Bäder errichtet. Am Fremersberg, Beutig und Friesenberg entstehen die ersten Villenviertel. Das heutige Kurhaus und das Theater werden gebaut. Zum Baumeister der öffentlichen Gebäude und Repräsentationsbauten avanciert dabei Friedrich Weinbrenner. Klassizismus und verschiedene Formen des deutschen und französischen Historismus finden sich an vielen öffentlichen Gebäuden, dem Theater, gründerzeitlichen Wohnbauten der Altstadt und südlichen Vorstadt sowie am Alten Bahnhof in der Weststadt wieder.

Und die Moderne? Sie sticht in Baden-Baden nicht ins Auge. Die große Mehrheit der inzwischen mehr als tausend geschützten Kulturdenkmäler der Stadt wurde vor 1900 errichtet. Mit Ausnahme der Kunsthalle (1909), deren äußere Formensprache karg, aber würdevoll erscheint, zweier Privatbauten von Egon Eiermann (s. S. 184) und Gartenanlagen von Max Laeuger (s. S. 109 ff., 146 f.) hat das 20. Jahrhundert in Baden-Baden keine architektonisch prägenden Glanzlichter gesetzt. Mit der Modernisierung wurde hier behutsam umgegangen, man wollte und will dem Himmel nicht durch Hochbauten näher kommen. Unzählige Brunnen und Wasserspiele, Skulpturen in Parks und viele Terrassen dokumentieren, wie man Stadtlandschaft den besonderen Bedürfnissen Baden-Badens entsprechend bewohnbar gestalten kann.

Die sechs ausgewählten Stadtspaziergänge sind als Folge angelegt und führen zuerst ins historische Zentrum und dann in die Außengebiete der Stadt. Wer allerdings zuerst durch die Lichtentaler Allee und dann durch die Altstadt spazieren möchte, macht auch in der

Umkehrung oder im Austausch der gewählten Abfolge nichts falsch. Als Wegmarkierungen bieten sich unterwegs, wie könnte es in der ›Stadt des Wassers‹ anders sein, kleine und größere Brunnen und Wasserspiele am Wegesrand an. Ein **erster** Bummel beginnt im Westen der Stadt am Alten Stadtbahnhof und führt durch die Fußgängerzone der Altstadt hinauf zum Marktplatz und zum Neuen Schloß. Von dort aus geht es in einem **zweiten** Abschnitt durch das Bäderviertel auf die Sophienstraße und den Leopoldsplatz. Die **dritte** Route von der Fieser-Brücke zum Kurviertel und dem Augustaplatz macht uns mit dem Kurhaus, der Trinkhalle, dem Theater und auch der Kunsthalle bekannt. Vom Kurviertel aus lohnt der **vierte** Weg, ein kleiner Anstieg zur Stourdza-Kapelle, dem Ausgangspunkt einer Villen-Wanderung entlang der Hänge von Friesenberg, Beutig, Fremersberg und Quettig. Wir streifen dabei das Schloß Solms wie auch ehemalige Künstlerateliers, die Villa Turgenjew und Herrensitze, die Märchenschlössern gleichen. Diese Route durch die ›Bergwelt‹ erlaubt an vielen Stellen den bequemen Abstieg hinab zur Lichtentaler Allee und somit eine ganz persönliche Einteilung. Für den **fünften** Weg haben wir die ›protestantische Vorstadt‹ ausgesucht: Hinter der Evangelischen Stadtkirche und im Rücken von ›Brenner's Park-Hotel‹ ließ die Gründerzeit schöne Villen und Kirchen entstehen. Hier haben am Rande auch lange die großen und kleinen Handwerksbetriebe gearbeitet, die solche Villen erst ermöglichten. Dieser Weg führt auch zum Stadtfriedhof und zur Russischen Kirche, um dann in der Gönneranlage an der Allee sein Ziel zu finden. Diese Lichtentaler Allee bringt uns abschließend als **sechste** Route zum Kloster Lichtenthal und zum Brahmshaus. Der Rückweg von Lichtental zur Stadt kann dann im Kapitel ›Die Kunst der kleinen Paradiese‹ als Gang durch die Gartenkunst gesehen werden. Einige interessante Orte und Baulichkeiten wie Schloß Hohenbaden (Altes Schloß), Teile der Weststadt oder das Klostergut Fremersberg passen wegen ihrer Entfernung nicht in den Rahmen der vorgeschlagenen Stadtspazierwege. Sie gehören zu den empfohlenen Zielen des folgenden Ausflugkapitels.

Bummeln: Vom Alten Stadtbahnhof zum Neuen Schloß

Alter Stadtbahnhof

Besonders sehenswert
Alter Stadtbahnhof ☆
›Badischer Hof‹ ☆
Baldreit ☆☆
Stiftskirche ☆☆
Neues Schloß ☆

1845 sorgte die Einrichtung einer Stichbahn für die Anbindung der aufstrebenden Kurstadt an die Rheintalstrecke und an die Strecke Wien–Paris. Das sprunghaft zunehmende Gästeaufkommen in der zweiten Hälfte des 19. Jahrhunderts führte dazu, daß der erste Bahnhof, ein Fachwerkbau, in den Jahren 1892–94 durch den so noch

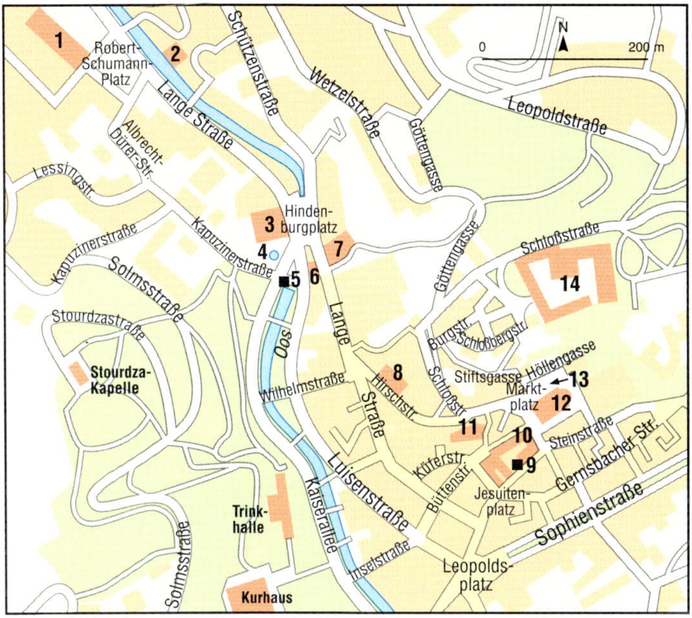

Erster Stadtrundgang

1 Alter Stadtbahnhof
2 Gutleuthaus
3 ›Badischer Hof‹
4 Drei-Schalen-Brunnen
5 St. Nepomuk
6 ehem. ›Zähringer Hof‹
7 ehem. ›Russischer Hof‹
8 ›Badhotel zum Hirsch‹
9 Bismarck-Denkmal
10 Rathaus
11 Baldreit
12 Stiftskirche
13 Römische Kaiserbäder
14 Neues Schloß

heute erhaltenen prachtvollen Neorenaissance-Bau des **Alten Stadtbahnhofs** (1) ersetzt wurde. Als Adelige konnten die ankommenden Gäste sogar von einem besonders aufwendig eingerichteten *Fürstensaal* Gebrauch machen, der an den nordwestlichen Eckpavillon der sonst vollkommen symmetrischen Anlage angebaut ist. Dieser räumlichen Separierung von ›Herrschaften‹ und ›hohen Herrschaften‹ begegnen wir später im Casino des Kurhauses wieder. Sie schien wohl nicht überflüssig, wenn man in Betracht zieht, daß in den Jahren nach 1870 die Zahl ausländischer Besucher zwar deutlich sinkt, dafür aber doppelt so viele ›Mitglieder regierender Häuser‹ und entsprechend mehr Dienerschaft in Baden-Baden Einzug halten.

Die gerade geschriebenen Ziffern in Klammern hinter den Sehenswürdigkeiten beziehen sich auf die Karten der jeweiligen Stadtrundgänge, die kursiven Ziffern auf Detailpläne oder Grundrisse.

Dem Stadtbahnhof und seinem Vorgängerbau kommen auch städtebaulich zwei besondere Bedeutungen zu: Zum einen unterstützt der Bahnhofsbau eine mit dem 19. Jahrhundert einsetzende Schwerpunktverlagerung des städtischen Zentrums vom höher gelegenen Marktplatz hin zur ›Unterstadt‹ mit der Langen Straße als entstehender Geschäftsstraße und dem damals ausgebauten Kurviertel; zum anderen sollte die Fassadengestaltung des Bahnhofs der Gründerzeit als Maßstab für öffentliche Gebäude dienen. Eine großherzogliche Verfügung wollte in Baden dem überbordenden Fassadenschmuck und den übersteigerten Gliederungselementen von Neogotik und Neobarock Einhalt gebieten und setzte ein Maximum von 30 % der Bausumme für die Fassadengestaltung fest. Die Verfügung bestimmte den Bahnhof Baden-Baden in diesem Punkt als Vorbild. Wir werden

Alter Stadtbahnhof, Detail der Fassade

allerdings im Verlauf unserer Stadtspaziergänge erleben, daß diese Vorschrift für die Kurstadt entweder zu spät oder bei privaten Villen- und Hotelbauten gar nicht zum Tragen kam, denn reichgestaltete Fassaden gibt es hier viele. Da die Bauakten des knapp 100 m langgestreckten Empfangs- und Abfertigungsgebäudes verlorengingen, können Entwurf und Ausführung nur der Überlieferung nach dem Oberbaurat Leopold Heinrich (gest. 1891) und den Eisenbahnarchi-

Alter Stadtbahnhof
Hauptfassade

tekten Lutz und Ziegler zugeordnet werden; Namen, die trotz der Schönheit des Gebäudes hinter dem des großen badischen Bahnhofsarchitekten Friedrich Eisenlohr (1805–1854) zurücktreten.

Die nordöstliche Hauptfassade des Bahnhofs ist symmetrisch gegliedert. Die zentrale Eingangshalle mit Triumphbogen wird durch beidseitig angeschlossene Galerien mit zwei Eckpavillons verbunden, an die sich nach Nordwesten hin der schon erwähnte *Fürsten-*

Alter Stadtbahnhof: Die Neorenaissance-Fassade galt in der Gründerzeit als Modell für öffentliche Bauten.

saal anschließt. Unter dem Hauptgesims ist rechts mit ›1892–1894‹ der Zeitraum der Entstehung festgeschrieben, während weiter oben, wo in der Mittelachse eine Attika den Ansatz des Kuppeldaches verdeckt, unter dem badischen Wappenschild als Ankunftsort ›Baden‹ zu lesen ist. Der heutige Besucher kann diesen Schriftzug als Verweis darauf verstehen, daß der Doppelname ›Baden-Baden‹ zwar seit dem 16. Jahrhundert und der damaligen Landesteilung gebräuchlich ist, aber erst 1931 als offizieller Stadtname registriert wurde. Bemerkenswert ist die üppige Ausstattung der *Hauptschalterhalle* mit Kassettendecken, Böden mit ›Mettlacher Fliesen‹ von Villeroy und Boch, Wandgemälden mit Allegorien der Industrie und Wissenschaften und Skulpturen in den Bogennischen.

Das mit Zinkblech gedeckte Dach wurde bei der Wiederherstellung der abgetragenen Dachkuppel des Fürstensaals 1980/81 restauriert. Diese dem Denkmalschutz verpflichtete Instandsetzung bezog auch die Reinigung der Ausmalung der Schalterhalle und 1987/88 die notwendigen Umbauten mit ein, die sich durch die Stillegung des Bahnhofs 1977 ergeben hatten. Der südöstliche Flügel wurde so zu einem Veranstaltungs- und Bühnensaal. Im gegenüberliegenden Flügel eröffnete ein Restaurant und im *Fürstensaal* das sogenannte ›Kleine Casino‹, eine Automatenspielhalle, mit der das Casino Baden-Baden ohne Skrupel ein würdeloses Geschäft betreibt. Wo einst Kaiser und Könige bei ihrer Abreise großzügige Spenden für die Armen der Stadt überreichten, was sicher auch der Beruhigung des eigenen Gewissens diente, wurden allein im Jahr 1994 an den Automaten 21 Millionen Mark verspielt, und die Spieler gehören sicher nicht zu den Reichen im Lande. Das wird ab 1998 ein Ende haben, wenn das gesamte Gebäude als würdiges Entree eines großen Festspielhauses dienen soll. In dem geplanten Musentempel, der sich dann über die ganze rückwärtige Parkanlage erstreckt, werden die ›Karajan-Pfingst-Festspiele‹ (bislang Salzburg) und andere große Musikereignisse stattfinden.

Vom Bahnhof zur Langen Straße blickend, liegt linker Hand in ein paar Metern Entfernung das sogenannte *Russische Haus* (Lange Straße 85). Es wurde im April 1995 eröffnet und soll mit Ausstellungen und Konzerten russischer Künstler ein wenig von der glanzvollen ›russischen Vergangenheit‹ Baden-Badens wiederbeleben. Auf dem fünfminütigen Weg stadteinwärts zur nächsten Station, dem ›Badischen Hof‹, kommen wir am **Gutleuthaus** (2; Lange Straße 78) vorbei, einem langgestreckten, zweigeschossigen Gebäude mit einer Giebelfensterreihe im Walmdach. Das direkt an der Oos liegende Altenheim, dessen heutige Gestalt 1816 unter Aufsicht von Friedrich Weinbrenner entstand, wurde mit dem Namen ›Gutleuthaus‹ schon im 16. Jahrhundert eingerichtet; damals allerdings als Ort für Leprakranke, der in gebührlicher Entfernung zur Stadt liegen mußte. Die religiöse Auffassung der Zeit machte aus diesen armen Leuten von Gottes Hand des Erbarmens berührte ›gute Leute‹, und so erklärt sich der Name der Stiftung.

Weinbrenner und der ›Badische Hof‹

Am **Hindenburgplatz** angekommen, dort, wo die Oos kurz untertaucht, um an der Kaiserallee wieder an die Oberfläche zu treten, ist unser nächster Halt. Die Römer legten im Bereich dieses Platzes ein Gräberfeld an. Und zur Ruhe – wenn auch nicht zur ewigen – legte man sich auch später gern. Hier, außerhalb der Stadttore, entstanden erste große Hotelbauten wie der ›Badische Hof‹, der ›Russische Hof‹ (7) und der ›Zähringer Hof‹ (6). An die Hotelvergangenheit erinnern sowohl beim ehemaligen ›Zähringer Hof‹ (Lange Straße 44) als auch beim zur Allee hin orientierten Gebäude des ›Russischen Hofs‹ (Kaiserallee 4) die vielen Fassadenbalkone mit ihren ornamentalen Geländern.

Der **›Badische Hof‹** (3) ist nicht zu übersehen. Das ehemalige Kloster wurde 1807–09 von Friedrich Weinbrenner (1766–1826) für den Verleger Johann Friedrich Cotta (1764–1832) zum ersten europäischen Luxushotel in modernem Sinn umgebaut und hat sich als Nobelherberge bis heute erhalten. Das Haus verdient zumindest eine Stippvisite, die sich bei einer ersten Tasse Kaffee in der imposanten *Säulenhalle* oder im Garten, neben dem berühmten *Drei-Schalen-Brunnen,* besonders angenehm gestaltet. Hier ist auch der Platz, um etwas ausführlicher über den Mann zu berichten, der nicht nur das Kloster zum Hotel umbaute, sondern ›halb Baden-Baden‹ sein vornehm klassizistisches Gepräge gab. Friedrich Weinbrenner gilt neben Friedrich Schinkel (1781–1841) als bedeutendster Vertreter des deutschen Klassizismus. Seine Lebensjahre fallen in die Zeit eines selbstbewußt werdenden Bürgertums. Bei der Suche nach neuen gesellschaftlichen Vorbildern und Ausdrucksformen zur

›Badischer Hof‹: 1807–09 von Friedrich Weinbrenner zum ersten europäischen Luxushotel umgebautes Kloster.

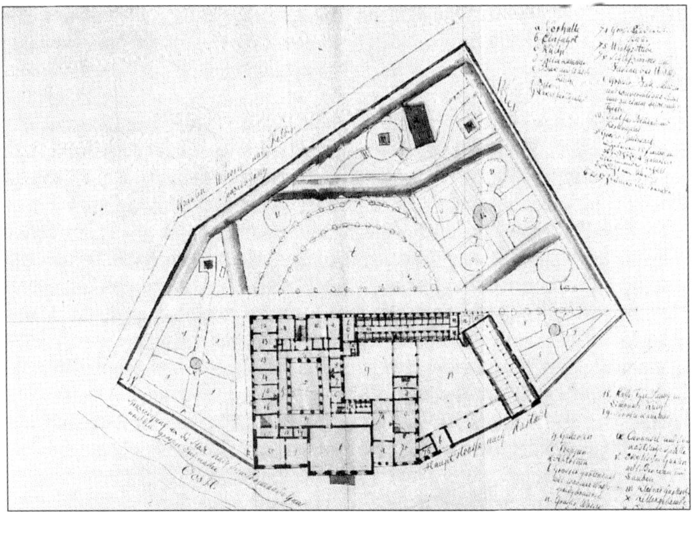

Friedrich Weinbrenner, Entwurf zum ›Badischen Hof‹, um 1810

Überwindung des Absolutismus wird die Wiederentdeckung der Antike und besonders des athenischen Demokratieideals zu einem beherrschenden Thema des ausgehenden 18. Jahrhunderts und der damaligen Architektur. In Abwendung von barocker Prunksucht entwickelt Weinbrenner an einer Vielzahl von öffentlichen und privaten Bauten maßgebende Prinzipien einer harmonisch-symmetrischen und erhabenen Architektur ohne überflüssigen Zierat. Arkaden aus dorischen und korinthischen Kolossalsäulen, oft als Portiken öffentlicher Gebäude verwirklicht, stehen dabei allen Erkennungszeichen seiner Baukunst voran. Weinbrenners Lebenswerk wird die klassizistische Durchführung des ursprünglich barokken Bauplans von Karlsruhe.

Als Sohn eines Hofzimmermeisters wurde Weinbrenner im November 1766 in Karlsruhe geboren. Die junge Residenzstadt war damals ein Zentrum des aufgeklärten Absolutismus. Klopstock, Herder, Voltaire und Goethe zählten zu den Gästen des Hofes. Schon als 16jähriger übernimmt Weinbrenner nach dem frühen Tod seiner Eltern den Familienbetrieb und bildet sich autodidaktisch weiter, um im Alter von 22 Lenzen eine knapp zehnjährige Wanderschaft zu beginnen, die ihn in die europäischen Zentren kulturellen Schaffens führt. Von den Stationen Wien und Dresden (Akademiebesuche), Berlin (erste eigene Architekturentwürfe) und Rom (1793–97) prägt ihn die Auseinandersetzung mit den Baudenkmälern der Antike in Rom am meisten. In seine Heimat zurückgekehrt, erlebt der ›badische Schinkel‹ nach kurzer Zeit den Höhepunkt seiner beruflichen Karriere: Er wird im Jahr 1800 vom Markgrafen Karl Friedrich zum obersten Baubeamten am Hof bestellt. Als Oberbaudirektor plant und leitet er die Stadtanlage und -erweiterung von Karlsruhe, wo er mustergültig die Prinzipien vom Symmetrie und Achsenbildung benutzt, um den Marktplatz zum zentralen Gegenstück des Schloßplatzes zu machen und damit die Wandlung vom Fürstenhof zur Bürgerstadt zu demonstrieren, in der auch viele Einzelbauten seine Handschrift tragen.

In Baden-Baden teilweise erhaltene Weinbrenner-Bauten:
›Badischer Hof‹ 1807-09
Palais Hamilton 1808
Boutiquen in den Kolonnaden (16 von 25) 1818
Villa Bénazet-Dupressoir 1818
Internationaler Club 1818-20
Konversationshaus 1821-24

Weinbrenners Engagement für die Modernisierung des nahen Baden-Baden beginnt 1802/03 mit der Bestandsaufnahme der Quellen und der baulichen Vermessung des Bäderviertels. Nach seinen Entwürfen entstehen in diesem Viertel um den Marktplatz ein ›Museum Palaeotechnicum‹ (1803/04) zur Aufbewahrung römischer Funde, ein neues Armenbad (1809), das Alte Dampfbad (1818/19) und die Alte Trinkhalle (1822–24). Keiner dieser Bauten ist erhalten. Das ebenfalls am Marktplatz gelegene Jesuitenkolleg wird nach der Säkularisation von Weinbrenner 1810–12 zum ersten Konversationshaus umgebaut und teilweise aufgestockt (s. S. 91 f.). Weinbrenner ist es auch, der auf die denkmalwürdige Qualität des Schlosses Hohenbaden (Altes Schloß) aufmerksam macht, die Zugänglichkeit und Pflege der Ruine anregt und so den Romantikern einen wichtigen Grund mehr bietet, sich mit Baden-Baden zu beschäftigen. Engagiert nimmt der Karlsruher Baumeister auch den Auf- und Ausbau des damals neuen Kur- oder Promenadenviertels westlich der Oos in Angriff. Das heutige Kurhaus erlebt unter ihm als kleines Promenadenhaus in den Jahren 1802 und 1810 wesentliche Umbauten, bevor es 1821–24 als neugebautes Konversationshaus für Baden-Baden zum Weinbrennerbau par excellence wird (s. S. 117).

Von dem 1803 säkularisierten Klosterbau der Kapuziner, die zur Durchsetzung der Gegenreformation in die badische Residenzstadt geholt worden waren, ist bei seiner Umwandlung zum Hotel ›Badischer Hof‹ kaum etwas übriggeblieben. Man spricht zwar noch vom ›Klosterbau‹, der vom Eingang aus gesehen links liegend den historischen Teil des Hotels ausmacht, aber der Umbau durch Weinbrenner sowie spätere Veränderungen verlangen einiges an Vorstellungsvermögen, um das Kloster wiederzufinden. Mit der *Säulenhalle* betritt man das einstige Atrium des Kreuzgangs, an den sich zur Straßenseite hin mit dem heutigen *Roten Salon* eine Kapelle – zu den anderen Seiten Klosterzellen anschlossen. Das ursprünglich offene Atrium wurde von Weinbrenner zu einem dreigeschossigen Speisesaal mit 18 dorischen Kolossalsäulen, Oberlicht und Galerien umgebaut, dessen räumliche Atmosphäre durch formale Anklänge an antike peristyle Hallen oder frühchristliche Basiliken geprägt ist. Aus den Jahren nach den beiden Weltkriegen stammen der Treppenaufgang in der Säulenhalle und die Aufstockung um eine weitere Etage. Das Hotel ›Badischer Hof‹ ist, wenn man die Entwicklung des Bautypus Luxus- oder Palasthotel in Europa betrachtet, der erste Vertreter dieser Baugattung und hat, trotz der Verwendung vorgegebener Baustrukturen, Maßstäbe für die Hotelarchitektur gesetzt: eine relativ isolierte Lage mit Gärten, vielfältige Raumtypen, der zentral betonte Säulensaal, große Zimmerzahl mit guter Ausstattung.

In dem von Weinbrenner gestalteten Speisesaal und dem angefügten Kapellenraum, der während des Casinoverbots ab 1872 auch als Spielsaal benutzt wurde, verkehrten anfangs namhafte Romantiker wie Ludwig Tieck oder Carl Maria von Weber. Cotta war der Verleger Friedrich Schillers. Sein Plan, auch Goethe zur Kur im ›Badischen Hof‹ zu bewegen, um ihn enger an seinen Verlag zu binden, scheiterte 1816 an einem Kutschenunfall und am Aberglauben Goethes, der nach dem Unfall die Reise abbrach. Vielleicht war dies ein Omen. Denn Johann Friedrich Cotta, Herausgeber des ›Morgenblatt für gebildete Stände‹ und der ›Allgemeinen Zeitung‹, sowie seinem publizistisch tätigen Hotelteilhaber Johann Ludwig Klüber war es mit dem ›Badischen Hof‹ zwar gelungen, für die aufstrebende Kurstadt erfolgreich Propaganda zu betreiben, aber in der Wahl ihrer Hoteldirektoren waren sie weniger glücklich. Das Hotel ging nach 1830 durch mehrere Hände und hat erst nach dem Zweiten Weltkrieg als Besitz der Hoteliers Steigenberger ein hohes Maß an Kontinuität entwickelt.

Verlassen wir das Hotel mit einem Blick in den Garten, den man durch einen schmalen Gang von der Eingangshalle aus erreicht oder auch über den Zaun von der Straße aus einsieht. Dort steht zur Oos-

Links: St. Nepomuk

Rechts: Drei-Schalen-Brunnen

brücke hin seit 1925 der von Ernst Walker geschaffene **Drei-Schalen-Brunnen** (4) aus Muschelkalk. Als langjähriges Sendebild des Südwestfunks kamen die drei im Winter dampfenden Schalen zu großer Berühmtheit. Sie werden von der Ursprungsquelle mit Thermalwasser gespeist und verweisen auf ein altes Klosterprivileg, das heute dem Hotel noch zugute kommt: Die dem Kloster zugesprochene Thermalwasserlizenz ging trotz Säkularisation nie verloren, und so läuft das Wasser nur in den beiden verbliebenen Badehotels ›Badischer Hof‹ und ›Hirsch‹ direkt von der Quelle heiß in Wanne und Pool. Zum letztgenannten Hotel sind es nur wenige Meter durch die Lange Straße. Auf dem Weg dorthin grüßt uns zum Abschied von der Oos die Statue des Brückenheiligen **St. Nepomuk** (5) von 1726, die nach einem Brückenumbau 1841 als störender ›Stein‹ verkauft wurde und eine 120 Jahre lange Wanderschaft durch private Hände antreten mußte, bevor sie 1960 wieder ihren angestammten Platz erhielt.

Durch die Lange Straße in die Altstadt

Lange Straße/ Gernsbacher Straße: Fußgängerzone und Einkaufsviertel; einige schöne Gründerzeitfassaden.

In der **Langen Straße** öffnet nach etwas mehr als hundert Schritten die Gabelung mit der Hirschstraße und der Wilhelmstraße einen kleinen Platz. Hier stand bis 1815 das *Ooser Tor* als eines von vier Stadttoren, die gegen den Protest Weinbrenners alle im ersten Drittel des 19. Jahrhunderts abgebrochen wurden. Der große Baumeister wetterte und sprach von der Stadterweiterung als »Zerstörungslust, die beynahe bis zur Mode geworden ist«. Ein Blick auf die Zeichnungen Johannes Stanislaus Schaffroths (1765–1851) vom *Beuerner Tor* (am Leopoldsplatz), *Ooser Tor* (Lange Straße/Wilhelmstraße), *Obertor* (Schloßstraße/Burgstaffeln) und vom *Gernsbacher- oder Spitaltor* (Sophienstraße/Gernsbacher Straße) läßt nachvollziehen, warum Weinbrenner »... dem Eintritt von Baden einen wirklichen ernsthaften und schönen Anblick ...« erhalten wollte.

An der alten Straßenverbindung von ehemaliger Oberstadt und Unterstadt steht mit dem ›**Badhotel zum Hirsch**‹ (8) auch eine der ältesten Herbergen der Stadt. Knorrige Glyzinien tauchen das vornehme Stadthotel entlang der Front an der Hirschstraße bisweilen in zartes Lila. Schon 1737 als Badeherberge eingerichtet, sah sich der ›Hirsch‹ im 19. Jahrhundert sehr erfolgreich und konnte die gegenüberliegende Dependance eröffnen, zu der später die Verbindungsbrücke geschaffen wurde.

Der weitere Weg durch die Lange Straße läßt sich als Mischung aus Schaufenster- und Fassadenbummel gestalten. Heute zusammen mit der anschließenden *Gernsbacher Straße* als Fußgängerzone eingerichtet, wird dieser Straßenzug schon als Hauptstraße des römischen Aquae vermutet, allein aufgrund von Bodenfunden ist hier die größte Siedlungsdichte nachzuweisen. Die mittelalterliche Bebauung ging durch den großen Stadtbrand von 1689 verloren, und auch das 18. Jahrhundert zeigt hier nur wenig bauliche Spuren. Sein heutiges Aussehen erhielt die Straße in der zweiten Hälfte des 19. Jahrhunderts. Die lange Reihe drei- bis viergeschossiger Traufenhäuser mit unterschiedlichem Gliederungsdekor ist das Zeichen damaliger Prosperität und wird nur selten von zweigeschossigen älteren Häusern wie der *Alten Hofapotheke* von 1832 (Lange Straße 2) durchbrochen, die bis heute ihre Inneneinrichtung von 1850 bewahren konnte. Am wirkungsvollsten macht dabei das heutige *Kaufhaus Wagener* (Lange Straße/Ecke Sternstraße) von der Jahrhundertwende mit seiner großen Kuppel auf sich aufmerksam. Aber auch die Häuser Nr. 16, 13, 9 und 6 zeigen sich als vornehme Stadtpaläste. An der Gernsbacher Straße trifft dies ebenso für das Häuserpaar Nr. 2 und 4 mit seinen prächtigen Neorenaissance-Giebeln zu. Nach links in die Gernsbacher Straße eingebogen, kommt man bald zum *Jesuitenplatz*. Die in den 70er Jahren vorgenommene Altstadtsanierung schuf hier, rund um den Jesuitenbrunnen, ein schönes Ensemble mit fast südländischem Flair. Das an den Jesuitenstaffeln aufgestellte **Bismarck-Denkmal** (9), nach dem Vorbild mittelalterlicher Rolandsäulen 1915 von Oskar Alexander Kiefer geschaffen, wirkt dabei in seiner Strenge fast fremdartig.

Das **Rathaus** (10) erstreckt sich als bedeutendstes Barockbauwerk der Altstadt von der Gernsbacher Straße bis zum Marktplatz. Das mehrflügelige Gebäude dominiert den Jesuitenplatz und hat ihm auch seinen Namen gegeben. Den Jesuiten wurde mit diesem Gebäude 1623 ein großes Kolleg zur Entwicklung des städtischen Bildungswesens zur Verfügung gestellt. Zu dem Ensemble gehörte auch eine Kirche. Vom großen Stadtbrand 1689 zerstört, werden das Jesuitenkolleg und die Kirche bis 1703 zunächst wieder aufgebaut. Mit der Aufhebung des Ordens entfällt die ursprüngliche Nutzung 1773 dann endgültig. Zwischen 1811 und 1824 baut Weinbrenner das Kolleg in ein Konversationshaus um, das die Rolle des heutigen

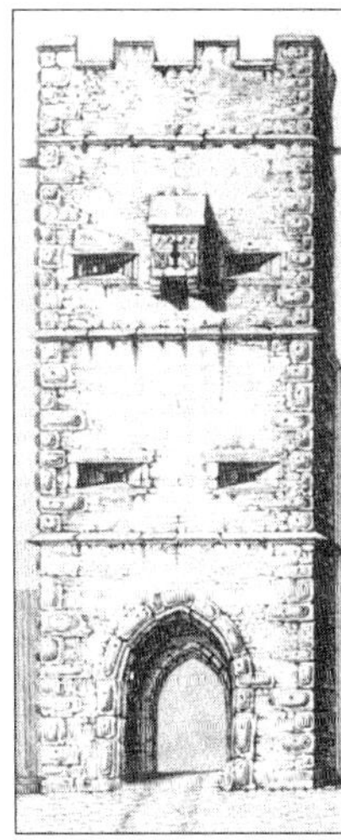

Johannes Stanislaus Schaffroth, Ehemalige Stadttore: Obertor und Beuernertor

Rathaus: Jesuiten-Kolleg des 17. Jahrhunderts, von Weinbrenner zu Beginn des 19. Jahrhunderts als Konversationshaus umgebaut.

Stadtmuseum/
Baldreit

1 Innenhof
2 Eingang
3 Museum
4 Archiv
5 Ausstellung
6 Magazin

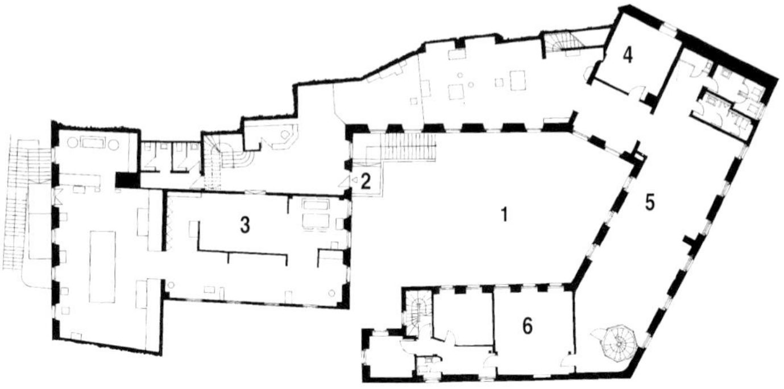

Kurhauses vorwegnimmt: Glücksspiel, Unterhaltung und Kurzweil. Der Umwidmung fällt auch der Kirchenbau zum Opfer, dessen Stelle bereits 1830 das Hotel ›*Darmstädter Hof*‹ einnimmt. Die Form der Chorapsis dieser Kirche hat sich bis heute erhalten und ist von der Büttenstraße aus deutlich zu identifizieren. Der ehemalige Hotelflügel, inzwischen ebenfalls ein Teil des Rathauses, läßt sich vom Jesuitenplatz aus als zurückgesetzter linker Teil des Gebäudes erkennen. Er zeigt sich mit flachem Vorbau (heute eine Bürgerinformationsstelle) und großer Aufgangsterrasse. Nach Fertigstellung des Neuen Konversationshauses im Kurviertel ziehen 1824 zunächst Privatbewohner in das ehemalige Kolleg ein, dann, 1862, das Rathaus. Der Weg zum höher gelegenen Marktplatz läßt sich für gehbehinderte Menschen an Werktagen tagsüber bequem mit dem *Rathauslift* verkürzen. Man erreicht mit dem Fahrstuhl (Eingang Bürgerbüro) den Rathausinnenhof, der mit dem Marktplatz auf einer Ebene liegt. Unmittelbar neben der Fahrstuhltür befindet sich hinter einer Glastür eine Rarität: der *Rathaus-See.* Der unterirdische, konstant 18 °C warme Teich wurde 1891 beim Ausbau des erwähnten Hotels als Rest eines ehemaligen Steinbruchs entdeckt und offen gelassen. Oben angekommen, verbindet ein Säulenportal mit Kompositkapitellen, geradem Gebälk und dem Allianzwappen Baden-Lauenburg von 1723 Rathausinnenhof und Marktplatz.

Auf dem Fußweg zum Marktplatz über Baldreitstraße, Küferstraße beziehungsweise Büttenstraße weisen Schilder den lohnenden kleinen Umweg über das **Baldreit** (11). Das 1979 restaurierte und zum Stadtmuseum (s. S. 233) umgewidmete Anwesen gibt als unregelmäßiges Vieleck mit schönem Innenhof und Weinstube eine für das 18. Jahrhundert typische Anlage größerer Badeherbergen zu erkennen. Rings um den Innenhof lagen einst die 30 Badestuben und genauso viele Zimmer. Um die Namensgebung des schon 1460 erwähnten ›Baldrich‹ rankt sich eine nette Geschichte, die auch auf den Fresken der Trinkhalle im Kurviertel dargestellt ist: »Seht, so bald reit' ich!« soll der pfälzische Kurfürst gerufen haben, als er sich nach schneller Heilung auf sein Pferd schwang. Im 19. Jahrhundert

Baldreit:
Typische Bauform und Erscheinungsbild einer mittelalterlichen Badeherberge;
heute Sitz des Stadtmuseums.

war im Baldreit ein Armenbad untergebracht. Ein schmaler Torbogen führt vom Innenhof des Baldreit in die Büttenstraße. Wie an manch anderer Stelle unserer Stadtspaziergänge dient auch hier ein Brunnen als Wegweiser. In diesem Fall ist es der *Büttenbrunnen* mit einem mittelalterlichen Sturz von 1558. Durch das trinkbare Wasser der Büttenquelle gestärkt, lassen sich die letzten Stufen zum Marktplatz leichter nehmen.

Stiftskirche

Heute noch wird die Altstadt von der **Stiftskirche** (12) als dem ältesten Bauwerk beherrscht. Im unteren Bereich des nach Westen ausgerichteten Turms lassen sich die romanischen Wurzeln des spätgotischen Gotteshauses schon von außen erkennen. Ehemals nach dem Patronat der Apostel Petrus und Paulus benannt, kam der Kirche durch ihre Bestimmung als Grablege der badischen Markgrafen aus der Baden-Badener Linie (ab 1391 bis zum Erlöschen der Linie 1771) sowie durch ihre Umwandlung zur Kollegiat- und Stiftskirche (1452/53) eine besondere Stellung zu. Die erste Pfarrkirche Baden-Badens hat im Laufe der Jahrhunderte mehrere Umbauten erlebt, die ihren ursprünglichen Charakter auch im Raumgefüge veränderten. Erhalten hat sich ein spätgotisch dominierter Sakralbau mit bemerkenswerter Ausstattung und eindrucksvoller Portalornamentik. Die beiden hier 1753 eingebauten Silbermann-Orgeln wurden leider aufgegeben – immerhin weist die Stiftskirche fast ideale Klangverhältnisse auf – und in den 1990er Jahren durch eine Rohlfs-Orgel ersetzt.

Portal der Stiftskirche

Der erste gesicherte Hinweis auf den mittelalterlichen Ort Baden-Baden, eine ottonische Schenkungsurkunde aus dem Jahr 987 (s. S. 20), nennt auch eine zum Ort gehörende Kirche, ohne allerdings deren Lage näher zu beschreiben. Daß es sich dabei um einen Bau am Ort der heutigen Stiftskirche gehandelt hat, macht ein bei

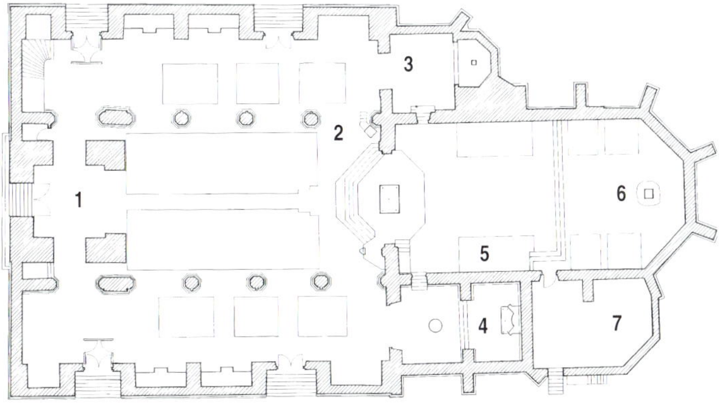

Stiftskirche

1 Turm
2 Sakramentshäuschen
3 Marienchörlein
4 Johannischörlein
5 Epitaph Ludwig Wilhelms
6 Kruzifix
7 Sakristei

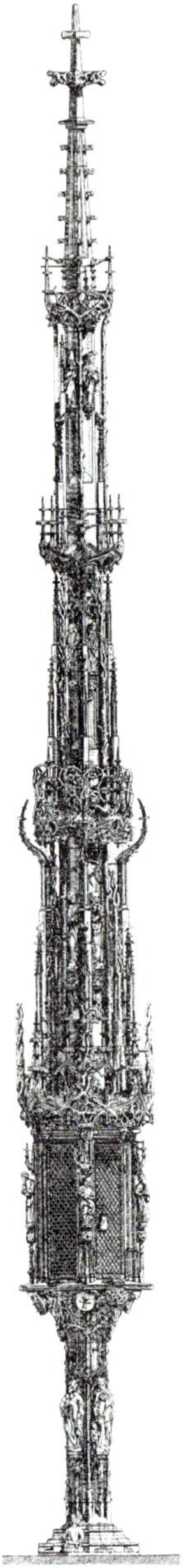

Sakramentshäuschen

Renovierungsarbeiten 1967 gefundener Steinsarkophag aus dem 8. bis 10. Jahrhundert wahrscheinlich. Größere Aufmerksamkeit erfuhr die Pfarrkirche dann in der ersten Hälfte des 13. Jahrhunderts im Rahmen der Stadtbebauung, die der Errichtung von Schloß Hohenbaden folgte. Die romanische Basilika blieb bis zur Gründung der Kollegiatstiftung 1452/53 bestehen. Als Stiftskirche erfährt sie dann in den Folgejahren eine umfassende spätgotische Neugestaltung. Der neu entstehende Chor mit dem Gestühl für die Stiftungsherren, das später in die unweit gelegene Spitalkirche gebracht wird, ist mit einer Länge von 23 m dem alten romanischen Schiff nahezu gleichgewichtig zugeordnet. Die Kirche wird um den stehengebliebenen *Turm (1)* herum verlängert, und so entsteht eine Westfassade über die gesamte Breite der Kirchenschiffe. Mit der Umwandlung erhält der Turm einen gotischen Spitzhelm und eine gotische Portalarchitektur, die allerdings erst 1751/52 in ihre heutige Form gebracht wird. Im Tympanon des Portals ist Veronika mit dem Schweißtuch dargestellt, in den unteren Nischen links davon ein Prophet und ein König des Alten Testaments, rechts Maria und der Verkündigungsengel. Darüber, deutlich größer, finden sich die Schutzheiligen der Kirche: links der Apostel Petrus, rechts Paulus und in der Mitte eine barocke Madonna mit Kind, die ihre beim großen Stadtbrand von 1689 zerstörte spätgotische Vorgängerin ersetzt (die Fiale ihres Baldachins trägt das badische Wappen). Alle Figuren sind Kopien der beschädigten Originale, die 1913 zur Aufbewahrung in die Stadtgeschichtlichen Sammlungen gegeben wurden.

Spätgotisch ist auch das berühmte *Sakramentshäuschen (2)* im Inneren der Kirche. Als 12,85 m hohe monumentale ›Monstranz‹, die zwölf übereinander angeordnete Einzelwerkstücke miteinander verbindet, gerät die um 1490 geschaffene Steinmetzarbeit am linken Pfeiler des Chorbogens beim Betreten der Kirche sofort in den Blick. Am Sokkel ist ein Selbstbildnis des Steinmetzen mit Zirkel und Winkel zu sehen. Möglicherweise aus der elsässischen Steinmetzfamilie Hammer (Monogramm SH) stammend, steht der Künstler deutlich unter dem Einfluß Niclaus Gerhaerts von Leyden. Darüber folgen Figuren der Evangelisten Lukas mit dem Stier, Markus mit dem Löwen und Matthäus. Wurzel- und Astwerk als Symbol des Lebensbaums leiten über zum eigentlichen Tabernakel, das drei Wappenschilde mit den Marterwerkzeugen Christi und drei Propheten aufweist. Das dritte Geschoß enthält die Titularheiligen der Kirche: Petrus und Paulus. Im vierten Geschoß sieht man den heiligen Martin vor einem knienden Bettler, Anna selbdritt und Johannes den Evangelisten mit dem Adler, schließlich im fünften männliche Gestalten mit Spruchbändern. Gekrönt wird das Sakramentshäuschen von einer Fiale mit Kreuzblume.

Den zentralen Altarplatz des Chors nimmt das *Kruzifix des Niclaus Gerhaert von Leyden* (6) ein. Das 1467 aus einem Stück rötlichen Vogesensandsteins gehauene Werk galt seinerzeit lange als vorbildlich für die Kruzifixgestaltung der oberrheinischen Skulptur.

Während noch bis ins 14. Jahrhundert der bewegte Typus mit ausschwingendem Korpus und abgewinkelten Beinen vorherrscht, hat sich hier die eher gestreckte oder gedehnte Figur durchgesetzt. In dieser Streckung und Anspannung ist zwar noch die körperliche Qual des Leidens spürbar, aber sie scheint durch übermenschliche Kraft überwunden zu sein. Der sehr differenziert gearbeitete Körper strahlt Ruhe und Gespanntheit, das sensibel modellierte Gesicht Erhabenheit und Selbstbewußtsein aus. Es ist der Moment des ›Alles-Ausgestanden-Habens‹ dargestellt, in dem göttliches Dulden zur Erlösung geführt hat. Auf den Zusammenhang mit dem Stich des Meisters ES, der wohl auch in Straßburg arbeitete, ist immer wieder hingewiesen worden, und auch wenn keine unmittelbare Abhängigkeit besteht, ist die Verwandtschaft nicht von der Hand zu weisen.

Detail des Sakramentshäuschens

Lange stand das Werk des niederländischen Künstlers auf dem ehemaligen Friedhof hinter der Spitalkirche im heutigen Bäderviertel und wurde erst 1967 in die Stiftskirche gebracht. Hans Ulrich der Scherer, Chirurg des Markgrafen Karl I. und Lehnsmann der Bäder Baden-Badens, ist an der unteren Sockelstufe des Kreuzes mit einem Wappen (geneigtes Schild mit gefiedertem Pfeil) als Stifter erkennbar. Das Kreuz steht auf einem kleinen, mit Totengebein durchsetzten Steinhügel, auf dem Reptilien kriechen, ein Hinweis auf die Schädelstätte Golgotha und damit auf Tod und Vergänglichkeit. Die Enden des Querbalkens und das obere Stammende sind naturalistisch als gemaserte und aufgespaltene Baumstümpfe nachempfunden. Über dem Haupt hängt der Kreuzestitel auf einem rechteckigen Brett. Bei der dreizeiligen Inschrift stellen die beiden oberen Zeilen die hebräische und griechische Fassung für den unten stehenden Titel ›i.n.r.i.‹ dar. Auf der Rückseite der unteren Sockelstufe findet sich die Künstlerinschrift und die Jahreszahl 1467. Niclaus Gerhaert schuf das Kruzifix während seines Aufenthalts in einer Straßburger Werkstatt, wo er zwischen 1463 und 1467 arbeitete. Dort hat sich eine als Selbstbildnis gedeutete Halbfigur von einem Kanzleiportal erhalten, heute aufbewahrt im Frauenhaus-Museum in Straßburg.

Kruzifix des Niclaus Gerhaert von Leyden

Meister ES, Der Gekreuzigte zwischen Maria und Johannes

Ebenfalls im Chor befindet sich in der Reihe markgräflicher Grabmale das große aufwendige *Epitaph (5)* des 1707 gestorbenen Markgrafen *Ludwig Wilhelm*, der wegen seiner militärischen Leistungen in den Türkenkriegen als ›Türkenlouis‹ in die Geschichte einging und das Rastatter Schloß als Residenz errichtete. Umgeben von den allegorischen Figuren der Tapferkeit (links), der Gerechtigkeit (rechts) und der Weisheit (oben) erscheint der Feldherr in einer Nische über dem Sarkophag, darüber das badische Wappen, unter ihm eine Inschrift mit Totenehrung sowie den Jahreszahlen 1655 (Geburtsjahr des Markgrafen) und 1753 (Errichtung des Denkmals). Unter Ludwig Wilhelm beginnt auch der zögerliche Wiederaufbau der beim Franzosenangriff von 1689 bis auf die Grundmauern zerstörten Kirche. Die Stiftskirche erfährt dabei im 18. Jahrhundert eine barocke Umgestaltung, die im 19. Jahrhundert durch eine Regotisierung wieder zurückgenommen wird. Der barocke Turmaufbau von

1712/13 mit seinen drei ›welschen Hauben‹ ist allerdings bis heute erhalten geblieben. Bei den Umbauten der Jahre 1861–67 erhält die Stiftskirche eine Thermalheizung: Man verlegt ein 400 m langes Netz unterirdischer Kupferröhren, die aus den benachbarten warmen Quellen gespeist werden. Dieses Heizsystem ist bis 1954 in Betrieb. Was die Thermalströme unter dem Florentinerberg dem Menschen an Gesundheit und Heilung bescheren, kehrt sich für die Mauersubstanz und Statik der Stiftskirche ins Gegenteil. Die aufsteigende Feuchtigkeit führt zu Zersetzungen bis hoch ins Mauerwerk und macht ständige Renovierungsarbeiten notwendig. So wird 1967/68 im gesamten Innenraum der Kirche – mit Ausnahme des Gräberbereichs – eine 50 cm starke Feuchtigkeitssperre eingebracht; Fundamente, Pfeiler und Wände bekommen durch einen feuchtigkeitsresistenten Sandsteinguß eine bessere Festigkeit.

In unmittelbarem Zusammenhang mit der Kirche sind die *ehemaligen Stiftshäuser* zu sehen (Marktplatz 14–18). Sie wurden nach der Zerstörung 1689 in den Jahren 1730–40 einheitlich zweigeschossig wieder aufgebaut und im 19. Jahrhundert aufgestockt.

Durch die Schloßstraße zum Neuen Schloß

Beim Überqueren des Marktplatzes in Richtung Schloßstraße richtet sich der Blick dann beinah von selbst nach oben zur Schloßterrasse, auf der unser erster Spaziergang ausklingt. Man sollte auf dem Marktplatz aber auch den Blick zum Boden richten, denn hier sind mit schwarzen Pflastersteinen die Umrisse der **Römischen Kaiserbäder** (13) nachgezeichnet, die wegen des Baubestands auf dem Marktplatz nicht freigelegt werden können (s. S. 49 f.). Der *Marktbrunnen* zeigt den Weg vom Marktplatz in die Schloßstraße. Sein Brunnenbecken stammt vermutlich aus dem 18. Jahrhundert, die Säule mit Kompositkapitell trägt eine um 1800 gefertigte Madonna. Mit der **Schloßstraße** betreten wir dann die einstige Außenlinie der ›Oberstadt‹, des unmittelbar zum Schloß orientierten Altstadtteils, der mit seinen Steigstraßen noch spätmittelalterliche Fragmente und typische Beispiele für den spätbarocken Wiederaufbau nach dem Stadtbrand von 1689 zu erkennen gibt: verputztes Bruchstein- und Ziegelmauerwerk mit bescheidenen Schmuckelementen. Nur einige Bauten, so die ehemalige *Stiftspropstei* (Schloßstraße 6), erhielten entsprechend ihrer Bedeutsamkeit eine Pilastergliederung. Auffälliger Fassadenschmuck, wie an der *Villa Lobstein* (Burgstraße 2), wurde erst im 19. Jahrhundert angebracht.

In ihrer Funktion hat die Oberstadt folgenden Wandel erlebt: Angelegt als Ort der Schloß- und Stadtverwaltung mit *ehemaligem Rathaus* (Schloßstraße 9) und *Neuer Kanzlei* (Schloßstraße 15), wurde im 19. Jahrhundert daraus ein beliebtes Künstlerwohnviertel, so etwa mit dem Haus des Malers Johann Baptist Heinefetter, der mit Jakob Götzenberger die Fresken der Trinkhalle gemalt hat (Burgstraße 7), um danach bis in die Gegenwart zum ›Schulberg‹ zu werden. Der toskanisch anmutende Gebäudekomplex mit langgestreckter Seitentreppe und großem Dachgarten an der Ecke Schloßstraße / Stiftsgasse / Burgstraße hat die letzten beiden Abschnitte dieser Entwicklung nachvollzogen. Im 19. Jahrhundert von der Kunstmäzenin Berta Grunelius bewohnt und als Treffpunkt von Malern und Bildhauern auch von Franz Liszt mit Hauskonzerten verwöhnt, nahm das große Haus vor der Jahrhundertwende das damals europaweit bekannte ›Großherzogliche Victoria-Pensionat‹ auf. Aus höheren Töchtern wurden hier gewandte und mehrsprachige Hofdamen, die sich in Themen der internationalen Politik genauso auskennen mußten wie in Fragen des Protokolls und der höfischen Buchhaltung. Der Erste Weltkrieg verwies viele Kronen in die Geschichtsbücher, und somit war auch das Ende des Mädchenpensionats gekommen. Die Schule ging nach 1924 in den Besitz der Rastatter Heimschule Büchler über. Und die ›älteste deutsche Heimschule mit eigenem pädagogischen Konzept‹ expandierte als *Pädagogium* in der Folgezeit auf dem Schloßberg. Heute gibt es innerhalb des Schloßstraßen-Rings kaum ein Gebäude, das nicht zu dieser Heimschule gehört.

Neue Kanzlei

Wo die Schloßstraße einen Bogen nach rechts beschreibt, stand bis 1834 das *Obertor* als letztes Stadttor. Ein 1783 an diesem Platz aufgestellter Brunnen, dem damaligen Bürgermeister Nagel gewidmet, heißt bei den Leuten von hier noch heute ›Obertorbrunnen‹. Am Rande dieser Straßenbiegung steht am ›Pflutterloch‹ – so der Name des steilen Talausschnitts an der Nordseite des Schloßbergs – die *Neue Kanzlei* (Nr. 15), ein ehemaliges Verwaltungsgebäude. Die Ursprünge des Gebäudes reichen bis ins 14. Jahrhundert zurück. Am rückwärtigen Teil finden sich einige der wenigen baulichen Spuren des Spätmittelalters in Baden-Baden. Wenige Meter weiter wohnten in dem schönen Neorenaissance-Haus mit schmiedeeisernem Säulenbalkon und reichem Fassadenschmuck (Nr. 18) ab 1860 die Brüder Charles und Georges Gimbel. Sie bedienten als überaus erfolgreiche Landschafts- und Fächermaler kaiserliche Kunden zu königlichen Honoraren.

Neues Schloß: Ab Ende des 15. Jahrhunderts Residenz der badischen Markgrafen, Stadtgeschichtliche Sammlungen im ehemaligen Marstallgebäude.

Das **Neue Schloß** (14) zeigt sich im Vergleich zu anderen Kulturdenkmälern der Stadt verschlossen, stumm und seltsam verwaist. Das ›Kleinod der deutschen Renaissance‹ wurde nach der Abdankung des letzten monarchischen Landesherrn im Rahmen eines Staatsvertrags 1919 zum Eigentum der markgräflichen Familie erklärt und ist 1995 das letzte Residenzschloß Baden-Württembergs in Privatbesitz. Seit 1923, dem Tod der Großherzogin Luise, ist es unbewohnt und verkommt zur ungeheizten Abstellkammer markgräflichen ›Hausrats‹. Nach Jahren der Ungewißheit und bedingt durch die hohen Kosten, die das markgräfliche Haus auch für die Substanzerhaltung anderer Besitzungen zu leisten hat, steht das ehemalige Residenzschloß jetzt zum Verkauf. Im Herbst 1995 wurde mit Hilfe von Sotheby's der größte Teil des Inventars versteigert. Das Land Baden-

Ansicht des Neuen Schlosses

Neues Schloß (Archivturm)

Württemberg konnte durch den Ankauf bedeutsamer Stücke, wie der Flügel des Salemer Altars von Bernhard Strigel, einige Posten des Inventars vor dem ›Sommer-Schloß-Verkauf‹ für die Öffentlichkeit retten, aber der größte Teil der Gemälde, Möbel, Porzellane und sonstigen kunsthandwerklichen Gegenstände kam für insgesamt DM 77,6 Mio. unter den Hammer. Als wäre es nicht grotesk genug, erlebte man am Rande der Jahrhundertauktion auch noch wahre Taschenspielertricks: da konnte ein Lucas-Cranach-Gemälde im Menschenandrang am Neuen Schloß unbemerkt abhanden kommen, oder zwei Glasmalereien aus dem 14. Jahrhundert (Stifterfenster der Markgrafenfamilie für das Kloster Lichtenthal) konnten unbeschadet aus ihrer Verbannung vom Dachboden erlöst werden.

1453 erstmals testamentarisch erwähnt und als ›nuwe sloße‹ vom außerhalb der Stadt gelegenen Alten Schloß (Schloß Hohenbaden) unterschieden, wird das Neue Schloß 1479 zum Wohnsitz des Markgrafen Christoph I. Unter dessen Regentschaft erfährt der vormalige Witwensitz (von dem Kellergewölbe in der Südostecke des heutigen Haupthauses erhalten sind) bis Ende des 15. Jahrhunderts folgende Erweiterungen: Dem Westtor, durch das man den Schloßhof betritt, wird ein Torturm vorgebaut, das Allianzwappen des Markgrafen und seiner Gemahlin findet sich am Gewölbeschlußstein des Eingangsbogens. Im Schloßhof entsteht ein dreigeschossiger Palast, der heute infolge der Zerstörung von 1689 als eingeschossiger *Kavalierbau* linker Hand vor dem Haupthaus steht.

Seine eigentliche Gestalt erhält das Schloß dann unter dem als Kind zum Markgrafen gewordenen Philipp II. Unter dem Einfluß seines Vormunds, des damals in München regierenden ›Renaissance-Fürsten‹ Herzog Albrecht V., läßt Philipp II. die Residenz im Renaissancestil um- und ausbauen. Der für den bayerischen Hof

›Sommer-Schloß-Verkauf‹, Oktober 1995

arbeitende Steinmetz und Baumeister Caspar Weinhardt (gest. um 1597) errichtet so ab 1575 den Hauptbau, die Orangeriegebäude rechts im Schloßhof und den zum Park hin gerichteten Aussichtspavillon, das im Zweiten Weltkrieg zerstörte ›*Dagoberttürmchen*‹. Von Weinhardt stammt auch der Innenhofbrunnen mit polygonalem Becken und Nische, vor der die Figur des von einem seiner eigenen Hund angefallenen Aktäon steht (um 1592).

Zur Ausmalung des erweiterten Schlosses wird mit Tobias Stimmer (1539–1584) von Schaffhausen einer der großen Maler der Spätrenaissance nördlich der Alpen bestellt. Nicht nur seine berühmt gewordenen Allegorien, die den *Fürstensaal* im zweiten Obergeschoß des Haupthauses schmückten, fallen dem großen Brand von 1689 zum Opfer. Der dreigeschossige Palast brennt bis auf das Erdgeschoß nieder, Dach- und Turmaufbauten des Haupthauses stürzen ein, die Remisen erleiden große Schäden. Die Wiederherstellung zieht sich über 20 Jahre hin. Sie führt barocke Elemente ein, gibt den Renaissancegarten zugunsten einer Parkanlage auf und findet insgesamt seitens des damals regierenden Markgrafen Ludwig Wilhelm weniger Beachtung als der 1697 begonnene Aufbau eines neuen Residenzschlosses zu Rastatt. In der Rheinebene bot sich dem ›Türkenlouis‹ die Möglichkeit, ein zeitgemäßes Schloß nach Versailler Vorbild zu bauen, um ab 1706 für den kurzen Rest seines Lebens dort zu residieren. Mit dem Aussterben der Baden-Badener Linie und der Vereinigung der Markgrafschaft im Jahre 1771 etabliert sich das höfische Leben in Karlsruhe, und Baden-Baden gerät zunächst an den Rand der Ereignisse.

Erst 1843–47 erfährt das Neue Schloß dann als Sommerresidenz in der aufblühenden Kurstadt wieder Beachtung und eine umfassende Restaurierung. Die Haupträume nehmen dabei ihre heutige

Gestalt an, der Fürstensaal und die anderen Räume der Beletage werden in Anlehnung an Renaissance-Vorbilder dekoriert, die Maler Koopmann und Götzenberger schaffen als Wandschmuck eine genealogisch angelegte Ahnenfolge der Markgrafen, und die Ausstattung des Schlosses hält anläßlich des Fürstenkongresses von 1860 den Augen hochgestellter Persönlichkeiten stand.

Die Stadtgeschichtlichen Sammlungen (s. S. 233), einziger öffentlich zugänglicher Raum im ehemaligen Marstallgebäude, ermöglichen mit Funden aus der Römerzeit, historischem Küchengerät, einer Sammlung alter Puppen und anderen Exponaten eine informative Exkursion.

Schreiten: Durch das Bäderviertel auf die Sophienstraße und den Leopoldsplatz

Exotische Pflanzen und heiße Quellen

Besonders sehenswert
Friedrichsbad ☆☆
Römische Soldatenbäder ☆
Paradies ☆
Palais Hamilton ☆

Bevor wir es illustren Gästen und Anwohnern der Sophienstraße nachtun können und in der ihnen gemäßen Art der Fortbewegung auf einem der schönsten Stadtboulevards zum Leopoldsplatz und dem anschließenden Kurviertel ›schreiten‹, ist ein Abstieg über die Schloßstaffeln zum Marktplatz und ins Bäderviertel erforderlich. Entlang der mächtigen Terrassenmauern und Strebepfeiler, deren Ursprung auf vorromanische Zeiten zurückgeht, blühen in den herrlichen Terrassengärten des **Florentinerbergs** eine Vielzahl exotischer Pflanzen. Die im 17. Jahrhundert geschaffene Anlage verdankt ihren Namen den Weinreben aus Florenz, die hier gesetzt wurden. Die Südlage sowie die ›Fußbodenheizung‹ der Thermen, die hier am Berg austreten, schaffen eine toskanische Stimmung, die das Alte Dampfbad am Marktplatz auch architektonisch aufgreift. Feigen überwintern in den Terrassengärten im Freien, Mittelmeergewächse wie Pinie, Zypresse, Lorbeer, Zitrone, Bitterorange oder Magnolie und Myrte gedeihen prächtig. Besonders schön sah es hier aus, als der Florentinerberg, umliegende Dachgärten, das Schloß, der Hungerberg und das Rotenbachtal im Rücken der Caracalla-Therme 1981 für die Landesgartenschau gestaltet wurden. Man unternahm damit einen leider nur kurzzeitig geglückten Versuch, den Bereich Schloß, Marktplatz, Bäder und Rotenbachtal zu beleben. In der Vergangenheit war der Marktplatz mit einem von Weinbrenner gebauten ›Museum Palaeotechnicum‹, mit einem Konversationshaus und Casino (heutiges Rathaus) sowie mit den nahen Bädern auch ein gesellschaftlicher Mittelpunkt. In der Gegenwart konzentriert sich das Sehen und Gesehenwerden auf den Bereich des Kurviertels, nachdem sich dort seit dem frühen 19. Jahrhundert Glücksspiel, Theater, Kunst und Hotelpaläste niederließen. In der Zukunft, so der

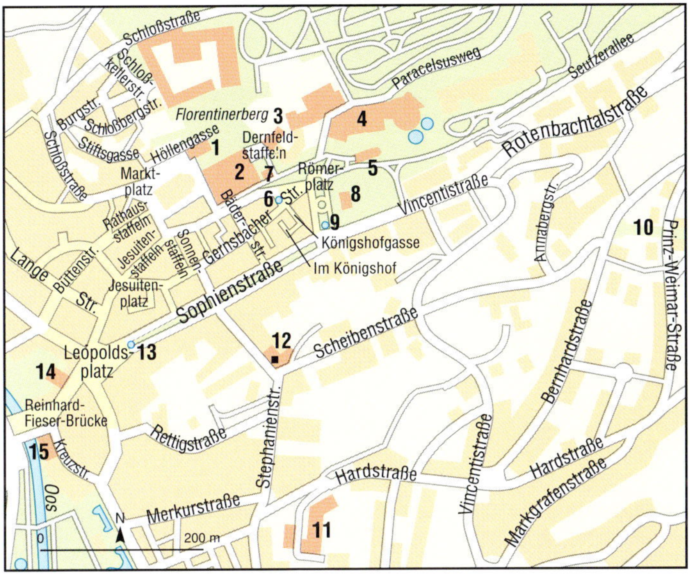

Zweiter Stadtrundgang

1 Altes Dampfbad
2 Friedrichsbad
3 Frauenkloster vom Heiligen Grab
4 Caracalla-Therme
5 Spitalkirche mit Ölberg
6 Sankt-Georgs-Brunnen
7 Römische Soldatenbäder
8 Alte Polizeidirektion
9 Schinkel-Brunnen
10 Paradies
11 Markgraf-Ludwig-Gymnasium
12 ehem. Synagoge
13 Reiher-Brunnen
14 Palais Hamilton
15 ›Hotel Atlantic‹

Wunsch verantwortlicher Stadtplaner, sollen das historische Zentrum und das Kurviertel, durch den Boulevard der Sophienstraße verbunden, zu zwei gleichgewichtigen Polen des Stadtlebens von Baden-Baden werden. Auf dem Weg vom Wunsch zur Wirklichkeit dürfte es von großer Bedeutung sein, welcher Nutzung die Gebäudeachse Schloß – Altes Dampfbad – Alte Polizeidirektion zugeführt wird.

Das **Alte Dampfbad** (1) steht, wenn man von den Schloßstaffeln kommend den Marktplatz betritt, linker Hand. Dieses ›Toskana-Haus‹, ein dreigeschossiger Putzbau mit reicher Backstein- und Terrakottagliederung, wurde 1846–48 nach den Plänen von Heinrich Hübsch (1795–1863) errichtet. Die Fassade ist durch das Portal und jeweils fünf gekuppelte Fenster gegliedert, die Apsis im Osten 1864/65 nachträglich angefügt. Der Bau verdrängte das an dieser Stelle von Weinbrenner 50 Jahre vorher errichtete ›Museum Palaeotechnicum‹. Ganz nach dem Motto »Erholung und Kur verkaufen sich besser als Geschichte und Kunst« wurde die im Haus befindliche *Ursprungquelle* zum Mittelpunkt von Bädern beziehungsweise Badekabinen. Das Motto erwies sich aber zumindest am Beispiel des Alten Dampfbads als falsch, denn bald blieben die Gäste fern, und das schöne Gebäude steht seit längerem leer. Zwischenzeitliche Nutzungen durch Cafés oder die ›Gesellschaft der Freunde junger Kunst‹ konnten oder durften sich wohl nicht durchsetzen.

Wenige Meter hinter dem Alten Dampfbad führen die Dernfeldstaffeln hinab zum Friedrichsbad (s. S. 53 ff.), von dessen Erbauer,

Altes Dampfbad

Carl Dernfeld (1831–1879), die Steintreppe ihren Namen hat. Noch bevor man von oben die ersten Stufen betritt, versteckt sich linker Hand hinter einer kleinen, eisenbeschlagenen Holztür der *Friedrichsstollen* und deutet darauf hin, daß hier, im Quellbezirk, das Herz von Baden-Baden schlägt (s. S. 44 ff.). Damit erklärt sich auch die nahe Lage der großen Bäder sowie der historischen Spitale und Badeherbergen. Den ersten Schluck Thermalwasser bietet am unteren Ende der Treppe die *Fettquelle* an. Sie liegt in einer kleinen Grotte aus Sintergestein, das vom Wasser selbst über Jahrtausende aus Ablagerungen geschaffen wurde. Ihr Geschmack ist nicht so abstoßend wie der Name, denn bei dem in der Nische austretenden Wasser ist trotz der 63 °C kein unterirdischer Brühwürfel im Spiel. Der Name dieser um 1870 gefaßten Quelle rührt eher von den Gesteinspartikeln her, die das Wasser wie Fett glänzen lassen.

Fettquelle

Kloster mit eigener Quelle

Gegenüber der Fettquelle macht eine große neobarocke Fassade, die sich entlang eines Kirchen- und Wohnbaus erstreckt, auf das **Frau-**

enkloster vom Heiligen Grab (3) aufmerksam. Die Berufung des Ordens der Sepulchrinerinnen wird Markgräfin Maria Franziska für das Jahr 1670 zugeschrieben und steht im Zusammenhang der damaligen Ordensniederlassungen in Baden-Baden. Neben den Jesuiten (Rathaus, s. S. 91 f.) und Kapuzinern (›Badischer Hof‹, s. S. 87 ff.) werden aus Lüttich auch die ›Chorfrauen vom Heiligen Grab‹ zur »besseren Instruierung der Jugend« gerufen. 1207 im Rahmen der Kreuzzüge nach Jerusalem gegründet, sieht der Orden (ähnlich wie die im 16. und 17. Jahrhundert entstandenen Vereinigungen der ›Ursulinen‹ und ›Englischen Fräulein‹) seine Hauptaufgabe in der Erziehung und Ausbildung von Mädchen und jungen Frauen. Nachdem die Klosterfrauen in Baden-Baden ab 1670 zunächst in der Nähe des Schlosses eine Unterkunft finden und die Beisetzung der ersten Priorin in der Fürstengruft der Stiftskirche die bedeutsame Stellung des Klosters widerspiegelt, wird 1687 der Grundstein des heutigen Klosters gelegt.

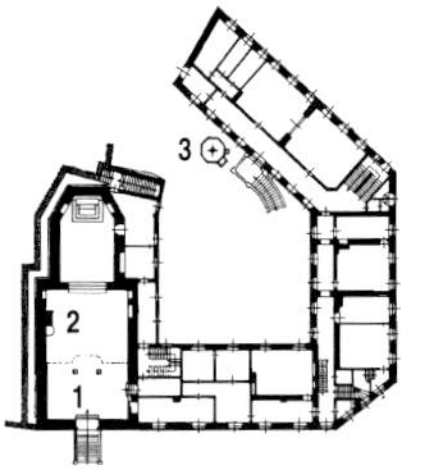

Frauenkloster vom Heiligen Grab

1 Empore
2 Kanzel
3 Brunnen

Der Vorgängerbau, die seinerzeit berühmte Badeherberge ›Zum Ungemach‹, hat im Innenhof einen der ältesten Stadtbrunnen *(3)* hinterlassen. Das 1689 fertiggestellte Kloster hat noch vor seinem Bezug das Schicksal der anderen Stadtgebäude zu teilen: Es wird – mit Ausnahme der Kirche – durch den Franzosenangriff des gleichen Jahrs vernichtet. 1713 funktioniert hier wieder eine Stadtschule für Mädchen, bis 1740 ist die gesamte Anlage erneut aufgebaut. Die 60 Jahre später beginnende Säkularisation übersteht das Kloster durch seinen Schulstatus. Heute besuchen mehr als 600 Mädchen und Jungen das in der Klostertradition stehende Gymnasium, einen modernen Flachdachbau an der Ostseite der historischen Klosteranlage. Das heutige Aussehen der Anlage ist durch mehrere Umbauten, Aufstockungen und Veränderungen des 19. und 20. Jahrhunderts geprägt. Die neobarocke Überarbeitung von Kirche und anschließendem Wohngebäude stammt aus der Zeit um 1895. An der Eingangsfassade der Kirche verweist allein die ursprüngliche Rustikarahmung des Portals auf das Alter des Gotteshauses. Auf dem monumentalen Relief im Giebelfeld ist die Auferstehung Christi aus seinem Grab als für den Orden namensgebend thematisiert, der Giebel selbst trägt mit dem Doppelkreuz das Wappen des Ordens. Im Inneren trennt ein großes Schmuckgitter die Empore *(1)* als Gebetsort der Nonnen vom einschiffigen Raum der Kirchengemeinde. Die Kanzel *(2)* und ihr massives Treppengeländer an der Nordwand wurden um 1730 als reiche Schnitzarbeit mit pflanzlichen Motiven wie Akanthus, Sonnenblumen und Pinienzapfen gefertigt. Die Altäre wurden zwischen 1850 und 1940 mehrmals ausgetauscht und dabei den Formen der Zeit unterworfen. Über dem Hochaltar befindet sich heute das Gemälde ›Christi Auferstehung‹ von Otto Grassl (1938).

Frauenkloster vom Heiligen Grab: Eine mittelalterliche Gründung zur Entwicklung des städtischen Schulwesens.

Schön, aber nicht immer zugänglich, ist der Innenhof des Klosters, den man durch das Portal rechts von der Kirche erreicht. Hier zeigt der kleinere der beiden Löwen auf dem Brunnenstock des *Ungemach-Brunnens* aus der Mitte des 16. Jahrhunderts einen

Löwe vom Ungemach-Brunnen des Frauenklosters vom Heiligen Grab

Sechsstern als damaliges Zeichen des Schankrechts für Bier. ›Ungemach‹ gehört wie ›Salmen‹, ›Zum Greyffvogel‹ und ›Zum Ochsen‹ zu den Badeherbergen, die im 17. Jahrhundert das nahe Quellwasser nutzten. Wir haben im Kapitel zur ›Kunst des Kurens‹ schon über sie berichtet, wie auch über das prachtvolle Neorenaissance-Gebäude des **Friedrichsbads** (2) und die **Caracalla-Therme** (4), die heute das Bäderviertel dominieren (s. S. 53 ff.).

Von der Spitalkirche zur Polizeidirektion

Wir lassen die Bäder an dieser Stelle rechts und links liegen, um jetzt der kleinen Spitalkirche unsere Aufmerksamkeit zu schenken. Vorbei an der Brunnenskulptur ›*Kniende*‹, die, 1944 von Ludwig Kasper im Stil der Zeit gearbeitet, seit 1985 den Eingang der Caracalla-Therme ›ziert‹, kommen wir zum Eingang der Kirche. Sie weist mit ihrem Namen auf die vormalige Existenz eines Spitals im Bäderviertel hin. Am äußeren Rand der Stadtmauern, kaum einen Steinwurf vom Lebenselixier der großen Bäder und Badeherbergen entfernt, waren am Platz des ehemaligen Stadttors, das wahlweise mit ›Gernsbacher Tor‹ oder ›Spitaltor‹ bezeichnet wurde, über Jahrhunderte Krankheit und Tod die Bestimmungsfaktoren. Spital, Kirche und Alter Friedhof bildeten eine Einheit. Hier stand auch bis 1967 das Kruzifix des Niclaus Gerhaert von Leyden (s. S. 94 f.). Der Aufstieg Baden-Badens zum Modebad konnte das Kapital und Werbemittel der ›Lebenslust‹ mit einem ›Memento mori‹ in Stadtnähe nicht vereinbaren, und so wurde der Komplex im 19. Jahrhundert fast spurlos aufgelassen und in Außengebiete verlagert.

Der Friedhof erhielt 1843 in der Lichtentaler Vorstadt ein neues Gelände und hinterließ im Bäderviertel hinter der Spitalkirche an der Kirchenmauer einige Grabdenkmäler sowie den vor 1500 errichteten monumentalen **Ölberg** (5) aus Sandstein. Diese Ölberggruppen, unter anderem mit dem knienden Christus, Jakobus, Johannes und Petrus, finden sich oft zusammen mit anderen Passionsdarstellungen vor allem in Süddeutschland hinter Kirchen und auf Friedhöfen und standen in Verbindung mit Passions- und Todesangstandachten. Das Wappen an der Frontseite weist ihn als Stiftung einer Familie Neipperg aus.

Der große Barockbau des Spitals beherbergte schon Anfang des 19. Jahrhunderts keine Kranken mehr, sondern ab 1893 verschiedene Ämter und wurde 1960 abgebrochen. Übriggeblieben ist allein die 1468–78 errichtete **Spitalkirche** (5). Durch den Stadtbrand 1689 schwer beschädigt, erhielt die altkatholische Kirche mit ihrem Wiederaufbau Ende des 18. Jahrhunderts ein flacheres Dach und das barocke Türmchen. Das 1963–66 als Vorgänger der Caracalla-Therme hier gebaute Kurmittelhaus nahm der kleinen Kirche sieben Meter an Länge, wobei die Baumaßnahmen aber auch mit einer umfassenden Restaurierung verbunden wurden.

Spitalkirche: Die kleine Kirche und die Ölberg-Gruppe bezeugen den ehemaligen Spital- und Friedhofsbereich an der Stadtmauer.

Christus am Ölberg, Skulptur hinter der Spitalkirche

Alte Polizeidirektion

Zu den Besonderheiten der Ausstattung zählt das Chorgestühl im Altarraum. Von dem Pforzheimer Meister Hans Kern 1512 ursprünglich für die Stiftskirche geschaffen, kam es im Laufe des 18. Jahrhunderts in die Spitalkirche. Die reichsten figürlichen Darstellungen finden sich an den Außenwangen: links vom Eingang die heilige Barbara mit Buch und Palmzweig, hier auch die Datierung; rechts vom Eingang die heilige Katharina mit Buch und Schwert, darüber die Signatur Hans Kerns. Auch die übrigen Wangen, Knäufe und Misericordien sind aufwendig geschmückt: Hans Kern hat sich, links vom Eingang, auf der Wange der vorderen Reihe dem Altar zugewandt, in seiner Werkstatt bei der Arbeit selbst dargestellt. März 1995 wurde ein neuer in Bronze gegossener würfelförmiger Altarblock mit einer Marmorauflage errichtet. Auf jeder Seite befindet sich ein Relief mit einem Motiv aus den Evangelien; zentrales Thema ist das Emmaus-Mahl. Die alten Grabsteine an den Seitenwänden sind wertvolle Dokumente der Stadtgeschichte. Einst in die Bodenbedeckung der Kirche eingelassen und mit aufwendiger Steinmetzarbeit verziert, lassen sie ahnen, daß die Wirte der Stadt im 16. Jahrhundert den Angehörigen des Adels und hohen Beamten finanziell kaum nachgestanden haben können. Die Fenster der Kirche wurden 1951–59 von Harry Mac Lean aus altem, farbigem Glas neu geschaffen. Der kleine Weg, der neben der Kirche und an der Ölberg-Skulptur vorbei in die Parkanlage des Rotenbachs führt, heißt ›Seufzer-Allee‹, ein Name, der hier bis heute an den Friedhof erinnert.

Vom Römerplatz aus lohnt sich ein kurzer Abstecher in die andere Richtung, stadteinwärts. Links und rechts von dem großen **Sankt-Georgs-Brunnen** (6) kann man als Museumsgast verweilen: links, in der Gernsbacher Straße 48 in einem *Spielzeugmuseum* mit Puppen und Zinnsoldaten; rechts, unter dem Friedrichsbad, haben sich die

Römische Bäder: Beim Bau des Friedrichsbads 1869–77 freigelegte Reste römischer Soldatenbäder

Ruinen der **Römischen Soldatenbäder** (7) erhalten (s. S. 50 f. und 234 f.). Dort, wo der Römerplatz in die Gernsbacher Straße übergeht, führt linker Hand die Königshofgasse in einen neuzeitlich bebauten Innenhof, über dessen vormalige Bestimmung als Königs- oder Kaiserpfalz das letzte Wort noch nicht gesprochen ist. Lokale Historiker streiten noch darüber. Ein paar Meter weiter zweigt die Bäderstraße von der Gernsbacher Straße ab.

Das Eckhaus Bäderstraße 2 ist an und für sich nichts Besonderes, was auch die 1994 von dem russischen Bildhauer Gabriel Glikman geschaffene Bronzeplastik nicht ändert. ›Der Spieler‹ Dostojewskij hatte sich 1867 hier eingemietet, um das Geld seiner jungen Frau im Casino zu verlieren. Hätten alle glücklosen Spieler in Baden-Baden eine Büste erhalten, auf den Hotelbalkonen wäre kein Platz mehr frei. Aber der russische Literat hat seine Verluste schließlich künstlerisch verarbeitet und fand deshalb als berühmter Gast an anderer Stelle ausführlichere Beachtung (s. S. 68). So führt uns der Weg wieder an den Ausgang der Gernsbacher Straße und zur Sophienstraße.

Auf dem Weg dorthin liegt an dem kleinen Platz am Rande des Bäderviertels – er gehört nach offizieller Schreibweise noch zur Sophienstraße – die **Alte Polizeidirektion** (8; Sophienstraße 40). Friedrich Theodor Fischer (1803–1867), Schüler und Amtsnachfolger von Friedrich Weinbrenner, errichtete den Bau 1842/43 nach dem Vorbild eines toskanischen Stadtpalazzo der Renaissance in romantischem Geist und komplettierte auf diese Weise das ›italienische Ambiente‹ im Bereich des Florentinerbergs. Der dreigeschossige Bau mit seiner gleichmäßigen Reihung von Rundbogenfenstern, den sparsamen Schmuckformen, einem repräsentativen Portal und Seitenflügeln – die Rückseite ist durch einen Mittelrisalit gegliedert – besitzt nicht nur als Bauwerk eine unaufdringliche Würde, sondern auch eine städtebauliche Funktion: Mit seiner nach Westen geöffneten Ehrenhofanlage schließt er die Altstadt nach Osten ab und gibt der Sophienstraße einen optischen Abschluß. Seine ästhetische Qualität läßt kaum vermuten, daß er am Rande eines Erholungsviertels als Sitz des Amtsgerichts und der Polizei konzipiert wurde.

Noch weniger ist nachzuvollziehen, daß dieses Gebäude seit den 70er Jahren leer steht und – ähnlich wie das Neue Schloß – eine ungewisse Zukunft vor sich hat. Der attraktivste Nutzungsvorschlag der letzten Jahre wollte in der Alten Polizeidirektion unter Einbeziehung der rückwärtigen Grünanlagen ein ›Palais d'Europe‹ als internationale Werkstatt und Treffpunkt von Musik, Show und Journalismus einrichten. Dann sollte eine Kombination aus Einkaufszentrum und Apartmenthaus daraus werden. Aber alle Pläne haben sich bisher zerschlagen, und die Portalskulpturen ›Gesetz‹ (Lex) und ›Gerechtigkeit‹ (Justitia) von Franz Xaver Reich (1815–1881) warten nach wie vor darauf, neue Nutzer zu beurteilen. Verhöhnt wurden die von den Skulpturen symbolisierten Prinzipien am 10. November 1938, als die jüdische Bevölkerung von Baden-Baden nach der ›Reichskristallnacht‹ wie Schlachtvieh bei der Polizeidirektion zusammengetrieben wurde. Eine Gedenktafel vor dem Gebäude erinnert daran.

Weniger beklemmend ist auf diesem kleinen Vorplatz die Betrachtung des **Schinkel-Brunnens** (9), den das Gartenamt von einem Berliner Antiquitätenhändler 1985 erwarb. Diese kleine Referenz der Weinbrenner-Stadt an den Berliner Baumeister versöhnt auf ihre Weise zwei große Architekten, die sich zu Lebzeiten eifersüchtig und mißgünstig gegenüberstanden.

Sophienstraße

Am Ausgang des Platzes führt rechter Hand die **Sophienstraße** als ehemaliger Stadtgraben zum Leopoldsplatz und ins Kurviertel. Die Wandlung vom Stadtgraben zu einer vornehmen Bäderallee vollzog sich zwischen 1831 und 1834. Seinen offiziellen Namen erhielt der anfangs als ›Graben-Promenade‹ populäre Boulevard von der Gemahlin Leopolds, Großherzogin Sophie. An dieser neuen Stadtachse zwischen dem alten Bäderviertel und dem neuen Kurviertel war bald ein grüner Dom aus Kastanien gewachsen. Als Badepromenade ist sie Mittelpunkt des Verweilens und Therapiestraße zugleich und sah als Anwohner in der Regel Herrschaften und Hotels. So war das heutige ›*Hotel Quellenhof*‹ (Sophienstraße 27/29) als ›Stadt Paris‹ im März 1878 das Quartier von Friedrich Nietzsche, der hier eine Kur absolvierte. Das gegenüberliegende, inzwischen aufgegebene ›Hotel Augustabad‹ (Nr. 32) begrüßte 1947 den späteren Ehrenbürger Baden-Badens Konrad Adenauer als Gast.

Baulich erinnert an die frühe Hoch-Zeit der Hotels in der Sophienstraße heute allerdings nur noch die Innenarchitektur und der herr-

»Dieser Spaziergang führte uns zu dem Pavillon der Großherzogin Stephanie. Es ist vielleicht der reizendste Ort, den es gibt. Mitten im Tale auf einer sanften geringen Anhöhe an der Stadt erhebt sich das schöne Gartenpalais.«

Albert Kreuzhage, 14. September 1836

Pavillon Stephanie, J. Velten nach Caspar Obach, Lithographie um 1880

liche Park des ›*Holland Hotels*‹ (Nr. 14). Wer den Garten des Hotels auf einen Kaffee besucht, findet beim Durchqueren des Hauses leicht die Möglichkeit, das prächtige Treppenhaus der Gründerzeit und darin alte Fotografien früher Hoteltage zu bestaunen. Umfassende Renovierungen der Jahre 1952/53 haben dem Haus genausoviel Komfort geschenkt wie Fassadenschmuck genommen. Die historischen Balkone, Ornamente und Dachaufbauten gingen dabei verloren. Erhalten hat sich hingegen die Fassade des ›*Victoria*‹ (Nr. 3), das am Leopoldsplatz zwischen 1850 und 1900 Baden-Badens goldene Zeit als prachtvolle Fürstenherberge erlebte. Der viergeschossige Bau, ein markantes Zeugnis des frühen Historismus mit Eckerkern und Stockwerkgesimsen, erinnert durch die vielen Balkone noch an seine Hotelvergangenheit. 1912 ist ein Geschäfts- und Wohnhaus daraus geworden.

Daß die Sophienstraße als kurze Zeile zwischen Bäderviertel und Leopoldsplatz nicht nur Hotelgeschichte schrieb, hat Margot Fuss in ihrer ›Chronik der Sophienstraße‹ festgehalten. Wer sich das Buch für einen langen Kaminabend in der Stadtbibliothek ausleiht, dem öffnet sich Haus für Haus in historischer Fülle. Da ist der wunderschöne Pavillon zu sehen, den sich Großherzogin Stephanie 1812 an der Ecke Sophienstraße/Stephanienstraße einrichten ließ. Er wurde 1887 durch eine Villa ersetzt. Da ist die Rede von Franz Liszt als Gast des ›Holländischen Hofs‹, von dem Freiheitsdichter der 48er Revolution Georg Herwegh, der zuletzt im Haus Nr. 21 lebte, und von der Geburt des ›Messmer-Tees‹ im Haus Nr. 9 durch den Enkel des in Baden-Baden als ›Kaiser-Hotelier‹ bekannt gewordenen Johann Friedrich Baptist Messmer. Man erfährt zur Geschichte der schönen *Hofapotheke* (Nr. 7), daß mit Dr. Oskar Rössler 1887 ein Mann die Apotheke übernahm, der sich als Assistent von Robert Bunsen und als Lokalhistoriker große Verdienste um die Thermen und die Stadt Baden-Baden erworben hat (s. S. 48). Und neben der Apotheke, im Haus Nr. 5, soll der russische Dichter Wassilij Andrejewitsch Schukowskij zwischen 1849 und 1851 den Text zur russischen Nationalhymne geschrieben haben. So hat Margot Fuss Haus um Haus in der Sophienstraße und in der abzweigenden Stephanienstraße zum Erzählen gebracht. Es lohnt auch, der Chronistin mit einem weiteren ihrer Bücher für einen Abstecher in die Stephanienstraße zu folgen.

›Paradies‹

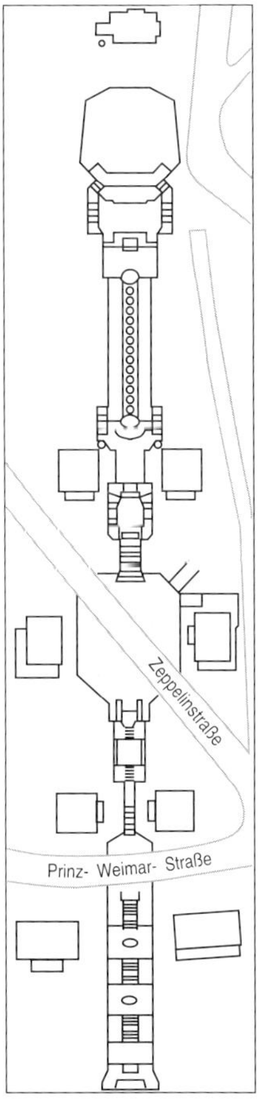

›Paradies‹ und Holocaust

Vor allem Gartenfreunde und politisch interessierte Leser werden diesen Umweg nicht bereuen, denn über die Stephanienstraße und die Scheibenstraße erreicht man mit einem kleinen Aufstieg die von Max Laeuger 1922–25 erbaute Garten- und Wohnanlage **›Paradies‹** (10): Eine zentrale Wassertreppe nach dem Vorbild italienischer Renaissancegärten (etwa im Park der Villa Lante in Bagnaia)

Blick vom ›Paradies‹ auf die Altstadt

erstreckt sich als Stadtgarten über drei Straßenzüge und überwindet 40 m Höhenunterschied. Beginnend in einer Brunnengrotte mit Säulenarkaden, fällt das Wasser über krebsschwanzartige Kaskaden im oberen Teil in mehrstufige Becken und Bassins, wird von Wandbrunnen begleitet, um in einem großen halbrunden Brunnen mit drei Schalen zu enden. Im Zentrum der Anlage befindet sich eine monumentale Schrifttafel mit dem Gedicht ›Der römische Brunnen‹ von Conrad Ferdinand Meyer. Zur harmonischen Gesamtkonzeption gehören auch die Ausrichtung der Achse auf das Zentrum der Altstadt, die Bebauung mit paarweise und symmetrisch angeordneten Villen, der Gliederung mit Treppen und Terrassen und schließlich die Bepflanzung.

Der Rückweg vom Paradies zur Stephanienstraße über die Hardtstraße führt am **Markgraf-Ludwig-Gymnasium** (11) vorbei. Der dreigeschossige Jugendstilbau (1907), ein gutes Beispiel für den Reformschulbau der Jahrhundertwende, dominiert in seiner Größe als ›Gegenschloß‹ den Annaberg und war mit seinem schönen Fensterwerk und den großen Sälen Drehort vieler ›Pauker-Filme‹. In die vordere Stützmauer ist ein Brunnen mit frühen Keramikreliefs von Villeroy und Boch (Mettlach) eingebracht. Wo die Hardtstraße dann auf die Stephanienstraße stößt, verändert letztere deutlich ihr Gesicht. In Richtung Lichtental gibt die Reihenhausbebauung die Stephanienstraße noch als Ort der Wäscherinnen und Büglerinnen zu erkennen. Man sorgte hier viele Jahre lang für die frischen Tafel- und Bettücher der großen Hotels. Auf dem Teil der Stephanienstraße hingegen, der vom Markgraf-Ludwig-Gymnasium zur Sophienstraße führt, lassen Villen und Palais, in denen heute meist Behörden untergebracht sind, eine andere Art des Gutbetuchtseins erkennen. Hier verstand sich die Stadterweiterung als Verlängerung des vornehmen ›Sophien-Boulevards‹.

Am großen Parkplatz des Verlagshauses Koelblin befindet sich an der Böschung zur Straße hin ein kleines Schild (s. S. 38) mit dem Hinweis: »Hier stand die Baden-Badener **Synagoge** [12]. Zerstört durch Brandstiftung am 10. November 1938.« Der 1899 eingeweihte Bau war von dem Karlsruher Professor und Architekten

Links: Ludwig Levy, Entwurf der ehemaligen Synagoge

Rechts: Friedrich Arnold (Schüler Weinbrenners) Grundriß und Ansicht Haus Dr. Maier (Palais Hamilton), s. S. 112

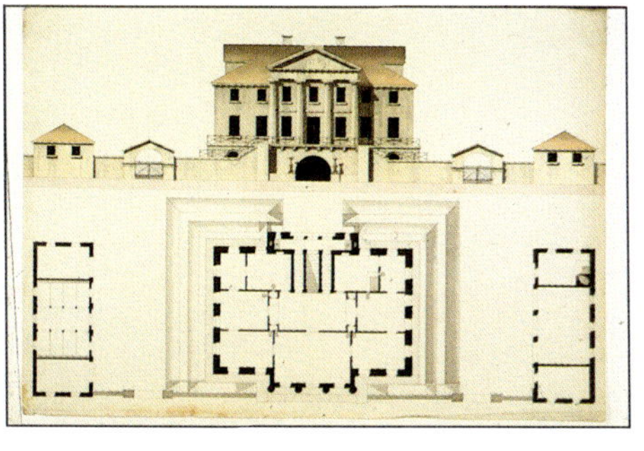

Ludwig Levy (1854–1907) entworfen worden, der Synagogen auch in Rastatt, Pforzheim und Straßburg erbaute. Im Gegensatz zu Synagogenbauten, die durch einen maurisch-islamischen Stil den Unterschied zu christlichen Kirchen sichtbar machen wollten, könnte man die Synagoge in Baden-Baden mit ihrem romanischen Rundbogenportal, dem kreuzförmigen Grundriß mit Querhaus und den beiden Treppentürmen mit spitzen Turmhelmen bereits als Zeichen jüdischer Anpassungsbestrebung interpretieren. Eine solche Assimilation schien notwendig geworden, nachdem die Wirtschaftskrise seit 1873 (›Gründerkrach‹) in Deutschland eine antisemitische Welle ausgelöst hatte.

Leopoldsplatz

Wieder auf der Sophienstraße, sind es zum Leopoldsplatz nur ein paar Schritte. Auf dem Mittelstreifen kommen wir dabei am **Reiher-Brunnen** (13) vorbei. Karl Albiker (1878–1961) aus Karlsruhe hat den Thermalwasser führenden Brunnen 1912 entworfen. Der Platz, dessen Name an Großherzog Leopold erinnert, zeigt sich ohne Struktur und deutlichen Schwerpunkt. Seit das alte Leopold-Denkmal im Zweiten Weltkrieg als Kriegsmaterial eingeschmolzen wurde, fehlt dem Platz seine identitätsstiftende Mitte. Der ehemalige Standort des ›Beuerner Tors‹ (bis 1822) ist auch historisch eher ein Übergangsort als ein Treffpunkt: Übergang von der Altstadt zur Vorstadt und vom Bäderviertel zum Kurviertel. Sternförmig abzweigende Straßen sowie die heterogene Randbebauung verstärken diesen Eindruck.

Palais Hamilton: Von Weinbrenner 1808 für den Arzt Dr. Maier gebautes Stadtpalais, zur Vermietung an vornehme Kurgäste.

Von bestimmender Präsenz zeigen sich hier das Gebäude des vormaligen Hotels ›*Victoria*‹ (s. S. 109) im Schnittpunkt von Sophienstraße und Gernsbacher Straße sowie das neben einer modernen Brunnenanlage liegende **Palais Hamilton** (14; Sophienstraße 1). Das nach Plänen Weinbrenners 1808 errichtete Palais wurde bei der Umnutzung zum Sitz der Sparkasse 1955 entkernt. Geblieben ist die klassizistische Fassade mit dem Erkennungszeichen der vier dorischen Kolossalsäulen, die sich vom Balkon des Mittelrisalits aus über zwei Stockwerke ziehen und Gebälk und Giebel tragen. Im 19. und beginnenden 20. Jahrhundert war dieses Haus nicht nur zu Geschäftszeiten geöffnet. Als kleiner Palast für den Landphysikus Dr. Maier gebaut, erhielt das Palais mit dem Verkauf an die großherzogliche Familie 1824 herrschaftliche Umbauten und Ausmaße, die mit Park, Remisen und Marstallgebäude bis zur Luisen- und zur Inselstraße reichten. In der so geschaffenen Sommerresidenz gaben sich viele Fürsten Europas ein Stelldichein, bis die in Baden-Baden wegen ihrer Mildtätigkeit zur Legende gewordene Großherzogin Stephanie 1843 das Haus bezog. Sie vermachte es ihrer Tochter Marie, der Gemahlin des Herzogs von Hamilton. Und in der nun anstehenden Epoche kam das Palais zu gesellschaftlichem Glanz und zu seinem bis heute gepflegten Namen: Herzogin Marie von Hamilton versammelte hier bei Einladungen und Bällen eine große Zahl berühmter Gäste, darunter Kaiser Wilhelm I., Napoleon III. und Kaiserin Eugenie, Königin Victoria von England und der Prince of Wales, aber auch Künstler wie Liszt, Brahms oder Berlioz. Auch später, als Besitz der Stadt ab 1899, bliebt es ein kultureller Treffpunkt: als Marionetten-Theater von Ivo Puhonny, in den 20er Jahren erster namhafter Gebrauchskünstler und Werbegrafiker der Stadt; und als Bibliothek. Jüngste Planungen sehen vor, den zum Parkplatz mißbrauchten Park im rückwärtigen Bereich des Hauses als Café-Terrasse zu nutzen, um so die historische Verbindung des Anwesens zum Kurviertel wieder herzustellen. Eine derart angenehme Terrassen-Verbindung zur Lichtentaler Allee hat das **›Hotel Atlantic‹** (15) dicht vor der Reinhard-Fieser-Brücke schon lange vorzuweisen.

Nur die Erinnerung an eine Bausünde der 60er Jahre trübt die Freude an diesem schönen Aussichts- und Rastplatz, der es erlaubt, den Spaziergang bei Kaffee und Kuchen stimmungsvoll abzuschließen. Denn 1965 wurde dem im 19. Jahrhundert famosen ›Hotel Englischer Hof‹ sein Haupthaus genommen und zur Sophienstraße hin durch den gesichtslosen Bau der Deutschen Bank ersetzt. Was von dem ›Englischen Hof‹ als rückwärtiger Flügel übrigblieb, nennt sich ›Hotel Atlantic‹ und wird von der Familie Kötter schon lange liebevoll als gemütliche Reminiszenz an alte Zeiten geführt.

Flanieren: Über die Fieser-Brücke ins Kurviertel und rund um den Augustaplatz

Boutiquen, Musik und Kandelaber

Besonders sehenswert
Kolonnaden ☆
Kurhaus ☆ ☆
Trinkhalle ☆
Theater ☆ ☆
Staatliche Kunsthalle ☆ ☆
Augustaplatz ☆

Über die *Reinhard-Fieser-Brücke* mit ihren sieben tönernen Brüstungsvasen, von Max Laeuger mit Reliefbildern tanzender weiblicher Figuren versehen, erreichen wir das Kurviertel. Hier haben Amüsement und Unterhaltung seit Jahrhunderten Platz genommen: vom Turnier- und Stechplatz (seit dem 15. Jahrhundert) über den Tummelplatz bis zum Promenadenhaus (1766) und dem Neuen Konversationshaus (1821–24) als heutigem Kurhaus. Allerdings sehen erst die Jahre zwischen 1820 und 1865 das Bild entstehen, das sich uns im Kurviertel heute präsentiert. 1810/11 schuf Hofgärtner Hartweg die gepflegte Parkanlage der Kaiserallee als ›Englische Anlage‹. Gartenbaudirektor Johann Michael Zeyher (1770–1843), in Schwetzingen Nachfolger des Hofgartenintendanten Friedrich Ludwig von Sckell, sorgte 1821–23 unter der Planungsaufsicht von Weinbrenner für eine Neuanlage des Kurgartens.

Das Kurhaus bildet Ziel und Zentrum dieser Gartenanlage, flankiert durch das Theater und die Trinkhalle. Der Weg zum Kurhaus

Dritter Stadtrundgang

1 Kolonnaden
2 Kurhaus
3 Trinkhalle
4 Wilhelm-I.-Denkmal
5 ›Europäischer Hof‹
6 Synagoge
7 ehem. ›Maison Messmer‹
8 Theater
9 Internationaler Club
10 Staatliche Kunsthalle
11 Palais Gagarin
12 ›Goldenes Kreuz‹
13 Evangelische Stadtkirche
14 Kongreßhaus
15 Haus des Kurgastes
16 Coubertin-Denkmal

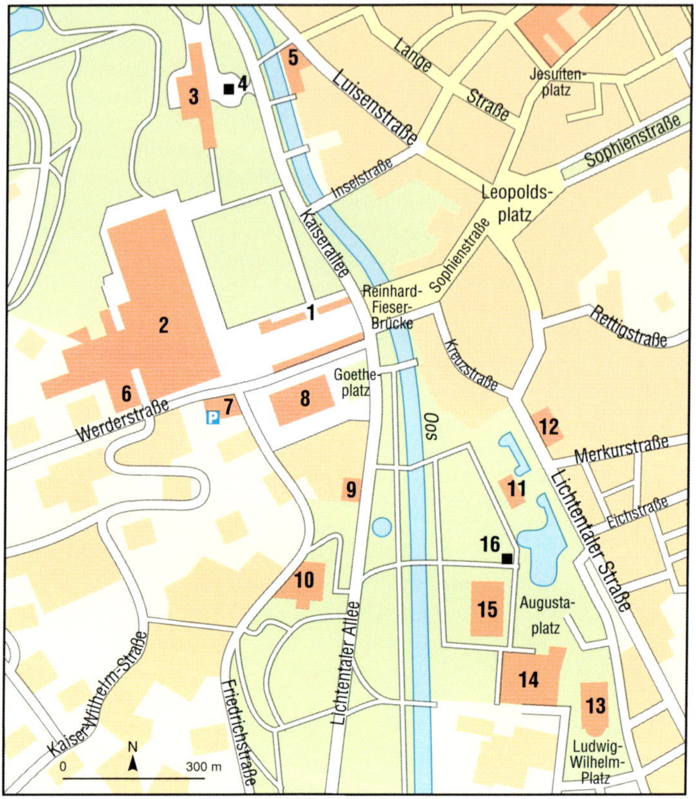

führt durch die **Kolonnaden** (1), einen zu Weltruf gekommenen kleinen Flanierweg. Seine Krämerbuden wurden sicher schon mit dem Bau des alten Promenadenhauses in der zweiten Hälfte des 18. Jahrhunderts angelegt, um sich Anfang des 19. Jahrhunderts als *Boutiquen* einen vornehmeren Namen und anspruchsvollere Auslagen zuzulegen. Weinbrenner machte aus den kleinen Ständen, wie man sie wohl auf heutigen Flohmärkten sieht, 1818 Holzbuden. Carl Dernfeld, der Architekt des Friedrichsbads, gab ihnen 1867/68 ihre heutige Form als feste Steinbauten mit Arkaden nach dem Vorbild gleichzeitiger Pariser Passagen. Zwei berühmt gewordene Pächter sollen uns zeigen, daß die Kolonnaden Geschichte machten: Als man Mitte des 19. Jahrhunderts aus der ›Boutique Rheinboldt‹ heraus beobachtete, daß viele russische Gäste mit weißen dünnen Röhrchen in der Hand auf den Promenaden umherstolzierten, diese Stifte in regelmäßigen Abständen zum Mund führten, um danach weißen Rauch auszustoßen, war dies – im gesunden Baden-Baden – die Geburtsstunde einer der ersten deutschen Zigarettenmanufakturen.

Heinrich Rheinboldts Schwiegersohn August Batschari richtete 1899 in der Weststadt eine eigenständige Fabrik ein.

Unter den in- und ausländischen Boutiquen mit Galanteriewaren, seidenen Schlafhauben, Juwelen, Kupferstichen und vornehmen Gamaschen fand sich in der Boutique Nr. 5 seit 1865 auch ein Händler namens Louis Katzau. Sein Verkaufstalent machte den aus Budapest kommenden Geschäftsmann zum Stammvater und Vorbild des modernen Einzelhandels der Stadt. Wer in seinem Kundenbuch blättert, findet darin die Kaiserin Elisabeth von Österreich ebenso verzeichnet wie die deutsche Kaiserin Augusta oder andere gekrönte Häupter. Zu Katzaus 25jährigem Geschäftsjubiläum in den Kolonnaden ließ Augusta ihm ein großes Goldrelief zukommen. Auch im Weimarer Goethehaus sind die Kolonnaden präsent. Marianne von Willemer hatte 1819 dem Freund zu dessen 70. Geburtstag hier einen Spazierstock gekauft, den Goethe hoch in Ehren hielt.

Am Ende der Kolonnaden hat rechter Hand die 1912 in Jugendstilformen errichtete Konzertmuschel einen großen gußeisernen *Pavillon* abgelöst. Pierre-Luc-Charles Cicéri (1782–1868), Bühnenbildner und Ausstattungschef der Pariser Oper, hatte ihn mit verschwenderischem Dekor entworfen. Mehr als die heutige Muschel rückte er die Musiker, die hier seit 1854 ihre Promenadenkonzerte zum Vortrag bringen, in den Mittelpunkt. Die vielen weißen Terrassenstühle vor der Konzertmuschel können sich über mangelnde Beachtung nicht beklagen. In den letzten Jahren waren es jeweils mehr als 50 Stück, die am Ende der Saison als Fehlbestand registriert werden mußten. Als ›Baden-Baden-Stuhl‹ hat Richard Riemerschmid (1868–1957) dieses schöne Sitzmöbel 1910 entworfen und löste damit ein reineisernes Vorgängermodell ab. Es wird als Eisenkonstruktion mit lackiertem Holz und überhöhter Lehne heute noch unverändert nach den Entwürfen Riemerschmids gebaut. Der

Ehemaliger Musikpavillon vor dem Kurhaus

›Baden-Baden-Stühle‹ zwischen den Säulen des Kurhauses

Patentschutz ist allerdings Mitte der 80er Jahre erloschen. Die Nachbauten und der Vertrieb durch den Möbelhandel erlauben es also, den Stuhl auch redlich zu erwerben.

Ebenso verdienen auf den Kurhausterrassen auch die sechsarmigen Kandelaber aus Gußeisen Beachtung; besonders dann, wenn der Tag sich vor der Dämmerung verneigt und Männer mit langen Stangen kommen, um – wie vor hundert Jahren – das Licht in den Kandelabern zu entzünden. Ein zartes und warmes Licht, das über 1800 Gaslaternen der Kurstadt spenden. So zeigt sich das Kurviertel am Abend als idealer Platz, die ›Lichtkunst‹ der kleinen Stadt zu genießen; sich zuerst der Pracht der großen Lüster in den Spielsälen hinzugeben, dann das Licht der Kandelaber auf sich wirken zu lassen wie die Mystik der beleuchteten Kunsthalle mit der davor angestrahlten Sinter-Fontäne, um schließlich durch die Fenster des ›Palais Gagarin‹ oder des ›Europe‹ die Intimität der Tischkerzen aufzusuchen. Man wird bei diesem Gang auch die Erfahrung machen, daß hier eine ungewöhnlich stimmungsvolle Verbindung zwischen Drinnen und Draußen besteht. Wie in vielen Städten Südeuropas finden sich im Bereich des Kurviertels Gasträume und Straße auf einer Ebene. Große Fenster und Terrassen unterstützen die fließenden Übergänge von Wohnraum, Stadtraum und Natur.

Kurhaus und Casino

Das **Kurhaus** (2) selbst ist der zentrale Anziehungspunkt all derer, die seit vielen Generationen die Nacht gern zum Tag machen und umgekehrt. Wenn dieses Haus erzählen könnte… Es wäre ein Epos über das unfaßbare Glück einer französischen Kokotte, die beim Roulette gleich zwei Mal so hoch gewann, daß der Spielbank das Geld zum Ausbezahlen nicht reichte; über die haltlose Verzweiflung eines Dostojewskij, der beim Spiel all sein Hab und Gut verlor und die Ansage des Croupiers »Nichts geht mehr!« mit einem dumpfen »Es geht nicht mehr, es geht nicht mehr« beantwortet haben soll; über rauschende Ballnächte und über Konzerte, bei denen sich Größen der Musikgeschichte wie der junge Paganini, Meyerbeer, Liszt, Berlioz, Puccini oder Furtwängler präsentierten. So wenig dies von außen ablesbar ist, so deutlich zeigt sich doch im Inneren des Kurhauses, daß bei allem Glanz auch baugeschichtlich wichtige Aspekte den Weinbrennerbau mit seinen breitgestreckten Seitenflügeln zusammenhalten. Die vornehm, aber schlicht gehaltene Außenansicht läßt kaum erahnen, welch raumgreifende Ausmaße und welche Pracht sich hinter dieser Fassade verbergen.

Kurhaus:
Von Weinbrenner 1821–24 als ›Neues Konversationshaus‹ errichtet; Casino mit prachtvollen Spielsälen von Séchan im französischen ›Zweiten Rokoko‹ dekoriert.

Fassen wir den markanten *Mittelteil* mit seinen acht korinthischen Kolossalsäulen und dem rot-weißen Greifenfries ins Auge, um von dort aus die Baugeschichte des Kurhauses nachzuvollziehen: Der linke Flügel, im Erdgeschoß lange schon als Restaurationsfläche genutzt, bildet den Ursprung. Auch wenn von dem 1766 hier errichteten Promenadenhaus nichts mehr zu erkennen ist, war es doch Ausgangspunkt und einzubeziehende Voraussetzung des Neuen Konversationshauses, das Friedrich Weinbrenner 1821–24 errichtete. Das Neue Konversationshaus sollte das vormalige Konversationshaus (Teil des heutigen Rathauses, s. S. 91 f.) ablösen und jenseits der Oos endlich ein attraktives Ambiente schaffen, um die zu eng gewordene Einheit von Bäder- und Kurviertel innerhalb der Altstadt auflösen zu können. Im Neuen Konversationshaus (seit 1910 Kurhaus genannt) war deshalb nicht nur das ›Hazard-Spiel‹ unterzubringen, sondern auch ein Lesekabinett, eine Restauration und ›Table d'hôte‹, das Theater sowie Räumlichkeiten für Bälle,

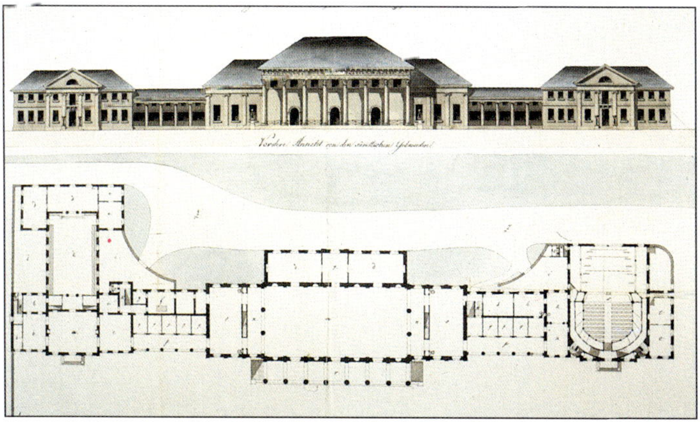

Friedrich Weinbrenner, Bauplan des Konversationshauses mit Theater, Grundriß Erdgeschoß und Hauptansicht, um 1822

Kurhaus

Privatgesellschaften und Kammerspiele. Diesem Auftrag folgend, richtete Weinbrenner den linken Flügel zweigeschossig mit Restaurations- und Gesellschaftssälen ein. In den breiten Gängen, die von den beiden Flügeln zu dem zentralen Spiel- und Konversationssaal führten, waren Kunstgalerien und die Salons eines Leseinstituts untergebracht. Im ›Marx'schen Leseinstitut‹ fanden sich alle wichtigen internationalen Zeitungen, große Buchbestände in mehreren Sprachen und eine Kunstgalerie. Da Mitte des 19. Jahrhunderts nicht an jeder Ecke ein ausländisches Journal oder Weltliteratur im Taschenbuchformat erhältlich waren, erfreute sich das Leseinstitut großer Beliebtheit und wurde zum Vorbild ähnlicher Einrichtungen in anderen deutschen Kurstädten. Allein der Mittelteil ist von dem ursprünglichen Weinbrennerbau erhalten, und der hinter den acht Säulen gelegene *Konversations- und Spielsaal* gibt als heutiger ›*Weinbrennersaal*‹ mit Kassettendecke und schweren Lüstern immer noch die Stimmung früher Kurhaustage wieder.

Im *rechten Flügel* war bis zur ersten großen Veränderung der Jahre 1853–55 ein Theater untergebracht. Das ›Hazard-Spiel‹ im Neuen Konversationshaus war als ›Roulette‹ schnell zum Magneten für ein internationales Publikum geworden, und so gab es treffende Gründe für Umbaumaßnahmen. Erstens faßte der zentrale Spielsaal trotz einer 1838 vorgenommenen Erweiterung kaum noch die vielen Spieler, und zweitens sah sich die Obrigkeit veranlaßt, verschiedene Publikumsschichten räumlich zu trennen: »Wenn die Pariser Eisenbahn uns eine Maße von Personen bringt, welche nicht zur guten Gesellschaft gehören, was bei den niederen Fahrpreisen nicht ausbleiben kann, ... wird es ein Bedürfnis wecken, einige Lokalitäten zu haben, in welche nur eine ausgewählte Gesellschaft Zutritt hat ...« So beauftragte der damalige Spielbankpächter Edouard Bénazet eine neue Aufteilung und Ausgestaltung des rechten Kurhausflügels. Das dort untergebrachte Theater wurde zugunsten neuer Spielsäle nur kurzfristig geopfert und 1860–62 in der Nachbarschaft mit einem eigenständigen Bauwerk bedacht. Die Wandelgänge mit Lesekabinetten und Galerien sahen durch die neue Raumordnung allerdings ihr Ende gekommen. Was die Umbauten und neuen Innengestaltungen am Ende hervorbrachten, wird heute noch als »der Welt schönstes Spielcasino« bezeichnet. Dabei erntete der französische Bühnenbildner und Schüler von Cicéri, Charles Polycarpe Séchan (1803–1874) von Zeitgenossen keine Lobeshymnen, ganz wie Weinbrenner beim Bau des Kurhauses. Die badische Baubehörde übte sich in Höflichkeit und kommentierte: »... wir glauben, daß gerade am hiesigen Ort weniger der reine Kunstgeschmack als jener der Zeit, der Mode berücksichtigt werden muß, da der Zweck hier nicht die Bildung des Kunstsinnes, als die Befriedigung des Publikums nach seinem Geschmack die Hauptsache sein dürfte ...« Lassen wir diese ›weise‹ Pragmatik außer acht und genießen die Pracht aus weißem Marmor, Spiegelgarnituren, szenisch ausgemalten Plafonds und ›tausend Kerzen‹ aus Kristall. Betreten wir mit dem Wintergarten, dem Roten Saal, dem Salon Pompadour und dem Florentiner Saal die Prachträume, die von manchem Museum nicht nur wegen der 100 000 Jahresbesucher beneidet werden; diese Zahl meint allerdings nur die Teilnehmer an den morgendlichen Führungen und steigt auf 600 000, wenn die spielenden Gäste einbezogen werden.

Über der Polstergarnitur in der Rezeptionshalle machen uns zwei Porträts mit den Spielbankpächtern Jean Jacques Bénazet (links) und Jacques Emile Dupressoir (Kinderbild) bekannt. Bénazet eröffnete 1838 die große Glanzzeit Baden-Badens, letzterer mußte hinnehmen, daß 1872 dem Spiel durch das Gesetz eine 50 Jahre währende Zwangspause verordnet wurde. Als Entrée zu den 1855 eröffneten Prunksälen, die im Stil französischer Königsschlösser des 17. und 18. Jahrhunderts gestaltet wurden, zeigt sich der ehemalige *Wintergarten (Weißer Saal)*. Die große Deckenkuppel aus Glas und Eisen sowie die ursprüngliche Verbindung zum rückwärtigen Garten erklären diesen Namen. Weißer Marmor bestimmt die Einrichtung dieses Raums, der im Stil Louis-seize gehalten ist. Kleine Wandnischen mit Brunnen, Figuren und alten chinesischen Vasen, schwere Brokate, vergoldetes Wandgitterwerk und ornamentale Deckenmalerei zeigen den Geschmack des Zweiten Kaiserreichs in Frankreich.

Jacques Emile Dupressoir, Fotografie von Numa Blanc, um 1872

Den rechter Hand anschließenden *Roten Saal* gestaltete Séchan im Stil Louis-quatorze nach dem Vorbild des Barockschlosses von Versailles. Rot und Gold dominieren als Farben der Wandbespannung aus Seidendamast, der Lüster und Marmorkamine. Die Dekkenmalerei gibt allegorische Szenen von Vater Rhein und der Oos wieder. Bis 1872 ließen sich der Wintergarten auch in eine Bühne und der Rote Saal in einen Zuschauerraum verwandeln, um ausgewählten Gästen die Darbietungen führender europäischer Künstler zu offerieren. Séchan ließ die gesamte Dekoration der vier Prunksäle in Paris arbeiten und per Eisenbahn zur Montage nach Baden-Baden bringen. Vor seinem Engagement in Baden-Baden hatte Séchan das Pantheon und die Apollo-Galerie des Louvre restauriert. Er arbeitete in seinem stilsicheren Rückgriff auf einzelne Epochen ganz nach dem Geschmack der Zeit und machte die Spielsäle des Casinos zu einem frühen Beispiel des sogenannten ›Zweiten Rokoko‹. So auch im *Salon Pompadour (Gelber Saal)*, der sein Vorbild im Schloß Trianon hat. Die Maîtresse Louis' XV., deren von Jean-Etienne Liotard gemaltes Bild diesen Salon schmückt, stand ›Pate‹ für diesen Raum.

Daß wir uns nicht in Paris, sondern mitten in Baden befinden, daran soll seit den 30er Jahren unseres Jahrhunderts der *Markgrafensaal* erinnern, der mit dem Salon Pompadour verbunden ist. Als vierten und größten der vier historischen Prunkräume erleben wir den *Florentiner Saal* im Stil Louis-treize *(Grüner Saal)*, so benannt nach den italienischen (florentinischen) Künstlern, die in der Spätrenaissance eine Vielzahl französischer Schlösser ausmalten. So zeigen die Wände des Florentiner Saals (wegen der fünf großen Kronleuchter auch ›Saal der tausend Kerzen‹ genannt) Phantasielandschaften mit antiken Bauwerken. Der den Prunksälen zum hinteren Garten hin 1974 angefügte *Mosaiksaal* versucht dann erst gar nicht, an das Ambiente Séchans anzuknüpfen. Nur ein paar Schritte – und Paris geht über in Las Vegas. Bronzeschimmernde, mit Kleinmosaiken besetzte Säulen tragen niedrige Decken. So erscheint der schon zitierte Kommentar der badischen Baubehörde auch hier angebracht: »..., da der Zweck hier nicht die Bildung des Kunstsinnes, als die Befriedigung des Publikums nach seinem Geschmack die Hauptsache sein dürfte ...«

Wenden wir uns nun dem *linken Kurhausflügel* zu, denn auch dort ergab sich mit der Zeit die Notwendigkeit baulicher Veränderung. Die einschneidendste, nicht unbedingt gelungenste, wurde 1912–17 von Oberbaurat August Stürzenacker (1871–1943) durchgeführt. Sie betraf die Neugestaltung des Entrées, der Wirtschaftsräume, des Aufgangs sowie der Veranstaltungsräume im Obergeschoß. Stürzenacker bediente sich dabei im Eingangs- und Aufgangsbereich mit dem dunklem Marmor und Holz des Zeitgeschmacks der Neuen Sachlichkeit, was hier eine etwas merkwürdig widersprüchliche Mischung aus Pomp und Strenge hervorbrachte. 1987 wurde der linke Kurhausflügel durch ein Feuer ganz erheblich beschädigt. In neuerer Zeit werden die freundlich gestalteten Cafés und Restaurants des Erdgeschosses sowie die oberen Festräume mit *Bénazetsaal* als großem Ball- und Vortragssaal, einem zugeordneten runden Saal sowie zum Kurpark hin die Beletage mit Spiegelsaal, angrenzenden Gesellschaftsräumen und Dachgarten gern zum Feiern genutzt.

Von der Trinkhalle zum Theater

Trinkhalle: Romantisch-historisierender Bau von Heinrich Hübsch (1839–42). Die Fresken erzählen Sagen aus Baden-Baden und Umgebung.

Gleichzeitig mit dem neuen Konversationshaus errichtete Weinbrenner in den Jahren 1822–24 eine 45 m lange Trinkhalle bei der Stiftskirche. Da sich die Verabreichung von Heilwasser und das dem Wohlbefinden förderliche Umherwandeln dem dortigen Bäderbereich weniger erfolgreich zuordnen ließ als dem inzwischen gut besuchten Kurviertel, kam es 1839–42 zum Bau der **Trinkhalle** (3) neben dem Kurhaus. Heinrich Hübsch (1795–1863), Schüler von Weinbrenner und ebenfalls Großherzoglicher Baudirektor, errichtete eine axialsymmetrische Anlage, dem eine 90 m lange Wandelhalle aus Backstein auf einem Sandsteinsockel vorgelagert ist. Die Hauptfassade öffnet sich nach Osten mit einer Segmentbogenarkade aus 16 korinthisierenden Säulen. Zu der mittleren Bogenstellung führt eine Freitreppe, im Dreiecksgiebel darüber gestaltete Franz Xaver Reich (1815–1881) das Relief der ›Heilung durch die Quellnymphe‹ nach einem Entwurf von Christian Lotsch (1790–1873): Von links kommende Kranke und Gebrechliche ziehen nach der Begegnung mit der Nymphe als Gesunde rechts weiter. In die Supraporten der Schmalseiten sind Terrakottareliefs mit Allegorien der Tages- und Jahreszeiten eingelassen. Der lange Wandelgang sollte auf Wunsch des Großherzogs mit Fresken ausgeschmückt werden, die »heitere Geschichten von allgemeinem Interesse« erzählen. Moritz von Schwind (1804–1871) und Jakob Götzenberger (1800–1866) legten Entwürfe vor. Mit der Entscheidung für Götzenberger konnten zwar 24 000 Gulden gespart werden, da Schwind im Angebot deutlich höher lag als sein Mitbewerber, dafür wurden die 1844 ausgeführten 14 Fresken weder heiter, noch sind sie künstlerisch besonders anspruchsvoll. Eher düster und dramatisch erzählen die *Sagen der Trinkhalle* einige hübsche Legenden der Stadtgeschichte (Schlüsselmadonna des Klosters Lichtenthal sowie die Namensentstehung des Baldreit) und weisen auf schöne Ausflugsziele hin: Schloß Hohenbaden, Burg Windeck, Yburg oder Mummelsee. Beiträge zur badischen Geschichte bieten an den Schmalseiten des Wandelgangs auch die Terrakottareliefs von Johann Baptist Heinefetter (1815–1902).

In der Trinkhalle fließt das Wasser der Friedrichsquelle aus dem Brunnen und kommt zusammen mit Nürtinger Heilwasser, im Herbst auch mit frischem Traubensaft, zum Ausschank. Seit 1995 liegen hier auch im Ambiente eines Kaffeehauses (ohne Verzehrzwang) deutsche und internationale Periodika aus und führen die bisher im Kurhaus gepflegte Tradition des Lesekabinetts weiter.

Vor der Trinkhalle erinnert ein **Wilhelm-I.-Denkmal** (4), eine Büste aus weißem Marmor, daran, daß der deutsche Kaiser und seine Gemahlin Augusta über 40 Jahre lang regelmäßig als Gast nach Baden-Baden kamen. Wie das neben der Staatlichen Kunsthalle 1892 aufgestellte *Denkmal der Kaiserin*, wurde die Kaiserbüste 1875 von Joseph von Kopf (1827–1903) gearbeitet. Das Atelier des Bildhauers, ein eingeschossiger, spätklassizistischer Bau mit Säulenportal, war in der nahen Werderstraße 2 und dient der kleinen jüdischen Gemeinde seit 1956 als **Synagoge** (6). Das Wilhelm-I.-Denkmal ist nicht der einzige Gedenkstein an diesem Platz. Ein paar Meter davon entfernt, an der 1995 neu benannten Alfred-Waeger-Brücke (sie führt vom Kurgarten auf die Inselstraße), steht ein *Gedenkstein* für Alfred Waeger, Josef Fischer und Ludwig Schmitt, die bei Kriegsende einen wichtigen Beitrag geleistet hatten, daß Baden-Baden im April 1945 kapitulierte und nicht mit einem sinnlosen Verteidigungskampf die Zerstörung der Stadt riskierte. Ein letzter Blick auf die Trinkhalle ist bei Kuchen und Kaffee am besten von einem Fensterplatz des **›Europäischen Hofs‹** (5) aus zu genießen. Max Beckmann hat dieses Bild sicher so vor Augen gehabt, als er mit dem ›Blick aus dem Fenster in Baden-Baden‹ die Trinkhalle 1936 malte (zu Max Beckmann s. S. 75 f.).

Wenn wir uns nun den Gebäuden linker Hand von Kurhaus und Kolonnaden zuwenden, dann soll noch einmal von der **›Maison Messmer‹** (7) die Rede sein. Heute erlebt man bei allen, die das Haus und seine Geschichte kennen, nur ein bedauerndes Kopfschütteln zur Frage, warum 1957 die Abrißbirne und der Bagger her mußten, um dem Eckgrundstück Werderstraße/Friedrichstraße seine ›Maison‹ zu nehmen. Wo jetzt neben dem Kurhaus und im Rücken des Theaters eine Tiefgarage mit Rasen bedeckt ist, erlebten Wilhelm I. und seine Gemahlin Augusta, ab 1849 über 40 Jahre lang als zweimal pro Jahr logierende Gäste, ihren Aufstieg vom Prinzen- zum Prinzregenten-, Königs- und Kaiserpaar. Parallel zu diesem Aufstieg wurde aus dem ursprünglich recht einfachen ›Messmer‹, das der Kaiser gerade deshalb so geschätzt haben soll, ein luxuriöses Hotel mit großem Speisesaal und Dependancen. Neben den Abbildungen, die gern den zur Straßenecke gerichteten *Balkon der Kaisersuite*

Max Beckmann, Blick aus dem Fenster in Baden-Baden, 1936

Hauptfassade des Theaters

zeigen, haben sich lediglich der Speisesaal und eine Dependance erhalten. Der *ehemalige Speisesaal* an der Friedrichstraße wird heute als Malersaal des Theaters genutzt und gibt im zerfallenden Stuck noch ein paar Spuren kaiserlicher Vergangenheit zu erkennen. Die Dependance in der Werderstraße 1 dient heute als Wohn- und Bürogebäude. Auf liebens- und lesenswerte Art und Weise hat Reinhold Schneider anläßlich des Abbruchs der ›Maison Messmer‹ 1957 die Hommage ›Der Balkon‹ geschrieben. Der 1903 geborene Literat hatte als Nachkomme der Hoteliersfamilie Messmer seine Jugend in dem berühmten Haus verbracht (s. S. 71 und 208).

Theater: Spätbarocker Bau im Stil der Pariser Oper

Eine weitere bauliche Dominante ist das **Theater** (8) im Kurviertel. Carl Maria von Weber hatte 1810 die Einweihung des neuen Kurtheaters, eines Holzbaus neben dem Promenadenhaus im Kurviertel, miterlebt: »Ich gehe mit einer gewissen Angst vor Feuer oder Wasser hinein, denn unbegreiflich ist es, wie wenig die Stadt getan hat, und ihren Besuchern ein so aus ein paar Brettern dünn zusammengeheftetes Häuschen hinstellen konnte.« Die Bénazets kümmerten sich, als sie nach Baden-Baden kamen, natürlich zunächst ums Spiel und nahmen wenig Rücksicht auf den Theatersaal Weinbrenners im Neuen Konversationshaus, dessen Errichtung 1821–24 das ältere Holztheater abgelöst hatte. 1853–55 opferte Edouard Bénazet diesen Theatersaal für die Gestaltung der prunkvollen Spielsäle. Die Errichtung des neobarocken Neubaus (1859–62) war gezeichnet von einem Streit zwischen der badischen Bauverwaltung unter Heinrich Hübsch und Bénazet, der lange zu Unrecht als Hauptfinanzier des Theaterbaus galt. Bénazet hatte kurz zuvor mit französischen Architekten und Dekorateuren die Prunksäle des Spielcasinos neu gestaltet. Unter seinem Einfluß wurde auch der Theaterbau in die Hände eines französischen Architekten gelegt. Charles Dérchy plante das Theater im schwelgenden Neobarock und ›Zweiten Rokoko‹ des Pariser Zeitgeschmacks. Den Badenern aber war dies zuviel der

Pracht (»... monströse Verbildung ...«). Sie gaben, nachdem Dérchy 1859 während der Planungsarbeiten gestorben war, dem heimischen Architekten Ludwig Lang (1828–1878) die Aufgabe der Neuplanung. Aber auch er scheiterte, obwohl ihm später die Ausführung übertragen wurde. Schließlich war es Charles Couteau, der 1860 wegen der »reineren Formbildung der Fassade« zum Zuge kam.

Das zweigeschossige Gebäude ist klar durch Mittelrisalit, hohe Rundbogenfenster, Säulen und Pilaster gegliedert. Im Attikageschoß befinden sich Reliefmedaillons von Goethe und Schiller und in der Mitte das badische Wappen zwischen Reliefs von Flußgottheiten. Darüber stellen die Skulpturen des Bildhauers Lodovic Eugène Durand (1832–1905) im Dreiecksgiebel Allegorien der Dichtkunst, Musik und der Malerei dar. Nach einer umfangreichen Sanierung und Modernisierung zeigt sich der jetzt 500 Zuschauer fassende Innenraum seit 1992 im frischen Glanz des ›Zweiten Rokoko‹. Eine dezentere Farbgebung hat die Allgegenwart der Königsfarben Rot-Gold-Creme auf angenehme Art etwas zurückgenommen. Das von Karyatiden getragene Gewölbe wurde von den Pariser Theatermalern Alexis Joseph Mazerolle (1826–1889) und Charles-Antoine Cambon (1802–1875) mit Motiven puttenumschwebter Musen ausgemalt. Die prunkvollen Foyers und Korridore sind ganz im Stil Louis-quinze gehalten.

Das heutige Theater wurde im August 1862 mit einem Gastspiel der Karlsruher Hofbühne eingeweiht. Höhepunkt der Veranstaltungen war kein Sprechtheater, sondern die dafür von Héctor Berlioz komponierte Oper ›Béatrice und Bénédict‹, wie überhaupt die Musik im Baden-Badener Kulturangebot über die Jahrhundertwende hinaus dominiert (s. S. 59 ff.). 1918 kommt es zur Gründung der ›Städtischen Schauspiele Baden-Baden‹ und so zur Etablierung eines eigenen Ensembles. Durch den Umbau des Konversationshauses 1912–17 erwuchs der Bühne am Goetheplatz eine neue Konkurrenz in unmittelbarer Nachbarschaft. Der heutige Bénazetsaal wurde damals als ›Großer Bühnensaal‹ eingerichtet; das Theater mußte sich jetzt den Namen ›Kleines Theater‹ gefallen lassen. Künstlerische Avantgarde, wie Brecht und Weill, hatte trotz der kulturellen Hoch-Zeit in den 20er Jahren keine Chance in Baden-Baden (s. S. 61 f.). Die Jahre des Nationalsozialismus nahmen nicht nur dem Theater in Baden-Baden die letzte Experimentierfreude und jede gesellschaftskritische Möglichkeit. Am Goetheplatz – nun Adolf-Hitler-Platz – wurden bis zur kriegsbedingten Schließung Rührstücke, Kriminalstücke und ›Peterchens Mondfahrt‹ gespielt.

In der ersten Nachkriegsspielzeit fanden in Baden-Baden nicht weniger als 405 Aufführungen statt. Im ›Kleinen Theater‹ kamen dabei deutschsprachige Stücke zum Vortrag, den großen Bühnensaal des Kurhauses behielt sich die französische Besatzungsmacht zunächst für die Aufführung eigener Gastspiele vor. Die Programme und die Zuschauer waren in diesen Jahren von dem Elan beseelt, aus der Geschichte zu lernen und das Theater als Ort gedanklicher und emotionaler Anstöße zu verstehen. In der Zeit des ›Wirtschaftswunders‹ wurde die ernsthafte und emanzipatorische Komponente der Vorjahre zugunsten leichter Unterhaltung zurückgedrängt. Auch Ende der 60er Jahre scheiterte der Versuch, durch traditionelles Bildungstheater der reinen Zerstreuung gegenzusteuern. Dieser in einer Kurstadt auch schwerlich zu entscheidende Richtungsstreit setzt sich bis heute fort.

Entlang der Lichtentaler Allee

Die ersten Bauten an der Lichtentaler Allee sind noch in die Aura des Kurviertels einbezogen. Mit dem großen Torbogen des langgestreckten, dreigeschossigen Gebäudes (Nr. 8) öffnet sich der Zutritt zum **Internationalen Club** (9), dessen Gründung 1872 nicht zufällig mit der gesetzlich bewirkten Schließung der Spielbank zusammenfällt. Der Club wurde von in- und ausländischen Magnaten zur Ausrichtung der Internationalen Galopprennen in Iffezheim gegründet und ersetzte schnell das Casino als illustren Treffpunkt. Um 1820 wahrscheinlich von Weinbrenner errichtet, war das dreigeschossige Kernstück des 1908 erweiterten Baus schon 1822 in den Besitz der Königin Friederike von Schweden gelangt, die als badische Prinzessin aufgewachsen war. Zu dieser Zeit verfügte das Haus noch über einen Garten, der sich entlang der Lichtentaler Allee erstreckte. Nachdem es als ›Palais Reichenbach‹ und ›Palais Rothschild‹ trotz mehrfachen Besitzerwechsels immer eine ›erste Adresse‹ unter den Stadtpalais blieb, wurde es ab 1872 durch den Internationalen Club zu dem, was es noch heute ist: ein gesellschaftlicher Mittelpunkt und Ort für Veranstaltungen mit handverlesenen Gästen.

Ein paar Meter weiter in der Allee führt eine breite Steintreppe zur **Staatlichen Kunsthalle** (10). Die mehr oder weniger offen geführte Debatte um dieses Haus und seine Inhalte begann mit der Eröffnung 1909 und ist bis heute nicht verstummt. War es damals die Kontroverse, ob die Architekten Hermann Billing (1867–1946), der 1905–07 auch die Mannheimer Kunsthalle baute, und Wilhelm Vittali (1895–1920) da einen »Tempel« oder einen »Stall« errichtet hatten, so wollen sich heutige Vertreter eines eng und affirmativ bestimmten Kunstbegriffs nicht damit abfinden, daß hier gezeigte Werke aus dem Rahmen fallen und trotzdem der Kunst zugerechnet werden. Man kann den langen Streit schon im Vorübergehen nachvollziehen: Von außen betrachtet, ist die Kunsthalle geprägt durch die Übergangszeit zu neuen, sachlichen Formen der Architektur in den Jahren vor und nach dem Ersten Weltkrieg, in der dem Ornament weniger Bedeutung zukommt als im Baustil der Gründerzeit und des Jugendstils. Die durch die Betonung ruhiger rechteckiger Flächen erreichte Strenge wird lediglich von klassizistischen Zitaten wie Pilastergliederung mit ionisierenden Kapitellen und einem tympanonartigen Giebel durchbrochen. Hier zeigt sich eine durchaus sensible Rück-

Staatliche Kunsthalle: Jugendstilbau von 1909 mit kontroverser Rezeption. Das Ausstellungsprogramm genießt internationale Anerkennung.

Sitzende weibliche Figuren vor der Staatlichen Kunsthalle

sichtnahme auf das von Weinbrenner geprägte Umfelds mit Internationalem Club und Kurhaus. Diese zur Bauzeit ungewohnte Sparsamkeit der Formen fand Zustimmung in Wissenschaft und Kunst, aber auch die unverblümte Ablehnung durch Behörden und Politik: »... für ein Gebäude, das zur Aufnahme ernster Kunst bestimmt ist, ziemt sich eben kein protziger Prachtbau, kein prunkhaftes, unruhiges Durcheinander; schlicht und einfach, edel und monumental, das sind die Formen, die eines Kunsttempels würdig sind ...«, schrieben die einen; von einem unerträglichen »Stall« sprachen die anderen. Hermann Binz (1876–1946) schuf die sitzenden weiblichen Figuren auf den Wangen der Freitreppe vor dem Haupteingang. Auch die modernen Installationen im Außenbereich der Kunsthalle erregten die Gemüter. Dan Flavins Lichtinstallation aus dem Jahr 1989 (rot und gelb leuchtende Stabreihen an der Fassade) sowie die von Richard Serra 1978 errichteten beiden Stahlplatten, die treppenförmig den Hang vor der Kunsthalle gliedern, haben in Baden-Baden viel Staub aufgewirbelt. (Näheres zur Kunsthalle siehe ›Kunst im Raum‹).

Rund um den Augustaplatz

Auf dem Weg von der Kunsthalle zum Augustaplatz stellt sich vor dem Überqueren der Oos eine große, am Abend beleuchtete *Fontäne* in den Weg. Die großen Sintersteine dieses Wasserspiels hat das Wasser selbst geschaffen, und zwar im Quellbezirk der Thermen. Dort, wo das Quellwasser aus dem Berg sprudelt, entstand im Lauf der Jahrtausende ein Sinterhügel. Beim Bau des Friedrichsbads 1869 wurden Teile der Ablagerungen freigesetzt und als Alleefontäne neu aufgehäuft. Wasserspiele, Brunnen und Kunstseen begleiten uns auch rund um den **Augustaplatz**. Wenn wir die Oosbrücke nach dem ›Hotel Atlantic‹ wählen – sie stößt direkt auf ein schönes Neorenaissance-Gebäude, in dem das Nobelrestaurant ›Stahlbad‹ untergebracht ist – dann zeigt sich am nächsten Brunnen ohne Scham ein kleiner nackter Bursche. Seit 1910 als *Buberl-Brunnen* weniger aktiv als sein Freund in Brüssel, ist er den Baden-Badenern aber ebenso sympathisch.

Bis in die Mitte des 19. Jahrhunderts war das Gebiet um die 1855–64 errichtete Evangelische Stadtkirche von Kanälen der Oos durchzogen und mit Mühlen oder anderen Kleingewerbebetrieben bebaut. Auch die Änderung dieser Nutzung schuf noch keinen Platz, der den heutigen Ausmaßen entsprochen hätte. Die zur Oos gerichteten Anwesen des Palais Gagarin (1868), des daneben befindlichen Palais Stourdza (1850) sowie des Hotels ›Stephanie‹ (1830) teilten sich die heutige Fläche und nahmen mit ihren großen Gärten das gesamte Areal zwischen Lichtentaler Straße und der Oos ein. Der nach der Kaiserin Augusta benannte Platz war um 1885 nicht mehr als eine kleine grüne Schneise, die der damaligen Fürstenresidenz ›Goldenes Kreuz‹ an der Lichtentaler Straße eine standesgemäße Verbindung zur Allee und zum Kurviertel bot. Erst mit dem kompletten oder teilweisen Abriß der erwähnten Palais in den 30er und 60er Jahren und des Hotels ›Stephanie‹, an dessen Stelle in den 60er Jahren ein Kongreßhaus entstand, erlebte der Augustaplatz seine Ausweitung. Der Bau einer Tiefgarage und die damit einhergehende Anlage der künstlichen Seen vervollständigten dann in den 70er Jahren das heutige Bild.

Das ehemals viel größere **Palais Gagarin** (11), dessen Haupthaus unmittelbar an die Lichtentaler Straße grenzte, erinnert auch als Sitz des Standesamts und eines beliebten Pubs noch an die russische Fürstin Isabella Gagarin. Sie lebte ab 1859 in Baden-Baden, um mit ihren Töchtern Alexandrine und Tatiana das Haus ›Gagarin‹ mit Gästen wie Turgenjew und der Sängerin Viardot-Garcia zu einem gesellschaftlichen Mittelpunkt nicht nur der russischen Gemeinde zu machen. Bei einem Blick in das Treppenhaus des Palais entdeckt man schnell die holzgeschnitzten Initialen ›I. G.‹ im Treppengeländer und damit letzte namentliche Spuren der stadtbekannten Fürstin.

Initialen I.G. im Treppengeländer des Palais Gagarin

Auf der gegenüberliegenden Straßenseite lohnt ein kurzer – zur Essenszeit auch längerer – Gang in den Innenhof des **Goldenen Kreuzes** (12). Die ehemalige ›Weinhandlung mit Fremdenzimmern‹ wurde 1891 durch den Bau eines wahren Gründerzeitpalasts zu einem vornehmen Restaurant und großen Mietshaus für Angehörige des Adels umgewandelt. 1984 hat eine Restaurierung von Grund auf dem Anwesen mit seinen Geschäftspassagen, Cafés und einem originellen Innenhofrestaurant den Glanz früherer Tage wiedergegeben.

Die ebenfalls an den Augustaplatz grenzende **Evangelische Stadtkirche** (13) ist in ihrer Baugeschichte und Ausstattung auf merkwürdige Weise mit kriegerischen und gewalttätigen Ereignissen verbunden. Nach den neogotisch gestalteten Plänen von Friedrich Eisenlohr (1805–1854), dem das Land Baden seine ersten schönen Bahnhöfe verdankt, so etwa in Mannheim, Karlsruhe, Heidelberg und Freiburg, wurde der Bau der dreischiffigen Hallenkirche der evangelischen Gemeinde ein Jahr nach Eisenlohrs Tod 1855 begonnen. Die festliche Einweihung von 1864 konnte nur eine provisorische sein, denn der Kirche waren im überwiegend katholischen Baden-Baden mangels Finanzen noch keine Türme gewachsen. Ihr Anbau wurde zunächst durch den Deutsch-Französischen Krieg von 1870/71 behindert, dann allerdings – was für einen Kirchenbau in Europa einmalig sein dürfte – durch Spielbankeinnahmen unterstützt und 1876 abgeschlossen. Die vom Architekten Ludwig Lang erbauten Türme weichen allerdings erheblich von den ursprünglichen Plänen Friedrich Eisenlohrs ab. Auch die Eingangstüren mit ihren Schnitzereien wurden gespendet. Ein Schreiner namens Georg Müller hat sie gearbeitet, nachdem er sich in der Badischen Revolution von 1849 als ›Umstürzler‹ exponiert hatte und durch die Schenkung den damals üblichen ›Entschädigungsforderungen aus der Theilnahme am Aufstand‹ nachkam. Über dem Eingang zur offenen Vorhalle stehen Statuen der vier Evangelisten, und das neogotische Fenster über dem Hauptportal trägt in seiner Spitze mit dem Erzengel Michael und der Inschrift »quo fas et gloria ducent« (Pflicht und Ehre über alles) das Wappen der Charlotte von Schubert aus der deutsch-russischen Familie, die, ab 1863 in Baden-Baden lebend, viel für den Bau der Evangelischen Stadtkirche getan hat. Im Inneren zeigen die Glasfenster des Langhauses die vier Reformatoren Luther, Melanchthon, Zwingli und Calvin. Ebenfalls eine Schenkung ist das Auferstehungsfenster im Chor. Sein Stifter, der König und spätere Kaiser Wilhelm I., machte dieses Geschenk in Dankbarkeit für das Mißlingen eines 1861 auf ihn in Baden-Baden verübten Attentats. In den weiteren Fenstern sind Christi Geburt und Kreuzigung dargestellt. Schließlich haben auch die Kirchenglocken, was nicht selten ist, ihre Geschichte im Zusammenhang mit Kriegen zu erzählen. Französische Kanonen wurden zur Erstausstattung umgeschmolzen. Die so erhaltenen Glocken sollten 1917 wieder zu Kanonen, 1924 neu gegossen und 1941 abermals ›kriegsgeopfert‹ werden. Den 1952 gefertigten Exemplaren bleibt diese Metamorphose hoffentlich erspart.

Neben der Kirche ersetzte 1965–68 der Bau eines **Kongreßhauses** (14) das Hauptgebäude des ehemaligen Hotels ›Stephanie‹. Ein Nebengebäude des Hotels wurde erhalten und als **Haus des Kurgastes** (15) eingerichtet, soll ab 1996 aber anderweitig genutzt werden. Das 1992–94 modernisierte und mit neuester Technik ausgestattete Kongreßhaus verfügt jetzt neben einem Auditorium mit 700 Plätzen über mehrere Konferenzräume und unterstreicht den Anspruch Baden-Badens, eine attraktive Kongreßstadt zu sein. An zwei Olympische Kongresse, die 1981 und 1984 hier tagten, erinnert vor dem

Haus des Kurgastes das unauffällige, aber in Deutschland einzige **Pierre-de-Coubertin-Denkmal** (16), errichtet zu Ehren des Gründers der neuzeitlichen Olympischen Spiele.

An diesem Denkmal vorbei, kommen wir über die Oos wieder zur Lichtentaler Allee und haben dort zwei Möglichkeiten, den Spaziergang fortzusetzen: entweder als ›Villenspaziergang‹, bei der Stourdza-Kapelle beginnend und entlang der zur Allee geneigten Hänge zur Molkenkur, oder als ›Stadtspaziergang‹ zur Russischen Kirche.

Spazieren: Von der Stourdza-Kapelle durch Villenviertel zur Molkenkur

Stourdza-Kapelle und Schloß Solms

Besonders sehenswert
Stourdza-Kapelle ☆☆
Villa Turgenjew ☆
Molkenkur ☆

Unser Villenspaziergang hat seinen Ausgangspunkt im Rücken der **Trinkhalle** (1), dort, wo eine Kaskadenanlage das Wasser vom Friesenberg herunterplätschern läßt. Entlang dieser Wassertreppe führt ein kleiner Weg hinauf zur Solmsstraße. Wir überqueren die Straße, um in die kleinere Stourdzastraße einzubiegen und an deren Ende gleich vor der **Stourdza-Kapelle** (2) zu stehen. Das nach dem rumänischen Fürsten Michael Stourdza benannte Bauwerk ist von sanft bewegten, grünen Hügeln und herrlichen Baumgruppen umgeben. Und das Panorama von hier oben gibt besonders im Frühjahr den

Leo von Klenze, Stourdza-Kapelle, Schnitt, Feder in Grau, aquarelliert, 1864

Vierter Stadtrundgang

1 Trinkhalle
2 Stourdza-Kapelle
3 Solmssee
4 Kriegergedächtniskapelle
5 Schloß Solms
6 Villa Hohenbaden
7 Villa Roosevelt
8 Villa Kossmann
9 Künstlerhaus
10 Villa Carlotta
11 Villa Syrius
12 Villa Monte Rosa
13 ehem. Anwesen Viardot-Garcia
14 Villa Turgenjew
15 Südwestfunk
16 Molkenkur
17 Villa Witte

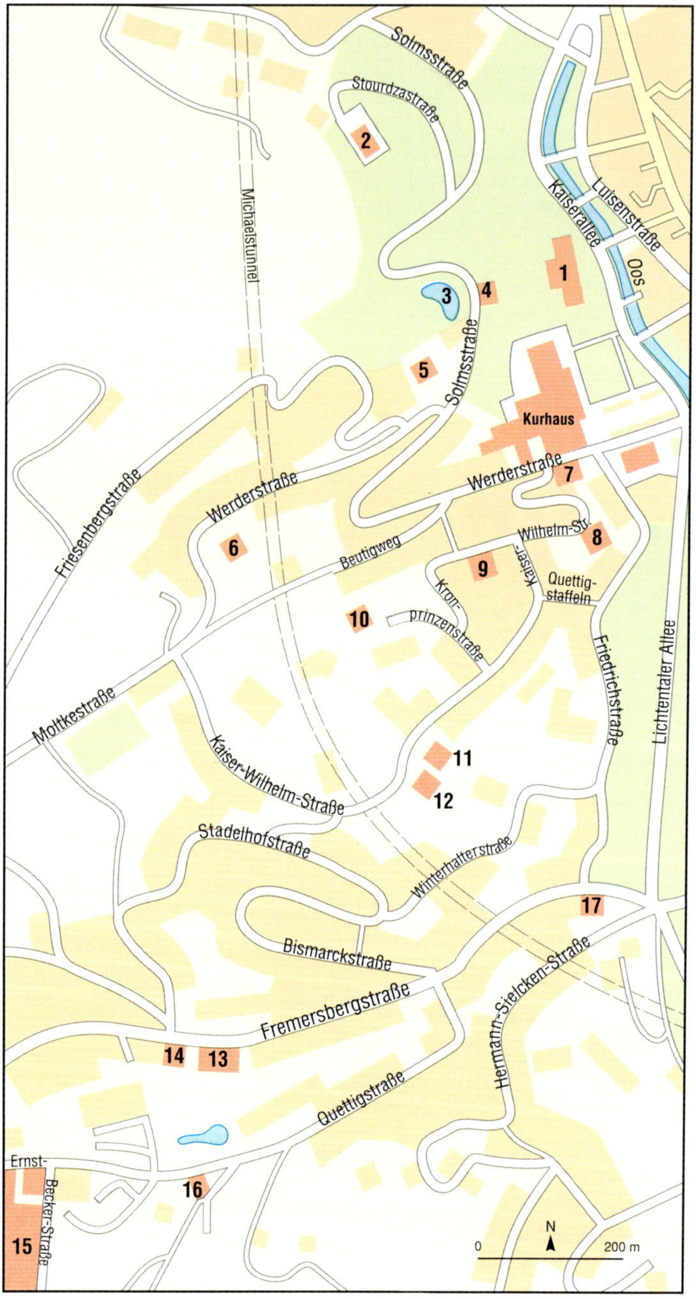

›italienischen Charakter‹ von Baden-Baden zu erkennen. Für Heinrich Berl war »... ein Maiabend bei der Rumänischen Kapelle, wenn der Mond heraufzieht, geradezu antike Landschaft«. Was den Stadtchronisten in den 30er Jahren hier beeindruckte, hat sich bis heute nicht geändert.

Stourdza-Kapelle

Die Stourdza-Kapelle ist die letzte Entwurfsarbeit Leo von Klenzes (1784–1864). Es ist ein spätklassizistischer kubischer Zentralbau mit dreifarbigen Sandsteinlagen. Vier ionische Säulen tragen einen übergiebelten Portikus. Das achtseitige Zeltdach krönt eine große Laterne, von der ein orthodoxes Kreuz aufragt. Der Innenraum ist mit buntem Marmor verkleidet und reich ausgestattet. Im Narthex zeigen vier auf Kupfer gemalte Familienporträts den Fürsten Michael Stourdza, seine Frau Smaragda sowie Marie und Michael, die Kinder des Paars. Der Fürst, Regent des später zu Rumänien gehörenden Moldawien, floh 1849 bei einer Bauernrevolte nach Paris. 1853 kaufte er sich in Baden-Baden ein großes Palais am Augustaplatz (1936 abgebrochen), um hier mit seiner Frau zu leben. Als sein erst 17jähriger Sohn 1863 in Paris starb, gab Stourdza den Bau der Gruftkapelle auf dem Michaelsberg in Auftrag. Daß der rumänische Fürst dabei die Planung dem Münchner Baumeister Leo von Klenze anvertraute, erklärt sich wahrscheinlich weniger aus dem an Münchener Museumsbauten gezeigten Können des Architekten. Vielmehr dürften es die Beziehungen von Klenzes zum russischen Hof gewesen sein, die zu dem Auftrag führten. Als Gast von Zar Nikolaus I. arbeitete er zwischen 1839 und 1851 mehrmals in St. Petersburg. Die Fertigstellung der Stourdza-Kapelle 1864–66 konnte von Klenze allerdings nicht mehr erleben. Er starb im Jahr des Baubeginns, die Ausführungsarbeiten leitete sein Schüler Georg von Dollmann (1830–1895).

Zur orientalisch wirkenden Pracht der Ausstattung gehören neben der Ikonostase – die Gemälde sind von dem Historienmaler Andreas Müller (1831–1901) – auch die Fresken im Altarraum und in der hohen Kuppel von Wilhelm Hauschild (1827–1887) sowie die Marmordenkmäler des Fürstenpaars und des Prinzen Michael. Von den ehemals zahlreichen Ikonen haben mehrere Einbrüche nur wenige übriggelassen. Zweimal war die Stourdza-Kapelle für Max Beckmann (s. S. 75 f.) Inspirationsquelle.

Über einen Fußweg, der durch die Grünanlage der Kapelle führt, kommen wir zu dem kleinen *Solmssee* (3) mit der *Kriegergedächtniskapelle* (4) von 1923, die inzwischen der Gefallenen beider Weltkriege gedenkt, und dem schräg zum Berg hin gelegenen **Schloß Solms** (5). Die Anlage des kleinen Schlosses ließ Prinz Georg zu Solms Braunfeld 1873–87 als Nachahmung einer mittelalterlichen Ritterburg in gotisierender Formensprache errichten. Das dazu passende Inventar an Rüstungen, alten Waffen und sonstigen Utensilien der ›alten Rittersleut‹ wurde nach dem Zweiten Weltkrieg in alle Winde zerstreut. Bis 1992 residierte das Französische Konsulat in Schloß Solms.

Villenspaziergang

Man kann diese ›Ritterburg‹ als ein extremes Beispiel für die gestalterischen Freiheiten und Ausdehnungsmöglichkeiten interpretieren, die dem Villenbau an der Hügelkette Friesenberg – Beutig – Quettig offenstanden. Die gestalterischen Lösungen der hier gebauten Villen sind zwar meist einem historisierenden Stil verhaftet, es zeigen sich aber durchaus schon Formen eines Wandels von Historismus über Jugendstil zur Neuen Sachlichkeit. Mittlerweile sind die ehemals ausgedehnten Grundstücke entlang unseres Spazierwegs allerdings wesentlich kleiner parzelliert und mit neuen Häusern besetzt. Als vornehmes Wohnviertel zwischen 1860 und 1920 angelegt, entbehrt diese Hanglage inzwischen vor allem der für Baden-Baden so typischen ›Schweizerhäuser‹. Die mit viel Schnitz- und Fachwerk, Erkern und Holzbalkonen gezimmerten Chalets hielten dem Anspruch des großzügigen Wohnens nicht stand und mußten bis auf wenige Ausnahmen weichen. Die Villa Hohenlohe, das ›Landhaus‹ der Königin Victoria von England, ging auf diese Weise ebenso verloren wie das Schweizerhaus des Spielbankpächters Bénazet.

Villa Hohenbaden: Eine der wenigen stadtnahen Villen, die ihren historischen Gartenbestand bis heute bewahren konnten.

Wir folgen der Werderstraße auf ihrem Weg ins Tal, um in der letzten Biegung auf das Tor zu achten, das den Weg durch den Park zur **Villa Hohenbaden** (6) zwar versperrt, nicht aber den Blick. Wie ein Märchenschloß thront die Villa über einem 17 000 m^2 großen Wiesengrund, der als kleine Senke den Friesenberg mit dem Beutig verbindet. Bevor der heimische Baumeister Julius Knoderer den Prachtbau in den Jahren 1868/69 errichtete, soll er zum Studium der Renaissance-Villen eigens eine längere Italienreise unternommen haben. Das Ergebnis der Reise glänzt noch heute als herrschaftlicher, zweigeschossiger Putzbau auf rotem Sandsteinsockel mit Altanen, großen, von Säulen gerahmten Fenstern, aufwendiger Ornamentik unter dem Konsolhauptgesims, offenen Loggien und herrlichen Freitreppen zu einem großen Park, der sich zum Kurtal neigt und von einem kunstvoll gearbeiteten Flügeltor aus Schmiedeeisen abgeschlossen wird.

Höhen und Tiefen begleiteten die vielen Besitzerwechsel der Villa Hohenbaden. Ein Amerikaner war 1868 ihr Bauherr, und ein Landsmann von ihm hat 1893 bereits als Drittbesitzer den großen Park angelegt. Von 1922 bis nach dem Zweiten Weltkrieg war die Villa mit den Namen erfolgreicher Hoteliers verbunden: erst durch den Besitzer Albert Keller, der als Sohn eines Baden-Badener Wirts in New York als Direktor des ›Ritz Carlton‹ Karriere gemacht hatte, dann, ab 1936, im Besitz von Georg Steigenberger, dessen Bruder Albert sich in diesen Jahren damit beschäftigte, vom ›Europäischen Hof‹ aus den Aufstieg einer Hoteldynastie vorzubereiten. Verlassen und verwahrlost erlebte das Gebäude in den 60er Jahren im Besitz der Bäder- und Kurverwaltung eine schlechte Zeit, bis das Internationale Olympische Komitee bekanntgab, 1981 in Baden-Baden tagen zu wollen. So wurde die Villa als kurzzeitiger Sitz des IOC-Organisationsbüros hergerichtet, allerdings erst nach dem Kauf durch einen Privatmann 1985 aufwendig restauriert.

Weiter unten stößt am Kurhaus die Kaiser-Wilhelm-Straße von rechts auf die Werderstraße. Bevor wir dort einbiegen, lohnt der Blick auf das gegenüberliegende eingeschossige Gebäude mit Säulenportikus. Wir haben dieses Haus schon als ehemaliges Atelier des Bildhauers Joseph von Kopf und heutigen jüdischen Gebetsraum kennengelernt (s. S. 122). Bisweilen dient es als Veranstaltungsraum interessanter musikalischer Vorträge.

Auf dem Eckgrundstück Werderstraße/Kaiser-Wilhelm-Straße 1 ließ ein fabelhafter Konditor und engagierter Sammler zeitgenössischer Kunst Anfang der 90er Jahre die **Villa Roosevelt** (7) restaurieren. 1886 im Stil des Historismus gebaut, kam das zweigeschossige Haus noch vor der Jahrhundertwende in den Besitz des Präsidentenneffen William O. Roosevelt, der Präsident des 1891 gegründeten Golfclubs der Stadt war. Der heutige Besitzer präsentiert im Parterre mit der *Kunsthaus-Galerie Roosevelt* Teile seiner hochkarätigen Sammlung mit Arbeiten von Joseph Beuys, Felix Droese, Rainer Giese, Heinz Schanz und anderen.

Den nächsten Halt, in der Kaiser-Wilhelm-Straße 3, verdient die **Villa Kossmann** (8). Der Blick durch die heutige Hoteleinfahrt gibt zu erkennen, daß dem Haus schon bessere Zeiten beschieden waren: 1818 wohl von Weinbrenner erbaut, ging die Villa 1838 an den Spielbankpächter Jean Jacques Bénazet und blieb bis zur Aufhebung der Spielbank 1872 im Besitz dieser Familie. 1892 ließ Wilhelm Messmer, der ›Hotelier des Kaisers‹, das Haus zu einer Dependance seines damals nahe gelegenen Hotels umwandeln und dabei in seine heutige Form bringen. Auf der anderen Straßenseite zeigt sich in der Straßenbiegung (Nr. 4) gleich eines der wenigen erhaltenen schönen

›Pneumatische Kammer‹

Schweizerhäuser. Das eingeschossige, langgestreckte Fachwerkhaus wurde 1881 zur Unterbringung einer ›*pneumatischen Kammer*‹ gebaut. Veränderbare Druckverhältnisse in dieser merkwürdigen Kureinrichtung sollten gesundheitsfördernd wirken. Ob und wie das genau funktionierte, muß uns verborgen bleiben, nicht so die feinen Ornamente, die halbkreisförmigen Erker und der ›chinesische‹ Turmaufbau des Hauses.

An der nächsten Straßenbiegung mündet die kleine Kronprinzenstraße in die Kaiser-Wilhelm-Straße. Wer den Umweg nicht scheut und der kleinen Straße einen Besuch abstattet, um an ihrem Ende wieder auf die Kaiser-Wilhelm-Straße zurückzukommen, der wird mit der Ansicht einiger schöner Bauten belohnt. Das **Künstlerhaus** (9) war längere Zeit eine Arbeitsstätte und Domizil für Kulturschaffende. Das Haus wurde 1880 vom badischen Großherzog gestiftet und ist in seiner damaligen Funktion vergleichbar mit der heutigen Künstlerwohnung im Baldreit, das jährlich wechselnde Stipendiaten der Stadt beherbergt. Das Künstlerhaus läßt sich gut an einem gußeisernen Medaillon erkennen, auf dem der Landschaftsmaler Gustav Adolf Amberger (1831–1896) abgebildet ist. Der Schüler von Peter von Cornelius lebte längere Zeit in diesem Haus. Die *Villa Carlotta* (10, Kronprinzenstraße 10) ähnelt einem kleinen Schloß. Der barokkisierende Jugendstilbau entstand Anfang des Jahrhunderts. Einfahrtstor, Teehaus und Parktreppe geben einen Eindruck der ursprünglich großzügigen Anlage. Mit der Nr. 12 der Kronprinzenstraße sehen wir schließlich ein weiteres *Schweizerhaus*, das mit seinen charakteristischen Schnitzereien an den Fensterumrahmungen, seiner Traufornamentik und seinem Fachwerkobergeschoß unter Denkmalschutz steht.

Zurück auf der Kaiser-Wilhelm-Straße (Nrn. 15 und 17), kommen wir an den benachbarten **Villen Syrius** (11) **und Monte Rosa** (12) vorbei. Besonders die Villa Syrius mit ihrer Straßenfront aus Porphyr- und Sandsteinquadern läßt den Betrachter staunen. Wie ein ›zweites Schloß Solms‹ erhebt sich das Bauwerk des Berliner Architekten Fritz Klingholz (1861–1921) seit 1910 hier als Trutzburg in der Landschaft. Daß der Architekt seinerzeit ein namhafter Vertreter des Historismus war, kann das Anwesen mit seiner Bossenquaderverkleidung, der Gliederung durch Risalite und einem die Fassade prägenden runden Treppenhaus hinter durchlaufenden Halbsäulen nicht leugnen. Eine Ausnahme stellt die Villa in anderer Weise dar, denn in der Regel ist die Entwicklung der Baden-Badener Villenviertel zwischen 1850 und 1910 weniger mit auswärtigen Architekten als mit heimischen Baumeistern verbunden. Sie standen meist unter dem Einfluß der Technischen Hochschule Karlsruhe oder waren Schüler dieser von Weinbrenner und Tulla gegründeten Bauhochschule (s. S. 28). Entsprechend zeigt sich auch die Formensprache der Architekten Ludwig Lang, Bernhard Belzer, Wilhelm Vittali oder Julius Schober, die Baden-Badens Villenlandschaft über die Jahrhundertwende hinaus prägten. Oft sehen wir an Villenbauten die in den Mittelrisalit aufgenommenen Kolonnaden aus dorischen Säulen und die strenge Ordnung des Klassizismus, die als Erker eingesetzten Kuppeltürme und die stark betonten Fassadengliederungen der Neogotik und der Neorenaissance. Fließende Jugendstilformen finden sich in Baden-Baden dagegen an Brunnen, Portalgestaltungen oder in Gartenanlagen mehr als an den Bauten selbst. Architekten wie Wilhelm Vittali, Hermann Billing oder später auch Egon Eiermann suchten als Vertreter des Jugendstils, der Neuen Sachlichkeit beziehungsweise der Moderne nach 1945 eher die klare und um Dekorationselemente reduzierte Form der Bau- und Raumgestaltung. Die Staatliche Kunsthalle Hermann Billings (s. S. 125 f. und 237 ff.) oder das Privathaus von Egon Eiermann (s. S. 184) zeigen, daß solchen dezidiert klaren Formen nichts an Würde und Eleganz fehlt.

Bald nach der Villa Syrius zweigt die Bismarckstraße von der Kaiser-Wilhelm-Straße ab. Wir folgen diesem Abzweig und begegnen in der Bismarckstraße gleich zweimal dem schon genannten Wilhelm Vittali. Mit der *Villa Vittali* (Nr. 23/23a) baute sich der Architekt zur Jahrhundertwende sein eigenes Wohnhaus in zurückhaltender Formensprache als Putzbau mit gliedernden Sandsteinlisenen. In der Nachbarschaft zeigt die Fassade des zehn Jahre vorher ebenfalls von ihm gebauten Hotels ›*Quisisana*‹ (Nr. 21) einen noch deutlich historisierenden Charakter. Neben dem ›Quisisana‹, von Vittali 1890 als ›Kurhaus für Damen‹ errichtet, gehörten Umbau- und Ergänzungsarbeiten am ›Europäischen Hof‹ genauso zum Auftragsbestand dieses Architekten wie ›Brenner's Kurhof‹ (heute ›Park-Hotel‹) oder das ›Bellevue‹.

Gleich nach dem ›Quisisana‹ führt linker Hand ein kleiner Weg zum Städtischen Gartenamt. Er heißt dem Fürstenmaler Franz Xaver Winterhalter (1805–1873) zu Ehren Winterhalterstraße. Wir folgen dem Weg ein paar Meter, um das *Schweizerhaus des Gartenamts* als erhaltenes Nebengebäude des vormals berühmten ›Park-Hotels‹ der Familie Stadelhofer zu erkennen. Das Anwesen des ehemaligen Hotels, in dem Clara Schumann ihren 70. Geburtstag feierte, reichte einst mit Chalet, Pflanzenhaus, Remisen, Gartenpavillon und Park bis zur Fremersbergstraße. Die Anlage wurde 1964 aufgelöst und fast vollständig abgebrochen. Im gleichen Jahr mußte auch der andere berühmte Stadelhofer-Besitz, der ›Englische Hof‹ an der Fieser-Brücke, einem unschönen Bankgebäude Platz machen (s. S. 113).

Der Hinweis auf das abgebrochene ›Park-Hotel‹ deutet bereits an, daß wir uns beim Erreichen der Fremersbergstraße im ehemaligen ›Thiergartenviertel‹ und damit in einem Bezirk befinden, der geprägt ist durch eine lange und tiefe Beziehung zu Kulturschaffenden aus den Bereichen Literatur, Musik und bildender Kunst. Was einst von dieser Straße durch die Gesangskunst und die Salons von Pauline Viardot-Garcia, durch Klaviervorträge von Clara Schumann und Anton Rubinstein, durch die Literaten Iwan Turgenjew oder später auch Otto Flake an Wirkung weit nach Europa ausstrahlte, hat inzwischen der hier ansässige Südwestfunk auf seine Art und Weise

Pauline Viardot-Garcia, Foto des Malers Buchner, Stuttgart, um 1865, mit Widmung ›Meiner lieben Clara [Schumann], Pauline‹

übernommen. Im mittleren Abschnitt der Fremersbergstraße (ehemals Thiergartenstraße) nahmen die benachbarten Anwesen der Viardots und Turgenjews ein Areal ein, das heute in 21 Parzellen (Nrn. 27–47a) aufgeteilt ist. Von dem Besitz der **Familie Viardot** (13), zu dem ein Gartentheater, eine Kunst- und Vortragshalle, eine große Villa und Stallgebäude gehörten (s. S.66), hat sich nichts erhalten.

Einzig die **Villa Turgenjew** (14) hat als nobler Zeuge der Vergangenheit überdauert. 1864–67 im Stil Louis-treize durch den Pariser Architekten Olive errichtet, wurde dem Gebäude 1920 eine repräsentative Eingangshalle vorgebaut. Dem gegenwärtigen Privatbesitzer kommt das Verdienst zu, der Villa zu neuem alten Glanz verholfen zu haben. Für den ansonsten eher bescheidenen Dichter aber erwies sich diese Investition sehr schnell als zu hoch. Vom Wunsch getrieben, die Mieträume in der Schillerstraße zu verlassen, um in der Nachbarschaft seiner verehrten Lebensfreundin Pauline Viardot-Garcia zu leben, hatte Turgenjew den Bau der Villa in Auftrag gegeben. Die Kosten dafür liefen ihm davon, und als das kleine Schlößchen 1867 fertiggestellt war, hatte der Dichter kein Geld mehr übrig für die Möbel. So übernahmen die Viardots als begüterte Nachbarn die Villa schon 1868 und ließen Freund Turgenjew mietfrei darin wohnen. 1870/71 bedeutete der Deutsch-Französische Krieg dann das Ende der Idylle am ›Thiergarten‹. Die Viardots zogen wieder nach Paris, und Turgenjew folgte dem Ehepaar 1872.

Die zum Berg hin benachbarte Villa (Nr. 47a), ehemals Teil des Anwesens Turgenjew, wurde einige Jahre von dem Schriftsteller Peter Bamm (1897–1975) bewohnt. Unmittelbar an der Seite dieser Villa führt ein kaum einsehbarer Weg zur Quettigstraße und damit zum Areal des **Südwestfunks** (15; s. S. 225 ff.). Aus dem improvisierten Nachkriegsstudio im Hotel ›Kaiserin Elisabeth‹ hat sich im Zeitraum von 50 Jahren eine breitflächige Landschaft moderner Bauten für Studios, Redaktionen und Verwaltungen entwickelt. Im *Hans-Rosbaud-Studio* finden regelmäßig öffentliche Konzerte statt, als Studiogast darf man an den Fernsehshows teilnehmen, und vom Sender veranstaltete Führungen bringen einem die Radio- und Fernsehlandschaft näher. Zu diesen Möglichkeiten der Tuchfühlung gibt es am Haupteingang des Südwestfunks am oberen Ende der Quettigstraße nähere Informationen.

Das Ende dieses Spaziergangs findet ein passendes Ambiente in der nahen **Molkenkur** (16; Quettigstraße 19). Das 1818 für Trinkkuren errichtete Schwarzwaldhaus hat sich inzwischen in eine Gaststätte mit ansprechendem Garten verwandelt und ist so der ideale Ort zum Ausruhen. Den Rückweg zur Allee und zum Zentrum nehmen wir dann über die Quettig- zur Fremersbergstraße. Schon fast im Tal residiert dort in der *Villa Odenwald* (Nr. 5) ein ›Kulturzentrum Rosengarten‹ mit einem Ausstellungsprogramm, das sehr elegisch anmutet und seit der Gründung 1993 von manchem Beobachter als Deckmantel einer religiösen Sekte interpretiert wird.

Villa Turgenjew

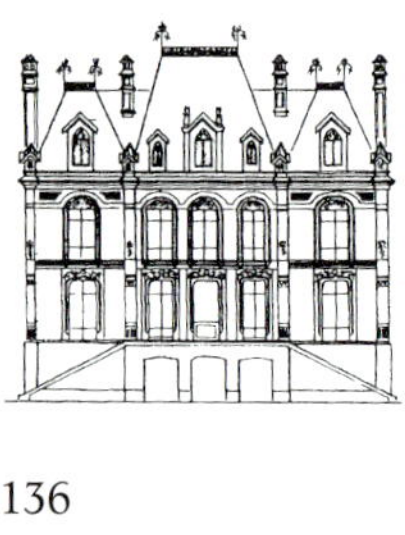

In der **Villa Witte** (17) hat das erfolgreiche Team des ›Medienhauses‹ viel von dem gestaltet, was zum heutigen Erscheinungsbild der Stadt gehört. Das fängt beim offiziellen Schriftzug ›Baden-Baden‹ an und zeigt sich auf Veranstaltungsplakaten des Theaters, des Südwestfunks oder des Internationalen Clubs. Auf der Lichtentaler Allee angekommen, sieht man rechts gleich einen kleinen Gartenaufgang (Nr. 12), hinter dem sich die große Vergangenheit der *Villa Menschikow* verbirgt. Heute ist das im Wald liegende Haus eine Ruine, die ehemaligen Stallungen des Lebemanns wurden zu Wohnungen umgebaut. – Vorbei am alleinstehenden *Alleehaus*, wo eine Ochsenscheuer bis ins 19. Jahrhundert die Grenze zwischen Feldern und Promenadenviertel markierte, führt die Straße zur Oos und zur Schillerbrücke als Endstation dieses Rundgangs.

Schlendern: Durch die ›protestantische Vorstadt‹ zur Russischen Kirche

Villenviertel rechts der Oos

Besonders sehenswert
›Brenner's Park-Hotel‹ ☆
Russische Kirche ☆☆
Gönneranlage ☆

Die **Schillerbrücke** (1) und die davon abgehende Straße erhielten ihren heutigen Namen am 10. November 1859 im Rahmen großer Feierlichkeiten zum hundertsten Geburtstag des Dichters. Wer sich dieses Datums vergewissern möchte, der achte beim Alleespaziergang auf den *Schillerstein*, der etwas abseits an den kleinen Weg zwischen Kunsthalle und Alleehaus versetzt wurde. Die Eisenkonstruktion der Schillerbrücke stammt aus dem Jahr 1871. Man hatte damals in Europa gerade gelernt, Eisen als bevorzugtes Bau- und Werkmaterial einzusetzen. Die Markthallen, Pflanzenhäuser und Metroeingänge der europäischen Großstädte zeugen davon ebenso wie in Baden-Baden die Kandelaber, Balkongeländer, Gartentore und eben die Brücken der Oos. Der Lauf dieses kleinen Flusses und seiner ehemaligen Abzweigungen prägte auch die Erstbebauung des einst vorstädtischen Viertels, das wir nun durchstreifen.

Am heutigen Bertholdbad zweigte in der Vergangenheit der Floßkanal ab und ging in den Mühlenkanal über, um durch die jetzige Schillerstraße stadteinwärts zu fließen. Im Rücken der Evangelischen Kirche lag also das *Mühlenviertel*, in dem sich auch Steingutmanufakturen wie die ›Anstetts‹ oder die ›Fayence & Porcelaine Fabrique‹ das vorbeifließende Wasser zunutze machten. Einige Stücke aus dieser Fabrikation werden im Stadtmuseum aufbewahrt. Erst in der zweiten Hälfte des 19. Jahrhunderts wurde auch dieses Viertel durch Villen- und Kirchenbauten den Ansprüchen der Sommerhauptstadt Europas gerecht.

Der Straßenfächer, der sich von der Evangelischen Stadtkirche aus zwischen Schillerstraße, Ludwig-Wilhelm-Straße und Maria-

Fünfter Stadtrundgang

1 Schillerbrücke
2 ›Brenner's Park-Hotel‹
3 St. Johannis (Engl. Kirche)
4 Hauptfriedhof
5 Totengräberdenkmal
6 Russische Kirche
7 ›Residenz Bellevue‹
8 Gönneranlage

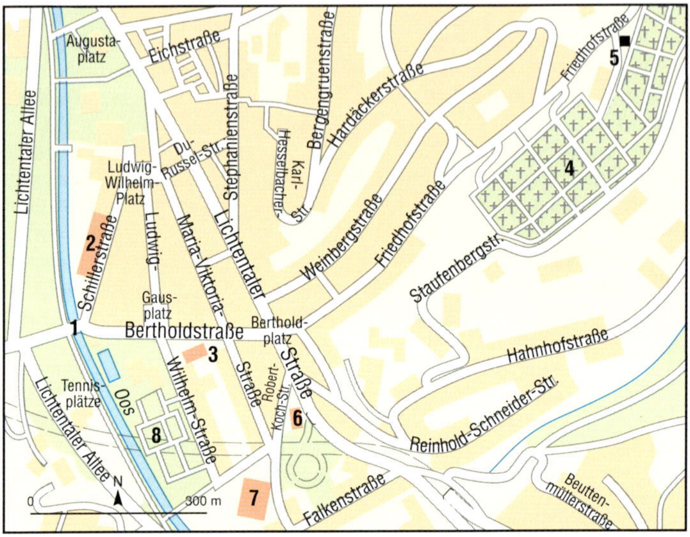

Viktoria-Straße öffnet, weist noch heute recht einheitlich die Züge eines vornehmen Wohngebiets der Jahrhundertwende auf. Bauten wie in der *Ludwig-Wilhelm-Straße* (Nrn. 4, 6 und 8) stellen bei aufwendiger Gliederung und reichem Fassadenschmuck die Anfänge städtischer Reihenhausbebauung dar und verleihen dem Viertel seinen innerstädtischen Charakter. Solche Großbauten wechseln sich freilich mit vielen zweigeschossigen Villen des Klassizismus, der Neorenaissance oder des Neobarock ab. Säulenbalkons, Ecktürmchen und großzügige Gärten betonen die luxuriöse Wohnform dieses Viertels, in dem vorzugsweise russische und englische Residenten Wohnung nahmen. So ist auch die Nähe der Russischen Kirche und der Englischen Kirche nicht verwunderlich. Dichter- und Fürstennamen wie Potemkin, Wolkonskij, Beloselskij, Wiasemskij oder Turgenjew sind mit der Geschichte dieses Stadtteils ebenso verbunden wie Anton Brenner oder Werner von Siemens, Männer, die als Herren von Hotel oder Holding ihren Weg machten. Die Gegenwart der Schillerstraße wird so auch vom Erbe des Herrn Brenner und vom Gedächtnis an den Dichter Iwan S. Turgenjew bestimmt. In der Nr. 17, heute als neugebaute *Residenz Turgenjew* Teil von *›Brenner's Park-Hotel‹*, wohnte Turgenjew zwischen 1863 und 1867 im damaligen Hinterhaus zur Untermiete, bevor er seine Villa in der Fremersbergstraße 47 bezog. Aus dem Besitz der damaligen Vermieterfamilie Anstett in der Schillerstraße stammt das schöne Porträt Turgenjews, das Ludwig Pietsch als schwarze Kreidezeichnung mit Weißhöhungen fertigte. Die Zeichnung gehört jetzt zum Bestand des Stadtmuseums. Das benachbarte Apartmenthaus (Nr. 19), ebenfalls zum Hotel gehörend, weist als *Villa Viardot-Garcia* auf die berühmte

Gesangskünstlerin und Freundin von Turgenjew hin, ist aber geschichtlich nicht mir ihr, sondern mit Cora Pearl verbunden. Die große Dame der damaligen Pariser Demimonde war hier 1863 zu Gast, um der besseren Herrenwelt während der Saison den Kopf zu verdrehen.

Die andere Straßenseite gehört mit ihren Einzelgebäuden seit 1924 vollständig zum Anwesen von **›Brenner's Park-Hotel‹** (2). Zunächst entstand 1887 das dreigeschossige Hotel ›Minerva‹. Es bildet heute den Mittelteil des inzwischen fünfgeschossigen Gebäudes und läßt sich von der Parkseite aus bei näherem Hinsehen durch eine differenziert gestaltete Fassade erkennen. Der neue Bauteil mit großem Restaurant wurde erst 1913 angefügt und ersetzte die Villa Helldorf, die mit gleichen Steinen als *Villa Brenner* neben dem modernen Schwimmbadbau auf der anderen Seite des Haupthauses wieder aufgebaut wurde. Die bisher beschriebenen Gebäudeteile hatten zunächst mit dem Hotelier Brenner nichts zu tun. Das ›Minerva‹ sah ab 1889 den damaligen Hotelieraufsteiger César Ritz als Pächter, um 1912 an die Familie Brenner zu gelangen, der seit 1872 das benachbarte ›Stephanie-les-Bains‹ (am Platz des heutigen Kongreßbaus) gehörte. Vom historischen ›Stephanie‹ stehen heute noch ein ehemaliger Alleeflügel (1963 zum Haus des Kurgastes umgebaut) sowie die der Allee zugewandten Dependancen Villa Stephanie und Villa Augusta (auch *Villa Imperiale* genannt). In der im Park liegenden *Villa Stephanie* residiert seit längerem eine dem ›Brenner's‹ zugeordnete Privatklinik mit dem Namen ›Schwarzwald-Klinik‹, die zum Leidwesen der Betreiber sehr viel kamerabewaffnetes Publikum anlockt, obwohl keinerlei Zusammenhänge mit der gleichnamigen Fernsehserie bestehen. Am dichtesten an der Allee – und auch postalisch Nr. 1 – liegt die *Villa Augusta.* Ihre prächtige Gestalt erhielt die jetzt mit Mietwohnungen ausgestattete Villa zwischen 1895 und 1899 durch Wilhelm Vittali. Die Fassade zeigt mit reicher Skulptur und Ornamentik die Formensprache eines noblen Gründerzeitbaus.

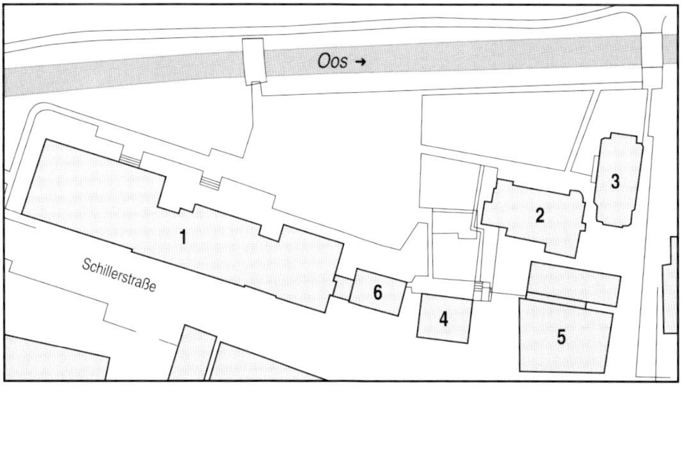

›Brenner's Park-Hotel‹

1 ›Brenner's Park-Hotel‹
2 Villa Stephanie
3 Villa Augusta
4 Villa Brenner
5 Haus Ludwig-Wilhelm-Platz 4
6 Schwimmbad

Villa Augusta und die ›Schwarzwald-Klinik‹

Unter Camill Brenner, Sohn des Anton Brenner, wurde der Komplex aus ›Stephanie‹ und ›Minerva‹ noch vor dem Ersten Weltkrieg zusammengefügt und 1924 durch den Kauf der dazwischenliegenden Villa Knorring (heute als *Parkvilla* der, von der Schillerstraße aus gesehen, rechte Flügel des Haupthauses) arrondiert. Seither grenzen Hotelanlage und dazugehöriger Park mit einer Länge von 400 m an die Oos und die Lichtentaler Allee. Das Haus mit der Nr. 2 in der Ludwig-Wilhelm-Straße ließ sich Anton Brenner, Begründer der Hoteldynastie, 1882 in den vornehmen Formen der Neorenaissance als Alterssitz bauen. Die Initialen ›AB‹ im Treppenhaus erinnern noch an ihn, der aus bescheidenen Verhältnissen kam, um zur richtigen Zeit das Richtige zu tun und dadurch in zweifachem Sinn betucht zu werden: Baden-Baden kommt ab 1838 zu Weltruf; da arbeitet sich der Sohn eines Webers zum ›Hofkleidermacher‹ empor, kauft städtische Immobilien und verkauft sie weiter an ausländische Residenten, bis es zum Erwerb des ›Stephanie‹ reicht.

Bevor wir jetzt der Ludwig-Wilhelm-Straße folgen, lohnt noch ein Blick auf die Häuser Nr. 2 und Nr. 4 in der Maria-Viktoria-Straße. Die Nr. 2 bietet als anspruchsvolle Villa der Gründerzeit nicht nur reiche Ornamentik und einen schönen dreigeschossigen Eckturm, sondern als historischer ›*Baden-Badener-Weinkeller*‹ am frühen Abend auch eine Möglichkeit, den Spaziergang stimmungsvoll zu unterbrechen. Das Nachbarhaus mit der Nr. 4, eine dreigeschossige Villa von 1890, wurde von Wilhelm Vittali wie ein italienischer Palazzo der Renaissance gestaltet. Zurück in die Ludwig-Wilhelm-Straße: Die ›Kirchenbauer-Häuser‹ mit den Hausnummern 4, 6 und 8 sind nach dem Bauherrn Bernhard Kirchenbauer benannt und wurden 1889 errichtet. Sie geben mit ihrem reichverzierten Fassaden- und Giebelschmuck das hier wohl schönste Beispiel für den frühen und aufwendigen Reihenhausbau. Die *Villa Lotzbeck* (Nr. 5), 1873 nach Plänen von Bernhard Belzer im Stil der Neorenaissance errichtet, beherbergte in ihrer frühen Zeit zwei erfolgreiche Fabrikanten: Bauherr war der damals weitbekannte Schnupftabakfabrikant Ferdinand von Lotzbeck, Mieter Werner von Siemens, dem es in Baden-Baden so gut gefiel, daß er 1882 das heute noch märchenhafte Hofgut Mariahalden an der Hermann-Sielcken-Straße erwarb.

St. Johannis, die Englische Kirche

St. Johannis

Nach wenigen Schritten weitet sich die Ludwig-Wilhelm-Straße und heißt an dieser Stelle *Gausplatz.* Der kleine Platz erinnert an August Gaus, der sich als Bürgermeister zwischen 1860 und 1874 für die Erschließung und den Ausbau dieses Wohn- und Villenviertels einsetzte. In seine Amtszeit fällt auch der Bau der evangelisch-lutherischen Kirche **St. Johannis** (3), die wir jenseits des kleinen Platzes an der Bertholdstraße sehen. Die etwas zurückgesetzte und von Grün umgebene Kirche wurde 1864–67 nach den Plänen des Londoner Kirchenarchitekten Thomas Henry Wyatt (1807–1880) für die englische Gemeinde erbaut und ist deshalb bis heute auch unter dem Namen *Englische Kirche* bekannt. Für die Errichtung der Englischen Kirche in Baden-Baden suchte er die Zusammenarbeit mit den heimischen Architekten Ludwig Lang und Bernhard Belzer. Der mit rotem und gelbem Sandstein gegliederte Kirchenbau im englisch-normannischen Stil verbindet romanische mit gotischen Stilelementen. Unter einem gotisch spitzen Turmaufsatz befindet sich ein einfaches, auf frühe Formen zurückgehendes Rundfenster mit einem Vierpaß in der Mitte. Langhaus und Chor sind betont schlicht ausgestattet und erinnern daran, daß der Bau ohne die vielen Zuwendungen wohl kaum zustande gekommen wäre. Spenden zur Baufinanzierung kamen unter anderen von Königin Victoria von England und dem deutschen Kaiserpaar Wilhelm I. und Augusta. Als ›All Saints Church‹ war die Kirche bis 1938 ein Gotteshaus für englische Residenten, um heute der evangelisch-lutherischen Gemeinde als Kirche zu dienen.

Anläßlich des Festgottesdienstes zur Einweihung am 14. September 1867, an der auch Augusta von Preußen teilnahm, schrieb das ›Badeblatt‹: »Die Kirche, nicht groß, aber für die Bedürfnisse der hiesigen Gemeinde völlig ausreichend, ist im ächt englischen Style erbaut, das Langhaus im Inneren einfach aber geschmackvoll.« Alle Fenster der Kirche sind Stiftungen und zumeist von den seinerzeit bekannten Münchener Glasmalern Mayer & Co gearbeitet. Bei den sogenannten *Memorial Windows* handelt es sich um kunstvolle Glasmalereien, die, oft mit persönlicher Widmung, von Mitgliedern der Kirchengemeinde oder Kirchenbesuchern im Gedenken an verstorbene Familienmitglieder in Auftrag gegeben wurden, so etwa das kostbare Doppelfenster des Oberst Charles Wilthew.

Mark Twain hält im Tagebuch zu seinem ›Bummel durch Europa‹ auf lesenswerte Art und Weise fest, was einem beim Besuch der Sonntagsmesse in *All Saints Church* widerfahren konnte. Der humorvoll kritische Literat war vom Rheuma geplagt und weilte deshalb nicht nur als Beobachter, sondern auch als Kurgast in Baden-Baden. Beim Besuch des Sonntagsgottesdienstes fiel ihm eine ältere Frau auf, die in einer vorderen Bank saß: »... einfach und billig gekleidet ..., aber rings um uns her waren Kleider und Schmuck zu sehen, in denen zu beten jedem wohltäte. Ich dachte, es wäre ziemlich offensichtlich, daß die ältere Dame verlegen war, sich in so billiger Aufmachung an so auffälligem Orte zu befinden; sie fing an, mir leid zu tun und mich zu bekümmern ... Vor Mitgefühl stieg mir das Blut in die Schläfen, und ich wandte mich um und warf den feinen Pinkeln einen Blick zu, der flehend sein sollte, aber meine Empfindungen gingen mit mir durch und machten einen Blick daraus, der sagte: ›Wenn einer von euch Lieblingen des Glücks diese arme Seele auslacht, verdient ihr, dafür ausgepeitscht zu werden.‹ ... Das Äußerste geschah, als der Sammelteller zu kreisen begann: die bescheidenen Leute warfen Pfennige darauf, die Adeligen und die Reichen spendierten Silber, sie aber legte mit hallendem Klang ein goldenes Zwanzigmarkstück auf die Buchablage vor sich hin! Ich sagte mir: ›Sie hat sich von all ihren kleinen Ersparnissen getrennt, um die Achtung dieser herzlosen Leute zu erkaufen – es ist ein trostloser Anblick‹. Aber als der Gottesdienst zu Ende ging ... erhob sie sich – und die ganze Gemeinde blieb stehen, bis sie den Gang hinabgeschritten war. Es war die deutsche Kaiserin!«

Hauptfriedhof

Die Bertholdstraße führt zum Bertholdplatz, wo wir die Lichtentaler Straße überqueren und dann ein Quartier vor uns haben, das im 19. Jahrhundert von Handwerkern bebaut wurde. In der Weinbergstraße hatten im 19. Jahrhundert Bauhandwerker und Zimmerleute ihre Werkstätten, die mit der Mode der ›Schweizerhäuser‹ ihr Geld verdienten. Daneben, in der Friedhofstraße, arbeiteten Bildhauer und Steinmetzen. Die Ateliers von Hofbildhauer Heinrich Kaffenberger und Luigi Broggi waren zur Gründerzeit die bedeutendsten. Ein prachtvoller Marmorsarkophag auf dem etwas höher gelegenen Hauptfriedhof läßt Broggis Signatur und Kunsthandwerk noch deutlich erkennen.

Im Jahr 1843 war der Alte Friedhof hinter der Spitalkirche im Bäderviertel (s. S. 105 f.) aufgegeben, und durch den neuen **Hauptfriedhof** (4) im Südosten der Stadt ersetzt worden. In der großzügigen Anlage finden sich neben dem von Heinrich Hübsch 1860–62 erbauten Achteckbau der Kapelle und einem Krematorium, das 1909 nach Plänen von Billing und Vittali als Jugendstilbau errichtet und dekoriert wurde, eine Reihe prominenter Gräber. Doch am Haupteingang fällt unser Blick zunächst auf das **Totengräberdenkmal** (5) von Andreas Friedrich (1798–1877). Die Skulptur aus rotem Sandstein war 1851 als Erinnerung an den Alten Friedhof geschaffen worden und stand auch noch lange Jahre dort, bevor sie gegen den Wunsch des Bildhauers ins Abseits der kleinen Baumgruppe vor dem Hauptfriedhof gebracht wurde. Das spätklassizistische Kunstwerk stellt den Totengräber als denjenigen dar, der dem Nächsten, dem Verstorbenen, hier auf Erden den letzten Dienst erweist, er zeigt aber auch die romantische Vorstellung der Tätigkeit eines Menschen, der mit Tod und Gebein auf vertrautem Fuß steht und damit auch zum Sinnbild des Todes selbst wird. Im Nachbarort von Baden-Baden, in Steinbach, erinnert das Meister-Erwin-Denkmal von Andreas Friedrich an den Baumeister des Straßburger Münsters. Dort hatten 1826 Friedrichs Lehr- und Wanderjahre geendet. Mit Vollendung des Totengräberdenkmals erhielt Friedrich die Ehrenbürgerwürde der Stadt Baden-Baden, starb dann aber als armer Mann.

Vor dem *Haupttor* des neuen Friedhofs, gleich neben dem *Totengräberdenkmal*, kann man in einem kleinen Schaukasten anhand eines Planes sehen, wo sich künstlerisch originelle Gräber befinden und wo stadtgeschichtlich bedeutsame Personen begraben sind. Zu letzteren gehören Fürstin Hohenlohe-Langenburg, die Halbschwester der Königin Victoria von England (Feld 4, Grab 7), Carl Dernfeld, der Architekt des Friedrichs- und des ehemaligen Augustabads (Feld 2a, Grab 3), Kapellmeister Koennemann (Feld 3, Grab 4), die Literaten Otto Flake (Feld 5, Grab 1), Reinhold Schneider (Feld A, Grab 3) und Werner Bergengruen (Feld 29, Grab 1), der ›Musikpapst‹ Richard Pohl (Feld 5, Grab 5) sowie die in ihrer Zeit berühmte Sängerin Anna Zerr (Feld A, Grab 10). Eine schöne Gedenkstätte erinnert auch an die berühmten Spielbankpächter Bénazet (Feld 6a, 7), deren Familiengruft sich allerdings auf dem Cimetière de Montmartre in Paris befindet. Man muß in dem großzügig angelegten Park des Baden-Badener Hauptfriedhofs aber nicht nur nach berühmten Namen suchen. Auch zufällig gelesene Inschriften regen mitunter an, etwa über die Rolle der Frau um 1800 nachzudenken, wenn ein vom Alten Friedhof geborgener Grabstein erzählt, daß Katharina Stählin im Jahr 1815 mit 38 Jahren »... durch die Folgen ihrer 16 Entbindungen ...« starb.

In der von der Friedhofstraße abzweigenden Hahnhofstraße lebten Kutscher, Blechner und Wagenbauer. Heinrich Hartmann, bis zum Tod seines Schimmels ›Pascha‹ im Jahr 1992 selbst für mehr als 25 Jahre Besitzer einer Kutscherei und eines Gespanns auf der Lichtentaler Allee, weiß noch von Fahrwerken, Lenkstangen, Achsen und Naben zu erzählen, die auf wirkliche Pferdestärken abgestimmt waren. Bis weit ins 20. Jahrhundert gehörten Vier- und Zweispänner sowie die Troika eines Fürsten Menschikow besonders in Baden-Baden zum Straßenbild. Und manchmal sieht man sie nocht heute.

Russische Kirche

Russische Kirche

Von der Hahnhofstraße aus sind es nur wenige Schritte zur **Russischen Kirche** (6) in der Lichtentaler Straße. Die goldschimmernde Zwiebelkuppel mit dem mächtigen russischen Kreuz wirkt in dieser Landschaft nicht einmal fremd. Um 1850 führten die in vornapoleonischer Zeit geknüpften Verwandtschaftsbande zwischen der markgräflichen Familie Badens und dem russischen Zarenhof sowie die Westorientierung höherer russischer Gesellschaftsschichten eine größere Zahl russischer Residenten nach Baden-Baden. Diplomaten am badischen Hof, wie Fürst Wiasemskij, ausgediente Militärs, wie Fürst Wladimir Alexandrowitsch Menschikow, und Großgrundbesitzer, wie Prinz Nikolaus Labanow, gehörten mit ihrem Gefolge ebenso dazu wie Bürgerliche und Künstler, die zum Studium der westlichen Gesellschaft und ihrer Kultur nicht nur nach Paris, sondern auch an die Oos kamen. Nach der Einrichtung von zwei provisorischen Kirchenräumen in Mietshäusern sollte die 1863 geschlossene Ehe des Prinzen Wilhelm von Baden mit Maria Maximilianowa, der Schwester des Zaren Alexander II., den Bau eines orthodoxen Gotteshauses dann schnell begünstigen. Mit der Heirat hatte Maria Maximilianowa den Namen Prinzessin Wilhelm angenommen, und als solche übernahm sie die Schirmherrschft und einen Gutteil der Kosten für den Bau der Russischen Kirche. Durch Engagement und große Spenden für diesen Bau haben sich neben den anderen Residenten vor allem die beiden Gagarin-Töchter Barbara Sergejewna und Tatjana hervorgetan.

Russische Kirche: Der neoromanische Bau (1880–82) dokumentiert die ehemalige Bedeutung der russischen Gemeinde in Baden-Baden.

Die nicht mehr vorhandenen Entwürfe für den Bau fertigte wahrscheinlich der russische Architekt Iwan Wassilijewitsch Strom (1823–1887). Die Ausführung übernahmen der damals in Baden-Baden wohnende Wladimir Potemkin (mit der berühmten aristokratischen Familie gleichen Namens nicht verwandt) und der ortsansässige Bernhard Belzer, der seine Fertigkeiten schon beim Bau der Englischen Kirche und bei vielen Privatbauten der Stadt unter Beweis gestellt hatte. Er erhielt für den Bau der Russischen Kirche einen zaristischen Orden. Bei der Einweihung am 28. Oktober 1882 in Gegenwart höchster Würdenträger wurden aber auch die Dekorationsentwürfe des ›Malerfürsten‹ Grigor Grigorijewitsch Gagarin (1810–1893) und deren Ausführungen durch den Münchner Maler Joseph Anton Schwarzmann (1806–1890) sowie den venezianischen Mosaikkünstler Antonio Salviati (1816–1890) bestaunt und gefeiert.

Als Kreuzkuppelkirche übernimmt der Bau in seinem Grundrißschema traditionelle Formen russischer Kirchen. Der dreischiffige Bau besitzt einen quadratischen Innenraum mit einem von Säulen getragenen Gewölbe. Mittel- und Querschiff deuten ein Kreuz an, im Osten weitet sich der Raum zu einem dreiteiligen Chor, ihm gegenüber liegt ein übergiebelter Narthex. Im Giebelmosaik über dem Hauptportal hat Salviati nach dem Entwurf von Gagarin die Verklärung Christi dargestellt. Der Bau weist die für russische Kirchen typi-

Innenansicht der Russischen Kirche

sche bewegte Dachlandschaft auf und wird von einer großen Zwiebelkuppel gekrönt.

Der Innnenraum ist – ebenfalls nach Entwürfen Gagarins – von Schwarzmann mit einem *Freskenzyklus* des Lebenswegs Christi ausgemalt, auf den Säulen und dem Bogen vor dem Altarraum sieht man unter anderen Fürst Wladimir als Gründer der russischen Kirche sowie Papst Leo XIII. als Förderer der Unionsbestrebungen mit der Ostkirche und mehrere Heiligenbilder. Die Freiflächen mit ihren folkloristischen Ornamenten lassen im Schein der fünf bronzenen Kronleuchter die orientalische Atmosphäre des Kirchenraums besonders hervortreten.

Der leicht erhöhte Altarraum ist mit der *Ikonostase* aus Marmor – von Luigi Broggi nach einem Entwurf von Gagarin – vom Kirchenraum deutlich abgetrennt und durch das *Kaisertor* nur für den Priester zu betreten. Das insgesamt unterkellerte Kirchenhaus birgt unter den Altar- und Priesterräumen eine *Krypta*, in der die erste Schirmherrin Prinzessin Wilhelm sowie die große Förderin Tatjana Gagarin ihre letzte Ruhestätte gefunden haben. Anläßlich der Beisetzung von Prinzessin Wilhelm am 16. Februar 1914 schmückte Max Laeuger die der Öffentlichkeit nicht zugängliche Krypta mit ornamentalen Mosaiken aus.

Die ›Christi-Verklärungs-Kirche‹ – so der offizielle.Name der Russischen Kirche – befindet sich heute im Besitz und unter der Verwaltung der ›Russisch-Orthodoxen Kirche im Ausland‹. Und die Kirchengemeinde Baden-Baden empfängt zu ihren orthodoxen Gottesdiensten Mitglieder aus ganz Nordbaden.

Von der Russischen Kirche aus führt die kleine Rudolf-Koch-Straße zur Maria-Viktoria-Straße. Dort zeigt die große Front des ehemaligen Luxushotels ›**Residenz Bellevue**‹ (7), daß man sich auf dem richtigen Weg befindet. In den großen Kellergewölben des Hauses standen 1750–78 die Brennöfen einer Baden-Badener Porzellanmanufaktur. Zum Anwesen des ›Bellevue‹ gehört auch die wohl schönste Fußgängerbrücke über die Oos. Ihr ornamentales schmiedeeisernes Geländer betont die Einzigartigkeit unter den auch sonst recht unterschiedlichen Oosbrücken. Wo sich die Rudolf-Koch-Straße, die Maria-Viktoria-Straße und die Ludwig-Wilhelm-Straße treffen, lohnen in der Maria-Viktoria-Straße auch die nahen Villen *Theresia* (Nr. 20) und *Belzer von Albertis* (Nr. 37; gegenüber) einen Blick. Die *Villa Theresia* macht durch einen Eckerker mit filigran verziertem Balkon im Obergeschoß auf sich aufmerksam. Sie wurde 1876 von Ludwig Lang gebaut, der nach Plänen englischer beziehungsweise französischer Architekten auch die Englische Kirche und das Theater am Goetheplatz errichtete. Die *Villa Belzer von Albertis* läßt sich an den Rundbogen des Mittelrisalits sowie an dem in rotem Sandstein angefügten Eingangsvorbau erkennen.

Gönneranlage

Gönneranlage: Von Max Laeuger entworfene bedeutendste geometrische Gartenanlage des frühen 20. Jahrhunderts in Deutschland.

Der Ludwig-Wilhelm-Straße folgend, sind es nun bis zur **Gönneranlage** (8) nur wenige Schritte. Wir betreten diesen großen Rosengarten mit Brunnen und Bassin von der Straße aus. Ehemals gehörte das etwa 250 x 90 m große Gelände zur Lichtenthaler Klosterwiese und erhielt um die Jahrhundertwende, von geschwungenen Wegen durchzogen und mit Sitzgruppen ausgestattet, seinen neuen Namen zu Ehren des Bürgermeisters Albert Gönner. Die Stiftung des *Josephinenbrunnens* durch den in Baden-Baden residierenen ›Kaffee-König‹ Hermann Sielcken gab den Anlaß, die Gönneranlage 1909–12 neu zu gestalten. Der von dem Münchner Bildhauer Joseph Flossmann (1862–1914) in Jugendstilformen entworfene Brunnen wird von zwei Figuren flankiert, die links die Badekur und rechts die Trinkkur personifizieren. Die Gestaltung der Gönneranlage sollte sich an dem Brunnen orientieren und wurde in die Hände des Karlsruher Keramikers, Architekten und Gartengestalters Max Laeuger gelegt. Laeugers Umgestaltungen führten zu einem überschaubaren, klaren und nahezu monumentalen Gartenbild; auf verschiedenen Ebenen wurden symmetrisch miteinander verbundene Heckenbezirke angelegt, ursprünglich mit wenig Blumenschmuck. Eine starke Betonung der Mitte erfolgte durch die Orientierung auf den Brunnen.

Max Laeuger, der in Baden-Baden auch die Wohn- und Gartenanlage ›Paradies‹ am Annaberg (s. S. 109 ff.), die Schmuckvasen der Fieser-Brücke (s. S. 113) und die Arbeiten in der Krypta der Russischen Kirche ausgeführt hat, wurde 1864 in Lörrach geboren und blieb seinem Studienort Karlsruhe als Professor für figurales Zeichnen, Dekoration und Architektur verbunden. Seine keramischen, graphischen und architektonischen Arbeiten wurden 1900 und 1904

Josephinenbrunnen in der Gönneranlage, flankiert von der ›Trinkkur‹

auf den Weltausstellungen in Paris und Saint Louis vorgestellt. Sie sind geprägt von dem Anspruch, in Architektur und künstlerischer Gestaltung das Naturhafte als integralen Bestandteil zu würdigen und zu betonen. Entgegen dieser Grundhaltung greift er bei seinen Gartenanlagen auf die strenge Ordnung der französischen Schloßgärten des Absolutismus zurück. Wo eine regelmäßige Straßensymmetrie das Bild einer Innenstadt beherrscht, da lassen sich derart gestaltete Gartenanlagen sicher als passende Begrünung erleben; so in Mannheim, wo Laeuger die große Achse der Augustaanlage an ihrem Ausgang als Park gestaltete. Die strenge Geometrie des Heckengartens der Baden-Badener Gönneranlage kontrastiert aber befremdlich zu dem geschwungenen und offenen Wesen des angrenzenden Parks der Lichtentaler Allee. Max Laeuger war 1907 Gründungsmitglied des Deutschen Werkbunds. 1952, im Jahr seines Todes, wurde die Gönneranlage als großer Rosengarten eingeweiht, der inzwischen etwa 360 verschiedene Rosensorten zählt. Über die *Josephinenbrücke*, die wie der Brunnen nach der Gemahlin des Stifters Hermann Sielcken benannt ist, gelangen wir in die große Anlage der Lichtentaler Allee.

»Eine Gönner-Anlage steckt wohl in jedem Menschen, wir müssen nur diese Anlage in uns entwickeln.«

Werner Bergengruen, Badekur des Herzens, 1956

Promenieren: In der Allee nach Lichtenthal

Lichtentaler Allee

Sechster Stadtrundgang

1 *Bertholdbad*
2 *›Residenz Bellevue‹*
3 *Bellevuebrücke*
4 *Hirtenhäuschen*
5 *Kettenbrücke*
6 *Villa Schriever*
7 *Palais Biron*
8 *Aubrücke*
9 *ehem. ›Hotel zum Bären‹*
10 *Kloster Lichtenthal*
11 *Brahmshaus*

Ursprünglich war die heutige Allee ein Flurweg vom Kloster Lichtenthal zu den Wiesen und Feldern des Oostals sowie zum städtischen Markt. Die Felder rechts der Oos hießen bis in unsere Zeit ›große Aumatte‹, links der Oos ›kleine Aumatte‹. Für das Jahr 1655 wird dem Kammerherrn Moritz von Lassolaye eine Eichenpflanzung zugeschrieben, die sich vom heutigen Theater etwa 800 m im Wiesental der Oos in Richtung Kloster erstreckte. Von einer eigentlichen Parkanlage kann damals noch nicht die Rede sein. Zu Beginn des 19. Jahrhunderts wird das heutige Kurviertel im Bereich des 1766 errichteten ›Promenadenhauses‹ angelegt. Die Spielbankpächter Bénazet sorgten dann dafür, daß die Allee zwischen 1850 und 1870 als großer Landschaftspark gestaltet wurde. Städtische Käufe entzogen 1853 auch die letzten Grundstücke der landwirtschaftlichen Nutzung. Die ursprünglichen Allee-Eichen sind erst 1965–67 durch Tulpenbäume ersetzt worden, während die meisten der zum Teil exotischen Park-Bäume aus dem 19. Jahrhundert stammen.

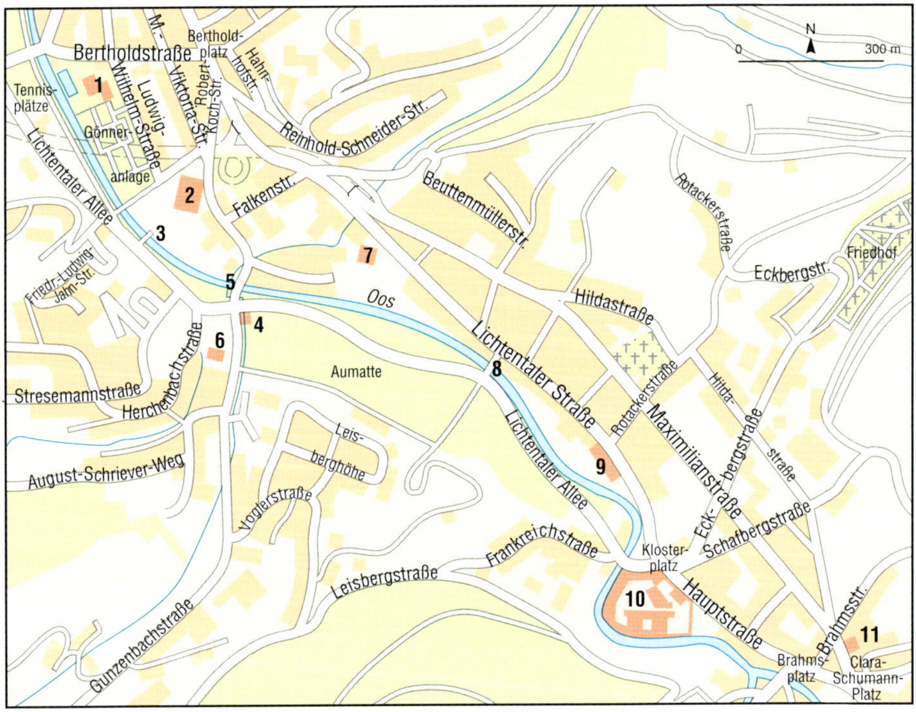

Besonders sehenswert
Bellevuebrücke ☆
Villa Schriever ☆
Palais Biron ☆
Kloster Lichtenthal ☆☆
Brahmshaus ☆

Auf der Höhe der Gönneranlage sind wir von diversen sportlichen Aktivitäten umgeben. Jenseits der Oos versteckt sich das **Bertholdbad** (1), 1860 schon als ›Fluß- und Schwimmbadanstalt für jedermann‹ eröffnet. Für ›jedermann‹ war damals zwar mit der Einschränkung verbunden, daß ›Personen niederen Ranges, Dienstmädchen usw.‹ lediglich zwischen 20 und 21.30 Uhr Zutritt hatten, und das Bad anfangs der Damenwelt nur von 13 bis 14 Uhr ›zur Disposition‹ stand. Das Bad wurde aber trotzdem zu einem Modell, an dessen Erfahrungen sich andere deutsche Städte orientierten. Besser einzusehen sind dann die diesseits der Oos gelegenen Plätze des ersten deutschen Tennisclubs ›Rot-Weiß‹. Zusammen mit Fußball, Golf und Reitsport war das Tennis von englischen Residenten an der Oos populär gemacht worden.

Haben wir auf dem Uferweg nach Lichtental die Tennisplätze hinter uns gelassen, dann erblicken wir jenseits des Parks an der Fahrstraße (Nr. 58) die spätklassizistische *Villa Sorento*. Die mit beidseitigen Treppenaufgängen zugängliche balkonartige Terrasse und die Loggia unter dem Dreiecksgiebel des Mittelrisalits geben dem Haus von 1875 eine herrschaftliche Note. 1894 wurde das Gebäude als ›feineres Café‹ zum Treffpunkt Karlsruher Offiziere, die ihren Damen beim Spaziergang eine stilvolle Pause offerierten. Nach dem Zweiten Weltkrieg, als an den deutschen Hauptstandorten der vier Siegermächte auch jeweils eine Mission der anderen Alliierten zugegen sein sollte, zogen hier die Mitglieder der sowjetischen Militärmission ein. Den Status einer Kreml-Außenstelle beendete 1952 ein Hotelier.

Linker Hand zeigt sich dann mit der **Bellevuebrücke** (3) der am aufwendigsten geschmückte Steg über die Oos. Die strahlendweißen, kunstvoll geschmiedeten Eisengeländer (s. S. 172) flankieren den Weg zum ehemaligen Luxushotel ›**Residenz Bellevue**‹ (2) mit seinem fortbestehenden Parkcafé. ›Kaiserlich‹ gestaltet sich der nächste Halt, auch wenn das kleine **Hirtenhäuschen** (4) gar nicht danach aussehen mag. Dort, wo die **Kettenbrücke** (5) für den Straßenverkehr eine Verbindung von der Innenstadt zum Gunzenbachtal und zum Leisberg schafft, steht dieses Häuschen als ehemaliger Rastplatz der Kaiserin Augusta. Bei ihren vielen und langen Baden-Baden Aufenthalten in der zweiten Hälfte des 19. Jahrhunderts pflegte die Gemahlin von Kaiser Wilhelm I. ihre Alleespaziergänge für eine Pause zu unterbrechen. Obwohl erst Prinzregent, konnte es sich Wilhelm von Preußen 1859 leisten, das schon 1793 als Hirtenunterkunft erwähnte Häuschen von den Gunzenbacher Bauern für 2000 Gulden zu erstehen. Die Bauern hatten damit ein sehr gutes Geschäft gemacht, und Augusta hatte ein Rasthaus. Zwei Jahre nach dem Kauf sollte dem kleinen Haus noch einmal aufsehenerregende Bedeutung zukommen: Beim Alleespaziergang des herrschaftlichen Paars verübte der Student Oskar Becker im August 1861 ein Attentat auf den kurz zuvor gekrönten Preußenkönig. Da wurde das nahe Hirtenhäuschen als Erste-Hilfe-Station für den leicht verletzten

Ode an die Oos

Dies Flüsschen heißt:
die Oos.
Für'n Fluss zu klein,
für'n Bach zu gross.
Nicht viel los mit der
Oos,
bisschen Stein,
bisschen Moos,
kein Getös',
plätschert bloss,
...
Kommt aus Strassburg
ein Franzos',
sagt er lächelnd:
»Pas grand' chose«...
Und man denkt, wie
müsst's famos sein,
würden alle Menschen
so bescheiden
wie die Oos sein.

Friedrich Hollaender, Baden-Baden, 1969

Palais Biron

König genutzt. Schon am Abend konnte er sich vom Balkon der ›Maison Messmer‹ der erleichterten und jubelnden Menschenmenge als ›wiederhergestellt‹ zeigen. Heute dokumentiert das 1893 durch die Stadt zurückgekaufte Häuschen auch die ländliche Bauweise des späten 18. Jahrhunderts.

Höher als dieses Häuschen ist die im gegenüberliegenden Park der **Villa Schriever** (6) 1993 installierte ›Rosenskulptur‹ von Isa Genzken (geb. 1948). Wie die am Eingang der Villa befindliche Skulptur von Keith Haring (1958–1990) deutet sie darauf hin, daß es der ›*F & F Burda Gesellschaft für Beteiligungen*‹, die hier residiert, um die Förderung moderner Kunst geht. Was an dem 1867 errichteten und jüngst renovierten Bau von außen als reiche Gliederung durch Risalite, säulengestützte Balkonvorbauten und Freitreppen mit Balustraden auf ein ausgeprägtes Stilempfinden des Architekten A. Klein hinweist, findet im Inneren moderne Kontrapunkte durch Arbeiten von Imi Knoebel, Gerhard Richter, Sigmar Polke, Arnulf

Rainer, John Chamberlain und anderen Gegenwartskünstlern. Vielleicht werden die Bilder und Skulpturen bald für die Öffentlichkeit zugänglich gemacht, wenn die Burda-Gesellschaft die Pläne realisiert, in Baden-Baden ein ›Sammler-Museum‹ einzurichten.

Musealen Wert haben inzwischen auch die Pferdekutschen, ohne die sich das Baden-Baden des 19. Jahrhunderts nicht denken läßt. In der Gunzenbachstraße, gleich hinter der Villa Schriever, findet sich auch ein Reitstall, von dem aus Wanderungen zu Pferde unternommen werden können, und wo einer der letzten Kutschenfahrer Baden-Badens seinen Standort hat.

Unsere nächste Station liegt nach ein paar Schritten entlang der Oos ebenfalls in einem Privatpark, allerdings jenseits des Baches. Säulenportikus, Altan und große Bogenfenster zeichnen das 1857/58 im Stil des französischen Neobarock erbaute **Palais Biron** (7) aus. Bauherr und Erstbesitzer war der österreichische Generalkonsul Ernst von Merk. Einen am Jugendstil orientierten Umbau

Palais Biron: Prachtvolle Villen- und Parkanlage des 19. Jahrhunderts an der Lichtentaler Allee.

Johannes Brahms, Fotografie von C. von Jagemann, Wien, 1862

erlebte die Villa 1912. Den Namen Palais Biron erhielt sie mit dem Kauf durch die Prinzessin Françoise Biron, Gattin des Prinzen Biron von Curland, im Jahr 1920. Die Familie, die im 18. Jahrhundert über Kurland, eine historische Landschaft in Lettland, herrschte, emigrierte nach dem Ersten Weltkrieg nach Baden-Baden. Nach dem Kauf des Anwesens durch die Stadt wurde es während des Zweiten Weltkriegs als Lazarett genutzt, danach als Sitz der Industrie- und Handelskammer Karlsruhe und anderer Wirtschaftsvereinigungen. Nach einer dreijährigen Sanierung, die 1990 abgeschlossen wurde, ist das Palais wieder eine der repräsentativsten Villen Baden-Badens.

Der weiße, holzgeschnitzte *Pavillon,* dem wir jetzt auf unserem Weg in einem angelegten Alleegarten begegnen, stammt aus dem Besitz des Spielbankpächters Edouard Bénazet, wie die eingearbeiteten Initialen ›EB‹ ausweisen. Dank einer privaten Spende wurde das filigran gearbeitete Holzhaus 1967 restauriert und hier der Allgemeinheit als schattiger Rastplatz zugänglich gemacht.

Mit der **Aubrücke** (8) nähern wir uns einem historischen ›Künstlerviertel‹ von Baden-Baden. Hier, in den Anwesen, die der Lichtentaler Hauptstraße zugeordnet werden, ihre Schmuckseite aber zur Allee hin ausrichten, wohnten im 19. Jahrhundert Karl Ludwig Frommel (Nr. 2) und Clara Schumann (Nr. 8). Der Maler Anselm Feuerbach war oft im Haus Nr. 24 zu Gast, und Johannes Brahms wohnte häufig im **›Hotel Zum Bären‹** (9), das 1995 den Hotelbetrieb eingestellt hat. Die heutigen baulichen Gegebenheiten erinnern freilich nur wenig an die Häuser und Gärten jener Zeit. Dem Maler und Kupferstecher Frommel (1789–1863), der sich von Jakob Friedrich Eisenlohr hier das erhaltene Schweizerhaus (Nr. 2) erbauen ließ, verdanken wir viele berühmt gewordene Motive aus der Kurstadt und Umgebung. Clara Schumann, die zwischen 1863 und 1873 neben der Aubrücke wohnte, war in ihrem Haus Gastgeberin von Musikern wie Brahms, Pauline Viardot-Garcia, Anton Rubinstein und Julius Stockhausen. In ihren Lebenserinnerungen beschrieb Claras Tochter Eugenie noch viele dieser prominenten Besuche: »Es war ein lebhaftes, angeregtes Treiben in dem kleinen Häuschen, ein ständiges Kommen und Gehen ...« Eugenie Schumann läßt uns auch in den Baden-Badener Salon ihrer Mutter blicken: »Es war ein heller, anmutiger Raum. Durch drei nebeneinander liegende Fenster sah man auf die rebenumrankte Veranda, das grüne Gärtchen, die eilig dahinfließende Oos und die hohen Platanen der Lichtentaler Allee am jenseitigen Ufer. An der Längsseite stand der Flügel. Die Tapete, grau mit wenig Gold darin, war von Marie und Mutter mit großer Sorgfalt ausgewählt worden, und die schönen Kupferstiche nahmen sich sehr gut darauf aus.«

Nach 1830 war aus dem Gasthaus am Ende der Allee ein bescheidenes ›Hotel Zum Bären‹ geworden. Mit dem Aufstieg Baden-Badens zu einem Weltbad erschienen im Gästebuch der damals beschaulichen Anlage aus Gastwirtschaft mit Gästehaus und Gartenhäuschen viele klangvolle Namen: Neben Johannes Brahms und

Clara Schumann, die hier logierten, bevor sie in der Nachbarschaft seßhaft wurden, waren da auch die Signaturen von Alexandre Dumas, Victor Hugo oder Otto von Bismarck zu lesen. Auch die Protagonistinnen des leichten Pariser Lebens fehlten hier nicht, wurde das Gartenhäuschen zur Sommerzeit doch gern auch als Ort feuchtfröhlicher Champagnerfeste genutzt. »Er war in lustiger Stimmung ... und tanzte leidenschaftlich in halb bekneiptem Zustand«, so die Memoiren der Schauspielerin Marie Colombier über den damaligen Ministerpräsidenten und Außenminister von Preußen, Otto von Bismarck, der Paris als Gesandter kennengelernt hatte. Auch Justinus Kerner (s. S. 160), Arzt und Mitglied der Schwäbischen Dichterschule, war Gast des ›Bären‹.

Clara Schumann, Foto von Julius Allgeyer, Karlsruhe, um 1865

Kloster Lichtenthal

Wo die Allee aufhört, steht, umgeben von großen Wehrmauern, seit dem Mittelalter das **Kloster Lichtenthal** (10). Die 1245 von der Markgräfin Irmengard von Baden gestiftete Abtei war auch der Ausgangspunkt des Orts Beuern, der Mitte des 19. Jahrhunderts in Lichtental (die Schreibweise des Orts ist im Gegensatz zum Kloster ohne ›h‹ gebräuchlich) umbenannt wurde und seit Anfang des 20. Jahrhunderts zum Stadtgebiet gehört. Der jetzige Name geht zurück auf einen Besuch Bernhards von Clairvaux im Tal der Oos. Er soll beim Zusammenfluß zweier Bergflüsse in Beuern gesagt haben: »In dieses lichte Tal wünsche ich mir ein Kloster.« Die korrekte Bedeutung des Namens ergibt sich aber aus der Entsprechung der lateinischen Ableitungen von Lichtenthal = Lucida vallis und Clairvaux = Clara vallis. Der Orden selbst geht auf eine Reformbewegung der Benediktiner und auf das Gründungskloster Cîteaux (lat. Cistercium) in Burgund zurück. Die Gründer des Ordens (gegr. 1098) folgten dem Armutsideal in scharfer Abgrenzung vom reich und mächtig gewordenen cluniazensischen Mönchtum, das zwar den einzelnen Mönch, nicht aber das Kloster zur Besitzlosigkeit verpflichtete. Die Mönche von Cîteaux wollten hingegen nach den Weisungen des heiligen Benedikt in der ›Reinheit der Regel‹ möglichst einfach und von ihrer Hände Arbeit leben. Sie bemühten sich um einen idealen Ausgleich zwischen ›Opus Dei‹ (Gottesdienst), ›Lectio divina‹ (geistlicher Lesung) und ›Labor manuum‹ (Handarbeit). Bernhard, der 1113 in das Kloster von Cîteaux eingetreten war, hat den Zisterzienserorden zur Blüte gebracht. 1115 gründete er Clairvaux und als dessen Abt 69 weitere Klöster. Durch seine Fähigkeit als Kirchenlehrer und seine Verbindungen zu führenden Männern von Kirche und Welt ist er bald so bekannt geworden, daß die Wirkungszeit bis zu seinem Tod am 20. August 1153 in viele Geschichtsbücher als ›bernhardinisches Zeitalter‹ eingegangen ist.

Kloster Lichtenthal: Eine seit 1245 bestehende Klosteranlage der Zisterzienserinnen mit Fürstengruft, Klosterkirche, Werkstätten und Gästehäusern.

Zu Beginn des 13. Jahrhunderts vollzog sich innerhalb der Klosterbewegungen auch eine religiöse Emanzipation der Frau. War bis

Luftaufnahme des Klosters Lichtenthal

Kloster Lichtenthal:
Übersichtsplan

1 Torbau
2 Marienbrunnen
3 Klosterkirche
4 Fürstenkapelle
5 Klosterschule
6 Konventgebäude
7 Abteigebäude
8 ehem. Ökonomiegebäude
9 ehem. Klosterküche
10 Bordhaus
11 ehem. Mühle
12 gedeckter Gang
13 Einsiedler Kapelle

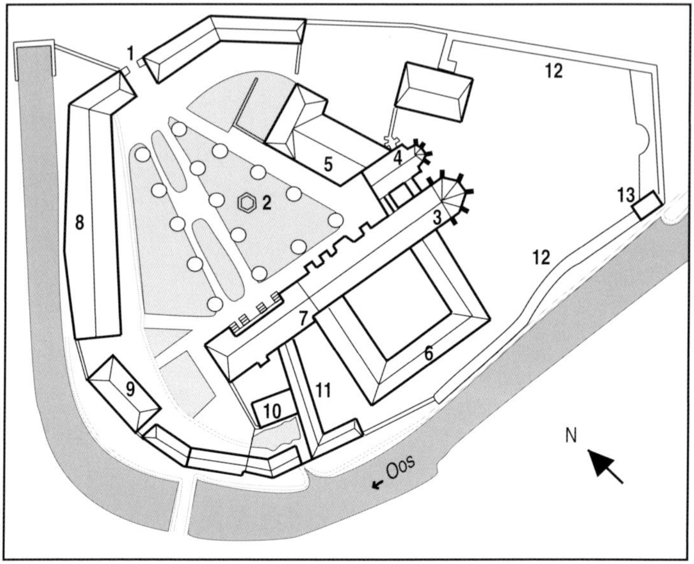

dahin den Frauen das kontemplative Leben in der Klausur, einer Kloster- oder Inklusenzelle zugewiesen, wandten sich mit dem Aufschwung der Städte immer mehr Frauen von gewohnten Bahnen der Ehe oder des Berufs ab, um die religiöse Lebensform als Basis für karitative Aufgaben zu wählen. Anfangs als Beguinenkonvente von den beteiligten Frauen selbst gegründet und nur informell an die Orden angegliedert, führte ihre machtvolle und selbstbewußte Zunahme schließlich zu einer rechtlichen Angliederung an die Ordensverbände. Besonders zahlreiche Neugründungen von Frauenklöstern sind für diese Zeit in Südwestdeutschland zu verzeichnen.

Der wohl 1243 begonnene Klosterbau, wie die Gründung der Abtei von 1245 eine Initiative der Markgräfin Irmengard, bedurfte nicht nur des markgräflich überschriebenen Zehnten so mancher Umlandgemeinde, sondern auch einer List: Die Oos war bis zur Kirchenreform im 19. Jahrhundert der Grenzfluß zwischen den Bistümern Straßburg und Speyer. Und gegen einen auf Straßburger Seite der Oos geplanten Klosterbau protestierte der dortige Bischof Heinrich von Stahleck. Die Einwände wurden im wahrsten Sinne des Wortes umgangen, indem man das Flußbett der Oos kurzerhand so verlegte, daß der Klosterbauplatz auf die ›Speyerer‹ Seite kam.

Obwohl sich die Abtei an Reichtum nie mit den großen Klöstern des Mittelalters vergleichen konnte und mit der größten zugelassenen Zahl von 80 Nonnen anderen Zisterzienserinnenklöstern deutlich nachstand, kommt den Klosterfrauen an der Oos große Bedeutung zu. Die 1288 neben der Klosterkirche errichtete Fürstenkapelle wurde zur Grablege der regierenden Markgrafen von Baden. Und auch als diese Ehre nach 1372 der städtischen Stiftskirche zukam, legten viele Familienmitglieder des Badischen Hauses bis ins 19. Jahrhundert noch Wert auf eine letzte Ruhestätte im Kloster. Mit der Gründungsurkunde von 1245, die von den Söhnen der Markgräfin Irmengard bezeugt und erweitert wurde, haben sich die Schwestern der Abtei auf einen regelmäßigen Gebetsdienst für die Toten des badischen Fürstenhauses verpflichtet. Das Gebet für die markgräfliche Familie war ein wichtiger Grund für die Schonung und das Weiterbestehen des Klosters bei der Enteignung und Auflösung des sonstigen Klosterlebens im Zuge der Säkularisation zu Beginn des 19. Jahrhunderts.

Man betritt das Kloster Lichtenthal durch einen stattlichen *Torbau (1)* aus dem Jahr 1781 und kommt in den Klosterhof, in dem zwischen Bäumen im Zentrum der *Marienbrunnen (2)* von 1602 steht. Die *Klosterkirche (3)* ist das älteste Gebäude der Anlage. Von dem 1245–56 errichteten Gründungsbau zeigen sich im dicken Mauerwerk romanische Elemente als Wandrücksprünge an den später erhöhten Kirchenwänden. Auch eine vermauerte Fensteröffnung an der Nordwand sowie zwei Türnischen und fünf vermauerte Rundbogenfenster an der Südwand gehören zum romanischen Bau, der damit auf ein langes Festhalten am romanischen Baustil in Südwestdeutschland, auch bei Klosterbauten, hinweist. An den Bögen ist deutlich zu erkennen, daß der Boden dieses Baus um ca. 1,5 m tiefer lag. Um 1300 erhält die Klosterkirche ›Unserer Lieben Frau zu Lichtenthal‹ ihren heutigen, gotischen Formenkanon durch den Bau des Chors mit geometrischem Maßwerk in den Spitzbogenfenstern. Das Kreuzrippengewölbe des Chors am Ende des einschiffigen Kirchenraums weist figürliche Reliefs in den Schlußsteinen auf. Das Gewölbe des Langhauses ist wohl von Peter Thumb (1681–1766) aus dem 18. Jahrhundert und ersetzte eine gewölbte Holzdecke. Die jüngste Gestaltung der Glasfenster des Chors stammt von Emil Wachter (geb. 1921). Der Karlsruher Künstler schuf sie 1965/66 als Ersatz für den dominierenden gotischen Flügelaltar, der zuvor der Staatlichen Kunsthalle in Karlsruhe überlassen worden war. Die drei Fenster in der Achse des Chors sind thematisch der Gottesmutter gewidmet und erstrahlen in blauen Grundtönen. Das östliche dieser drei Fenster zeigt die alttestamentlich typologischen Vorbilder von Maria: über dem verborgenen Schatz als Prinzip der Erlösung Eva im Paradies, Judith mit dem Haupt des Holofernes und Esther, vor dem König kniend. Das gegenüberliegende Nordfenster illustriert Stationen aus dem Leben der Gottesmutter, und im Mittelfenster wird die Gegenüberstellung von Gut und Böse im Bild des Drachens mit dem Apokalyptischen Weib und Maria in einer goldenen Gloriole dargestellt.

Eine barocke Umgestaltung der Kirche wurde Ende des 19. Jahrhunderts zurückgenommen. Aber auch die damals erfolgte neogotische Ornamentierung hatte nur bis 1934 Bestand. Heute zeigt sich der Bau unter dem hohen Kreuzrippengewölbe in schlichter Würde.

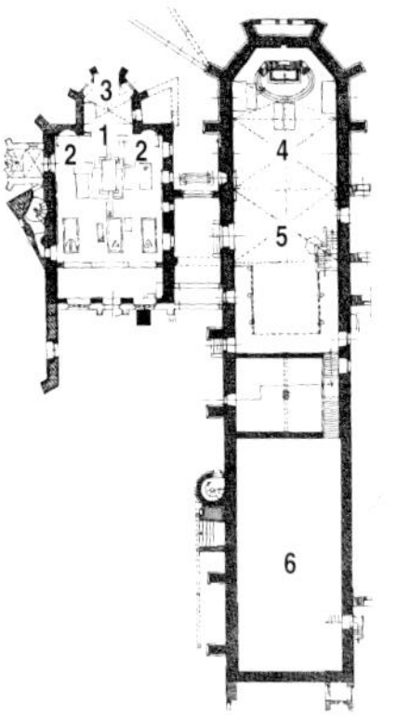

Kloster Lichtenthal: Die Kirchen

1 *Fürstenkapelle*
2 *Altarflügel von 1498*
3 *Annenaltar*
4 *Klosterkirche*
5 *Kanzel*
6 *Frauenchor*

Empore des Frauenchors der Klosterkirche mit Chorgestühl

Im Westen trennt ein schmiedeeisernes Gitter die Empore des Frauenchors mit dem Chorgestühl (1764–66) der Zisterzienserinnen von Friedrich Bader aus Ettlingen vom übrigen Kirchenschiff ab. Zu den Besonderheiten der Ausstattung zählen auch die sechsseitige steinerne Kanzel aus dem Jahr 1606, die große thronende Madonna aus Lindenholz vom ehemaligen gotischen Dreikönigsaltar, das hölzerne Triumphkreuz aus dem späten 15. Jahrhundert im Gewölbe des Chors sowie ein erst 1946/47 freigelegtes gotisches Fresko mit der Darstellung einer Kreuzigungsgruppe an der Südwand.

Die bemalte *Steinkanzel* von Thomas König – sein Steinmetzzeichen findet man an der Stirnseite des Treppengeländers und auf dem Bildfeld des Kanzelkorbs – hat ihren Platz unter dem Gurtbogen des Chors. Der sechsseitige Korb auf einem Pfeiler ohne Basis ist wie ein Erker angelegt. Die einzige figürliche Darstellung auf den durch Rundstäbe getrennten Feldern zeigt ein Relief des heiligen Bernhard von Clairvaux mit Zisterzienserwappen.

Die große thronende *Madonna* aus Lindenholz gegenüber der Kanzel bildete einst das Zentrum eines gotischen Hochaltarretabels, das laut Inschrift auf dem Flügel mit der Geburt Mariae (im runden Fenster rechts oben) 1489 von Margarete von Baden gestiftet wurde, die 1477–96 Äbtissin in Lichtenthal war. Im Mittelteil befand sich eine plastische, farbig gefaßte Anbetungsgruppe mit Maria mit dem Kind und den Heiligen Drei Königen, die Flügel schilderten vier Szenen des Marienlebens: Geburt, Verkündigung, Heimsuchung und Tod der Maria. Später wurden die Figuren erst barock übermalt und im 18. Jahrhundert schließlich durch Barockaltäre ersetzt, da der Schrein wohl zu schadhaft war. 1946/47 nahm man eine Rekonstruktion des gotischen Hochaltars vor und setzte ihn nach einer Altarraumerhöhung wieder an seinen ursprünglichen Platz. Da die beiden Flügel des Altars aber inzwischen zum Besitz der Staatlichen Kunsthalle Karlsruhe geworden und nur als Leihgaben ins Kloster zurückgekehrt waren, blieb diese Situation nicht von Dauer. 1966 kehrten die beiden Altarflügel wieder nach Karlsruhe zurück. Die Heiligen Drei Könige gelangten über den Kunsthandel in das New Yorker Metropolitan Museum of Arts (The Cloisters). Die zentrale Madonna aus Lindenholz bekam ihren Platz vor dem Chor, und als Ersatz für die neuerliche Zerteilung des Altars übernahm der Staat die Finanzierung der neuen Wachter-Fenster.

Eine gelungene Restaurierung hat das große *Triumphkreuz* im Gewölbe des gotischen Chors erfahren. Das fast 5 m hohe Kreuz wurde Ende des 15. Jahrhunderts vermutlich von dem Pforzheimer Hans Kern geschaffen, dem auch das Chorgestühl für die Stiftskirche (heute in der Spitalkirche, s. S. 106) zugeschrieben wird. Die jüngste Überarbeitung befreite das Kreuz von alten Übermalungen und Wurmschäden und zeigt heute dem Betrachter die ursprüngliche Temperafassung. Der Körper Christi weist eine stark ausgearbeitete Muskulatur auf, auf seinem Haupt sitzt eine Dornenkrone, Blutbahnen ziehen sich über das Gesicht, und ein feines Lendentuch ist um seine Hüften drapiert.

Fassade und Portal der Fürstenkapelle

Die *Fürstenkapelle (4)*, eine markgräfliche Stiftung aus dem Jahr 1288, ist durch einen Gang mit der Klosterkirche verbunden. Die Kapelle war bis Ende des 14. Jahrhunderts Grablege der badischen Markgrafen und ihrer Familien und wurde als solche von der städtischen Stiftskirche abgelöst. Beim Eingang durch das Portal fallen drei Sandsteinfiguren auf, die nach einer grundlegenden Renovierung und Erneuerung der Kapelle 1838 vom aufgehobenen Kloster Allerheiligen im Schwarzwald hierher gebracht wurden: links Gerungus, der erste Abt von Allerheiligen, rechts seine Mutter Uta von Schauenburg, die Stifterin des Klosters Allerheiligen, und im Giebelfeld die heilige Helena. Beim Betreten des kleinen, einschiffigen Kapellenraums gerät auf der Südseite gleich das im 14. Jahrhundert geschaffene *Grabmal der Stifterin Markgräfin Irmengard* in den Blick. Es wurde 1968 aus der Klosterkirche in die Kapelle versetzt und zeigt die Stifterin in lebensgroßer, plastischer Darstellung. In ihren Händen hält sie das Modell der Klosterkirche. Rechts vom Haupt Irmengards hat der Straßburger Meister Wölflin von Rufach seine Steinmetzzeichen angebracht. Zu Füßen Irmengards halten zwei Hunde das Braunschweiger Wappen ihres Vaters. Die Inschrift ist eine Widmung an die Klostergründerin.

Grabmal der Markgräfin Irmengard von Baden, 1340/50

Links und rechts des Triumphbogens sind als Nebenaltäre die wohl bedeutendsten Kunstwerke der Kapelle aufgestellt: *Seitenflügel und Predella des Altars aus dem Frauenchor* der Klosterkirche. Auf der linken Seite steht der Flügel mit der Magdalenenlegende, rechts die Legende der heiligen Ursula. Über dem Schiff mit der Märtyrerin, ihren Begleitern und den Jungfrauen weht ein Schriftband, dessen Text demjenigen, der im Zeichen des Kreuzes stirbt, Trost und ewiges Leben verspricht, gefolgt von der Jahreszahl 1496: Es ist das

Ursulalegende (Detail), Seitenflügels des Altars von 1496 aus dem Frauenchor der Klosterkirche, jetzt Fürstenkapelle

Todesjahr der Äbtissin Margarete und deutet wohl auf sie als Stifterin hin. Die hohe Qualität, die früher zu Zuschreibungen an Hans Baldung Grien führte, steht außer Frage, bezeichnet wird der unbekannte Meister aus dem Umkreis Martin Schongauers als ›Meister des Lichtenthaler Altars‹.

Der *Hochaltar mit der Heiligen Sippe (Annenaltar)* von 1503 fällt mit seiner Entstehung in die Zeit der Regentschaft der Äbtissin Maria (1496–1519), der Nichte von Margarete. Sicher ist die Wahl dieses Programms nicht zufällig: Die himmlische und irdische Dynastie, der diese Kapelle zugedacht ist, das Fürstenhaus Baden, treten zueinander, die irdische Familie wird durch die Gegenwart der Heiligen Sippe aufgewertet.

Der *Schlüsselmadonna* links neben dem Triumphbogen kommt für das Kloster hoher symbolischer Wert zu. Der sitzenden Muttergottes mit Kind, ursprünglich aus dem 14. Jahrhundert, aber im 19. Jahrhundert gänzlich überarbeitet, wird in Gefahrensituationen der Klosterschlüssel anvertraut. So war es im Dreißigjährigen Krieg bei einem Angriff der Schweden und während des Zweiten Weltkriegs. Das Kloster blieb bis heute unversehrt.

Anna selbdritt, Mittelteil des Annenaltars von 1503 in der Fürstenkapelle

Im Anschluß an die Fürstenkapelle folgt der Bau der *Klosterschule (5)*. Heute eine von den Schwestern geführte öffentliche Grundschule für etwa 250 Mädchen und Jungen, war das ehemalige Amtshaus des Klosterschaffners im Jahr 1815 von den Zisterzienserinnen als Mädchenschule Lichtenthal begründet worden. Damit erbrachte der Konvent den damals vom Landesherrn geforderten Beweis der ›Gemeinnützigkeit seines Daseyns‹ und sicherte so das Fortbestehen des Klosters.

Im Süden der Klosterkirche steht das für den Besucher zunächst unsichtbar bleibende *Konventgebäude (6)*. Es wurde nach dem

Abriß eines baufällig gewordenen Vorgängerbaus zwischen 1728 und 1734 als dreiflügelige Anlage mit Kreuzgang in zurückhaltenden barocken Formen gebaut; so auch das gleichzeitig neu erstellte *Abteigebäude (7)*, das vom Klostertor aus in gerader Flucht als zentrales Empfangshaus erkennbar wird. Diese maßvollen Ergänzungen und harmonischen Erneuerungen der Klosteranlage wurden von dem bekannten Vorarlberger Baumeister Peter Thumb ausgeführt. Über dem Portal des dreigeschossigen Abteigebäudes mit Eckrisaliten findet sich ein Doppelwappen mit dem Wappen der Bauherrin, Kreuz und Rose, und dem rot-weißen Schrägbalken des Ordens; darüber die Aufschrift MEA-ZL (Maria Euphrosina Äbtissin zu Lichtenthal). Das eigene Wappen und der Äbtissinnenstab manifestieren die bedeutsame Stellung der Äbtissinnen, die in ihrer jeweiligen Regentschaft dem Kloster als geistliche Leiterinnen vorstehen.

Die Sonne bist,
o Baden du!
Europa's Menschenmarkt ohn' Ruh -,
Glanzvoll und wert zu schauen,
Doch du, mein stilles Lichtental,
Du bist des Mondes milder Strahl
Mit frommen Klosterfrauen...

Justinus Kerner

Im Abteigebäude befinden sich ein kleines *Museum* und das große *Sprechzimmer*. Das Sprechzimmer liegt wie das Museum im ersten Stock und ist durch ein großes, feingearbeitetes Eisengitter – eine Schenkung von Markgräfin Sibylla Augusta – von der Klausur getrennt. Die Museumsräume enthalten eine Vielzahl an mittelalterlichen Handschriften, Paramenten, Choralbüchern und liturgischen Gegenständen. Margot Fuss hat in einem ihrer Berichte über die Großherzogin Stephanie die Herkunft eines der prachtvollsten Paramente des Klosters beschrieben. Sie erzählt, daß die bis heute in Baden-Baden verehrte Großherzogin dem Kloster 1845 zu seinem 600jährigen Bestehen ihr Hochzeitskleid schenkte. Daraus wurde ein Pluviale gefertigt, ein zur Meßfeier getragener Mantel, auf dessen Brokat kleine aufgestickte Silbersterne leuchten. Die Paramentwerkstatt gehört neben der Klosterschule, einer Weberei, einer Goldschmiede, der Backstube und einer graphischen Werkstatt zu den Klosterstätten, an denen die Schwestern ihr Tagwerk vollbringen.

In der Paramentwerkstatt wird seit langem kunstvoll geschneidert und gestickt, wovon zuweilen auch der Heilige Stuhl in Rom profitiert. Die Werkstatt ist in den ehemaligen *Ökonomiegebäuden (8)* rechter Hand des Klostereingangs untergebracht. Dieser ganze Trakt wurde nach der Aufgabe der Landwirtschaft in jüngster Zeit völlig umgebaut. Aus ehemaligen Stallungen entstanden zwischen 1975 und 1990 Meditations- und Tagungsräume, eine Buch- und Kunsthandlung sowie Gästehäuser. Das dadurch ermöglichte Angebot und die Einladung, sich für einige Tage der Besinnung aus einer lauten und zerrissenen Alltagswelt in die Abgeschiedenheit und beschauliche Stille zurückzuziehen, nehmen Gruppen und Einzelpersonen gern wahr.

Nach dem Klosterbesuch bietet sich in Lichtental noch das **Brahmshaus** (11) an, eine Künstlergedenkstätte in dem Haus Maximilianstraße 85, in dem Brahms in den Sommermonaten 1865–74 wohnte (Näheres dazu s. S. 236).

Die Kunst der kleinen Paradiese
Inszenierung und Natur

Die Lichtentaler Allee (Karl Heinz Hanisch)

Wasser, das aus den Bergen kommt, sucht sich immer den bequemsten Weg, und die Menschen lernen davon. Vielleicht ist so der paradiesische Baumpark entstanden, der eine Straße begleitet, die Lichtentaler Allee heißt. Allee, das kommt von dem französischen Verbum für Gehen. Überall geht man durch eine Allee irgendwohin. Hier aber sagst du: »Ich gehe in die Allee.« Hier gehst du hinein in die Allee, so wie man in ein Theater hineingeht. Tatsächlich gibt diese Allee zu allen Jahreszeiten kurzweilige Vorstellungen in voller Besetzung, Wetter inbegriffen. Das freundliche Spiel hat sechs Akte. Deren Tonart und Temperament werden jeweils von Bäumen vorgegeben. Der Reihenfolge nach sind es Linden, Eichen, Tulpenbäume, Kastanien, Platanen und Erlen. Der Aufmarsch dieser in Reih und Glied stehenden Alleebäume, die hier zu Hunderten den Weg säumen, erfolgt seit 1655, wahrscheinlich schon länger.

Für die Post und für viele Kurgäste beginnt die Lichtentaler Allee mitten in der Stadt, am Theater, mit der Hausnummer 2. In Lichtental, am wirklichen Anfang der Allee, hat ein Hotel die Nummer 88. Es ist die Ecke an der Frankreichstraße. Wer da hinaufgeht, der kommt zur Gelben Eiche oben in den Waldbergen, dann über den Panoramaweg am Würzgartenkopf vorbei zur Lache und schließlich hinunter in die Weinberge des Reblands. Man geht von einem kleinen Paradies in das andere. Auf dem Weg kann man lernen, sich die Geisteshaltung eines Unschuldsengels anzueignen, neue Erkenntnisse nicht zu suchen und vorhandene wenigstens zeitweilig zu vergessen. Zuweilen gelangt man so in die schöne Welt vor dem Sündenfall. Dabei ist der Wind behilflich und auch der Blütenstaub von Bäumen, die hintereinander blühen. Dies gilt vor allem für die ›Castanea‹ im Sommer und für die Pagodenbäume, wenn es bald Herbst wird. Der Name unserer Baumstraße und des Parks meinte seit 1655 nur ein Stück von 800 m, das dort begann, wo heute das Theater ist. Inzwischen scheint es jedoch ganz natürlich, das Erlebnis dieses Raums, den die Zeit, die Natur und der Mensch gestaltet haben, in Lichtental beginnen zu lassen.

Erster Akt: Die Linde

Mit den Linden geht es am *Klosterplatz* los. Es gab eine Zeit in der Gartenkunst, da durften die Bäume keine Kronen tragen, denn es gab nur eine einzige Krone, und die war des Königs. Es ist aber hier keine Einbildung von Macht und Größe, daß die Alleebäume ihre Kronen so hoch tragen, sondern es mußten die Erntewagen der Klosterschwestern und Bauern von Beuern unter ihnen hindurchfahren können. Das große Stück Land zwischen der Lindenallee und dem

Linke Seite: Promenieren in der Lichtentaler Allee

Carl Philipp Fohr, Lichtenthal am Eingang, Aquarell, 1814/15

ansteigenden Leisberg zur Linken hieß 1960 noch Aumatte. Diese Aumatte haben die Klosterschwestern seit dem Mittelalter bis etwa 1970 bewirtschaftet. Noch immer sehe ich sie unter ihren weißen Hauben, wie sie Garben banden, Kartoffeln einsammelten, und manchen Kürbis mußten sie zu zweit in den Wagen heben. 1970 erwuchs aus der Felderwirtschaft die Klosterwiese. Bevor der Leisberg ansteigt, scheint die grüne Ebene zu proben, wie es wohl ist, nicht mehr flach unterm Gras zu liegen. In Wahrheit ist diese Modellierung am Bergrand reine Gartenkunst, wohlgelungen übrigens. Es könnte sich um die gespiegelte Miniatur der gegenüberliegenden Bergwiesenwelt handeln. Vergiß nicht, hier der Einladung des weißen Pavillons zu folgen und dich für zehn Minuten zum Schauen hineinzusetzen.

Vom Klosterplatz aus führen seitlich der Lindenreihen zwei Spazierwege in die Allee hinein. Die langsam und nur in Richtung Lichtental an dir vorbeifahrenden Autos stören nicht. Die Straße selbst scheint zufrieden, daß immer wieder an ihren alten Sinn und Zweck erinnert wird. Der schönste Spazierweg aber führt unmittelbar am Grashang der Oos entlang. Die Trauerweide am ehemaligen ›*Hotel Zum Bären*‹ ist so traurig, weil sie in dem welligen Wasser ihr Spiegelbild nicht sehen kann. Die Wohnhäuser hinter den Bäumen und Büschen bilden sich nicht ein, etwas Besonderes zu sein. Bald siehst du, wie vom Dorf her die Aubrücke unseren Fluß überquert. Und gleich überrascht dich ein weiterer, größerer Pavillon. Hier freuen sich die Spaziergänger im Frühling an den vielen Tulpen und im Herbst an den Dahlien, die auf gezirkelten Beeten blühen. Der kunstvolle *Pavillon* wurde aus dem Besitz des legendären Spielbankpächters Edouard Bénazet hierher gerettet. Vielleicht soll der Pavillon, der sich in Baden-Baden öfter zeigt, die Rolle eines Wohnhauses spielen. Am Wohnhaus darf immer ein Garten sein, denn er ist nichts anderes als die Erweiterung der Wohnung unter freiem Himmel. Diese Rolle des Pavillons unterstützen gegenüber der Oos die hier näher am Ufer stehenden Häuser.

›Pavillon Bénazet‹

Bald ist rechter Hand eine Art Schloß zu sehen. Es steht in einem Landschaftspark mit hohen Bäumen auf einem kurzgeschorenen Grashang und wartet darauf, bestaunt zu werden. Seitlich bis ans Wasser heran drängen sich Gruppen von himmelhoch scheinenden Lebensbäumen. Alles wirkt ausgeglichen. Das schloßartige *Palais Biron* und der Park heißen nach den Vorbesitzern, der adeligen Familie Biron von Curland.

Ein Stückchen weiter, und wir sind an der *Kettenbrücke*. Sie führt ins Gunzenbachtal und verbindet so die innere Stadt mit den Wohngebieten an Leisberg und Quettig. Wo der Eingang zum Tal und die Allee sich kreuzen, steht ein kleines Haus. Man nennt es *Hirtenhäuschen*, es ist aus Fachwerk und steht in einem Bauerngarten. Zwei Buchsbaumkugeln bewachen die Tür. Das Haus heißt so, weil hier die Hirten des Klosterguts wohnten. Da sind also auch Viehweiden gewesen, und 1860 wäre dort der Preußenkönig Wilhelm I. beinah ermordet worden. Der Anschlag schlug glücklicherweise fehl.

Dreißig Schritte ins Gunzenbachtal hinein, und du stehst vor dem schönsten Bild der Klosterwiese. Die Gärtner mähen das Gras öfter ab. Kinder können dann besser mit ihren Hunden spielen, Pferd und Reiter weichen leichter den Maulwurfshügeln aus. Nur die Butterblume, weil sie mit ihren angeblich löwenzahnähnlichen Blättern flach am Boden liegt, entkommt den Sensen und Mähmaschinen. So ist im Frühjahr alles gelb von Butterblumen. Wenn sie verblüht sind, wird die Klosterwiese bald weiß von Pusteblumen. Sie heißen so, weil der leichteste Atemhauch des Winds die winzigen Fallschirme wegpustet, und an jedem dieser Fallschirme hängt ein Samenkorn. Im Querformat hinter der Wiese, wo gerade zwei Reiter vorübertraben, ist unsere Lindenallee mit dem Spiel von Blattgrün und Silber beschäftigt; das Silber wechselt in Gold, wenn es Herbst wird. Und noch weiter weg, hoch oben, sieh nur, die grüne Spitze eines Weinbergs und ein rotes Ziegeldach. Und über diesem Bild stehen die Waldgipfel des Kleinen Staufen und des Großen Staufen, auch *Merkur* genannt: wie riesige dunkle Hüte sehen sie aus. Übrigens fährt auf den Merkur, wo es eine Gaststätte gibt, die Standseilbahn hinauf. Eine bessere Aussicht auf Baden-Baden und seine kleinen Paradiese gibt es nicht. Hinunter geht man am besten zu Fuß. Die Wege sind bequem und gut.

Zweiter Akt: Die Eiche

Wenn du nun von Kettenbrücke, Hirtenhäuschen und Gunzenbach in den zweiten Teil unseres Stücks hineingehst, bewunderst du rechts die hohen Tulpenbäume. Ihre Blätter sehen so aus, als ob sie vom Ahorn wären, nur daß man den mittleren Zipfel herausgeschnitten hat. Die erstarrten Bewegungen der hohen Stämme und starken Äste erinnern an die dramatischen Gebärden vom Othello und vom Obristen Kottwitz. Im Herbst sind die Bäume so gelb, gelber gehts nicht. Und für Hunderte von Narzissen bleibt zu Ostern noch immer genug Gelb übrig. – Nein, mit Blumen hat so ein Baumpark wenig im Sinn, auch nicht mit der weißen Margerite und dem blauen Rittersporn, Inbegriffe der Staudenpracht. Warum es hier in der Allee so gut wie keine Stauden gibt? Ganz einfach: der Stil dieser Anlage würde es nicht erlauben. Die Überraschungen des Parks sind die unerwarteten Durchblicke in die Ferne, sind das Licht und die Schattenspiele im weiten, flachen Grün. Ausnahmen sind Blumen, dic wie von selbst kommen, um für kurze Zeit bunt zu sein. Und dann verschwinden sie, als sei nichts geschehen. Schneeglöckchen, Krokusse, Narzissen, Wildtulpen, es gibt sie in der Allee zu Tausenden, und im Altweibersommer kommen die Safrane und Herbstzeitlosen noch dazu. Ausgenommen auch die Blumen, die auf Bäumen blühen. Gedacht sei an die Paulownie, die an einem Maimorgen so aussehen kann, als hätte man ihr über Nacht unzählige blaue Hyazinthen auf die Zweige gesteckt. Paulownie heißt der Baum nach einer Tochter des Zaren Paul I. aus Rußland. Demokratisierungsversuche sind dann bei dem Namen ›Blauglockenbaum‹ gelandet. Man braucht länger dafür, diesen Namen richtig auszusprechen und im Gedächtnis zu behalten, als der Baum blüht. Denn nach einer Woche ist die blaue Pracht vorbei.

Leitgedanke dieses Straßenabschnitts ist die Eiche. Die meisten dieser Alleebäume sind im jüngeren Eichenalter. Es gibt aber auch borkige Stämme, die ihre weitverästelten Baumkronen schon drei Jahrhunderte tragen dürften. Eichen sind Bäume, die nicht das ganze Himmelslicht für sich allein beanspruchen. Im Eichenwald gibt es deshalb auch zur Sommerszeit wilde Blumen. Die Eiche ist verträglich und tolerant. Für übertriebenes Geltungsbedürfnis hatte dieser Baum hier schon zur Wende ins 20. Jahrhundert Verständnis aufzubringen. Zwei oder drei Tennisplätze, das wäre ja gut gewesen. Aber gleich zehn Plätze für einen kleinen Club? Auch wenn es der erste und somit älteste Tennisclub in Deutschland ist, scheint dies zuviel. Die Toleranz der Eichen wird in diesem Abschnitt aber noch mehrmals beansprucht. Ein Schmuckstück dagegen ist der nahe Kleingolfplatz. Die Greens sind so fein, als würden sie mit der Nagelschere beschnitten. Dieser Spielplatz ist ein Paradebeispiel für moderne Gartenkunst. Das Kriterium dieser Kunst ist die Benutzbarkeit. Nicht zum Ansehen, sondern zum Spielen, Springen, Schlafen und für jede Art von Übermut ist der Rasen da. Und wenn außerdem noch, unauffällig, aber spannend, anregend und schwierig, die Golfbahnen eingebaut sind, dann ist die Vollkommenheit erreicht. Im Sommer tummeln sich die Menschen auf diesem Platz. Für die Ermüdeten gibt es bunte Stühle. Alles wirkt an der Fröhlichkeit dieses Platzes mit. Die Weide an dem kleinen Gewässer möchte wohl darüber lachen, daß man sie Trauerweide ruft. Auf der bewaldeten Anhöhe jenseits der Allee ließ sich in den 60er Jahren des 19. Jahrhunderts der russische Fürst Menschikow ein Ferienhaus erbauen. Inzwischen sind die Maßstäbe etwas verschoben, und man bezeichnet das kleine Schloß als *Villa Menschikow.* In neuer Zeit wohnte darin der Urenkel von Friedrich Schiller.

Dritter Akt: Der Tulpenbaum

Mit dem Kleingolfplatz endet der zweite Akt unseres Spiels, wir überqueren die Fremersbergstraße, das weiße Gebäude an der Kreuzung heißt *Alleehaus.* Du erlebst diesen Parkteil besonders gut, wenn du unmittelbar entlang der Lichtentaler Allee gehst. Die braunen Bänke aus England, das sind die Logen in diesem Theater. Es gibt keine Autos auf der Straße. Gelegentlich vorbeirollende Schimmelkutschen sind hübsch anzusehen. Die Kutscher tragen silberne Zylinderhüte. Du siehst die Oos nicht hinter dem weiten Grün mit seinen Phantasien und beweglichen Schatten. Weil der tiefliegende Fluß nicht zu sehen ist, scheint es dir, als gehe der Park ins Unendliche. Weiße Bauten hinter dem grünen Gitter der Laubbäume sind zwar zu sehen, aber bis auf eine zu breit geratene und noch nicht überwachsene Ausnahme sieht man sie nur ungenau. Und davor, wie auf unsichtbare, rollende Bänder montiert, durchqueren Menschen das Bild, zugleich geht es nach links und nach rechts, und ob jung oder alt, sind sie meistens zu zweit.

Das bestimmende Thema dieses dritten, sehr breiten Teils der Allee heißt Tulpenbaum. Der Baum heißt so, weil seine gelb-roten Blüten im Juni wie Wildtulpen aussehen. Aber du kannst sie nicht pflücken, sie blühen zu hoch. Die Tulpenbäume entlang der Fahrstraße sind erst um 1965 gepflanzt worden. Ihre Vorgänger, 300jährige Eichen, waren den Erstickungstod gestorben. Aus undicht gewordenen alten Leitungen, die zu den Straßenlaternen führten, war Gas in Erdreich und Wurzelbereich geströmt. Es hat sich um Eichen einer Art gehandelt, die das Klima des Mittelmeers gewohnt ist, die Zerr-Eiche. Aber man weiß nicht, woran sie zerrt. Drei Bäume dieser Art erzählen dir – sofern du sie findest – noch immer Geschichten aus der alten Zeit. Einer steht im Park vor dem Allee-Haus, der andere oben im Schloßgarten. Beide weisen sich mit einem Metallschild botanisch korrekt als ›Quercus cerris‹ aus. Die dritte alte Zerr-Eiche steht hier im Park, etwas weiter in Richtung Fontäne, aber sie trägt kein Schild mehr mit ihrem Namen. Ihre Pflanzung erfolgte 1655 durch den Kammerherrn Moritz von Lassolaye; davor hatte er in Paris einen erbprinzlichen Säugling geraubt und nach Baden gebracht. Der Säugling wuchs zu einem berühmten Feldherrn heran: es war Markgraf Ludwig Wilhelm, genannt Türkenlouis. Warum aber die schnurgerade Eichenallee?

Die Frage ist nur aus der Geschichte heraus zu beantworten. Es gibt den Kupferstich von Merian aus dem 17. Jahrhundert (s. S. 6/7). Da sieht die enge Stadt so aus, als hätten Kinder mit dem Baukasten gespielt. Ringsum eine Mauer mit Schießscharten, davor fließen Wassergräben. Durch die heutige Sophienstraße hätten Enten schnattern können. Das Beuerner Tor in der unteren Bildmitte ist geöffnet, darüber steht der mächtige Wehrturm. Zwei Menschen kommen aus dem Tor heraus und auf den Betrachter des Bilds zu. Doch müssen sie noch ein Stück gehen, um dann über eine steinerne Dreibogenbrücke die ziemlich breite Oos zu queren. Und auf dieser Seite der Brücke und der Oos gab es im 17. Jahrhundert noch kein einziges Haus. Die schnurgerade *Eichenstraße* in dieser Feld- und Wiesenlandschaft, auch *Korso* genannt, kann nichts anderes gewesen sein als ein Spazierweg in frischer Luft, eine Erquickung der Bewohner einer zu engen Stadt, eine Promenade. Hier gilt es also lange schon, das Sehen und Gesehenwerden. Auf der Fahrbahn in Pferdekutschen und als Reiter; auf den Seitenwegen als lustwandelnde Dame in glitzerndem Kleid oder als stolzer Herr mit Elfenbeingriff am Spazierstock. Die Lichtentaler Allee ist nicht nur ein Verkehrsweg gewesen, sondern seit 1655 auch eine Flanierstraße für die Bürger der Stadt und ihre Badegäste.

Nun kann man an die Stelle von 300jährigen Eichen keine jungen Eichen pflanzen. So entschied man sich, nachdem die alten Gasleitungen gegen moderne Stromleitungen ausgetauscht waren, für Tulpenbäume; wir kennen sie mit ihren unverwechselbaren Blättern schon von der Kettenbrücke her. Wie der Tulpenbaum, so stammen die meisten Bäume dieses Parkteils, die ab 1850 angesiedelt worden sind, aus Nordamerika. Trotz verschiedener Grüntöne vertragen sich die fremden Bäume mit denen, die bei uns beheimatet sind. Alle Eichen ähneln im Prinzip den beiden deutschen Eichen. Und die Fiederblätter der Götterbäume ähneln unseren Eschen, deren Fiedern jedoch kleiner und von geringerer Zahl sind. Das Blatt der Platane sieht unserem Spitzahorn ähnlich, was bereits aus dem botanischen Namen ›Acer platanoides‹ hervorgeht. Da fängt es an, daß du mit der Wissenschaft der Bäume erste Schwierigkeiten bekommst. Der Spitzahorn mit dem erfrischenden Grün hat also Blätter wie eine Platane. Es gibt aber nur eine einzige Platanenart in unseren Baumschulen zu kaufen, und die heißt ›Platanus acerifolia‹, also die ahornblättrige Platane. Wenn aber beide Bäume die gleichen Blätter haben, so kommst du darauf, gleich einen Spitzahorn zu pflanzen, denn der ist heimisch bei uns und preiswerter. Aber lassen wir das. Da erschauern die Leute lieber, wenn man ihnen sagt: Vor euch sind hier schon Turgenjew und Dostojewskij spazierengegangen, Johannes Brahms und Clara Schumann. Kaiserinnen, Könige und Kanzler ... alle hatten und haben hier ihren Auftritt und ihren Namen. Wie die Bäume heißen? Name ist Schall und Rauch. Du weißt doch, wo das steht.

Vierter Akt: Die Kastanie

Theaterplatz: Goethe hatte im Jahre 1816 zwar die Fahrt nach Baden-Baden angetreten. Einen Unfall seiner Kutsche verstand der Dichterfürst jedoch als schlechtes Omen. Er kehrte um und hat Baden-Baden so nie kennengelernt. Trotzdem wurde ihm der Platz vor dem Theater gewidmet. Er ist bis in den Winter hinein stets meisterlich mit Blumen bepflanzt, wie sich das für einen Baumpark gehört, wenn er sich so nahe am Olymp befindet. Es läßt sich in einem so vielgestaltigen Wortspiel über einen Park nicht alles ganz genau festlegen. Doch beginnt der vierte Akt irgendwo zwischen der *Kunsthalle* und dem weißen, schlichten *Palais der Königin von Schweden*, das 1820 erbaut worden ist. Später erwarb es der Kurfürst von Hessen für die Gräfin Reichenbach, bis es 1871 vom *Internationalen Club* übernommen wurde; seither finden in den Räumen die gesellschaftlichen Ereignisse der Großen Woche statt.

Wir sind hier im Fontänenbereich der Allee. Einmal sind es die gewaltigen Hängebuchen, deren hochaufgewachsene Äste und Zweige wieder zur Erde zurückstürzen, von wo sie gekommen sind. Dieser Tunnel über dem Spazierweg muß öfter nachgeschnitten werden. Dann ist es die Pyramide aus wilden Steinen, aus welcher oben das Wasser herausspringt. Und hier wechselt das Thema der Allee über in einen unserer schönsten Blütenbäume, die Kastanie. Botanisch ist das gar keine Kastanie, sondern der Baum gehört einer Gattung an, die ›Aesculus‹ heißt, so benannt nach einem altrömischen

Theater und Eingang zur Lichtentaler Allee, farbige Postkarte, 1903

Militär. Wir sagen Roßkastanie, in älteren Beschreibungen ist von wilden Kastanien die Rede. Kurios, daß die wilden Kastanien immer vom Gärtner gepflanzt werden, während die botanisch echte Kastanie wild im Wald vorkommt. Ihre weißgrünlichen Blüten im Sommer sind weithin zu sehen. Und die gedünsteten Früchte dieser ›Castanea sativa‹ schmecken gut zur Martinsgans. Es ist die Roßkastanie gemeint, wenn fortan von Kastanien gesprochen wird.

Im Kurgarten zwischen den *Kolonnaden* mit ihren verlockenden Schaufenstern stehen Kastanien in vier Reihen, es sind 68 Bäume. Diese vier Baumreihen gibt es dort schon seit den ersten Jahren nach 1766. Die Bäume geleiteten den Gast zu einer damals neuen Gaststätte, die man *Promenadenhaus* nannte; es ist historisch das erste Gebäude auf dieser Seite der Oos. Es muß 1810 sehr hübsch und für die damalige Zeit modern umpflanzt gewesen sein. Man sprach von einer Englischen Anlage. Entstanden sind die Anlagen nach den Plänen des Hofgärtners Hartweg. Ein Plan aus dieser Zeit blieb erhalten, sehr malerisch gezeichnet, ein echter englischer Landschaftsgarten, der zum Palais Hamilton gehörte, an seiner Stelle parken jetzt Autos. An der Stelle des Promenadenhauses entstand 1821–24 das *Neue Konversationshaus,* also das jetzige *Kurhaus.* Doch die vier Kastanienreihen blieben. In Baden lebten damals aus heimatpolitischen Gründen viele Russen, zumal aus St. Petersburg. Sie trafen sich regelmäßig unter einer bestimmten Kastanie, dem ›arbre russe‹ vor dem Konversationshaus. Durch den Dichter Iwan S. Turgenjew gelangte der Russische Baum 1862 in die Weltliteratur. Um den Platz des jetzigen Kurgartens herum pflanzten die Gärtner immer mehr Kastanien. Wenige Jahre nach der Eröffnung des Konversationshauses hätte ein kreisender Bussard das Bild von oben beschrieben: Es ist ein riesiges Viereck. Die Linie zum Berg hin, das ist unser neues Konversationshaus. Die drei übrigen Linien des quadratischen Vierecks bestehen aus Kastanienbäumen, jeweils vier nebeneinander. Heute geht eine neue Straße von der Allee durch den Kurgarten zur Spielbank. Diese Straße begleiten abermals Kastanienbäume, sie sind verständlicherweise noch jung an Jahren. Das Viereck des kreisenden Bussards von 1824 ist also wiederhergestellt.

Fünfter Akt: Die Platane

Nach dem Kastanienwall um den Kurgarten herum kommen wir in eine andere, ungezwungen anmutende, landschaftliche Welt. Sie beginnt mit der 1839–43 gebauten *Trinkhalle,* in welcher Heilwasser zum Ausschank kommt. Die frühen Jugendstilelemente der Trinkhalle vertragen sich gut mit den alten Platanen, die an den Persischen Großkönig Xerxes erinnern. Er soll die Platanen in seinem Paradies mit Goldketten geschmückt haben. Diesem orientalischen Baum begegnet man auch in Großstädten häufig, denn er verträgt deren trockene Luft und höhere Wärme. Was Wunder, daß ihm unser

Klima hier besonders gut bekommt. Man muß schon zu dritt sein, um mit ausgestreckten Armen und sich berührenden Händen den Stamm mancher Platane umfassen zu können. Besonders malerisch mit ihrer breiten und reich verästelten Krone ist die Platane gegenüber dem Kurgarten an der Fieser-Brücke, du hast sie dort gewiß bestaunt. Im Volksmund heißen die Platanen auch Kleiderbäume, weil sie sich nach und nach ihrer Borke entkleiden. Sie bekommen dadurch ein gelbgrün fleckiges, wildkatzenhaftes Aussehen.

Wassertreppe zum Friesenberg

Hinter der Trinkhalle führen die Spazierwege hinauf in die Baumparks des *Michaelsbergs* und des *Friesenbergs*. Jedes Verirren führt an ein schönes Ziel, und wer plötzlich am Klostergut Fremersberg steht, sieht unter sich die ersten Weinberge Varnhalts und in der Ferne, bei guter Sicht, das Münster von Straßburg. Es sind alles Landschaften, denen du ansiehst, daß sie von zwei Kräften geformt wurden, von der Natur und den Menschen. Das Bewußtsein für dieses Gleichgewicht der Kräfte ist den Engländern des 17. und 18. Jahrhunderts zu danken.

Die Gartenkunst des 17. Jahrhunderts hat viele Engländer erschreckt. Es war die Zeit des Absolutismus und der kommandierenden Schloßgärtner: Balsaminen und weiße Lupinen angetreten, stillgestanden, die Augen rechts. Majestät, die Blumen sind zur Stelle. Es ist die bereits erwähnte Zeit, in der Bäume nahe dem Schloß keine Kronen tragen dürfen. Sie dienen nur als immergrüne Mauern, nach der gespannten Schnur gepflanzt und beschnitten, und die Alleen sind endlos wie die Macht des Königs. Am berühmtesten unter den Schloßgärtnern mit dem Kommando über die Natur wurde André Le Nôtre in Versailles. Und dagegen erfand man in England ein Stück Philosophie der Freiheit: mehr Wiese und Wald anstelle von Schachbrett und Zirkel. Zurück zur Natur, aber nicht ganz. Natürlich war dabei passend, daß die englische Wirtschaft ein gutes Stück vom Export an Wolle und Tuch lebte. Und dazu bedurfte es der Schafe, die ihrerseits große Weideflächen beanspruchten. Viele Wälder wurden gerodet und in Weideflächen verwandelt. Weil Schafe und Schäfer auch mal Schatten brauchten, ließ man beim Abholzen der Wälder ein paar Bäume stehen. Und auf einmal – es kann ja sein – fanden die Engländer Gefallen an dieser eher zufällig entstandenen Gestaltung: Baumgruppen aus Eichen und Buchen, Schwarzerlen und Eschen am Wasser, weidende Schafe, Schäferinnen und Schäfer auf geschlängelten Wegen, der Dorflehrer stellt am Ufer eines Ententeichs eine Venus aus Gips auf, und über den Himmel fahren zwei schwarze Wolken.

Die frohe Kunde vom englischen Garten muß um 1800 nach Baden gekommen sein. Zuerst hat sich, wie schon erwähnt, der Hofgärtner Hartweg damit beschäftigt. Doch nichts davon blieb übrig, weil 1825 ein wildes Hochwasser der Oos viele Bäume entwurzelt und alle englischen Anlagen verwüstet hat. Bis 1834 fallen die alten Wehrmauern, Festungstürme und Stadttore. Aus den Festungsgräben entstehen die Luisen- und die Sophienstraße. Enten und Forel-

Bellevuebrücke

len sollen sehen, wo sie bleiben. 1838 übernimmt ein Geldzauberer die Spielbank, er heißt Jean Jacques Bénazet. Den Zauberer scheint die Befreiung der Natur zu beeindrucken. Er läßt die Acker- und Wiesenflächen zu beiden Seiten der schnurgeraden Eichenallee in einen englischen Baumpark verwandeln. 1839–43 entsteht die neue Trinkhalle. Aus dieser Zeit gibt es den Plan eines Gärtners mit Namen Johann Michael Zeyher. Geplant ist die landschaftliche Einbindung von Kurhaus und Trinkhalle. Der Plan wirkt glaubwürdig, scheint aber nie ausgeführt worden zu sein. Man bestaunt an dieser Stelle zwei Epochen. Links vor dem Kurhaus das Rechtwinklige, Geradlinige und Gezirkelte der Vergangenheit; rechts dagegen, vom Grundriß der Trinkhalle abgesehen, das Englische: es gibt nur gewundene Wege, alle Abzweigungen sind begründet, Bäume und Büsche wachsen in lockeren Schwärmen, eine Sichtverbindung von der Trinkhalle zum Kurhaus wird im Sommer von den Blättern der Kastanien unterbrochen. Neu eingeplante Baumpflanzungen und Sträucher verhindern ein Zusammenwirken beider Bauten. Entspricht dies dem Geist der Gartenkunst, die aus England kam?

Etwas Kunst ist dem Englischen nicht fremd. Es sei deshalb auf ein Denkmal hingewiesen. Dicht an Treppe und Mauerwerk der Trinkhalle steht ein Teilstück vom alten *Kaiser Wilhelm I.* Das Teilstück besteht aus Kopf mit Bart, dem Hals und einem Stückchen Brustbein. Gelblichweiß steht dieses Kaiserstück, von einer marmor-

nen Stele getragen, in einem runden Beet mit duftendem Heliotrop in violett. Das lila Polster läßt sich als Mittelpunkt eines Sterns deuten, der neun breite, spitz zulaufende Strahlen hat; bepflanzt in Rosa und Weiß mit Fleißigen Lieschen. Wir befinden uns hier an einer Stelle der Allee, an der sie ihren offiziellen Namen wechselt und *Kaiserallee* heißt. Der weitere Raum, stilsicher englisch, fällt mit dem ansteigenden Michaelsberg und seinen scheinbar bergab wachsenden und blühenden Azaleen auf. Gegenüber, nahe dem Fluß, gibt es nochmals Tulpenbäume, die allerdings älter als hundert Jahre sein dürften. In ihrem Schutz kuscheln sich Immergrün-Eichen vom Mittelmeer, die tapfer dem badischen Frost widerstehen. Schließlich endet die Allee mit einer Reihe von Bäumen, mit denen sie in Lichtental beginnt, mit Linden. Ein paar Schritte weiter und du siehst dem ›*Hotel Badischer Hof*‹ in den Garten. Dort steht der schönste von allen Brunnen der Stadt. Und wenn es kalt ist, dann sieht man das dampfende Wasser weithin.

Sechster Akt: Die Erle

Ein gutes Beispiel für das Englische, also für das Zusammenwirken von Natur und Menschen, ist die Oos; auch Oosbach genannt, früher Ölbach, was vermutlich auf die Ölwassermühlen zurückzuführen ist. Dieser so friedlich aussehende Fluß, der schon 1825 mit seinem Hochwasser die englischen Anlagen am Kurhaus zerstört hatte, muß am 1. August 1851 besonders böse geworden sein. Stürme, gewaltige Gewitterregen und Hochwasser zerstörten die Gartenanlagen und alle Brücken. Daraufhin bekam die Oos ein neues Bett, wobei nicht auszuschließen ist, daß der Bettenbau in einigen Abschnitten des Flusses schon nach dem Hochwasser im Jahr 1825 begann. Es gibt sogar Quellen, die mit dem neuen Bett selbst 1890 nicht ganz fertig sind. Den Untergrund des neuen Betts, die Sohle also, halten seither Steine und Steinplatten fest. Das Hochwasser kann keinen Boden mehr wegreißen. Damit auch in Trockenzeiten stets etwas Wasser fließt, legte man den steinigen Grund waagrecht, wodurch in unterschiedlichen Abständen flache Stufen entstanden. Vor diesen Stufen liegen dunkle Langhölzer. Das Wasser plätschert über sie hinweg. Weil die Wassertropfen frische Luft mitnehmen, halten sich vor den Schwellen oft Fische auf. Spaziergänger sehen das gern. Vom *Alten Stadtbahnhof* bis zur *Augustabrücke* stehen die Wände des Flußbetts senkrecht, sie sind aus großen, rechtwinklig gehauenen Natursteinen aufgemauert; dicht am ›Badischen Hof‹ sind sie im Mai von Glyzinen überblüht. Ab Augustabrücke liegen die Wände schräg, sie bestehen aus Gras. Starke Männer mähen das Gras mehrmals im Sommer, auch mit modernen Maschinen ist das mühsam. Das ständige Mähen hindert die Natur daran, die allenthalben keimenden Samen von Erlen, Eschen, Weiden und Pappeln aufwachsen zu lassen. Der Erlebnisraum des Parks wird nicht durch eine undurchsichtige Mauer von Bäumen in zwei Hälften getrennt. Vielleicht kann man sagen, die Natur macht das Natürliche, und der Mensch macht das Künstliche, abgekürzt und in Gemeinsamkeit also Natur und Kunst.

Wo Erlen den Raum nicht bedrohen, tut ihnen kein Gärtner etwas zuleide. Es wird keinen Menschen geben, der sagen kann, jemals eine schönere Erle gesehen zu haben, als sie am Uferweg entlang der Oos bei den Tennisplätzen steht. Die Schwarzerle heißt auch Roterle, und dann haben wir noch die Grauerle, doch von den Schwierigkeiten in der Wissenschaft von den Bäumen haben wir schon miteinander gesprochen. Wasser also, Schwarzerle, Eichkater, Mond und wilde Steine, das ist die Natur. Die Steine rechteckig hauen, mit ihnen eine Mauer aufschichten, die grasbewachsenen Böschungen mähen, Eisen schmieden und grazile Bogenbrücken bauen, Laternen leuchten lassen und Bänke hinstellen, das kann nur der Mensch. Sein Einfluß macht in der Natur auch Fremdes heimisch und umgekehrt. Das wissen wir nicht erst, seitdem die Kartoffel bei uns zu Hause ist. Ein Beispiel aus der Allee: Die dummerweise Mammutbaum genannte Sequoie steht wie ein dunkler, undurchsichtiger Turm im Park, und es gibt viele dieser Türme, sie sind geradezu typisch für diese Stadt. Wir wissen noch nicht, wie alt dieser Baum bei uns wird. In Kalifornien gibt es Sequoien, die 5000 Jahre alt sind. Den Baum in seiner Kraft hat die Natur geschaffen. Aber ein

Mensch brachte ihn in unser Tal. Damit nicht genug, ist es im Gunzenbachtal nahe dem Hirtenhäuschen dem Gärtner eingefallen, eine bestimmte Eiche aus Amerika daneben zu pflanzen. Deren große Blätter leuchten im Herbst feuerrot vor dem dunklen Grün der Sequoie, und die Zweige wirken im Winter mit dem Nadelbaum zusammen wie Saitenspiel, von einer Pauke begleitet.

Vorhang für eine vielschichtige Inszenierung

Du hast die Allee jetzt erlebt und weißt, daß du wiederkommen wirst, und das nicht nur ein Mal. Warum aber verdient das Stück auf dieser Bühne mehr als einen Vorhang und ungeteilte Bewunderung? Vielleicht, weil dieses Stück auf die Eindeutigkeit verzichtet und mit seinen Zwischentönen reizt. Die Allee als englische Gartenkunst? Nein. Denn mit den genauen Abständen der Straßenbäume voneinander und den Parallelen der Baumreihen hat das Englische nichts im Sinn. Andererseits folgt die Allee aber auch nicht der Komposition des Absolutismus: Nirgendwo führt sie wie ein doppeltes Spalier aus Bäumen auf ein Schloß zu, auf eine Kathedrale oder auf das Herrenhaus eines Ritterguts. Die Allee dient nirgendwo als Zwangsweg einer Macht. Sie kommt aus der Geschichte des Mittelalters als rotgrundige Fahrstraße daher, und zwar auf der einzigen bequemen Strecke, die sich auch das Gebirgswasser ausgesucht hat. Die Nonnen von Lichtenthal hatten seit 1288 die Erlaubnis des Markgrafen, wöchentlich die Erzeugnisse ihrer Gutswirtschaft auf dem Markt der Stadt verkaufen zu dürfen. Das geht über eine Strecke von über drei Kilometern nur mit Pferden, allenfalls mit Ochsen und mit Klosterknechten als Kutscher. Denn die Wagen, beladen mit Mehlsäcken, Ölkrügen, Räucherspeck und Waldhonig waren ja schwer. Und vom Beuerner Tor zum Markt ging es ziemlich bergauf. Vielleicht hat man damals schon Bäume an den Fahrweg gepflanzt, Walnüsse möglichst, weil es unter ihnen keine Fliegen gibt, was die Pferde erfreut. Ist dieser Fahrweg nicht der Anfang des Landschaftsparks und seine erste Idee? Und ist die Verständigung zwischen der festgeschriebenen Geschichte und der sich verändernden Gegenwart und Zukunft nicht ein Teil der Freiheit dieser in England entstandenen Kunst?

Und war die schnurgerade Eichenallee des Herrn von Lassolaye 1655 nicht die zweite Idee für diesen Park? Dienen inzwischen nicht nur der Korso, sondern alle Wege zwischen Lichtental und dem ›Badischen Hof‹ der Lust, andere Menschen zu sehen und selbst gesehen zu werden? Vergleichen und beurteilen die Frauen und Männer nicht täglich Hüte, Mäntel, Mode überhaupt, Hunde, rotgefiederte Dompfaffen, Kinderwagen und schließlich Glühwürmchen in der Nacht, wenn der Mond scheint und die Weinstuben ihre Lampen anschalten? Läßt sich nicht sagen: Die Allee ist die kurzweiligste Spazierstraße der Welt? Und nun denke an das französische Wort ›aller‹ und gehe.

Die Kunst des Weitblicks

Ausflüge ins Umland

Ruinen und ein Hausberg im Norden und Osten

Altes Schloß

Besonders sehenswert
Altes Schloß ☆☆

Etwa drei der 620 km, die man in den Wäldern von Baden-Baden auf verschiedenen Wegen hinter sich bringen kann, führen vom Stadtzentrum aus hoch auf den Battert mit dem **Alten Schloß** (auch **Schloßruine Hohenbaden** genannt). Seit Badens großer Architekt Friedrich Weinbrenner mit seinem Neffen Johann Ludwig Weinbrenner zu Beginn des 19. Jahrhunderts das erste Residenzschloß der badischen Markgrafen ›wiederentdeckt‹ und durch neue Wege sowie die Sicherung der Bausubstanz zugänglich machte, ist die Ruine aus ihrem mehr als 200 Jahre dauernden Dornröschenschlaf erwacht. Das Ende des 16. Jahrhunderts durch einen Brand zerstörte Schloß, durch die Weinbrenners abgestützt, neu verfugt, mit Treppen, Brükken, Aussichtsplattformen und Schloßgaststätten versehen, hat seither Romantiker, französische Kupferstecher und einfache Ausflügler gleichermaßen angezogen.

Die Gründung einer verteidigungsfähigen Burg war vermutlich, gesicherte Quellen gibt es nicht, das Bestreben von Hermann II. (gest. 1130), dem ersten badischen Markgrafen. Nach ihm und den Markgrafen Hermann III. bis Hermann VI. ist auch der nördliche Teil mit dem viereckigen *Bergfried (1)* in der ersten Bauphase im 12. Jahrhundert als *Hermannsbau (3)* bezeichnet. Er bildet den höchstgelegenen Teil der Anlage und wird auch Oberburg genannt. Der Ausbau im 13. und Anfang des 14. Jahrhunderts unter Markgraf Rudolf I. und seinen Nachfolgern bezieht sich zunächst auf die Oberburg, wo Rudolf I. 1257 auch erstmals eine Urkunde mit ›in castro Baden‹ versieht. Vorgeschobene Zwinger im Süden und im Osten verstärken in dieser Bauphase den Festungscharakter der Burg. Markgraf Bernhard I. bringt dann nicht nur Baden einige Gebietserweiterungen, sondern auch dem Alten Schloß. Um 1400 entsteht der *Bernhardsbau (5)* als mächtiger Palas mit Rittersaal. Bernhards Sohn Jakob I. läßt die Burg 1437–53 um den *Jakobsbau (6)* ein letztes Mal erweitern: ein viergeschossiger Wohnbau ist als Überbauung der Kapelle seither im Ostbereich zwischen Oberburg und Bernhardsbau geschoben, die Ostseite um den *Kapellenturm (8)* ergänzt. Jakob I. entscheidet sich aber, die markgräfliche Residenz weiter zur Stadt hin zu verlegen. Parallel zur Ausbautätigkeit am Alten Schloß beginnt er 1430 mit dem Bau des Neuen Schlosses, das 1479 von Markgraf Christoph I. bezogen wird.

An keiner Stelle des Alten Schlosses lassen sich die romanischen und gotischen Bauphasen so gut nachvollziehen wie an den vier Haupttoren: Der erste und jüngste Torbogen (um 1400) sowie das zweite Tor (um 1300) sind mit ihren Spitzbögen als gotische und

Linke Seite:
Das Murgtal bei Schloß Eberstein

frühgotische Abschlüsse der Erweiterungsbauten zu erkennen, während die beiden am *Burgweg (9)* folgenden romanischen Tore (12./13. Jahrhundert) mit ihren Rundbögen auf die ersten Bauphasen des Schlosses hinweisen. Die Wirtschaftsgebäude an der linken Seite des Burgwegs sind aus dem 19. Jahrhundert und nach der Jahrhundertwende saniert, sie bieten eine romantische und durchaus preisgünstige Übernachtungsmöglichkeit.

Im Süden der Schloßanlage betritt man den spätgotischen *Palas des Bernhardsbaus (5)* , den in seinem Aufbau und in seiner Ausstattung wohl interessantesten Teil des Schlosses. Der um 1400 entstandene Bau sollte eine größere und repräsentativere Hofhaltung erlauben als der obere Teil der Burg dies zuließ. Vom unteren Burghof aus betritt man das Erdgeschoß des Palas durch die Nordwand, an deren zweigeschossiger Außenfront ein auf Steinkonsolen und Backsteinstichbogen ruhender Wehrgang zu erkennen ist. Über den drei abgebrochenen Steinkonsolen diente die große Spitzbogenöffnung als Hauptportal zum 1. Obergeschoß, in dem sich ein großer Rittersaal befand. Der Schlußstein dieses Portalbogens zeigt drei verwitterte Wappen mit Helm. Baden in der Mitte und Öttingen rechts sind als heraldische Bilder noch zu erkennen. Auch die zwei reicher profilierten spitzbogigen mittleren und westlichen Erdgeschoßtüren haben Wappenschilde im Schlußstein. Unter dem großen Oberge-

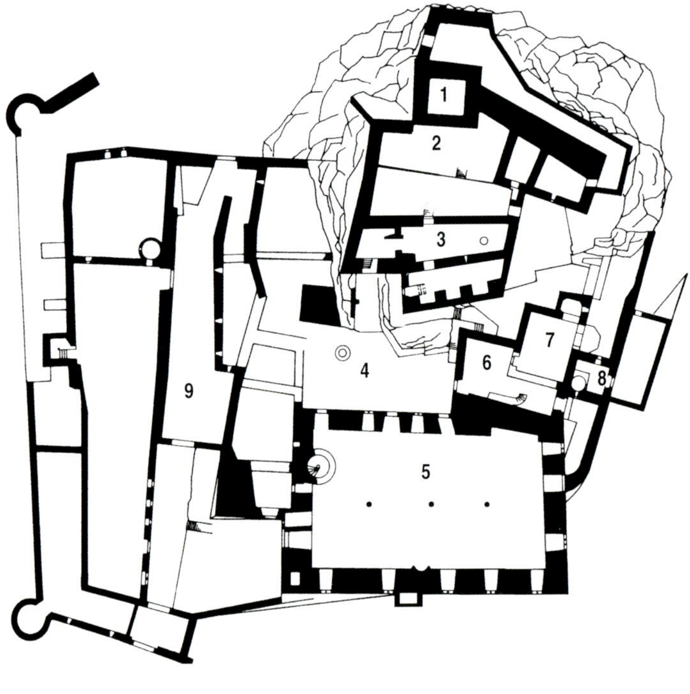

Altes Schloß: Erster Stammsitz der Badischen Markgrafen. Im 19. Jahrhundert als Ausflugsziel von den Romantikern ›wiederentdeckt‹.

1 Bergfried
2 Oberer Burghof
3 Hermannsbau
4 Unterer Burghof
5 Bernhardsbau (Palas)
6 Jakobsbau
7 Kapelle
8 Kapellenturm
9 Burgweg

Blick vom Alten Schloß ins Tal

schoßportal führt ein Rundbogentor in den großen Gewölbekeller. Das Innere des Palas, bisweilen romantischer Aufführungsort für Freilichtkonzerte, gibt mit der frei stehenden Steinsäule einen Rest der ehemaligen Stützkonstruktion für das erste Obergeschoß zu erkennen. Was an der Westseite des Baus wie ein Brunnen aussieht, ist der Rest einer großen Wendeltreppe; der aufsteigende Hohlraum im Mauerwerk und die erhaltenen Abbruchstücke der Tritte weisen darauf hin. An der rechten Innenseite der Nordmauer, wo sich der Jakobsbau an den Palas anschließt, gibt die große Nischenöffnung eine ehemalige Loge als Teil des repräsentativen Rittersaals zu erkennen. Kaminreste an der Ost- und Nordwand sind weitere Zeichen für den Charakter des 1. Obergeschosses als Hauptgeschoß. Der eingerichtete Umgang entlang der Süd-, Ost- und Nordseite erlaubt auch einen Blick auf den an der äußeren Südwand angebrachten Fäkalien- und Regenwasserschacht.

Der Logenvorbau des Palas begrenzt den unteren Burghof im Osten und verbindet den Palas auch mit dem *Jakobsbau (6)*. Dieser Wohn- und Kapellenbau, 1437–53 im Rahmen der letzten Ausbauphase des Alten Schlosses errichtet, nutzte die damals schon existierende Kapelle zur Überbauung. Der auf quadratischem Grundriß im Osten an die überbaute Kapelle angefügte *Kapellenturm (8)* diente als vier- bis fünfgeschossiger Wohnturm für Burgkapläne. Die ehemalige *Burgkapelle (7)* läßt sich im Norden des Jakobsbaus durch eine Nische mit kämpferlosem Rundbogen aus dem 12. Jahrhundert und den Resten eines Sakramentshäuschens aus der Mitte des 15. Jahrhunderts nachweisen. Im Inneren haben sich Teile des Kreuzgewölbes und eines schmalen Spitzbogenfensters erhalten.

Der im 12. Jahrhundert errichtete *Hermannsbau (3)*, auch Oberburg genannt, zeigt mit seiner Mauerdicke und den schmuckloseren Bauformen, daß der anfängliche Zweck des Markgrafensitzes deutlich auf Schutz und Verteidigung ausgerichtet war. Die fahnenbekrönte Aussichtsplattform und damit den höchsten Punkt des Alten Schlosses erklimmt man durch Treppensteigen im quadratischen Turmbau des *Bergfrieds (1)* im Hermannsbau. Damit ist ein wahrlich krönender Abschluß eines Schloßrundgangs erreicht, der einen wunderschönen Blick über die ganze Rheinebene erlaubt.

Ebersteinburg

Über den *Battert*, eine in der Region beliebte Gruppe von Kletterfelsen, gelangt man zur Ortschaft Ebersteinburg und die in 500 m Höhe gelegene **Burgruine Alteberstein**, den etwa um das Jahr 1000 errichteten Sitz der Grafen von Eberstein. Es existiert zwar noch ein Burgturm mit Aussichtsplattform, daneben ein 30 m langer und 4 m starker Burgwall sowie ein gotischer Bau, in dem eine Gastwirtschaft untergebracht ist, aber die Dimensionen der Gesamtanlage sind wesentlich bescheidener als die der Schloßruine Hohenbaden.

Merkurrelief mit der Weihung des Valerius Pruso

Hausberg Merkur

An der Talstation im Merkurwald, neben der sich eine schöne Jugendstil-Brunnenanlage befindet, startet schon seit 1913 eine Standseilbahn ihren steilen Weg hinauf zum Hochplateau des Großen Staufen (668 m). Daß der Baden-Badener Hausberg landläufig als **Merkur** bezeichnet wird, verdankt er einem römischen *Merkurrelief* und einem Weihestein, deren Standort auf dem Hochplateau schon im 16. Jahrhundert bezeugt ist. Das von der Witterung stark beschädigte Merkurrelief wurde 1979 im Stadtmuseum Baden-Baden untergebracht, und ist damals auf dem Berggipfel durch eine Kopie ersetzt worden. Mit dem bei dem Merkurrelief gefundenen Weihestein hat ein römischer Kaufmann namens Valerius Pruso ein Gelübde eingelöst, warum der Stein dann aber auf dem Berg zu Ehren des göttlichen Kaiserhauses und Merkurs aufgestellt wurde, ist nicht zu belegen. Höhenheiligtümer für den Gott Merkur waren bei den Römern allerdings nicht selten, wie es Funde auf dem Heidelberger Heiligenberg oder dem Donon bei Colmar belegen. Der 1913 erbaute Aussichtsturm erlaubt einen herrlichen Rundblick, Panorama- und Gipfelrundwege vervollständigen die Ausflugsmöglichkeiten.

Wanderwege und ein Wasserfall im Süden

Besonders sehenswert
Geroldsauer Wasserfall ☆

Waren bei den ersten Ausflügen von Baden-Baden aus der Osten und Nordosten die Zielgebiete, so wenden wir uns jetzt dem Süden zu. Die Wanderung führt dabei weniger zu Baudenkmälern als zu Kunstwerken, wie die Natur sie schuf und wie sie von Künstlern immer wieder dargestellt wurden. Sie erstreckt sich über etwa 10 km und bringt uns auf die Spuren von Johannes Brahms oder auch Gustave Courbet, die den Weg zum **Geroldsauer Wasserfall** gern wählten. Das Ziel dieser Route ist die *Badener Höhe*. Ausgangspunkt der Wanderung ist die Bushaltestelle Malschbacherstraße in *Geroldsau*. Von da aus führt die Geroldsauer Straße tiefer ins Tal und mündet in die Wasserfallstraße, die schnell zu einem Fußweg wird. Zwischen Waldrand und dem *Grobbach* geht es dann in Richtung Wasserfall. Schon Eugène Guinot, ein vom Spielbankpächter Bénazet engagierter Schreiber, hat 1847 in seinem Buch ›Ein Sommer in Baden-Baden‹ diesen Weg beschrieben: »Diesen angenehmen, freundlichen, durch den Wald, dem Grobbach entgegen führenden Weg, muß man zu Fuße machen. Auf jeder Seite dieses Weges erheben sich malerische Felsenmassen, und ungeheuere Tannen bilden ein der Sonne undurchdringliches Gewölbe ... So gelangt man zu dem wahrhaft bewundernswürdig romantisch gelegenen Wasserfalle ... Gefühlvolle Herzen und träumerische Seelen verbringen hier sehr angenehme Stunden.« Man möchte hier eigentlich nur schauen und gar nicht wissen, ob es der Rheintaleinbruch oder andere gebirgsbildende Vorgänge waren, die dem Nordschwarzwälder Granitmassiv an dieser Stelle eine so schön bizarre Formenvielfalt gaben. Am Wasserfall vorbei, taucht nach wenigen Minuten der *Bütthof* auf.

Von hier bis zur Badener Höhe entlang des Grobbachs und des Urbachs gibt es noch zwei Rastmöglichkeiten: Der *Scherrhof* als Waldgasthof und der ›waldpolizeiliche‹ Fachwerkbau *Neuhaus*, der

Geroldsauer Wasserfall

als Stützpunkt gegen die Wilderer im 18. Jahrhundert eingerichtet wurde. Das Ziel unserer Wanderung, die *Badener Höhe*, liegt 1000m hoch und besitzt einen Aussichtsturm, der einen großartigen Blick ins Tal ermöglicht. Den Weg zurück nach Baden-Baden kann man mit einem Linienbus hinter sich bringen, der am Kurhaus Sand startet und am *Schloßhotel Bühlerhöhe* (s. S. 211 ff.) vorbei auf der Schwarzwaldhochstraße nach unten fährt.

Moderne im Westen

Der am Taleingang gelegene Ort **Oos** wird schon 1245 erwähnt, zählte 1810 als Haufendorf 101 Häuser und bot Platz für kleine Industrieansiedlungen wie das ehemalige Elektrizitätswerk von 1890, das eine neoromanische Formensprache aufweist. Das näher zur Stadt gelegene **Oosscheuern** hatte 1810 nur 22 Häuser und wurde danach Teil der städtischen Ausbreitung.

Im Westen von Baden-Baden sollen mit der katholischen Kirche St. Bernhard und dem Privathaus des Architekten Egon Eiermann auch noch zwei wichtige Bauten des 20. Jahrhunderts Erwähnung finden, die nicht direkt im Stadtkern liegen. Von hier aus könnte man über das Jagdhaus Fremersberg den Anschluß an den folgenden Ausflug über den Fremersberg ins Rebland finden.

Die 1911–14 aus weißem Sandstein errichtete Kirche **St. Bernhard** am Bernhardusplatz thront in imposanter Monumentalität und Klarheit am Rücken des Balzenbergs über der Talsenke. Den Treppenaufgang zur Kirche flankieren zwei frei stehende Säulen, die mit Figuren der Apostel Petrus und Paulus bekrönt sind. An der Westfas-

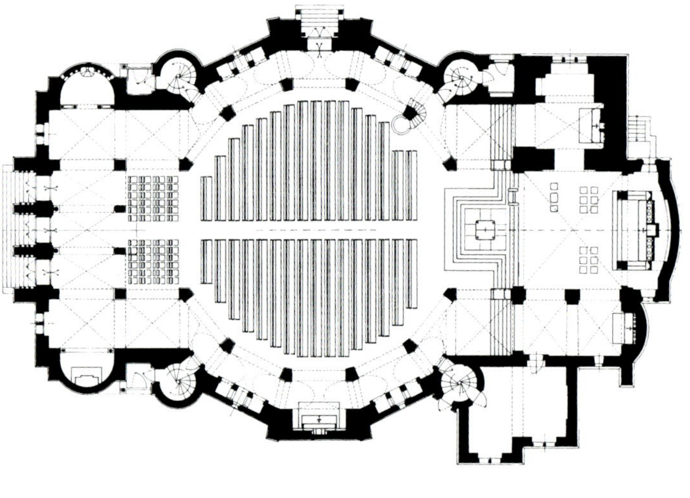

Grundriß St. Bernhard

St. Bernhard, Gesamtansicht

sade wird ein zentrales, als Glasmosaik gearbeitetes Christusbild von jeweils sechs Aposteln links und rechts umgeben. Blickfang und Zentrum der Kirche ist der mit einem grünen Kupferdach gedeckte Kuppelbau auf polygonalem Grundriß, hinter dem sich ein an italienische Campanile erinnernder Turm mit dem Standbild des heiligen Bernhard erhebt.

Durch eine Laterne fällt das Licht wie durch ein zentrales Auge in das Innere des Kirchenraums. Im Zentrum der Kuppel leuchtet das Lamm Gottes, darunter, in übereinander angeordneten Kreisen singen die 24 Ältesten der Apokalypse des Johannes und darunter eine Engelschar das Lied der Erlösung. Die Hochaltarwand enthält ein großes Nischenbild des Heiligen Abendmahls über einem stilisierten Tabernakelaltar. Nicht nur durch die im Kirchenraum anklingenden Themen, sondern auch durch eine bewußt schlichte Ausstattung und die Verwendung von Materialien wie Bronze, Marmor, Alabaster, Kalk- und Sandstein erzeugte der Architekt Johannes Schroth (1859–1923) einen nahezu ›frühchristlichen Charakter‹ des Kirchenraums und wandte sich damit gegen das im Kirchenbau damals vorherrschende Zitieren historisierender Stilformen. Gegen den Widerstand des Erzbischöflichen Ordinariats in Freiburg gab Schroth dem Gotteshaus in der Baden-Badener Weststadt seine Würde und Erhabenheit mit den neuzeitlichen Mitteln des Jugendstils und erreichte damit bei aller Monumentalität eine stille Feierlichkeit, die durch die 1978–80 vorgenommene Restaurierung wieder glanzvoll zur Wirkung kommt.

Etwas stadteinwärts von der Kirche entfernt hat der Architekt *Egon Eiermann* (1904–1970), dessen Bauten die deutsche Nachkriegsarchitektur wesentlich prägten, 1959–62 sein eigenes Wohnhaus in Baden-Baden errichtet. 1958–60 hatte er schon das Wohnhaus Graf Hardenberg (Hermann-Sielcken-Straße 47) gebaut. Klare horizontale Linien, Transparenz und Leichtigkeit und die funktionale Gliederung sind seine am ›Bauhaus‹ orientierten architektonischen Prinzipien. Der Architekt und Hochschullehrer war kein Purist, er suchte nach dem »... Schwung, einer kühlen, aber optimistischen Unbefangenheit, kritischem Verstand und etwas spielerisch Heiterem, nie Todernstem.« Eigenschaften, die sich ausnahmslos auch an dem Wohnhaus Eiermanns in Baden-Baden (Krippenhof 16–18) finden. Es wird von zwei getrennten Einzelbauten gebildet, die als Studiohaus und eigentliches Wohnhaus im rechten Winkel zueinander stehen und den Garten umfassen, auf den sich die großen Fensterfronten und Balkone öfnen. Laubengänge, fragile Sonnenschutzsegel und das Spiel von Glas und Ziegelstein verleihen den beiden Häusern Leichtigkeit, Verspieltheit und Vielgliedrigkeit.

Das **Jagdhaus Fremersberg** auf der anderen Seite der Oos, 1716–21 von Johann Michael Rohrer (1683–1732) im Auftrag der Markgräfin Sibylla Augusta für deren Söhne errichtet, hat sich in seiner historischen Form erhalten, auch wenn einzelne Nebenbauten auf dem Anwesen zu Beginn des 19. Jahrhunderts abgebrochen wurden. Das originelle Hauptgebäude, dessen Grundriß das Kreuz des Hubertusordens nachbildet, wurde Mitte des 19. Jahrhunderts restauriert und nach dem Zweiten Weltkrieg von der französischen Besatzungsmacht als Dienstsitz des Oberkommandierenden und repräsentatives Empfangsgebäude genutzt. Über die weitere Verwendung dieses romantisch am Waldrand gelegenen Kleinods soll 1996 entschieden werden. Der eingeschossige, achteckige Zentralbau hat an der südöstlichen Oktogonseite sein Portal mit einem darüberliegenden ovalen Fenster. Die vier nach außen strebenden Pavillons mit schwalbenschwanzförmigem Grundriß sind mit geschwungenen Schieferdächern eingedeckt. Auf dem Kuppeldach des Oktogons erinnert die Steinplastik eines waidwunden Hirsches, der von einem Hund verfolgt wird, an die ursprüngliche Verwendung des Hauses.

Jagdhaus Fremersberg, Grundriß und Schnitt

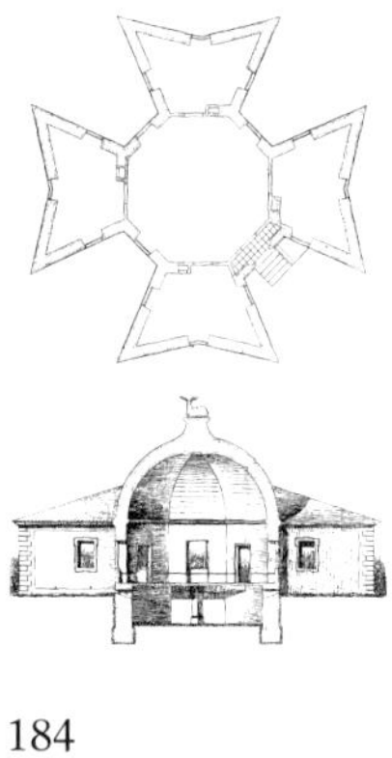

Über den Fremersberg ins Rebland

Bei dem Besuch von Sehenswürdigkeiten außerhalb des Stadtgebiets am Fremersberg und darüber hinaus dient die Fremersberger Straße als Orientierung und Mittelachse. Westlich der Straße liegen der Fremersbergturm und das Klostergut Fremersberg. Südöstlich der Fremersberger Straße führt der Weg an einem kleinen Bergsee und am historischen Weingut Nägelsförst vorbei zur Ruine der Yburg. Damit ist man schon mitten in den Weinbergen des Reblands, zu dem die Gemeinden Varnhalt, Steinbach/Umweg und Neuweier gehören.

Besonders sehenswert
Yburg ☆
Steinbach: Meister-Erwin-Denkmal ☆
Schloß Neuweier ☆

Am Fremersberg

Mit seinen 30 m Höhe stockt der Fremersbergturm die 524 m des Fremersbergs noch einmal auf und verschafft dem Besucher einen Rundblick auf Baden-Baden, das Rebland und die Rheinebene. Von hier aus läßt sich das **Klostergut Fremersberg** über Waldwege in einer knappen Stunde erreichen. Die Anfänge der ehemaligen Klosteranlage, von deren Bauten sich außer dem Osttor und einzelnen Ausstattungsfunden nichts erhalten hat, gehen ins 15. Jahrhundert zurück. Um 1450 überließ Markgraf Jakob I. einer Einsiedlerklause Boden, auf dem ein Franziskanerkloster errichtet wurde. In wechselvoller Geschichte hatten es die Mönche über 400 Jahre schwer, das Kloster als wirkliche Bleibe zu nutzen: 1621 von einem evangelischen Markgrafen vertrieben, aber von der kurz danach sich durchsetzenden katholischen Linie der Markgrafen zurückgeholt, konnten die Franziskaner, die dann 1632 im Elsaß Zuflucht suchen mußten, nach dem Dreißigjährigen Krieg wieder an den Fremersberg heimkehren, ihr Kloster war allerdings zerstört. Kaum wieder aufgebaut, brannten die Klostermauern 1689 bei dem großen Stadtbrand während des Orléansschen Krieges abermals ab. Den Neuanfang im 18. Jahrhundert beendete 1803 die Säkularisation, zur unwiderruflichen Auflösung des Klosters kam es 1826. Später wurde auf dem Gelände ein Weingut eingerichtet.

Diesem Zweck dient die im 19. Jahrhundert errichtete Anlage noch heute. Die Besitzer des malerisch gelegenen Guts griffen die Tradition ihrer Vorgänger auf, die seit etwa 1750 Meß- und Krankenweine angebaut hatten, und sind heute stolz auf 5,5 ha Rebfläche in geschützter, sonniger Lage, in der sogar Feigen wachsen. Ein großer Gewölbekeller bietet einen schönen Rahmen für Weinproben. Von der Fremersberger Straße aus die Anlage betretend, sieht man linker Hand mit dem vom badischen Erbgroßherzog Ludwig entworfenen und 1838 errichteten Hochkreuz eine oft gezeichnete Reminiszenz an das Kloster. Es wurde an der Stelle aufgestellt, an der ehemals der Hochaltar der Klosterkirche stand.

Yburg und Yberg

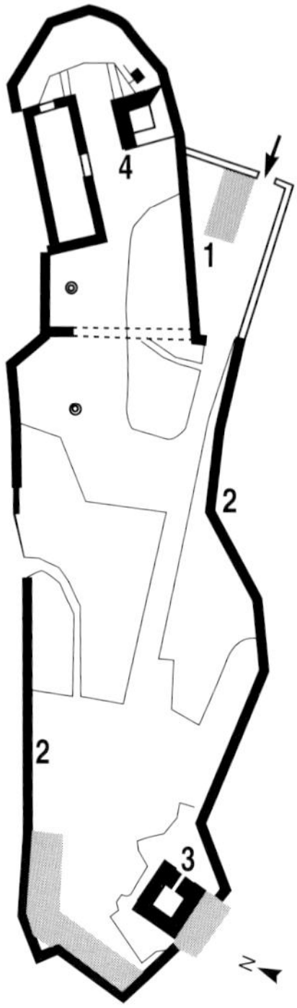

Ruine Yburg

1 Torzwinger
2 Ringmauer
3 Westturm (Bergfried)
4 Ostturm

Die Ruine der Yburg ist – wie der Fremersbergturm – auch mit dem Auto zu erreichen. Die Straße dorthin führt am historischen Weingut *Nägelsförster Hof* vorbei, das seit 1588 besteht und in seinen Anfängen davon profitierte, daß die Zisterzienserinnen vom Kloster Lichtenthal den blauen Spätburgunder aus ihrem Mutterkloster in Burgund mit nach Baden-Baden gebracht hatten und auf ihren weiten Ländereien kultivierten.

Die wohl zu Beginn des 13. Jahrhunderts als Bergfried errichtete **Yburg** gilt trotz Gemarkungszugehörigkeit zu Baden-Baden als Wahrzeichen der ihr zu Füßen liegenden drei Reblandorte. Sie bekrönt den Sattel des 514 m hohen *Ybergs* auf einer Fläche von etwa 150 x 30 m. Die 1977 wieder ganz geschlossene *Ringmauer (2)* birgt noch einige historische Reste (beim westlichen Turm) und stützt an manchen Stellen das Burgplateau auch seitlich ab. Der *Bergfried (3)* im Westen gilt als ältestes und bedeutendstes Bauwerk der Anlage aus einer ersten Bauphase um 1200. Gut erhalten thront dieser knapp 20 m hohe Turm auf dem natürlichen Fundament einer Felskuppe. Ein kleiner Rücksprung der Porphyrquader in etwa 7,5 m Höhe gliedert die schlichte Bauform des Turms, dessen zinnenlose Brüstung einen weiten Blick über die Rheinebene freigibt.

An der Nordwestecke des geräumigen Burghofs, der ehemals wohl von weiteren Bauten eingefaßt war, steht seit 1892 ein Rasthaus, das in zeittypischer Jagdhausform trotz seines relativ kurzen Bestands inzwischen selbst den Schutz eines Baudenkmals beanspruchen darf. An seiner Stelle hatte sich im 13./14. Jahrhundert ein Palas als Hauptwohngebäude mit Rittersaal erhoben. Der *Turmrest im Osten (4)* des Hofs aus der gleichen Bauphase, 1987 von einem Blitzschlag beschädigt, ist heute noch 17 m hoch und dem älteren Westturm nachempfunden. Diesem Turm schließt sich ein in die Burgmauer einbezogenes dreigeschossiges Wohngebäude an. Die Zerstörungen durch den Bauernkrieg machten eine Neubefestigung 1617–20 notwendig. Restaurierungen wurden Ende des 19. Jahrhunderts sowie zwischen 1977 und 1985 vollzogen und machten den Westturm wieder als Aussichtsturm zugänglich. Der große Innenhof entwickelt sich in unseren Tagen immer mehr zu einem beliebten Aufführungsort für musikalisch-literarische Veranstaltungen.

Das Rebland

Unterhalb des Ybergs liegen die im Zuge der baden-württembergischen Gemeindereform 1972 der Stadt Baden-Baden zugeordneten Gemeinden Varnhalt, Steinbach (mit Ortsteil Umweg) und Neuweier, die sich ›Rebland‹ nennen dürfen. Mit einer gemeinsamen Rebfläche von 325 ha gehört das Rebland zu den größten geschlossenen Anbaugebieten Deutschlands. 80 % dieser Fläche sind dem

Riesling vorbehalten, der als ›König der Weißweine‹ auf dem verwitterten Urgestein (Granit, Porphyr, Buntsandstein und Mergel) in geschützter, sonniger Hanglage besonders gut gedeiht. Die erste urkundlich gesicherte Erwähnung des Weinbaus im Rebland aus dem Jahr 1070 markiert nicht den Beginn der hiesigen Weinkultur, denn man weiß, daß schon die Römer Weinstöcke mit über die Alpen brachten. Im Mittelalter waren es dann die Klöster, die den Boden auf diese Weise kultivierten. In den 20er und 30er Jahren unseres Jahrhunderts schlossen sich die meisten Weinbauern der drei Reblandorte zu Winzergenossenschaften zusammen, die alle mit Probierstuben ausgestattet sind.

In **Steinbach** kann man sich im *Rebland-Heimatmuseum* noch einmal über die Genese der Gegend informieren. Das kleine Museum ist im ehemaligen Amtshaus untergebracht, das seinerseits schon im 16. Jahrhundert erwähnt und nach dem Stadtbrand von 1689 in barocker Fachwerkbauweise wieder aufgebaut wurde. Bemerkenswert ist auch die mittelalterliche *Stadtmauer*, die beim Stadtbrand von 1689 in großen Teilen stehenblieb. Das Langhaus der katholischen *Pfarrkirche St. Jakob* wurde 1906/07 mit neugotischem Turm an der Stelle mehrerer Vorgängerbauten errichtet, die bis ins Jahr 1070 zurückreichten. Von diesen haben sich in der Vorhalle ein romanisches Tympanon (2. Hälfte 12. Jahrhundert) mit der Darstellung von Christus, Jakobus und Johannes erhalten sowie der spätgotische Chor. Auch einige Epitaphe wurden in den Neubau übernommen, so außen am nördlichen Seitenschiff die große Grabplatte des 1415 verstorbenen Ritters Georg von Bach aus Schloß Neuweier. Die gemalten Glasfenster des Vorgängerbaus aus dem 19. Jahrhundert sind in die jetzigen Langhausfenster integriert. Zur Ausstattung der Kirche gehören eine Pietà aus dem 15. Jahrhundert in der Taufkapelle und eine Madonna mit Kind (um 1480) am linken Triumphbogenpfeiler.

In der Nähe des Friedhofs steht das *Meister-Erwin-Denkmal* an der Straße, die ebenfalls nach dem Baumeister benannt ist. Das 1844 errichtete Monument wurde vom Bildhauer Andreas Friedrich (1798–1877) aus dem Elsaß geschaffen. Von ihm stammt auch das Totengräberdenkmal am neuen Hauptfriedhof von Baden-Baden. Die auf hohem Sockel stehende Skulptur ehrt mit dem Meister Erwin von Steinbach (1240/50–1318) den Baumeister der Westfassade des Straßburger Münsters. Nachdem der Meister über Jahrhunderte in Vergessenheit geraten war, begann Johann Wolfgang von Goethe, der sich während seiner Studienjahre in Straßburg von dem gotischen Münster in den Bann ziehen ließ, nach dessen Erbauern zu forschen. Er stieß auf Meister Erwin, der urkundlich nie als ›von Steinbach‹ genannt ist, aber sehr wahrscheinlich aus der Reblandgemeinde stammt. Der Dichter setzte ihm 1772 ein Denkmal mit dem Aufsatz ›Von deutscher Baukunst – D. M. Ervini a Steinbach‹.

Schon vor dem eigentlichen Ortseingang von *Neuweier* steht an der linken Straßenseite das im 13. Jahrhundert erbaute **Schloß Neu-**

»Was brauchts Dir Denkmal! Du hast dir das herrlichste errichtet; und kümmert die Ameisen, die drum krabbeln, dein Name nichts, hast du gleiches Schicksal mit dem Baumeister, der Berge auftürmte in Wolken.«

Johann Wolfgang von Goethe über Meister Erwin

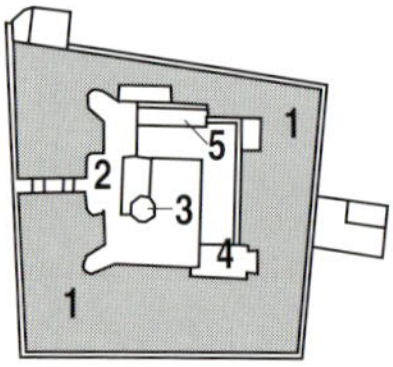

Schloß Neuweier

1 Schloßgraben
2 Herrenhaus
3 Treppenturm
4 Kapelle
5 Terrasse

weier als eine der schönsten deutschen Tiefburgen. Zusammen mit dem im 18. Jahrhundert abgebrochenen ›Oberen Schloß‹ war die repräsentative Wasserburg als ›Unteres Schloß‹ Ausgangspunkt für die Siedlungen ›Negelwire‹ (1309), ›Newyr‹ (1488) und später Neuweier. Eine knapp 4 m breite Durchfahrt im Gebäude der ehemaligen Stallungen führt direkt in die Vorburg, die nach Westen und Norden hin von Wirtschaftsgebäuden mit großem Schloßkeller umgeben ist. Vom Parkplatz aus kann man das untere Schloß über einen Steg direkt begehen. Trotz mehrmaliger Zerstörungen (1525 im Bauernkrieg, dann im Dreißigjährigen und im Spanischen Erbfolgekrieg) hat der in seinen Ursprüngen wahrscheinlich fränkische Meierhof viel an historischer Bausubstanz bewahrt. Auch wenn ein etwa 4 m tiefer und unterschiedlich breiter *Schloßgraben (1)* den Herrensitz umfaßt, war das stattliche Renaissanceschloß wohl nie als Wehrburg erbaut worden, dazu liegt es im Tal strategisch zu ungünstig.

Das *Herrenhaus (2)* auf einer rechteckigen Grundfläche von knapp 500 m^2 hat eine breite dreigeschossige Fassade mit symmetrischer Gliederung, einem überbauten gotischen Spitzbogentor, das beidseitig durch runde, etwa 6 m hohe Türme eingefaßt ist, und zwei wuchtigen Flankierungstürmen als seitliche Abschlüsse. Über dem Eingangstor macht ein in Sandstein gearbeitetes Allianzwappen auf Philipp von Dalberg, den Erbauer des Schlosses, aufmerksam (6 Lilien und Erbauungsjahr 1548). Das innere gotische Tor deutet mit seiner Wuchtigkeit auf ein höheres Alter hin. Auch die Eingangshalle gehört mit zwei gotischen Toren und Kreuzrippengewölbe zum älteren Bestand des Schlosses. Die Reliefs mit den Fabeltieren über der Tür zur Turmtreppe sind stilistisch sicher noch früher einzuordnen. Ein *Treppenturm (3)* mit oktogonalem Grundriß dominiert den Innenhof und ragt über die barocken Mansardendächer des Schlos-

Schloß Neuweier

ses hinaus. Die durch ein Renaissanceportal begehbare Wendeltreppe des Turms führt in die zwei bewohnten Obergeschosse, über dem Portal erscheint erneut das Allianzwappen Dalberg-Cronberg, gerahmt von zwei Pilastern und der Inschrift des Erbauers auf einer Halbrosette. An der Ostseite kommt man zur alten *Kapelle (4)*, einem niedrigen, einschiffigen Annex der Vierflügelanlage des Schlosses, darüber ein zweigeschossiger Anbau mit Sandsteinerker von 1895. An der Nordseite des Schloßbaus befand sich einst der *Rittersaal*, dessen Ruine heute als überdachte *Terrasse (5)* des Schloßrestaurants dient. Auch die Südseite, in dessen Erdgeschoß der Gastraum des Restaurants untergebracht ist, verbindet gotische, wie die bis zum ersten Stockwerk reichenden Buckelsteine, mit neueren Bauteilen. Ehemalige Besitzer des Schlosses Neuweier haben sich auch in das Buch der Weingeschichte eingeschrieben: 1785 ließ sich der Besitzer Franz Philipp von Knebel und Katzenellenbogen das Privileg übertragen, den Wein wie im Frankenland auch in die bauchigen Boxbeutelflaschen abfüllen zu dürfen.

Ein Ausflug ins Murgtal

Besonders sehenswert
Schloß Eberstein ☆☆
Gernsbach:
Altes Rathaus ☆
Liebfrauenkirche ☆

Südlich von Gernsbach, das als eigentliche Pforte zum Murgtal und als dessen historische Hauptstadt gilt, liegt über dem Tal der Murg **Schloß Eberstein**. Die im 13. Jahrhundert errichtete und später erweiterte Anlage wurde 1803/04 durch Friedrich Weinbrenner den Repräsentationsbedürfnissen der badischen Großherzöge angepaßt. Beachtenswert ist der zweigeschossige *Kavaliersbau* Weinbrenners mit seinen fünf Arkaden im Erdgeschoß. Der jetzige Bergfried ersetzte 1951 einen abgetragenen Vorgängerbau und dient als Aussichtsturm. Ältere Details der heute als Ausflugslokal genutzten Anlage, wie der Wappenerker am Torhaus oder Teile der Befestigung, heben sich noch deutlich ab. Der Schloßhof, der nur im Sommer zugänglich ist, beherbergt seit 1842 eine spätgotische Kreuzigungsgruppe aus rotem Sandstein, die aus Bad Herrenalb stammt. Sie geht auf die Schule des Niclaus Gerhaert zurück, den wir vom Kruzifix der Baden-Badener Stiftskirche kennen.

Am Marktplatz in **Gernsbach** sieht man zunächst das *Alte Rathaus*, das sich der reiche Murgschiffer Johann Jakob Kast 1618 als Stadthaus bauen ließ. Aufgrund der Ähnlichkeit mit dem Friedrichsbau des Heidelberger Schlosses wird auch dieser reichgegliederte Renaissancebau mit prächtigem Volutengiebel, Zierobelisken und einem über zwei Stockwerke reichenden polygonalen Erker dem Architekten Johannes Schoch (1550–1631) zugeschrieben. Die am Hang gelegene Altstadt von Gernsbach wird von der *Liebfrauenkirche* überragt. Der Kirchturm gehörte – wie der *Storchenturm* – zu der in großen Teilen erhaltenen Stadtbefestigung. 1833 ist der goti-

Schloß Eberstein

sche Kirchenbau mit dreischiffigem Langhaus um drei Joche nach Osten erweitert worden. Chor und Sakristei wurden in diese Neugestaltung einbezogen. Zur reichen gotischen Ausstattung der Kirche zählen unter anderem die in die Neuverglasung (19. Jahrhundert) der Maßwerkfenster eingearbeiteten Fragmente aus dem 14. und 15. Jahrhundert (Stifterfigur und Kreuzigungsgruppe), Taufstein und Weihwasserbecken aus dem 15. Jahrhundert sowie das ›Grab Christi‹ in der Vorhalle des Turms. Die evangelische Kirche *St. Jakob* liegt schon außerhalb der ehemaligen Stadtmauer. Im Chor des spätgotischen Saalbaus von 1467–71 befindet sich ein gut erhaltenes Sakramentshaus aus der Schule Niclaus Gerhaerts.

Nördlich von Gaggenau, der wirtschaftlichen Murgmetropole, in **Bad Rotenfels,** hat Friedrich Weinbrenner für Markgraf Wilhelm von Baden ein langgestrecktes zweigeschossiges *Schlößchen* gebaut. Eine Säulenvorhalle auf hohem Sockel betont die Mitte des mit einem Satteldach gedeckten Putzbaus, der heute Sitz der Landesakademie für Schul- und Amateurtheater ist.

Kuppenheims katholische Stadtkirche *St. Sebastian* ist eine neogotische dreischiffige Basilika (1902-04) von Johannes Schroth, deren gute, restaurierte Ausstattung der Erbauungszeit bemerkenswert ist. Sie besitzt einen prachtvollen Hochaltar in Jugendstilformen, einen Joseph- und einen Marienaltar als Seitenaltäre und aufwendig gestaltete Spitzbogen- und Rundbogenfenster.

Favorite: Das Porzellanschlößchen

Besonders sehenswert
Schloß Favorite ☆☆

Von Kuppenheim aus sind es nur wenige Kilometer bis zum **Lustschloß Favorite**, dem Schlößchen im Wald, das mehr Besucher als das Residenzschloß in Rastatt zählt. Seine Architektur demonstriert nicht Macht und Wehrhaftigkeit wie die Residenz, sondern Anmut und Ausgelassenheit. Wenige Jahre nach dem Tod des Markgrafen Ludwig Wilhelm ließ sich seine Witwe Sibylla Augusta 1710–12 diese Sommerresidenz errichten und in den Folgejahren ausstatten. Am Schloß und an dessen Ausstattung wirkte als Architekt Johann Michael Ludwig Rohrer, den die Markgräfin aus ihrer böhmischen Heimat geholt hatte und auch beim Ausbau in Rastatt zum Nachfolger des Italieners Domenico Egidio Rossi bestellte. Außerdem wird Franz Pfleger, ab 1714 Hausmeister und Verwalter von Favorite, große Kunstfertigkeit und Talent zur Einrichtung zugeschrieben. Schließlich ist es die Markgräfin selbst, die in der Auswahl von Material und Meublement eine sichere und entscheidende Hand gehabt haben soll.

Dem in einem lichten Wäldchen liegenden Schloß schließt sich an der Nordseite ein schöner Park an. Dem langgestreckten Mittelbau, der zur Rückseite zwei kurze Flügel aufweist, ist eine *Terrasse* mit doppelläufiger, geschwungener Freitreppe vorgelegt. Mit vielen kleinteiligen Motiven und einem sogenannten Grottenputz aus Granitstückchen und Murgkieseln hat bereits die Fassade einen sehr auffälligen Charakter. Im Inneren gruppieren sich die Räume um den zentralen *Festsaal (7)*, der sich als riesiger Lichtschacht durch drei Stockwerke hindurch bis unters Dach zieht. Nischen mit eingestellten plastischen Gruppen und reichverzierte Brunnen geben dem gefliesten Erdgeschoß seinen barocken Charakter. Nach oben hin werden Laubenöffnungen, Balustraden und auch die illusionistisch bemalten Gewölbe sichtbar. In der Beletage zweigen von dieser zentralen ›*Sala terrena*‹ westlich die Gemächer der Markgräfin und öst-

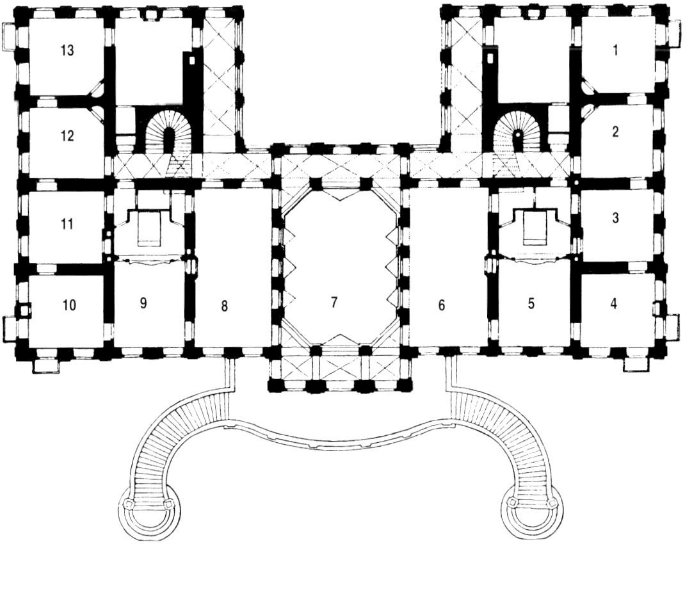

Schloß Favorite (Obergeschoß)

1 Wohnzimmer der Markgräfin
2 Familienzimmer
3 Schreibzimmer
4 Spiegelkabinett
5 Schlafzimmer der Markgräfin
6 kleiner Speisesaal
7 Festsaal
8 Audienzsaal
9 Schlafzimmer des Markgrafen
10 Florentinerzimmer
11 Arbeitszimmer
12 Chinesisches Zimmer
13 Wohnzimmer des Markgrafen

Schloß Favorite

lich die ihres Sohns, des Markgrafen Ludwig Georg, ab. Mehrere Räume, wie das *Spiegelkabinett (4)*, das *Chinesische Zimmer (12)* oder das *Florentinerzimmer (10)* sind an bestimmten Ausstattungsthemen orientiert. Einige Räume sind mit Scagliola-Fußböden, Wandbehängen mit mythologischen Darstellungen, Deckenfresken und Perlmuttarbeiten an den Wänden ausgestattet. Gläser, Spiegel, Lüster und schimmerndes Elfenbein erzeugen durch die vielfältige Brechung des Lichts einen eigenen Zauber.

Über die Stockwerke verteilt wird außerdem eine überaus kostbare Sammlung an Porzellan und Fayencen präsentiert, die das Schloß Favorite zu einem Porzellanschlößchen macht: Es ist heute das einzige dieser Art, nachdem das ›Japanische Palais‹ in Dresden im Zweiten Weltkrieg durch einen Fliegerangriff zerstört wurde. Die *Sammlung* des Favorite besteht aus mehr als 1500 Exponaten, die die Markgräfin zusammengetragen hat: rare chinesische Porzellane von der späten Ming- bis zur Yung-Cheng-Zeit; rotes chinesisches Steinzeug, das Vorbild für die Meißner Porzellanmacher war; Beispiele früher Meißner Produktion und Delfter blau-weiße Fayencen.

Nach aufwendiger Sanierung und Restaurierung ist seit 1993 auch die 1717 ebenfalls von Rohrer errichtete *Eremitage* mit der *Magdalenenkapelle* im Park des Schlosses wieder für Besichtigungen freigegeben. Der kleine achteckige Bau mit zentraler Kapelle und Glokkenturm, in den sich die Markgräfin zum Gottesdienst und zu Bußübungen zurückzog, steht mit seiner Schlichtheit in auffälligem Gegensatz zu der Pracht des Lustschlosses. Die Kapelle enthält eine Gruppe kostbarer Wachsfiguren biblischer Gestalten, mit denen sich die Markgräfin während ihrer Bußrituale gern umgab.

Detail aus dem Scagliola-Fußboden im Schloß Favorite

Rastatt: Barock und Revolution

Zur Stadtgeschichte

Besonders sehenswert
Residenzschloß ☆

Die Ausstattung mit all dem, was eine landesfürstliche Residenz einst benötigte, erhielt die kleine Barockstadt im ersten Drittel des 18. Jahrhunderts: ein Residenzschloß mit Schloßkirche und Gartenanlage, Stadtkirche und Rathaus, Pagodenburg, Einsiedelner Kapelle und Piaristenschule. All das verdankt der ehemalige Marktflecken vor allem seiner Lage in der Rheinebene. Nachdem während des Orléansschen Krieges 1689 das Baden-Badener Renaissanceschloß und die Stadt nahezu dem Erdboden gleichgemacht worden waren, entschloß sich der als ›Türkenlouis‹ in die Geschichte eingegangene Markgraf Ludwig Wilhelm von Baden, wie sein französischer Zeitgenosse Louis XIV., aus einem Jagdschloß ein repräsentatives Quartier zu machen. Nach dem Vorbild von Versailles entstand so in den Jahren 1699–1705 das weitläufige Barockschloß von Rastatt als neue Residenz. Und für die Ausmaße mit Park und Ehrenhof war die Ebene von Rastatt besser geeignet als das schmale Tal

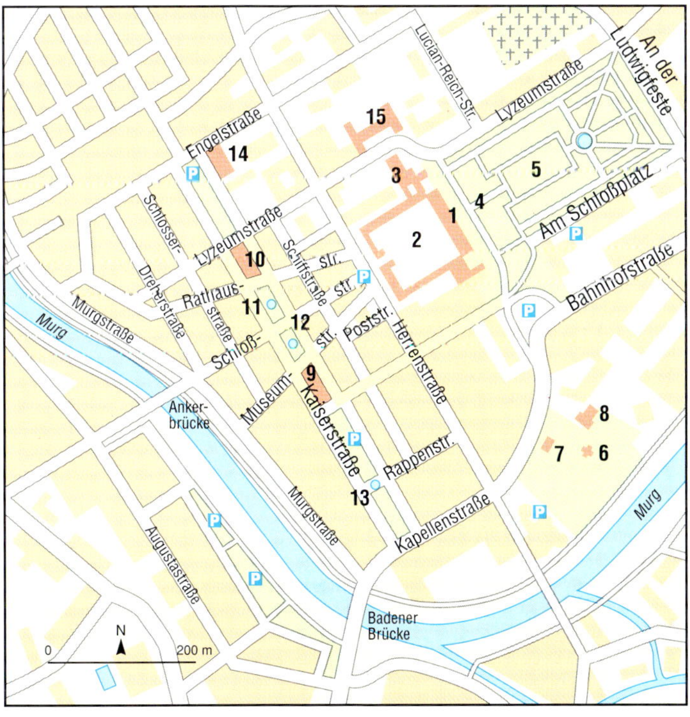

Rastatt

1 Residenzschloß
2 Ehrenhof
3 Schloßkirche
4 Schloßgarten
6 Pagodenburg
7 Einsiedelner Kapelle
8 Wasserturm
9 St. Alexander
10 Rathaus
11 Alexiusbrunnen
12 Johann-Nepomuk-Brunnen
13 Bernhardusbrunnen
14 Fruchthalle
15 Historische Bibliothek

von Baden-Baden. Das Schloß ist also eindeutiger Ausgangs- und Mittelpunkt der Stadt. Aber es war weniger der ›Türkenlouis‹, der als Bauherr der Barockstadt wirkte und seine Spuren hinterließ, als vielmehr seine Gemahlin Sibylla Augusta: 1705 war die markgräfliche Familie in die neue, noch nicht ganz fertiggestellte Residenz eingezogen. Dem Markgrafen selbst blieb dann allerdings nicht viel Zeit, die Pracht zu genießen. Er starb 1707. Als Witwe übernahm die tiefreligiöse Sibylla Augusta (gest. 1733) dann die markgräflichen Geschäfte, zu denen auch der Ausbau von Rastatt zu einer für das Barock typischen Stadtanlage gehörte, die von dem Architekten ihres Mannes, dem aus Italien stammenden Domenico Egidio Rossi angelegt worden war.

Im Mittelpunkt steht das erste große Barockschloß auf deutschem Boden; nördlich davon der Park, für dessen Anlage die bäuerlichen Vorbesitzer ins ›Dörfel‹ jenseits der Murg umgesiedelt wurden. Zu Füßen der Schloßanlage entstand die Stadt auf einem rechtwinkeligen Raster. Vom Schloß aus laufen – wie beim Vorbild Versailles – drei Straßen strahlenförmig in die Stadt (Rathaus-, Schloß- und Museumstraße). Dieser als Dreistrahl oder ›Gänsefuß‹ oft verwandte Entwurf sah den Schloßherrn als Herrscher, an dessen Residenz sich alles auszurichten hatte. In Rastatt findet dieser Hierarchiegedanke des Absolutismus seinen plastischen Ausdruck auch durch die klare Einordnung von Administration, Kirche und ›Hintersassen‹: dreigeschossig und alles überragend das Schloß, zweigeschossig (oft mit dreigeschossigem Mitteltrakt) die Verwaltungsbauten und Kavaliershäuser (Rathaus und Rossihaus), eingeschossige Modellhäuser für die aus dem Zentrum ausquartierten ›Hintersassen‹, die nicht in das höfische Leben eingebunden waren. Der langgezogene ehemalige Marktplatz, an dem sich das Rathaus und die Stadtkirche St. Alexander gegenüberstehen, ist ebenfalls in dieses System miteinbezogen.

Der für die Planung und Verwirklichung des Grundgedanken von Schloß- und Stadtanlage verantwortliche Domenico Egidio Rossi wurde nach dem Tod des Markgrafen Ludwig Wilhelm gleich durch Johann Michael Ludwig Rohrer ersetzt, der aus der Heimat der Markgrafenwitwe stammte. Dieser errichtete unter Markgräfin Sibylla Augusta nicht nur das Lustschloß Favorite und das Jagdschlößchen vor Baden-Baden, sondern mit der Schloßkirche, der Einsiedelner Kapelle und der Pagodenburg eine ganze Reihe von Bauten, die das Stadtbild von Rastatt noch heute prägen.

Pagodenburg und Wasserturm

Rastatt-Ansichten

Die Einsiedelner Kapelle und die Pagodenburg liegen einige Gehminuten außerhalb des historischen Zentrums am südöstlichen Innenrand des Bogens, den die Murg um die Innenstadt legt. Die **Pagodenburg** (6), ein 1722–24 am Nymphenburger Vorbild orientiertes kleines Gebäude mit achteckigem Grundriß, diente der markgräflichen Familie einst als Teehaus. Auf einer Hochterrasse der Murg liegt es als Aussichtspunkt in einer schönen Gartenanlage. Das zweigeschossige Kleinod mit oktogonalem Kern unterscheidet sich von seinem Münchener Vorbild lediglich durch den Dachaufbau: hier schiefergedeckte Walmdächer und Vasenbekrönungen, beim Original in München ein Flachdach. Der große Gesellschaftssaal, der die gesamte Erdgeschoßebene einnimmt, wird heutzutage zur Sommerzeit für Ausstellungen genutzt.

Einsiedelner Kapelle

Mit reichem Fassadenschmuck verziert zeigt sich die **Einsiedelner Kapelle** (7) in der Nachbarschaft der Pagodenburg. Sie stammt vom gleichen Architekten und gilt, 1715 errichtet, als Dankeszeichen der Markgräfin für den 1714 abgeschlossenen ›Rastatter Frieden‹, der den Spanischen Erbfolgekrieg als lange gesamteuropäische Auseinandersetzung beendete. Sie ist der Gnadenkapelle im schweizerischen Maria Einsiedeln nachgebildet, die Sibylla Augusta auf Wallfahrten besucht hatte. Die Rastatter Stiftung ist im Inneren schlicht ausgestattet und zeigt eine Kopie des Gnadenbilds von Einsiedeln: die von Putten und Blitzstrahlen umgebene ›Schwarze Madonna‹.

Der 1901 erbaute und 1975 restaurierte **Wasserturm** (8), ein einfacher Betonständer mit wenig auskragendem Behälterteil, antwortet mit seinem geschwungenen Dach auf barocke Formen der benachbarten Pagodenburg. Unterhalb des Turms befindet sich heute ein Café. Das nahe *Karlsruher Tor* erinnert an die Jahre 1842–90, als Rastatt eine deutsche Bundesfestung war. Die Festung, eine kriegsstrategische Einrichtung zur Bindung gegnerischer Kräfte an bestimmten Orten, wurde 1890, ohne auf die Probe gestellt worden zu sein, wieder geschleift. Lediglich die radikalen Demokraten und Aufständischen Badens hatten sich 1849 in der Festung verschanzt, um von den preußischen Hilfstruppen schließlich doch gefangengenommen und in großer Zahl hingerichtet zu werden.

Die katholische Stadtkirche **St. Alexander** (9) gilt als reifste Leistung des Johann Peter Ernst Rohrer (1687–1762), dem jüngeren der beiden Architekten-Brüder, und entstand nach seinen Plänen 1756–65. Sie wendet ihre reichgegliederte Schauseite zum ehemaligen Marktplatz hin, zeigt drei Portaleingänge und gipfelt in einem hohen Turm mit achtseitiger Haube. Auf Giebelpostamenten stehen vier Statuen von Schutzheiligen: Sie sollen, von links nach rechts, Pest und schwere Erkrankungen (Karl Borromäus), Gewitterschaden (Donatus), Überschwemmungen (Antonius von Padua) und Feuer (Florian) fernhalten. In der mittleren Nische befindet sich eine Marienstatue, und in der Vorhalle steht der verwitterte Grabstein des Erbauers Rohrer. Chor und Kirchenschiff haben nach einer grundlegenden Renovierung wieder ihr Gold und Weiß als angestammte Barockfarben zurückerhalten. Im einfach gehaltenen halbrunden Chor glänzt ein stattlicher barocker Hochaltar.

Das auf der gegenüberliegenden Schmalseite des Platzes stehende **Rathaus** (10) ist in der langen Bauzeit 1715–50 erst unter der Leitung des älteren Architekten Johann Michael Ludwig Rohrer entstanden, dann aber wohl unter seinem Bruder Johann Peter Ernst vollendet worden. Der zweigeschossige Bau mit Dachgeschoß und Türmchen orientiert die fünfachsige Giebelfront zum Platz hin und bot einst als offene Arkadenhalle den Marktleuten bei Regen einen Unterstand. Die Wappenfenster im Inneren des 1979 sanierten Rathauses geben die Partnerstädte Rastatts zu erkennen, zu denen seit 1986 auch das an der italienischen Adria gelegene Fano als Geburtsort von Domenico Egidio Rossi gehört. Daß ein Gedenkstein im Rathaus der Stadt, die zum Symbol für den Kampf um demokratische Rechte wurde, nicht an diejenigen erinnert, die hier ihr Leben für die Demokratie gaben, sondern an den ›Kartätschenprinzen‹ Wilhelm von Preußen, der den Aufständischen das Leben nahm, hat manchen Besucher schon verwundert.

Die ›bürgerliche Achse‹, die sich mit Kavaliershäusern, Kirche, Rathaus und Platzanlagen zu Füßen des Schlosses entlangzieht, findet in aufwendig gestalteten Brunnen schöne Bindeglieder. Auf dem Marktplatz sind dies der *Alexiusbrunnen* (11) von 1739 und der *Johannes-Nepomuk-Brunnen* (12), der 1730–35 entstand, beide werden Johann Peter Ernst Rohrer zugeschrieben. Die Seligsprechung des Markgrafen Bernhard von Baden bildete 1770 den Anlaß, an der Rückseite der Kirche den *Bernhardusbrunnen* (13) von Ignaz Lengelacher (1698 – um 1780) errichten zu lassen, er zeigt den Seliggesprochenen in idealisierter Jugendgestalt, das Medaillon am Sokkel den Initiator Markgraf August Wilhelm. Jüngeren Datums ist der gußeiserne *Guido-Pfeiffer-Brunnen* hinter dem Rathaus, der mit seinen Jugendstilelementen im Jahr 1901 von einem Bürger namens Guido Pfeiffer gestiftet wurde.

Anselm Kiefer, Wege der Weltweisheit: Die Hermanns-Schlacht, 1989/90, Städtische Galerie Fruchthalle

Kein Barock und trotzdem ein Muß ist für den kunstinteressierten Besucher von Rastatt die **Fruchthalle** (14) an der Kaiserstraße gleich neben dem Pfeiffer-Brunnen. Daß die 1993 eröffnete Städtische Galerie früher dem Fruchthandel diente, zeigen farbige Emailarbeiten von Jürgen Goertz an der Fassade. Der Karlsruher Architekt Helmut Bätzner hat an der Rückseite des Gebäudes, wo eine Hofsituation entsteht, zwei oktogonale Treppen- und behindertengerechte Aufzugstürme angebaut, die sich mit ihren Aluminium-Glas-Verkleidungen vom roten Sandstein des alten Gebäudes aus der Rastatter Festungszeit bewußt absetzen.

Im Inneren ist über der Erdgeschoßebene, auf der sich der Ausstellungsraum und ein angegliedertes Café befinden, eine zweite Ebene schwebend in den säulengetragenen Gesamtraum eingefügt, die sich über schräge Rampen erschließt. In der Eingangssituation nimmt Anselm Kiefers Werk ›Wege der Weltweisheit: Die Hermanns-Schlacht, 1989/90‹ eine ganze Wand für sich ein. Das aus 37 Holzschnitten von Gestalten der deutschen Geschichte aufgebaute Werk interpretiert der Ex-Rastatter Kiefer selbst als »Symbol für Rastatt«. Sammlungs- und Ausstellungsauftrag der Städtischen Galerie in der Fruchthalle ist die ›Kunst in Baden nach 1945‹. So besitzt die Galerie unter anderem Arbeiten von Horst Antes, Otto Dix, Karl Hubbuch, Hans Kuhn, Heinz Schanz und Alfonso Hüppi. Dazu kommt Druckgrafik mit Werken von Julius Bissier, Georg Baselitz und Markus Lüpertz als Leihgaben.

Auf dem Weg zum Höhepunkt von Rastatt, dem Residenzschloß, lassen sich bibliophile Menschen die **Historische Bibliothek** (15) im *Ludwig-Wilhelm-Gymnasium* neben dem Schloß nicht entgehen. In der Lyzeumstraße ist ein Schatz von 25 000 Bänden – die ältesten stammen aus dem15. Jahrhundert – gesammelt und zum Teil im Refektorium der ehemaligen Piaristenschule ausgestellt. Es war Markgräfin Augusta Sibylla, die 1715 aus ihrer böhmischen Heimat die Piaristenmönche zur Führung einer Lehranstalt nach Baden-Baden holte. Johann Peter Ernst Rohrer baute 1738–47 das Schulgebäude, in dem die neuen Lehrer kostbare Druckwerke sammelten. Eine große Bereicherung ihrer Büchersammlung brachte die Auflösung des ursprünglich von Jesuiten geführte Baden-Badener Kollegs 1808 und seine Vereinigung mit der Rastatter Piaristenschule zu einer gemeinsamen Lehranstalt. Zu der Sammlung gehören auch kostbare, von Albrecht Dürer illustrierte Bücher, eine 1498 in Augsburg gedruckte Ausgabe des ›Narrenschiffs‹ von Sebastian Brandt, zwei arabische Koranhandschriften und rund 150 Inkunabeln.

Residenzschloß

Die 1699–1705 entstandene Dreiflügelanlage, das älteste deutsche barocke **Residenzschloß** (1), umfaßt mit den niedrigen Flankenkörpern zur Stadt hin einen großen **Ehrenhof** (2). Die gesamte Anlage

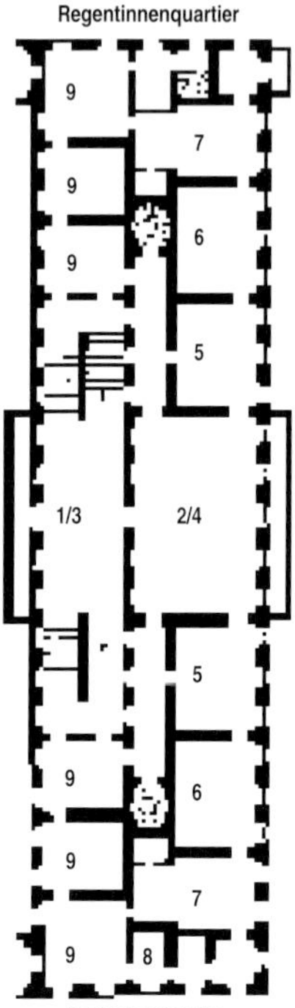

Residenzschloß

Erdgeschoß
1 Intrada
2 Sala Terrena

Obergeschoß
3 Antisala
4 Ahnensaal
5 Vorzimmer
6 Audienzzimmer
7 Schlafzimmer
8 Schreib- und Friedenskabinett
9 Privatzimmer zum Ehrenhof

wurde nach den Plänen des Italieners Domenico Egidio Rossi errichtet, wenn auch dieser 1707 sein Amt als Hofbaumeister auf Wunsch der Markgrafenwitwe Augusta Sibylla an die Gebrüder Rohrer (zuerst Johann Michael Ludwig und ab 1732 Johann Peter Ernst Rohrer) abgeben mußte. 1747–52 erlebte das Schloß eine zweite große Ausstattungsphase, wurde dann aber nach dem Aussterben der Badischen Linie vom markgräflichen Haus in Karlsruhe vernachlässigt. Aufwendige Sanierungen und Innenrestaurierungen, die noch fortgeführt werden, haben die Gemächer und Säle des Schloßmittelbaus seit 1989 wieder für Besichtigungen zugänglich gemacht.

Hinter dem Schloß, das hier eine breite Gartenfront bildet, öffnet sich ein großer **Schloßgarten** (4), dessen Gestaltung dem ›Türkenlouis‹ und den nachfolgenden Schloßherren viel Kopfzerbrechen bereitete. Und am Schicksal dieses Gartens läßt sich ein Teil badischer Geschichte ablesen: Der von Domenico Egidio Rossi 1699/1700 dem Markgrafen vorgelegte Plan beinhaltete neben dem Schloß und einer dazugehörenden Stadtanlage auch einen Schloßpark. Schloß und Stadt konnten plangemäß verwirklicht werden, der Garten nicht. Beim Tod des Markgrafen 1707 war seine Anlage nicht abgeschlossen. Und erst etwa 65 Jahre später kümmerte sich Markgraf Carl Friedrich um eine Neuanlage dieses Gartens. Sie bestand bis 1832 und wurde dann in Felder, Kleingärten und Bestandteile der Bundesfestung umgewidmet. Auch dem von Max Laeuger (s. S. 109 und 146 f.) in den 20er Jahren angelegten ›Volksgarten‹ war keine segensreiche Zeit beschieden. Er verwilderte in den Kriegs- und Nachkriegsjahren. Erst 1988 konnte der Gartenarchitekt Gunnar Martinsson den Garten in eine schöne Form bringen, die sich in einen schloßbezogenen, geometrisch angeordneten Teil, der auf den überlieferten Zustand zurückgeht, und in einen landschaftlichen Teil mit Liege- und Spielwiese gliedert.

Die zur Stadt gerichtete Schauseite des Schlosses besteht aus dem zentralen, dreigeschossigen **Corps de Logis** als Aufenthaltsort der Herrschaften und zwei niedrigeren Seitenflügeln; vom Ehrenhof aus gesehen rechts der Südflügel als ursprünglicher **Bibliotheksbau** und links der **Kongreßbau**, der so heißt, weil hier in einem Saal 1797–99 beim ›Rastatter Kongreß‹ über einen europäischen Frieden mit dem Napoleonischen Frankreich verhandelt wurde. Zahlreiche Fenster, durchlaufende geschoßbetonte Kranzgesimse und eine statuenbesetzte Dachbalustrade betonen am Mittelbau die Waagerechte. Eine vertikale Ausrichtung kommt dabei allein dem wenig hervortretenden Mittelrisalit zu. Sechs Rundsäulen, die einen Balkon im Hauptgeschoß tragen, darüber erhöhte Mezzaninfenster, Rundfenster im Attikageschoß und die bekrönende Figur des Blitze schleudernden Jupiters auf einem Laternenturm akzentuieren die Mitte. Am Fuß des Laternenturms ermöglicht eine Plattform den weiten Blick über die Stadt und in die Ebene. Der Jupiter auf dem Dach, auch ›Goldener Mann‹ genannt, ist eine Kopie. Das Original findet sich im Vestibül des Schlosses vor der Tür zum Ahnensaal.

Residenzschloß

Die Eingangshalle im **Corps de Logis** weist mit dem Namen ›*Intrada*‹ *(1)* auf den italienischen Architekten und auf die Dominanz aus italienischer Architektur entliehener Stilelemente hin. Die von der Eingangshalle aus auf der Erdgeschoßebene erreichbare ›*Sala Terrena*‹ *(2)* und das doppelläufig geführte *Treppenhaus* kündigen schon an, was den Besucher im Obergeschoß an Prachtentfaltung erwartet: festlich überbordendes Barock mit stuckbeladenen Gewölben, und überall Putten und Hermen. Neben und nach den italienischen Stukkateuren, die hier unter Rossi wirkten, waren Mitte des 18. Jahrhunderts auch einige deutsche Kunsthandwerker tätig. Johann Schütz, von dem auch das Epitaph Ludwig Wilhelms in der Baden-Badener Stiftskirche stammt, hat den Gartensaal mit großartigen Stuckarbeiten versehen. Beide Treppenaufgänge weisen Deckendurchbrüche auf und geben den Blick bis ins Mezzaningeschoß auf Deckengemälde frei. Das in den Bildprogrammen der repräsentativen Barockmalerei beliebte mythologische Thema vom Sonnengott Apoll und dessen Sohn Phaeton symbolisiert hier den souveränen Herrscher, dessen Autorität die machthungrigen, unbedachten und deshalb scheiternden Fürsten nicht gefährden können.

Beide Treppenläufe vereinigen sich im ersten Obergeschoß in der *Antisala (3)*, einem niedrig gehaltenen Vorraum, der die riesigen Dimensionen des von hier aus zu betretenden *Ahnensaals (4)* (auch Festsaal) noch mehr zur Geltung kommen läßt. In dem zweigeschossigen Raum und in den anschließenden Gemächern ist der Sieg des christlichen Kriegsherrn Ludwig Wilhelm über die Türken in einer Welt aus Hermen, goldverzierten Rocaillen, Wappen, Marmor, Holzvertäfelung, Stuck und (inzwischen falschen) Lüstern nachgezeichnet. Auf das obere Ende der schweren rötlichen Wandpilaster stukkierte Giovanni Battista Artario (geb. 1660) türkische Gefangene,

Residenzschloß, Detail

das Deckengemälde von Giuseppe Roli (1645–1727) stellt die ›Apotheose des Herkules‹ dar, als Metapher auf die Heldentaten des Türkenlouis. Vom Ahnensaal aus erschließen sich das *Regentenquartier* als südlicher Teil des Stockwerks und das *Regentinnenquartier* in entgegengesetzter Richtung.

Die *Regentenzimmer* mußten dem höfischen Zeremoniell genügen, entsprechend hochherrschaftlich prächtig und thematisch ausgerichtet ist auch die Dekoration mit den Fresken von Paolo Manni: Tugenden des klugen und starken Herrschers im *Vorzimmer (5)*, im *Audienzzimmer (6)* wieder das Apollo-Thema. Die relativ kleinen Fresken sind deutlich durch ihre Rahmen von der Architektur abgegrenzt.

Die *Räume der Markgräfin* zeigen sich dagegen verspielter und sinnenfreudiger. Die Dekoration von Guiseppe Roli und seinen Mitarbeitern durchbricht die engen Grenzen zwischen Malerei und Stukkatur, wie auch die zur Architektur, und ist eines der frühesten in Deutschland erhaltenen Beispiele dieser aus Italien stammenden und für ihre Zeit modernen Kunstauffassung. Für den Betrachter verschwimmen zwar durch vorgetäuschte Plastizität und Scheinarchitektur die Bereiche der einzelnen Gestaltungsebenen, er gewinnt dafür aber den Eindruck einer großartigen Einheitlichkeit der gesamten Raumausstattung. Auch hier herrschen antike mythologische Themen vor, die aber eher sinnlichen und privaten Charakter haben: Bacchus und Ariadne, die Erziehung des Herkules, die ruhende Venus; und in den *Privatzimmern zum Ehrenhof (9)* Fresken von Guiseppe Antonio Caccioli (1672–1740): Juno und Flora.

Nach einer Romreise 1719 beauftragte die Markgräfin Johann Michael Ludwig Rohrer mit dem Bau der **Schloßkirche** und der direkten Verbindung zu ihren Gemächern, der **Heiligen Steige,** nach dem Vorbild der ›Scala Santa‹ im Lateran. Die Schloßkirche dominiert der Hochaltar, der in einem stark erhöhten Chor plaziert ist. Zwei mit Eisengittern gefaßte Treppenläufe führen zu dem raumbeherrschenden Altar, der von einer Wolkenglorie mit Gottvater und der Taube des Heiligen Geistes bekrönt ist. Die im Vergleich zu den Schloßgemächern trotz aller Pracht eher düstere Deckenbemalung des einschiffigen Kirchenraums hat die Heiligkreuzlegende zum Thema: die Auffindung des Kreuzes Christi durch die heilige Helena (in der Gestalt der Sibylla Augusta). Der aus Böhmen stammende Johann Hiebel (1681–1755) fertigte das Gemälde 1722 an. Die gewölbetragenden Pilaster sind mit schweren gestickten Seidenbespannungen versehen. Kostbar gekleidet sind die beiden künstlichen Skelette in den Glaskästen an den Längsseiten des Kirchenschiffs, die Reliquien der Heiligen Theodora und Theodor enthalten sollen.

Um ›Leben und Tod‹ geht es hier im Residenzschloß auch bei der seltsamen und widersprüchlichen Zusammenführung zweier Museen: Auf ein und derselben Ebene werden im Mittelbau des Erdgeschosses Wehrgeschichte (nach absehbarer Sanierung auch im Südflügel) und Freiheitskämpfe präsentiert. Eigentliche Gegner –

Residenzschloß, Blick ins Treppenhaus

Obrigkeit und nach Demokratie strebendes Aufbegehren – in scheinbar trautem Einvernehmen. Hier die Totenmaske von Napoleon, dort die von Heinrich Heine. Im *Wehrgeschichtlichen Museum* setzt sich auch die Huldigung des Türkenlouis und anderer Feldherrn fort. Das Großdiorama der Schlacht bei Slankamen läßt erahnen, wie es aussah, als 1691 nördlich von Belgrad mehr als 20 000 Türken sterben mußten. Das Bundesministerium für Verteidigung präsentiert mit der deutschen Wehrgeschichte vom Mittelalter bis zum Ende des Napoleonischen Zeitalters ein Stück nicht immer rühmliche Geschichte mit 120 000 Exponaten. Geschichte von Kriegen zu dokumentieren ist sicher notwendig, bedauerlich, daß die Schrecken dieser Kriege und das Leid, das sie den Opfern zufügen, kaum gewürdigt werden.

Lehrreicher für eine Demokratie ist sicher die Ausstellung im linken Flügel des Schlosses: die *Erinnerungsstätte für die Freiheitsbewegungen in der deutschen Geschichte.* Die vom Bundesarchiv in Frankfurt mit modernen didaktischen Medien ausgestattete Gedenkstätte wurde 1974 vom damaligen Bundespräsidenten Gustav Heinemann hier im Schloß eröffnet, weil Rastatts Geschichte eng mit dem Ringen um die Durchsetzung demokratischer Prinzipien in Deutschland verbunden ist: Rastatt war 1848/49 ein Zentrum des Aufstandes, und die dort stationierte Garnison hatte der Obrigkeit im Mai 1849 den Gehorsam verweigert. Preußische Truppen, die zur Niederschlagung des Aufstands eingesetzt wurden, brachen nach dreiwöchiger Belagerung den Widerstand der Stadt. 19 Aufständische wurden standrechtlich erschossen.

Ein Modell der Paulskirche erinnert an den Ort der Deutschen Nationalversammlung und der Kabinettstisch an die erste, aus Wahlen hervorgegangene gesamtdeutsche Regierung. Nicht nur die Wurzeln des demokratischen Parlamentarismus, auch Einzelpersonen und Bewegungen werden hervorgehoben, die sich, oft unter großem persönlichem Einsatz, für die Durchsetzung demokratischer Ziele und Bürgerrechte stark machten. Man begegnet dabei der frühen deutschen Arbeiterbewegung ebenso wie den katholischen Laienorganisationen, einer Büste nach der Totenmaske Heinrich Heines wie auch den badischen Revolutionären Friedrich Hecker und Gustav von Struve.

Autobahnkirche St. Christophorus, Bildtürme nach Himmelsrichtungen

- O Noah: wissen woher
- S Moses: Freiheit und Gesetz, Gott und Gesellschaft
- W Johannes der Täufer: wissen wohin
- N Elia: der Einzelne und die Macht, Menschenrechte

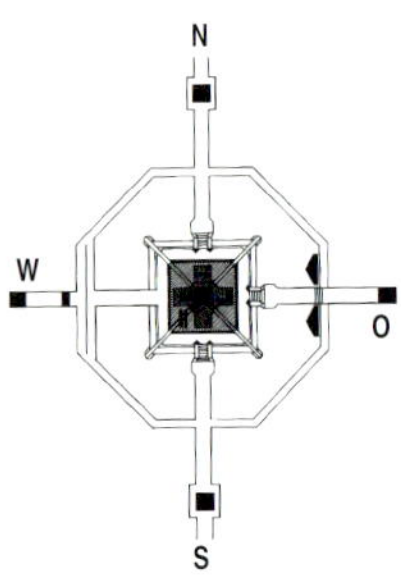

Auf dem Rückweg nach Baden-Baden sollte man nicht an der sehenswerten **Autobahnkirche St. Christophorus** direkt hinter der Autobahnraststätte Baden-Baden vorbeifahren. Architekt der 1976–78 gebauten Kirche ist Friedrich Zwingmann, das gesamte künstlerische Programm entwarf Emil Wachter: Im Schnittpunkt zweier Baumalleen steht die pyramidenförmige Kirche aus Beton, Kieselputz, Holz, Glas und Schiefer, deren zentrales Thema das Kreuz als christliches Motiv wie auch als Symbol eines Treffpunkts ist. Im Abstand von etwa 50 m flankieren vier reichreliefierte ›Bildtürme‹ die Kirche. Jeder Turm trägt einen Namen und damit ein Programm: im Osten Noah – wissen woher; im Westen Johannes der

Bildtürme der Autobahnkirche St. Christophorus von Emil Wachter
Links: Moses-Turm
Rechts: Johannes-Turm

Täufer – wissen wohin; im Norden Elia – der Einzelne und die Macht; im Süden Moses – Gott und Gesellschaft. Durch angedeutete Eingangstore und breite Treppen beziehungsweise Rampen für Rollstuhlfahrer, die den mit Kieseln besetzten Sockel der Pyramide überwinden, kommt man von vier Seiten ins Innere der hell und transparent wirkenden Oberkirche.

Auch der Kirchenraum folgt dem Motiv des Kreuzes. Unter dem im Zentrum angebrachten Oberlicht mit einem kreuzförmigen Schlußstein steht ein Kreuz als Mittelpunkt; etwas versetzt davon auf leicht erhöhtem Podest der Altar als einfacher Quader. Die von Wachter gestalteten Portale und Glasfenster verlaufen als durchgängiges Farbenband mit dem Leidensweg Christi unter der Schräge der Pyramide. Plastisch stark herausgearbeitete Betonreliefs setzen sich auch in der Krypta des Pyramidensockels fort, die sich als Raum der Stille und der hier notgedrungen wohl immer kurzen Besinnung zeigt.

Die Kunst des Verwöhnens

Hotels und Gastronomie

»Hospes hospiti sacer« – der Gast sei dem Gastgeber heilig, der Satz läßt sich auch in der Umkehrung übersetzen und legt es dann dem Gast nahe, seinen Gastgeber zu ehren. »Wie lebt es sich in der Nachfolge eines Cäsar Ritz, Herr Schmitz?« Der langjährige Direktor von ›*Brenner's Park-Hotel*‹ plaudert in einem Tischgespräch über die Kunst, den Gast zu verwöhnen. Es geht dabei um Mitarbeitermotivation, Wünsche und Sonderwünsche der Gäste, Standards von Luxushotels, Einrichtungen von Zimmern und Suiten sowie die korrekte Anrede von hohen und höchsten Herrschaften beim Empfang. Wir hören, daß Luxushotels in Fernost pro Zimmer drei bis vier Mitarbeiter aufweisen und dabei ihre Personalkostenrate unter 20 % vom Umsatz halten können, während in deutschen Luxushotels ein bis eineinhalb Angestellte pro Zimmer fast 50 % des Umsatzes ausmachen. Es ist von Exzellenzen die Rede und von Filmstars oder Sportidolen, die im Gästebuch des Hauses nach den beiden Weltkriegen den Platz der Kaiser und Könige eingenommen haben. Wir sprechen aber auch über die Macht des Geldes, sich über jedes Stilempfinden hinwegzusetzen und den Scheck auch zum Zahlungsmittel für Schikane oder ungebührliches Verhalten zu machen.

»Heute ...«, so Richard Schmitz, »... gibt es unterhalb gesetzlicher Bestimmungen keine einheitlichen Normen und kein allgemein gültiges Formempfinden mehr. Es kann deshalb nur unser Bemühen sein, durch das Ambiente des Hauses sowie durch eine zuvorkommende und freundliche Haltung gegenüber unseren Gästen erkennbar hohe Standards zu setzen. Wenn der Gast diese Standards mit uns teilt, dann ist Raum zur Entfaltung dieses zauberhaften und unausgesprochenen Einverständnisses zwischen Gast und Gastgeber; dann ist es eine Freude, als Gastgeber die Perfektion anzustreben.« Die Kunst des Verwöhnens braucht also beides: das kommode bis luxuriöse Haus mit dem zuvorkommenden Gastgeber, aber auch den Gast, der in der Lage ist, den vorgegebenen Rahmen eines Hauses zu würdigen. Beide Voraussetzungen sind nie gesichert. Sie müssen immer wieder angestrebt und neu gewonnen werden. Baden-Baden bietet dazu ein ausgezeichnetes Übungsfeld. Die Kunst des Verwöhnens hat hier in den römischen Bädern ihre Wiege, und daraus erwuchsen mit den Badeherbergen, Gasthäusern, Badehotels, Luxushotels und dann auch mit Familienhotels und Pensionen alle Möglichkeiten, sich von den verschiedensten Facetten der Gastlichkeit verwöhnen zu lassen.

Von der Badeherberge zum Luxushotel

Die Ausgrabungen der römischen Bäder in Baden-Baden haben gezeigt, was auch andernorts nachzuweisen ist: Die Antike besaß eine hochstehende Kultur des Genusses und der Gastlichkeit. Auf-

Erhard Schlitzor, gemeinsames Bad mit Schmauserei und Musik, kolorierter Holzschnitt; Titelblatt zu Laurentius Phries, ›Tractat der Wildbeder nutuer‹, Straßburg 1519

wendig gearbeitete keramische Gefäße, repräsentative Bäderbauten und Möglichkeiten zur Erholung waren dabei nicht nur den ranghohen Offizieren vorbehalten, sondern trugen auch zum Wohl einfacher Legionäre bei. Nach den Römern sollte es dann allerdings mehr als 1000 Jahre dauern, bis Baden-Baden wieder als gastliche Stadt von sich reden machte. Für das 15. Jahrhundert lassen sich mit dem ›*Salmen*‹ (1440), dem ›*Ungemach*‹ (1470) oder dem ›*Baldrich*‹ (vor 1460) erste bedeutsame Badeherbergen urkundlich greifen. Zu Beginn des 16. Jahrhunderts standen 12 Badehäuser zur Verfügung, von denen zehn zugleich Herbergsbetriebe mit insgesamt 110 Fremdenzimmern gewesen sein sollen. Ihre Bedeutung dokumentiert Merian 1643 in seiner Stadtansicht von Baden-Baden (s. S. 6/7).

»...du solt meiden das werck der liebe dweil du badest...«

Aus den 12 Baderegeln des Arztes Laurentius Phries von 1537

Einen ausführlichen Einblick in das mittelalterliche Badeleben bietet das Kapitel ›Kunst des Kurens‹. Zeitzeugen berichten über die in den Badehäusern sinnlich aufgeheizte Atmosphäre, über die vielfältigen Vergnügungen neben dem Baden, und so wird es verständlich, daß Markgraf Christoph I. 1488 eine entsprechende Verordnung zur Eingrenzung erlassen mußte. Was disziplinarische Erlasse und ärztliche Ratschläge nicht vermochten, bewirkte der große Stadtbrand von 1689 mit Gewalt: er setzte dem fröhlichen Treiben in der Bäderstadt für längere Zeit ein Ende. Einige renommierte Badeherbergen wie der ›Salmen‹, der ›Baldreit‹ oder der ›Hirsch‹ konnten ihre Häuser im 18. Jahrhundert wieder aufbauen und im Falle des ›Hirsch‹ bis heute eine jahrhundertelange Tradition fortführen. Aber trotz eines Gästezuspruchs, der mehreren Herbergen ihre Existenz sicherte, waren die Jahrzehnte nach dem Stadtbrand durch sozialen und kulturellen Niedergang gekennzeichnet. Das Residenzschloß lag jetzt in Rastatt, das Gymnasium war zu einer Mittelschule mit fünf Lehrern degradiert worden, Handel und Handwerk dominierten ein heruntergekommenes Gemeinwesen. Die Gäste wurden »von einer Rotte Bettler angefallen und umzingelt«, sobald sie die Herbergen verließen. Und überall in der Stadt fand man »offene Misthäufen und andere Unreinlichkeiten«. So stand es im Visitationsbericht des Hofkammerrats Dürrfeld, der Baden-Baden 1765 im Auftrag des Markgrafen inspizierte. Eine Gaststättenverordnung war die Folge des Berichts.

Die zweite Hälfte des 18. Jahrhunderts bringt dann die Wende zum Besseren: Der Bau des Promenadenhauses deutet schon 1766 an, daß man in Baden-Baden den Aufschwung sucht; das Bürgertum strebt nach oben und läßt sich 1788 vom Freiherrn von Knigge ein gebührliches Benehmen beibringen. Die Wende zum 19. Jahrhundert zeigt sich dann als Wende von Gasthaus und Herberge zum ›Hotel‹. Nicht zufällig ist es Friedrich Weinbrenner, der als großer Baumeister des aufstrebenden Kurorts 1807–09 das ehemalige Kapuzinerkloster zum ersten Luxushotel Europas umbaut: Der ›*Badische Hof*‹ war eine gemeinsame Investition des Verlegers Johann Friedrich Cotta und des Staatsrechtlers sowie geschäftstüchtigen Reisebuchautors Johann Ludwig Klüber (s. S. 87 ff.). Sie nutzten die renommierten Zeitungen des Verlegers und andere Publikationen, um Baden-Baden mit dem ›Badischen Hof‹ als attraktives Reiseziel vorzustellen. So liefert Klüber 1810 mit der zweibändigen ›Beschreibung von Baden‹ eine vielbeachtete Programmschrift der Romantik und Geselligkeit; zwei Elemente, die sich bald als Kapital von Baden-Baden erweisen sollten. Die Ausstattung und Einrich-

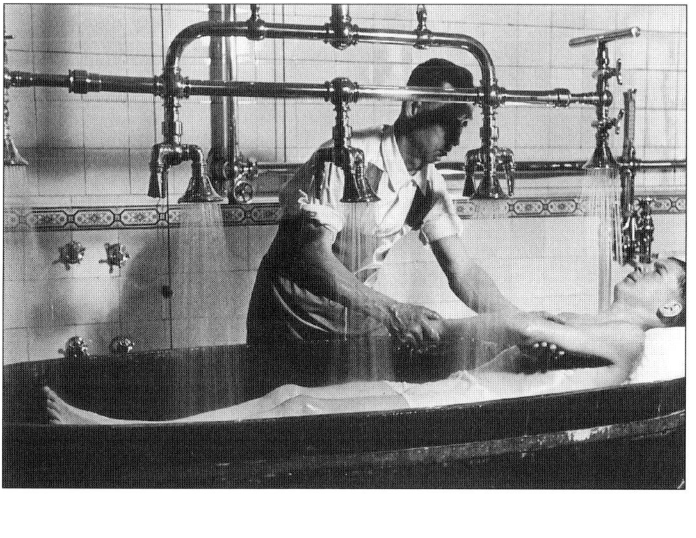

Unterwassermassage in der Thermalkuranstalt Baden-Baden, Fotografie von Hans Saebens, 1930

›Maison Messmer‹, um 1865/70

tung des neuen Badehotels mit Badehaus, individuellen Badekabinen, großen Appartements, vornehmen Speise-, Spiel- und Gesellschaftsräumen wurde beispielgebend und zeigte Baden-Baden den Weg in die Zukunft der Hotellerie.

Als das 19. Jahrhundert Baden-Baden zu einem Weltbad aufsteigen sieht, geht damit natürlich auch der Bau erster Palast- oder Luxushotels einher, die im Kurviertel einen anderen Zuschnitt und Komfort aufweisen sollten als die älteren Badeherbergen der Altstadt. Eine präzise Abgrenzung gegenüber dem Begriff des Gasthauses oder der Herberge läßt sich nicht ziehen. Wohl aber zeigt sich in der internationalen Bezeichnung ›Hotel‹, die erstmals 1790 in New York belegt ist, eine Reaktion auf die steigende Anzahl von Reisenden aus aller Welt mit höheren Ansprüchen an Beherbergung und Bewirtung. Hierfür mußten auch neue Bauformen gefunden werden. Den Anfang macht dabei der von Weinbrenner 1807–09 vom Kapuzinerkloster zum Hotel umgebaute ›Badische Hof‹. Es folgen in Kurviertellage 1833/34 die ›Maison Messmer‹ (1957 abgerissen); 1835/36 der inzwischen ebenfalls nicht mehr erhaltene ›Französische Hof‹ und der ›Englische Hof‹, von dem an der Fieser-Brücke heute noch Teile als ›Atlantic‹ erhalten sind; 1840 der ›Europäische Hof‹ und der inzwischen verlorene ›Russische Hof‹; 1855 das Hotel ›Stephanie-les-Bains‹, dessen Nachfolge ›Brenner's Park-Hotel‹ angetreten hat. Weiter entstanden entlang der Allee das ›Bellevue‹, das ›Parkhotel‹ und das ›Hotel Zum Bären‹; an den Boulevards am Rand der Altstadt der ›Darmstädter Hof‹, das ›Victoria‹, der ›Hof von Holland‹ und der ›Petersburger Hof‹.

Stilistisch sind diese in der Regel mit drei bis vier Stockwerken und Flachdach ausgestatteten Hotelbauten an einem schlichten Klassizismus beziehungsweise an der Neorenaissance orientiert. Die

Innenausstattung verweist mit prächtigen Entrées, großzügigen Treppenaufgängen, repräsentativen Speisesälen, Rauch-, Lese- und Damenzimmern sowie Suiten auf Vorbilder aus den USA, England, Frankreich und besonders dem Hotelmusterland Schweiz. Lediglich die Bäder mußten noch hundert Jahre warten, bevor sie ihre Umwandlung von der kargen Waschecke zum Luxusbad mit weißem Marmor und vergoldeten Armaturen erlebten.

Die internationalen Namen der zum Teil noch existierenden Hotels verweisen auch auf die damalige Klientel der Stadt. Daß Frankreich in der zweiten Hälfte des 19. Jahrhunderts international zum Inbegriff des ›Savoir-vivre‹ wurde, zeigt sich ebenfalls an den Namen der genannten Häuser: Der ›Europäische Hof‹ firmierte bald als ›Hôtel de l'Europe‹, der ›Englische Hof‹ als ›Hôtel d'Angleterre‹, der ›Hirsch‹ als ›Hôtel et Bains du Cerf‹ und so weiter. Die angestammten Namen kamen aber bald wieder zurück. Dafür sorgte 1870/71 der Deutsch-Französische Krieg. Für die Gründungsgeschichte der großen Baden-Badener Hotels ist der ›*Badische Hof*‹ insofern untypisch, da Cotta und Klüber keine ortsansässigen Besitzer waren, während die deutliche Mehrheit der Häuser von heimischen Hoteliers geführt wurde. Die gastliche Tradition der Stadt hatte eine geschäftstüchtige Schicht entwickelt, und so verhinderten Persönlichkeiten wie Brenner, Silberrad und Saur (›Bellevue‹), Messmer (›Maison Messmer‹), Meir (›Europäischer Hof‹) oder Stadelhofer (›Englischer Hof‹), daß fremde Investoren in die Domäne der badischen Hoteliers einbrachen.

Mit Cäsar Ritz tauchte erst 1889 ein weiterer Ortsfremder auf. Aus dem ›*Minerva*‹, 1912 in den Komplex des heutigen ›*Brenner's Park-Hotel*‹ einbezogen, machte der damalige Hotelaufsteiger nach den Worten seiner Frau Marie-Louise ›eine Goldgrube‹. Gleichzeitig übernahm er die Restauration des Neuen Konversationshauses (Kurhaus) und war dort nicht minder erfolgreich. Eine seiner Neuerungen und mit ein Grund für seinen Erfolg: Ritz hatte sich mit dem Meisterkoch Auguste Escoffier zusammengetan, um die Qualität von Küche und Restaurant in seinen Hotels auf eine bis dahin nicht erreichte Stufe zu heben. Er unterstrich die Wertschätzung der Hotelküche durch die Auflösung der ›Table d'hôte‹. Mit dieser Neuerung brauchte man im Hotelrestaurant nicht mehr an größeren Gemeinschaftstischen den Vorschlägen der Küche zu folgen, sondern konnte an Einzeltischen ›à la carte‹ speisen.

Die Küchenkunst, die in den kulinarischen Hochburgen des Zweiten Französischen Kaiserreichs gepflegt wurde, hatte um die Jahrhundertwende auch Einfluß auf die Entwicklung der Gastronomie: aus Gaststuben und Wirtshäusern wurden vielerorts jetzt noble Restaurants. Und die neu kreierten Gerichte wurden nach berühmten Gästen der Hotels und Restaurants benannt: vom ›Salade Réjane‹ über die ›Poularde Adelina Patti‹ bis hin zum heute noch bekannten ›Pfirsich Melba‹, der seinen Namen der australischen Sängerin Nellie Melba (1861–1931) verdankt. In Baden-Baden sollte

Ivo Puhonny, Werbung für ›Hotel Stephanie‹

der Genuß einer kreativen und aufwendigen Küche aber noch lange den Gästen privater Einladungen vorbehalten bleiben. Die badischen Hoteliers und Küchenmeister setzten vor allem auf Handfestes: Wild, Schwarzwälder Schinken und Forellen; ordentlich geräuchert oder gekocht. Delikatessen wie die Suppe mit der Einlage von tausend Forellenbäckchen gab es vor dem Deutsch-Französischen Krieg in Baden-Baden auch; allerdings mußte der Gast dann schon Napoleon III. heißen, um vom Gastgeber Fürst Menschikow zum Dinner gebeten zu werden.

»Das Dinner ist in den großen Hotels von Baden-Baden bis in unsere Zeit nicht in erster Linie eine feinsinnige Verwöhnung des Gaumens, sondern mehr eine gesellschaftliche Veranstaltung, bei der die dargebotenen Speisen eine untergeordnete Rolle spielen …« So erinnert sich Walter Putz, der in ›Brenner's Park-Hotel‹ Gästen wie Henry Ford nach dem Zweiten Weltkrieg über 30 Jahre lang die Wünsche von den Lippen ablas. Im Laufe seines Berufslebens und darüber hinaus hat der Kellner Putz aus seiner Dachwohnung in der Baden-Badener Weststadt eine Spitzweg-Idylle gemacht. Er selbst nahm dabei den Weg vom höflichen und kompetenten Kellner zum Privatgelehrten. Der aufgeräumte Sekretär und der Sessel mit Leselampe bilden das Zentrum von Bücherbergen, die sich an allen Wänden bis unter die schräge Decke türmen: Rezeptsammlungen aus dem 17. und 18. Jahrhundert, eine umfangreiche Sammlung an gastronomischer und Anstandsliteratur, historische Speisekarten, Bücher zur Soziologie des Kellnerberufs und ein Gedicht von Gottfried Benn, das einen Kellner beobachtet. Für Putz war die Begegnung mit diesem Gedicht in jungen Jahren ein Schlüsselerlebnis und eine bittersüße Animation dazu, die Möglichkeiten seines Berufs so tief wie nur irgend möglich auszuschöpfen. So kam der Mann zur Lektüre und zu einem Wissen, das oft weit über den Horizont seiner Gäste hinausreichte. Er hat es sie nicht merken lassen.

Gottfried Benn: ›Alter Kellner‹, 1938, erstmals veröffentlicht in ›Primäre Tage‹ 1958

Von der Romantik zum Romantikhotel

Die Zeit des deutschen Kaiserreichs sieht Baden-Baden mit einer blühenden Hotellerie und in zweifacher Hinsicht als einen bedeutsamen Ausgangspunkt für die Entwicklung des Schwarzwald-Tourismus: Der Treffpunkt namhafter Literaten, Musiker und Maler der Romantik wird von diesen auch zu Ausflügen in die nahen Wälder und Höhen genutzt. Dort finden sie die wild-romantischen Landschaftsbilder, die sie lieben und in Wort oder Bild darstellen. Sie bereisen die Hornisgrinde, den Mummelsee und den Plättig mit Kutschen oder zu Pferd und machen den Nordschwarzwald auf diese Weise hoffähig. Kaiserin Elisabeth von Österreich beehrte im Gefolge der Dichter und Maler 1883 das ›Hotel Sand‹ und sorgte so für lange ausgebuchte Zimmer. Sechs Jahre später war in einem Reiseführer dann zu lesen, daß im Schwarzwald recht viele Fremde und erstaunlich wenige Herbergen anzutreffen seien. Das ließen sich die Kellner und Köche der großen Personalstäbe in Baden-Baden nicht zweimal sagen. Sie sparten ein paar Jahre, um im Schwarzwald als kleine Hoteliers und Wirte die Selbständigkeit zu suchen; oft mit Erfolg, was viele Familienchroniken heutiger Schwarzwaldhotels noch nachvollziehen lassen. Der Straßenausbau brachte den Fremdenverkehr in den 20er Jahren dann richtig ins Rollen. Und noch vor dem Ersten Weltkrieg entstand an einer Baden-Baden nahen Höhe ein nobles Haus.

Einfahrt und Haupteingang des Hotels ›Bühlerhöhe‹

Geographisch etwas abseits gelegen, wußte die **›Bühlerhöhe‹** ihre Sonderstellung bald als Spitzenposition zu deklarieren. Das Märchenschloß an der Schwarzwaldhochstraße zählt heute zu den luxuriösesten Hotels der Welt. Es wurde 1914 von Hertha Isenbart als ein wilhelminisch stolzes ›Genesungsheim für Offiziere‹ eröffnet. Es sollte nach dem Willen der Gründerin »... auch für die Umgebung und Landschaft des Schwarzwaldes bei Bühl eine Sehenswürdigkeit und eine Zierde« werden. Zu einem Kurzbesuch auch ohne kostspielige Übernachtung bieten die ›Freitagskonzerte‹ in der prächtigen Rotunde des Hotels oder die ›Bühler Begegnungen‹ als Gesprächsrunden mit prominenten Gästen noch interessantere Möglichkeiten als die Tasse Kaffee oder das Abendessen im Hotelrestaurant.

Warum Märchenschloß? Weil schon die Auffahrt durch den bewaldeten Park und der spätere Blick von der Hirschterrasse in die nebelverhangenen Täler etwas Zauberhaftes hat und weil die ganze Anlage trotz ihrer Monumentalität soviel Ausstattungsdetails aufweist, daß man sich in einem Märchen wähnt. Das Haupthaus mit seinem Rundbau im Zentrum und den zwei daran angesetzten Gebäudeflügeln, die vorgelagerte Terrasse, der große Ehrenhof und der Wilhelmsturm entstanden 1912–14 nach den Plänen von Wilhelm Kreis (1873–1955). Der Architekt war der Bauherrin durch seine Vorliebe für das Monumentale aufgefallen. Er hatte viele Bismarcktürme als Aussichtstürme entworfen und einen preisgekrönten Entwurf des Leipziger Völkerschlacht-Denkmals gefertigt. Am beeindruckendsten zeigt sich die über zwei Etagen reichende Empfangshalle, die dem von Balthasar Neumann entworfenen Treppenhaus des Schlosses Augustusburg in Brühl bei Köln nachempfunden ist: Aus dem kunstvoll ornamentierten Marmorfußboden wachsen schlanke Säulen, die ihrerseits eine kreisförmige Galerie tragen. Die anschließenden Salons mit Wandvertäfelungen aus Olivenholz und schwarzem Marmorkamin sind mit schweren Teppichen ausgelegt.

Ursprünglich wurde das Sanatorium mit seinen Gesellschaftsräumen lediglich für zwölf Gäste gebaut. Während des Kriegs diente es als Lazarett und Sanatorium seinem ursprünglichen Zweck, wurde aber schon 1920 mit dem Kauf durch eine Finanzgruppe zu einem Hotel. Das Gästebuch ist eine lange Liste internationaler Persönlich-

Treppenhaus im Hotel ›Bühlerhöhe‹

keiten aus Politik und Kultur des 20. Jahrhunderts. Im heutigen ›Schloßhotel‹ können ca. 170 Gäste in 90 Zimmern residieren, und prominente Hochzeitsgesellschaften finden einen Platz zum Feiern. Das ehemalige Sanatorium wird als vom Hotel unabhängige Fachklinik geführt.

War das Kriegsjahr 1914 der Anfang der Bühlerhöhe, so brachten die Jahre des Ersten und Zweiten Weltkriegs für viele Traditionshotels in Baden-Baden das Ende. In beiden Kriegen wurden die meisten Hotels zu Lazaretten umfunktioniert. Diese Zwangspausen des Hotelbetriebs bedeuteten vor allem für größere, kostenintensive Betriebe die Aufgabe. Nach dem ersten großen Krieg gab es in der Kurstadt ungefähr 2000 Betten weniger als in den Vorkriegsjahren. Noch vor dem Krieg war das ›*Victoria*‹ aufgegeben worden, und vom Hotelsterben nach 1918 war auch die ›*Maison Messmer*‹ betroffen. Schon ein Jahr nach Kriegsende mußte Wilhelm Schneider-Messmer das von ihm in dritter Generation geführte Lieblingshotel des Kaiserpaars Wilhelm I. und Augusta verkaufen. Er hatte durch Krieg und Inflation die notwendigen Reserven verloren, die eine Modernisierung des ehemals so famosen Hauses und der Dépendance erforderten (s. S. 122 ff.). Die ›Goldenen Zwanziger‹ brachten zwar noch einmal viele Überseekoffer nach Baden-Baden, und in den Pförtnerlogen, die in größeren Hotels noch vermietet waren, freute man sich wieder über steigende Trinkgelder, aber der nächste Krieg und die damit verbundene weitere Hotelkrise zog schon herauf: Krieg, Lazarett, Beschlagnahmung, mißglückter Neuanfang, Ende.

In den Jahren des Wiederaufbaus und des Wirtschaftswunders kam noch der Siegeszug des Ferntourismus dazu, und so verlor Baden-Baden bis in die 60er Jahre auch den ›*Russischen Hof*‹, den ›*Französischen Hof*‹, den ›*Darmstädter Hof*‹, den ›*Zähringer Hof*‹, das Stadelhotsche ›*Parkhotel*‹. Das ›*Bellevue*‹ lebt als Seniorenresidenz weiter. Als bewährte und für die Hotelgeschichte wichtige Häuser blieben der ›*Badische Hof*‹, das ›*Badhotel zum Hirsch*‹ und der ›*Europäische Hof*‹. Daneben hat ›*Brenner's Park-Hotel*‹ die Rolle des eleganten Souveräns behalten. Und das ›*Holland-Hotel*‹ steht für die vornehmen Häuser der Sophienstraße. In den 60er Jahren kam mit dem in Richtung Lichtental idyllisch gelegenen ›*Forellenhof*‹ mit eigener Fischzucht das Familienhotel in Mode. Auch im Stadtinnern entwickelten sich eine ganze Reihe kleinerer Familienhotels mit Erfolg. Dazu kamen später ein paar Häuser großer Ketten und kleine, aber feine Romantikhotels wie ›*Der kleine Prinz*‹, die eine heute wieder breite Angebotspalette so glanzvoll abrunden, daß sie von Fachzeitschriften in den Olymp der ›feinsten Nachtasyle der Republik‹ aufgenommen werden.

Die Kunst des großen Einmaleins
Roulette und Pferderennen

Übungen des Dazuzählens

»Man ist in einer ganz anderen Welt. Überall Glanz, Wohlleben, Müßiggang, Geldspiel, Könige, Fürsten, Grafen, Professoren, Juden, Komödianten untereinander.« So Johann Peter Hebel in einem Brief vom 20. August 1812 über Baden-Baden. Was er dabei an Armut und einfachsten Lebensweisen in der Lichtentaler Vorstadt übersah, sei ihm verziehen, denn dem Besucher muß das Modebad im 19. Jahrhundert tatsächlich wie ein Panoptikum vorgekommen sein. Ein überschaubarer Ort, verwöhnt mit warmen Thermen und einer schönen Landschaft; eine großherzogliche Familie, die mit russischen, schwedischen und französischen Monarchen verwandtschaftliche Beziehungen pflegt; ein großes Spielcasino; künstlerische Vorträge und sonnige Flanierwege. All das wirkte in seinem Zusammenspiel anziehend und bildete den richtigen Rahmen für eine internationale, mondäne, verspielte und großzügige Badegesellschaft. In der zweiten Hälfte des 19. Jahrhunderts kam der Sommer in Baden-Baden jeweils einer mehrmonatigen Veranstaltung mit vielen Bühnen gleich: Promenaden, Salons, Konzerte, Spielsäle, Gelage fernab der Trinkhalle, Kutschenfahrten in die Umgebung ... viele szenische Beschreibungen davon sind überliefert. Vom französischen Hof ausgehend, hatte das ›Zweite Rokoko‹ in dieser Zeit nicht nur die Prunksäle des Baden-Badener Casinos dekoriert. Luxus und die Lust, auf dem Vulkan zu tanzen, waren in Baden-Baden fast überall präsent. Königliche und kaiserliche Gäste gaben sich hier ein regelmäßiges Stelldichein und haben sich in dieser Zeit in die Gästebücher der Hotels – oft unter falschem Namen – eingetragen. Das Incognito-Reisen ersparte den Gästen und der Stadt aufwendige Empfangs-, Programm- und Abschiedsprozeduren.

Zu den Königseltern und Königskindern gesellte sich in den Hotels aber auch das aufstrebende Bürgertum, das nach 1850 seine politische Niederlage mit snobistischer Attitüde zu kompensieren suchte. Und das Gesellschaftsbad bot zu solchen Auftritten die richtige Bühne. Was auffiel, war erlaubt; bis hin zu blau gefärbten Hunden an der Leine, die so mit den Farben des Nachmittagskostüms ihrer Besitzerinnen harmonierten. Als sich Richard Wagner 1863 genierte, bei seiner Ankunft in Baden-Baden mit seiner nachlässigen Kleidung und seinem ›Räuberhute‹ gleich einen Stadtbummel zu unternehmen, nahm ihm seine Gastgeberin Marie Kalergis die Bedenken: »Wir laufen hier alle so herum.« Und Graf von Bismarck hatte in Baden-Baden wegen seines guten Rufs wenig Bedenken, als er mit Mädchen aus Paris im ›Bären‹ den Can-Can auf den Tischen tanzte. Deutliche Standesgrenzen gab es also nur nach unten, gegenüber denen, die noch nicht wußten, wie Kakao oder Kaffee schmeckt. Wer reich, berühmt oder schön war, der durfte sich dazuzählen zum ›Tout Baden-Baden‹.

»Nichts kann eine Vorstellung geben von den überschwenglichen Freuden der ersten Septemberhälfte im Oostal...
Unter dem milden Himmel von Baden-Baden feierten dann die Phantasien und der sorglose Taumel der alten Kirchweihfeste ihre Wiederauferstehung. Der ganze Glanz des Kontinents stellt sich hier noch einmal ein.«

Marie Colombier 1898

Linke Seite: Großer Tag in Iffezheim

Das Spielcasino als Magnet

Es ist zeitlich gar nicht exakt festzulegen, wann das Glücksspiel zum Hauptgrund eines Besuchs von Baden-Baden wurde. Man darf annehmen, daß die ›geheimen‹ und ›fliegenden‹ Spielgesellschaften aus Straßburg schon im 18. Jahrhundert auch Baden-Baden beehrten. Schrieb man noch 1923 einigen Gastwirten an der Oos schon für das Jahr 1748 markgräfliche Spiel-Konzessionen zu, glaubt man heute, das Jahr 1801 als erstes sicheres Datum ermittelt zu haben. Mehrere Badener Hotels besaßen Spielzimmer und betrieben konzessioniertes, von markgräflichen Spielkommissaren überwachtes Spiel. Mit dem Anwachsen der Gästezahl und dabei vor allem der spielenden Gäste drohte das Glücksspiel den Aufsichtsbehörden zu entgleiten. Es wurde monopolisiert, und die Konzessionen gingen allein auf die zwei französischen Pächter des damaligen Konversationshauses am Marktplatz (heute Rathaus) sowie des Promenadenhauses am Kurpark (heute Kurhaus) über.

Der Ausbau dieses Promenadenhauses zum ›Neuen Konversationshaus‹ machte aus Antoine Chabert 1824 schließlich den einzigen lizensierten Spielbankpächter und aus dem heutigen Kurhaus den einzigen Ort, an dem sich das Glück offiziell zwischen Rot und Schwarz entscheiden durfte. Mit dieser Entscheidung löste das Roulette, damals ›Hazard-Spiel‹ genannt, in der Beliebtheit die vorher so populären Kartenspiele ›Rouge et Noir‹, ›Ecarté‹ und ›Whist‹ ab. Zu Unrecht wird die Bedeutung von Antoine Chabert für Baden-Baden in vielen Stadtbeschreibungen durch den Glanz seiner Nachfolger Jacques und Edouard Bénazet überschattet. Denn er war es, der zwischen 1824 und 1838 zusammen mit seinem Sohn Joseph Antoine den Weg dazu zeigte, wie man um das Glücksspiel herum einen blühenden Kurbetrieb aufbaut.

Edouard Bénazet, Fotografie von Etienne Carjat, 1868

Die Chaberts übernahmen mit der Pacht des Neuen Konversationshauses nicht nur das Monopol des ›Hazard-Spiels‹, sondern auch das damals über die Grenzen berühmte Restaurant des Hauses sowie das gesamte Veranstaltungsprogramm. Auf Einladung der Chaberts kamen zwischen 1824 und 1838 populäre Opernensembles und Künstler ins Neue Konversationshaus. Niccolò Paganini zeigte sich dort 1830 auch als leidenschaftlicher Roulettespieler. Sein virtuoses Spiel auf der Geige, mit einer Reihe damals noch unbekannter Kunstgriffe wie den Doppelflageoletts, brachte Musikfreunde aus nah und fern an die Oos. Großherzogin Stephanie von Baden saß während seines Konzerts in der ersten Reihe. Der französische Romantiker Alfred de Musset war 1834 einer der ersten großen Literaten, die sich auf dem jetzt anschwellenden Rummelplatz in teilnehmender Beobachtung übten. In seinem Gedicht ›Une bonne fortune‹ lassen ihn die heilenden Kräfte der heißen Thermen kalt. Seine Notizen sehen das Kurbad schon deutlich als Gesellschaftsbad, denn »die Seel' ist hier das Spiel«. Im Konversationshaus »rollt von

Promenadentoiletten, kolorierter Holzstich, nach einer Zeichnung von Mari de Pelour, um 1875

spät bis früh das mächtige ›Vielleicht‹«. Und das Leben in Baden-Baden »ist Saus und Braus«.

Das Casino und die Regie des kulturellen Lebens gehen 1838 auf Jean Jacques Bénazet und ab 1848 auf dessen Sohn Edouard Bénazet über. Mit der Pariser Julirevolution von 1830, dem dort folgenden Verbot von Glücksspielen und einer in Frankreich ausbrechenden Cholera-Epidemie kommt Jacques Bénazet 1838 als Spielbankpächter nach Baden-Baden. Der vormalige Mitpächter aller zehn Spielsäle in Paris macht Baden-Baden zu einer ›Pariser Sommerfrische‹. Sein Sohn Edouard engagiert Liszt, Berlioz oder Sigismund Thalberg

Spieltisch im Konversationshaus, Holzstich, 19. Jahrhundert

und andere Künstler, unterstützt 1854 die Gründung eines Kurorchesters und sorgt 1854/55 für die Einrichtung der Prunkräume im Konversationshaus. Die frühen Marketingstrategen Jacques und Edouard Bénazet beschäftigten auch eigene Schreiber, wie Eugène Guinot, der zusammen mit ersten guten Fotografen dafür Sorge trug, daß Baden-Baden zum Anziehungspunkt für ein Publikum wurde, das »zu dieser Zeit in großer Zahl durch Europa vagabundierte« und nur ein Signal brauchte, um sich wie Motten um ein helles Licht zu versammeln. Die Stadt wurde so in der zweiten Hälfte des 19. Jahrhunderts auch ein beliebter Treffpunkt des russischen Adels. Im Juli 1857, als Graf Leo Nikolajewitsch Tolstoi nach Baden-Baden kam, »wimmelte es auf der Promenade vor dem Konversationshaus von Standesgenossen«. Auch Tolstoi versuchte sein Glück vergeblich in den neuen Spielsälen.

Zu den gerngesehenen Gästen gehörten ab 1840 zweifelsfrei auch die großen Damen der Demimonde. Einige der großen Kurtisanen traten nicht nur in Jacques Offenbachs Operetten oder in Alexandre Dumas' Romanen auf. Sie waren dort, wo der Zeitgeist sich bewegte, und übten als Kokotten keinen geringen Einfluß aus. Die Begriffsbestimmung der Kurtisane: weniger als eine Mätresse, weil sie sich für ihre Liebesdienste bezahlen läßt; mehr als eine Dirne, weil sie sich ihre Liebhaber selbst aussucht. Als selbstbewußte Frauen setzten die großen Kurtisanen im Frankreich des 19. Jahrhunderts Maßstäbe für Mode, Frisuren und weibliches Benehmen, nach denen sich selbst

»Roulette bis sechs Uhr abends. Alles verloren.«

Leo Tolstoi, Tagebuch vom 14. Juli 1857

die Damen des Hofs richten mußten, wollten sie auf ihre Männer ähnlich reizvoll wirken. So wurde Baden-Baden auch zur Bühne von Cora Pearl, Marie Colombier, Léonide Leblanc oder Marie Duplessis, die Alexandre Dumas zum Schreiben der ›Kameliendame‹ (1848) veranlaßt haben soll und die von sich behauptete, als Klavierschülerin von Franz Liszt dessen erste Liebe gewesen zu sein. Die ›Kameliendame‹ war 1842 Gast im ›Europäischen Hof‹ und eröffnete den Reigen. In den 60er Jahren folgten ihr die als ›Mademoiselle Maximum‹ bekannt gewordene Léonide Leblanc – sie hat bei zwei Spielbankbesuchen so viel gewonnen, daß man ihr den Gewinn nicht ausbezahlen konnte – und Cora Pearl. Als sie 1864 in Baden-Baden ankam, beobachtete ein Journalist den Transport ihrer Garderobe. Er zählte »fünfzehn Reit- und Wagenpferde sowie sechs verschiedene Equipagen, Kutschen, Daumonts und Paniers«. Und bei dem Versuch, der Pearl den Zutritt zum Casino zu verwehren, bot sich ihr vornehmer Liebhaber Duc de Morny, ein einflußreicher Politiker im Paris des Zweiten Kaiserreichs, als Hilfe an. Er reichte ihr seinen Arm, und Cora betrat lächelnd die Spielsäle.

Am 31. Oktober 1872 beendete das letzte Spiel im Casino mit ›9 rot‹ eine glanzvolle Epoche. Der Spielbetrieb war durch Staatsdekret verboten worden, auch wenn man heimlich in manchen Hinterzimmern weiterspielte. Unwiderruflich hatten sich die großen Spielbankpächter aber nicht nur durch zauberhafte Veranstaltungen,

Casino, Florentinersaal

sondern auch durch ein großzügiges Mäzenatentum in die Bücher der Stadtgeschichte eingetragen. So wären die Bauten der Evangelischen Stadtkirche, des Theaters am Goetheplatz und des ersten Stadtbahnhofs sowie die Anlage der Lichtentaler Allee ohne die finanzielle Unterstützung der Bénazets nur schwerlich oder gar nicht zustande gekommen. Und noch bevor der moderne Begriff des ›Sponsoring‹ geprägt wurde, zeigten sich in Baden-Baden bis in die jüngste Zeit auch andere wirtschaftlich erfolgreiche Persönlichkeiten als großzügige Förderer kultureller Bauten oder Einrichtungen. So ist die Gönneranlage in der Lichtentaler Allee eine Stiftung von Hermann Sielcken, dem 1850 in Hamburg geborenen Bäckersohn, der in Amerika durch den Kaffeehandel zum Millionär geworden war und 1900 von dort nach Baden-Baden kam. Sielcken kaufte hier das große Landgut Mariahalden an der Straße, die heute seinen Namen trägt.

Ob Bénazet, Fürst Stourdza, Sielcken, die Familie Burda oder andere, die sich um die kulturelle Belebung der Stadt verdient gemacht haben: Baden-Baden lebt ein gutes Stück davon, daß wohlhabende Gäste und Residenten den Liebreiz der landschaftlichen und baulichen Idylle durch großzügige Gegengeschenke beantworten und somit schützen. Daß man das Wohl und Wehe eines kulturellen Erbes nicht allein den Regeln der Wirtschaftlichkeit und den Mitteln öffentlicher Haushalte überlassen kann, hat sich in Baden-Baden also nicht nur am Beispiel der Bénazets vorteilhaft bewahrheitet. In der Geschichte des Casinos haben die beiden französischen Pächter ein großes, aber natürlich nicht das letzte Kapitel geschrieben. Am 31. Oktober 1933 hat, der Devisen wegen, das nationalsozialistische Regime erlaubt, daß ›Kur- und Badeorte von Weltruf‹ das öffentliche Spiel wieder einführen durften. Diese Erlaubnis war so definiert, daß sie nur auf Baden-Baden zutreffen konnte. Casinos in Wiesbaden, Aachen oder anderen traditionellen Spielorten blieben geschlossen. Mit Baden-Baden wollten die neuen Machthaber der Welt zeigen, daß man auch in Deutschland dem mondänen Lebensstil eines Monte Carlo oder des von Mussolini ausgebauten San Remo nicht nachzustehen brauchte. Bis 1938 bedeutete die so vorgegebene Weltoffenheit in Baden-Baden für Juden sogar einen gewissen Schutz. Die schwarz-braun anstatt schwarz-rot dominierte Epoche des Casinos war erst kurz vor dem Kriegsende beendet. Die Spielbank schloß am 20. August 1944 erneut.

Das jüngste Kapitel im Buch der Casinogeschichte wurde nach dem Krieg, am 1. April 1950 aufgeschlagen. 500 geladene Gäste kamen zur Wiedereröffnung, und für Spielgäste, die damals kein eigenes Fahrzeug besaßen, wurden eigene Buslinien von Frankfurt und Stuttgart zum Casino Baden-Baden eingerichtet. Solche Notbehelfe waren bekanntermaßen nicht lange nötig. Heute kommt es schon einmal vor, daß ein Immobilienhändler als Mitglied des exklusiven ›Bénazet Clubs‹ aus São Paulo anruft und der Spielbankdirektion seine Ankunft in Frankfurt avisiert. Dort steht dann eine Limousine des Casinos, die ihn direkt zu den Rädern des Glücks nach Baden-Baden chauffiert.

Iffezheim: Rennbahn und Laufsteg

Ein anderer Schauplatz, auf dem das ›Dazuzählen‹ ebenfalls groß geschrieben wird, liegt etwas außerhalb der Stadt und hat sich als Pferderennbahn wie als Laufsteg schon lange einen großen Namen gemacht. Hier laufen nicht nur Pferde um die Wette, sondern auch Hüte, Handtaschen, Kleider und Schuhe. Vor allem die jährlich im Mai und September stattfindenden Großereignisse des ›Frühjahrsmeetings‹ und der ›Großen Woche‹ ziehen das Publikum in doppeltem Wortsinn an. Die zwei großen Rennwochen sind nicht nur Höhepunkte für Starjockeys wie Cash Asmussen oder Lester Pigott, die wertvolle Vollblüter von Kaffeekönigen, Hotelkettenbesitzern, griechischen Großreedern oder dem englischen Königshaus ins Ziel galoppieren. Modemacher wie die Karlsruher Hut-Designerin Renée Schmidt gehören an den Renntagen zu den ebenfalls stark gefragten Akteuren, denn ausgefallene Kreationen und modische Extravaganzen lassen sich kaum anderswo so selbstverständlich tragen und bestaunen wie auf der Rennbahn von Iffezheim. Das war auch schon 1907 so, als hier der Hosenrock erstmals in Deutschland gesehen wurde. Neben den Sportberichterstattern gehören also auch die

Iffezheim: Blick von der Tibüne auf Zuschauer und Reiter

Redakteurinnen und Redakteure der großen Modezeitschriften zu den professionellen Besuchern der Internationalen Galopprennen.

Genau das wollte der uns schon bekannte Spielbankpächter Edouard Bénazet auch erreichen, als er das Iffezheimer Pferdesportspektakel 1858 gründete. Er hatte zuvor den damaligen Lieblingsgast von Baden-Baden, König Wilhelm I., als Protektor gewonnen und die Rheinebene als idealen Ort erkannt, eine Rennbahn nach dem Vorbild von Longchamp im Bois de Boulogne bei Paris anzulegen. Schon beim ersten Rennen, das Europas Adel und Eleganz vom Fürstenpavillon oder dem Pavillon für ›Zuschauer höherer Stände‹ aus beobachtete, zeigte sich eine ursprüngliche Schwäche als Vorteil: Da für die Austragung einer Veranstaltung von sportlichem Format keine geeignete deutsche Zucht zu finden war, entschloß man sich zu ›Internationalen Galopprennen‹ und ließ die Teilnahme auch außerhalb Deutschlands ausschreiben. Diese Notlösung machte aus der Rennbahn Iffezheim bald eine weltweit anerkannte Prüfungsstätte für Vollblutzuchten.

Das erfolgreich ins Leben gerufene ›Unternehmen Iffezheim‹ mußte schon 14 Jahre nach den ersten Rennen beinahe wieder beendet werden. Der Deutsch-Französische Krieg und die nachfolgende Schließung der Spielbank hatten den Galopprennen ihre wichtigste Finanzgrundlage entzogen. Aber die Gründung des ›Internationalen Clubs‹ als Träger und Veranstalter verhinderte 1872 das vorzeitige ›Aus‹ von Iffezheim. In Baden-Baden ansässige Mitglieder des deutschen, österreichisch-ungarischen, englischen und russischen Adels sorgten als Gründungsmitglieder des Clubs dafür, daß die Attraktion des Gesellschaftsbads auch nach dem Spielverbot erhalten blieb. Als außergewöhnlicher Sportsmann tat sich dabei der Prince of Wales und spätere englische König Edward VII. hervor. 1883 ließ Edward

Pferderennen in Iffezheim, kolorierter Holzstich nach einer Zeichnung von F. W. Heine, um 1883

Tennisspiel in Baden-Baden mit dem Prince of Wales, Holzstich nach einer Zeichnung von C. de Grimm, 1883

sein Pferd ›The Scot‹ am Alten Badener Jagdrennen in Iffezheim teilnehmen und sorgte so für ein großes Publikum.

Der Prinz ließ aber nicht nur laufen, sondern lief im gleichen Jahr auch selbst – als Teilnehmer eines Baden-Badener Tennisturniers. Daß es bei königlicher Turnierbeteiligung oft zum ›Matchball für den König‹ kam, war bei königstreuen Gegenspielern, die entscheidende Bälle aus Liebe zu ihrem Souverän ins Aus schlugen, nicht verwunderlich. Dieser aus ›Liebe zum König‹ verschlagene Ball soll es gewesen sein, der als ›love‹ der Spielzählung in die Tennissprache Eingang fand. Erhalten hat sich auch die Exklusivität des ›Internationalen Clubs‹ und der Empfänge im Clubhaus der Lichtentaler Allee, das wir beim Spaziergang durch das Kurviertel schon als ehemaliges Palais der Königin von Schweden kennengelernt haben. Die internationale Prominenz aus Politik, Wirtschaft, Kultur und Sport folgt nach wie vor gern den Einladungen des Clubs anläßlich der Internationalen Galopprennen und zur alljährlichen Verleihung des deutschen Medienpreises.

Zu den Höhepunkten der großen Rennwochen und auch anderer Besuche in Baden-Baden gehört für viele Gäste auch das ›Ballooning‹, Fahrten mit Europas größter Heißluftballonflotte. Im Korb unter den großen bunten Luftballons ›fährt‹ man von Iffezheim nach Baden-Baden, durch das Tal der Oos die Schwarzwaldberge entlang oder durch den hier immer lebendigen Tagtraum, bei der Pferdewette, beim Roulette und bei sonstigen lustbetonten Übungen des ›Dazuzählens‹ als Gewinner zu landen.

Die Kunst, den richtigen Ton zu finden

Medien-Menü in Baden-Baden

Verlagsgeschichten

Wenn sich ein Ort zum Treffpunkt Kulturschaffender entwickelt, dann liegt es nahe, dort auch Verlage und andere Medien der Kulturverbreitung anzusiedeln. Solche Bemühungen kennt Baden-Baden seit dem 19. Jahrhundert. Johann Friedrich Cotta, seinerzeit weitbekannter Verleger der deutschen Klassiker, hat sich in Baden-Baden ab 1807 für ein paar Jahre als Hotelier des ›Badischen Hofs‹ engagiert, um so einen Kuraufenthalt der Dichter eventuell auch verlegerisch nutzen zu können (s. S. 87 ff.). Dann war es die 1835 in Stuttgart gegründete Literaturzeitschrift ›Europa‹, die mit ihrem Herausgeber August Lewald und der Redaktion 1840 nach Baden-Baden kam (s. S. 67). Im Jahr 1811 war mit dem ›Badeblatt‹ die erste Zeitung an der Oos erschienen. Sie wurde 1829 in ›Badwochenblatt‹ und 1896 in ›Badener Tagblatt‹ umbenannt. Seit 1949 firmiert die Zeitung als ›Badisches Tagblatt‹ und hat ihren Sitz wie schon in frühen Tagen am Anfang der Stephanienstraße.

Der Zweite Weltkrieg brachte schließlich einige Verlage aus bedrohten Metropolen nach Baden-Baden. Sie nutzten den Fluchtpunkt im Schwarzwald in der Regel aber nur für kurze Zeit. Eine Ausnahme bildete dabei Woldemar Klein, der mit seinem Kunstverlag von Berlin nach Baden-Baden kam. Er blieb und gründete nach dem Krieg mit Leopold Zahn in Baden-Baden die renommierte und bis 1992 bestehende Zeitschrift ›Das Kunstwerk‹. 1947 gab Hans Paeschke in Baden-Baden erstmals den später in Stuttgart bei Cotta erscheinenden ›Merkur‹ als europäisch orientierte Kulturzeitschrift heraus. Bei den jüngeren Verlagsgründungen in der Kurstadt hebt sich besonders der Elster-Verlag hervor. Der Kleinverlag glänzt durch liebevoll gemachte Belletristik und Sachbücher sowie durch sein Engagement zugunsten der Vermittlung zeitgenössischer spanischer Literatur in Deutschland.

50 Jahre und kein bißchen leise ...

Aber nicht das gedruckte Wort verhilft Baden-Baden zu seiner Bedeutung als Medienstandort. Es sind vielmehr Radio und Fernsehen, die hier nach dem Zweiten Weltkrieg die Rolle von Kulturträgern übernommen und ausgebaut haben. In Baden-Baden residieren inzwischen der Südwestfunk, die Koordinationsstelle der ARD für 3sat, die Deutschlandredaktion des französisch-deutschen Kultursenders ›arte‹ und zwei private Rundfunksender.

Die Funkhöhe am Fremersberg ist eine lose Gruppierung von Großbauten aus Glas und Beton mit viel Infrastruktur, in die Bauten

Linke Seite: Baden-Badener Sommernacht, Ball der Presse 1995

Programm des ersten Südwestfunksendetages Sonntag, 31. März 1946

6.45– 7.00	Kleines Morgenkonzert
7.00– 7.15	Zeitansage, Nachrichten, Wetterdienst, Programm-vorschau
7.15– 7.30	Kleines Morgenkonzert (Fortsetzung)
7.30– 7.50	Aus Paris: Nachrichten in französischer Sprache
7.50– 8.00	Lokales Programm der einzelnen Sender
8.00– 8.05	Kurznachrichten
8.05– 8.30	Sonntägliche Musik
8.30–10.00	Sendepause
10.00–10.45	Katholische Morgenfeier
10.45–11.45	Sendepause
11.45–12.00	Aus Paris: Frankreich spricht zu Deutschland
12.00–13.00	Aus Koblenz: Unterhaltungskonzert
13.00–13.10	Nachrichten
13.10–13.15	Bericht aus Nürnberg
13.15–13.30	Aus Paris: Nachrichten in französischer Sprache
13.30–14.00	Jugendfunk: »Das Lied der Jugend« (Leitung: Heinrich Wiedemann)
14.00–14.05	Nachrichten
14.05–14.30	Ein Nachmittag beim Rheinischen Hausfreund: Aus Joh. Peter Hebels Werken
14.30–15.30	Sendepause
15.30–16.30	Aus Koblenz: Unterhaltungsmusik
16.30–16.35	Unsere Sender
16.35–18.45	»Aus der Welt der Oper«. Mitwirkende: Elenor Junker, Sopran, Julius Patzak, Tenor; Das große Orchester des Südwestfunks Baden-Baden (Leitung: Gustav Görlich)

In der Pause: Operngestalten im Zwischenakt

18.45–19.00	Aus Paris: Frankreich spricht zu Deutschland
19.00–19.30	Ein Interview mit Alfred Doeblin
19.30–19.50	Presseschau
19.50–20.00	Lokales Programm der einzelnen Sender
20.00–20.15	Aus Paris: Nachrichten in franz. Sprache
20.15–21.30	Potpourri – Ein bunter Abend Es wirken mit: Gretel Deditsch, Inge Warnka, Max Moll, Rudolf Förster, Die 4 Hotters und Edgar Jung am Flügel
21.30	Zeitansage, Wetterdienst
anschl.–22.30	Tanzmusik
22.30–22.45	Nachrichten

der 50er Jahre ebenso integriert sind wie alte renovierte Villen. Was sich hier mit Studios, Technik-, Produktions- und Verwaltungsräumen an Rundfunk- und Fernsehlandschaft ausgebreitet hat, muß denen als ein wahr gewordener Traum vorkommen, die den Anfang erlebten: Das ehemalige Luftkurhotel ›Kaiserin Elisabeth‹ – es existierte bis in die 80er Jahre – war hier oben das erste ›Rundfunkgebäude‹ des Südwestfunks, der sich seinen Hörern am 31. März 1946 vorstellte. Nach dem Medienmißbrauch durch die Nationalsozialisten und dem Entschluß der alliierten Siegermächte, die Weiterführung des deutschen Hörfunks zu verbieten, lagen die Neuanfänge im Südwesten Deutschlands in französischer Hand. Die Einigung der Alliierten über die Grenzverläufe der Besatzungszonen vom 22. Juni 1945 bedeutete so den ersten Schritt in der Entwicklung des Südwestfunks. Das vom Bodensee bis kurz vor die Tore Bonns reichende Besatzungsgebiet unter französischer Verwaltung sollte mit dem späteren Sendegebiet des Südwestfunks genau übereinstimmen. Und mit dem Einzug der französischen Militärregierung kam am 31. Juli 1945 auch die ›Section Radio‹ in das zum Hauptsitz erwählte Baden-Baden. Am 31. März 1946 war es dann soweit: unter französischer Aufsicht hatten sich der zum künstlerischen Leiter bestellte Friedrich Bischoff und seine Kollegen vorgenommen, das Radio als Medium des kulturellen Wiederaufbaus und als Schule der Demokratie zu gestalten. Schon der erste Programmtag ließ die Schwerpunkte der nächsten Jahre erkennen: Zeitgeschehen, Literatur, Konzert und leichte Unterhaltung sollten eine gelungene Balance aus Bildung und Entspannung anstreben.

Nicht zufällig findet sich im Programm des ersten Südwestfunksendetags auch ein Gespräch mit Alfred Döblin. An seiner Person spiegelt sich auch wider, daß die Kontrollgewalt der Besatzungsmächte nicht nur eine überwachende, sondern auch eine deutlich gestaltende Komponente realisierte. Döblin kam als Zensor, arbeitete in der traditionsreichen Kur- und Kulturstadt engagiert am Gedeihen der jungen Demokratie und übernahm 1946–51 regelmäßig den SWF-Hörfunkkommentar ›Kritik der Zeit‹. Die französische Kontrolle des Südwestfunks bis 1952, so bitter sie vereinzelt empfunden wurde, kann im Rückblick sicher nicht als ›Arroganz der Sieger‹ interpretiert werden, sondern eher als Ergebnis des vorangegangenen Mißbrauchs der Medien in der Form einer gleichgeschalteten Propagandamaschinerie. Wie Döblin bemühten sich auch die französischen Kulturoffiziere um eine deutsch-französische Annäherung und den Wiederaufbau eines eigenständigen deutschen Kulturlebens. In Saarbrücken und Mainz halfen die Besatzer beim Aufbau der Universitäten, in Baden-Baden betonten französisch organisierte Vortragsreihen, Rundfunksendungen und Kunstausstellungen historische Gemeinsamkeiten.

»Es ist ein altes Leid für den, der am Radio spricht: er erfährt nicht, ob er gehört und wie er aufgenommen wird. Aber ich habe getan, was ich konnte: Ich habe mich geäußert, und ein Hundsfott, der mehr gibt, als er hat. Es wird hier und da gewirkt haben.«

Alfred Döblin 1953

1952 war die Zeit der Kontrolle dann vorbei. Das Programm wurde nun selbständig bestimmt. Es folgte einem hohen, literarisch und musikalisch geprägten Anspruch. Die Wahl des Schriftstellers

›Die beliebtesten wiederkehrenden Sendungen des Südwestfunks‹ Selbstdarstellung des Südwestfunks, ein Beispiel aus der Öffentlichkeitsarbeit des Senders vom Frühjahr 1950

Friedrich Bischoff (1896–1965) zum ersten Intendanten des Südwestfunks gab 1949 diesen Anspruch zu erkennen. Bischoff galt schon vor seiner Wahl als einer der Väter des Hörspiels. Mit Heinrich Strobel hatte er einen engagierten Förderer der Ernsten Musik zur Seite, der den Südwestfunk und sein Orchester schon früh zu einem wichtigen Bezugspunkt für international renommierte Komponisten und Interpreten machte. Otto Klemperer (1946), Werner Egk (1947), Paul Hindemith (1948), Igor Strawinsky (1951) und andere Gastdirigenten traten mit dem ›Großen Orchester‹ des Südwestfunks (in manchen Fällen erstmals) im Nachkriegsdeutschland auf. Hans Rosbaud prägte seit 1948 als Chefdirigent bis zu seinem Tod 1962 die Arbeit des Südwestfunk-Sinfonieorchesters. Das Musikstudio, in dem regelmäßig öffentliche Musikaufführungen stattfinden, trägt jetzt seinen Namen.

Inzwischen von vielen Effekthaschereien in Programmnischen gedrängt, avancierte das Hörspiel unter der Intendanz von Bischoff 1949–65 zu einer eigenen literarischen Gattung. Bereits 1947 stand dem Südwestfunk ein eigenes Hörspielensemble zur Verfügung, und ein mit dem Theater der Stadt abgeschlossener Vertrag sorgte durch einen regelmäßigen Künstleraustausch dafür, daß auch das Baden-Badener Publikum an der Kulturarbeit des Senders partizipieren konnte. Seit der Hörspielfassung von ›Des Teufels General‹ im Jahr 1948 fühlte sich Carl Zuckmayer mit dem Südwestfunk verbunden; Autoren wie Günter Eich, Wolfgang Hildesheimer oder Alfred Andersch fesselten mit ihren Texten in den 50er und beginnenden 60er Jahren ein großes Radiopublikum. Neue Maßstäbe für das Hörspiel setzten der 1953 und 1956 beim Südwestfunk gastierende Max Ophüls und 1957 Carl Orff. Während Ophüls für die Produktion der ›Berta Garlan‹ zwei Jahre Vorbereitung und 90 Sprecher benötigte, war sich Orff bei seinem 1958 gesendeten Osterhörspiel ›Comoedia de Christi Resurrectione‹ selbst genug. Er produzierte sämtliche Rollen an einem Tag als alleiniger Sprecher. Darüber hinaus war der Südwestfunk in den Nachkriegsjahren ein Medium der Versöhnung, was frühe Auftritte jüdischer Lyriker ebenso demonstrierten wie manch bissige Kommentare gegen den Kalten Krieg mit dem Ostblock.

Er war aber auch ein Medium der Unterhaltung und Sportberichterstattung: Die Übertragung von großen Fußballspielen versammelte halb Deutschland vor dem schwarzen kleinen Kasten. Zarah Leander, Ilse Werner und Caterina Valente kamen ebenso zu öffentlichen Auftritten und Aufnahmen nach Baden-Baden wie Josephine Baker und Gilbert Bécaud. Joachim Ernst Berendt machte den Jazz via SWF-Sendungen in Deutschland salonfähig und sich selbst zum Nestor der Geschichte des Jazz. Auf sein Betreiben standen bereits seit 1955 Jazz und Konzertmusik bei den Donaueschinger Musiktagen gleichberechtigt nebeneinander. Ein Meilenstein in der Geschichte des Südwestfunks war auch die Einführung des ›Popshops‹ im Jahr 1970. Mit dem Teenager-Magazin fanden die Programmgestalter und Moderatoren einen neuen Stil der ungezwungenen und lebensnahen Publikumsansprache. 1975 erfolgte die Gründung des SWF3. Die Magazinform dieses Programms prägte die Radiolandschaft, vor allem auch die privaten Radiosender.

Über die Zukunft und Durchsetzungsfähigkeit des Fernsehens war man sich in den Nachkriegsjahren nicht sehr sicher. Das fing schon beim Namen an. Sollte der Zuschauer ›Funk-sehen‹ oder ›fernsehen‹? Waren die Rundfunkanstalten in der Lage, die in den 30er Jahren erfolgten Versuchsausstrahlungen technisch weiterzuentwickeln und aus dem neuen Medium ein Massenmedium zu machen? Konnte man 1954 beim Start des ARD-Fernsehprogramms davon ausgehen, daß die damals 6791 im Gebühreneinzugsbereich des Südwestfunks verkauften Empfangsgeräte den Sockel eines wachsenden Marktes bedeuteten? Spätestens 1958, als im SWF-Sendebereich 100 000 Fernsehanschlüsse gemeldet waren, gab es an der Durchsetzungsfähigkeit keine Zweifel mehr. Korrespondierend zum Hörspiel beim Radio gehörte das Fernsehspiel in der Frühzeit zu den großen Erfolgen des SWF-Fernsehprogramms. In Stücken von Thornton Wilder, Zuckmayer oder Dürrenmatt machten sich viele Schauspieler einen Namen; Elisabeth Flickenschildt wurde zum Sinnbild der großen ›alten Dame‹, und dies nicht nur bei Dürrenmatt, sondern auch als Protagonistin einer Reihe von Kriminalfilmen, die in den 60er Jahren manchmal die Straßen leerfegten. War das Fernsehspiel in den ersten Jahren eine Reproduktion von klassischen Bühnenstücken, so bedeuteten die 60er Jahre mehr Raum für das Experiment und die Suche nach eigenen, im Theater nicht realisierbaren Gestaltungsmöglichkeiten. Der Serienfilm, ebenfalls ein Kind der 60er Jahre, gab mit Beispielen wie ›Der Forel-

Carl Zuckmayer, dessen Stück »Des Teufels General« am 19. Oktober 1948 als Hörspiel im Südwestfunk gesendet wurde, im Gespräch mit dem Pressesprecher des Senders Ernst Laurenze am 9. März 1955

lenhof‹ oder ›Salto Mortale‹ noch verbindliche Vorgaben für die Pausengespräche in deutschen Büros und zeigte, daß es nach 15 Jahren Nachkriegsaufbauarbeit an der Zeit war, auch an die Gestaltung der Freizeit und ans Verreisen zu denken.

Die Redaktionen des Südwestfunks kümmerten sich aber nicht nur um die vergnüglichen Seiten des Lebens: Als Ende der 60er Jahre mit der Studentenbewegung ein heftiger Generationenkonflikt aufbrach und als Reaktion auf die ›Große Koalition‹ eine außerparlamentarische Opposition entstand, übernahmen Persönlichkeiten wie Günter Gaus oder Franz Alt nicht nur in der TV-Sendung ›Report‹ die Rolle von Moderatoren. Ihnen gelang es, in politisch unruhigen Zeiten gesellschaftlich integrierend und in Zeiten politischer ›Friedhofsruhe‹ als wichtige Impulsgeber zu wirken.

In der technischen Entwicklung des Fernsehens bedeuteten die Jahre 1958/59 einen Wendepunkt: Der Südwestfunk war im Dezember 1958 die erste europäische Rundfunkanstalt, die mit einer Anlage zur magnetischen Bandaufzeichnung (MAZ) arbeitete und fortan große Programmteile vorproduzieren konnte. Die 1959 erstmals gegebene Möglichkeit der Schnellumschaltung zwischen den einzelnen deutschen Rundfunkanstalten erlaubt seither die Beteiligung mehrerer Anstalten an der Gestaltung eines Fernsehabends. Der Weg zu einer langfristigen Programmplanung im Sinne eines Gemeinschaftsprogramms war damit geebnet. Mit der Durchsetzung des

Fernsehens als Massenmedium, der Entwicklung differenzierter Programmstrukturen und neuer technischer Möglichkeiten wuchs auch die bauliche Ausstattung des Südwestfunks. Neben dem ersten ›Rundfunk-Hotel‹ war bis Mitte der 60er Jahre ein großes Ensemble an Studios, Produktions- und Verwaltungsgebäuden gewachsen.

Aus der kleinen Mannschaft, die sich 1946 daran machte, mit dem Südwestfunk ›den richtigen Ton zu finden‹, sind bis heute (1995) 2418 Mitarbeiter geworden. Nach Ansicht der Kostenplaner soll die Weiterentwicklung des Leistungsangebots aber nicht von einem proportionalen Anstieg der Technik- und Personalkosten begleitet werden. So gibt es inzwischen nicht nur Kooperationsverträge des Südwestfunks mit dem Saarländischen und dem Süddeutschen Rundfunk (SDR), aus denen 1969 das Programm von ›Südwest 3‹ hervorging, sondern auch eine enge, 1990 definierte Zusammenarbeit zwischen SWF und SDR, die durch Gemeinschaftsproduktionen im Zeitraum von vier Jahren die stolze Summe von 160 Millionen DM einsparte.

Unabhängig von den Rundfunkredaktionen hat sich mit dem Südwestfunk-Sinfonieorchester ein weltweit bekannter Klangkörper entwickelt, der bei jeder Würdigung des Senders eine Heraushebung verdient. Die Entstehung und Förderung dieses weltweit auftretenden Orchesters verdankt sich einer Not: Da die Musik schon im Programm der Gründungsjahre des Südwestfunks eine dominante Rolle spielte, entsprechende Tonkonserven aber kaum vorhanden waren, mußten Orchester die Musik im eigenen Haus produzieren können. Für Produktionen von klassischer und moderner Ernster Musik, kurz ›E-Musik‹, fand der Südwestfunk zunächst das seit 1854 bestehende Kurorchester der Stadt Baden-Baden vor. Ohne dieses Ensemble aufzulösen, bildete Gotthold Ephraim Lessing daraus 1946 das ›Große Orchester‹ des Südwestfunks, das, nach einigen Namensänderungen, seit 1966 ›Südwestfunk-Sinfonieorchester‹ heißt. Unter seinen Chefdirigenten Hans Rosbaud (1948–62), Ernest Bour (1963–79), Kazimierz Kord (1980–86) und Michael Gielen (seit 1986) entwickelte sich das Orchester zu einem Markenzeichen des Südwestfunks und zum Aushängeschild für Baden-Baden. Den Aufnahmen in großer Besetzung und dem Einbezug des interessierten Publikums zeigten sich das Rosbaud-Studio und der Bénazet-Saal im Kurhaus in ihrer Ausstattung und Klangqualität in den letzten Jahren immer weniger gewachsen. Deshalb wurde für das Jahr 1996 ein Standortwechsel vorgesehen. In Zukunft soll das Orchester in Freiburg geeignete Probe- und Aufnahmemöglichkeiten finden. Für Baden-Baden bedeutet dieser Umzug mit Sicherheit einen Verlust.

Die Zukunft des Südwestfunks wird einerseits geprägt sein durch die Auseinandersetzung mit der kommerziellen Konkurrenz, andererseits aber besonders durch die technische Entwicklung: digitale Produktionen bei Hörfunk und Fernsehen, ›Interaktives Fernsehen‹, Multimedia-Projekte.

Die Kunst im Raum

Programm und Improvisation

Museen und Gedenkstätten

Historische Museen

Unterhalb des Marktplatzes liegt in der Küferstraße die ehemalige, erstmals 1460 erwähnte Badeherberge ›Zum Baldreit‹, in der seit einer umfassenden Renovierung 1978–81 das **Stadtmuseum Baden-Baden** residiert. Seiner Unterbringung in dem historischen Ensemble, das einen schönen Innenhof umschließt und noch heute den Aufbau mittelalterlicher Badeherbergen erkennen läßt, verdankt das Stadtmuseum auch seinen Zweitnamen ›Baldreit-Museum‹.

Die auf zwei Stockwerken untergebrachten Exponate und die im Neuen Schloß ausgestellten Stücke der ›Stadtgeschichtlichen Sammlungen‹ blicken auf eine interessante Vorgeschichte zurück: Friedrich Weinbrenner errichtete 1804 am Marktplatz ein nur kurze Zeit darauf wieder abgebrochenes ›Museum Palaeotechnicum‹. 1858 wurde die große Sammlung römischer Funde den Landesbehörden in Karlsruhe zugeführt, und erst 1892 konnte die förmliche Gründung eines städtischen Museums mit neuem Inventar durchgesetzt werden. Es war seit 1900 für mehr als 40 Jahre in einem Seitentrakt des Palais Hamilton an der Inselstraße untergebracht. Nach dem Zweiten Weltkrieg erhielt das Museum seinen Sitz im Neuen Schloß, und erst im Zuge der Altstadtsanierung, die auch den Baldreit-Komplex einbezog, bekam es wieder einen Platz im Zentrum der Stadt. Als **Stadtgeschichtliche Sammlungen** blieben im Marstallgebäude des Neuen Schlosses in erster Linie Abteilungen erhalten, die als ›Sammlung alter Puppen‹ und ›Historisches Küchengerät‹ keine unmittelbare Bindung zur Stadtgeschichte aufweisen. Lediglich die im Gewölbekeller des Schlosses aufbewahrten Votivsteine, Grabsteine und anderen römischen Funde umgehen dieses Aufteilungsprinzip zwischen Schloß und Stadtmuseum im Baldreit.

Die Präsentation, die seit 1981 im ehemaligen **›Baldreit‹** auf zwei Stockwerken Baden-Badener Stadtgeschichte zeigt und 1989 um weitere Räume vergrößert wurde, konzentriert sich mit ihren Exponaten auf das ›Kapital‹ und die Blütezeiten der Stadt: Das Kapital, bestehend aus Thermalwasser, Landschaft, Casino und einer hochstehenden Kultur der Gastlichkeit, zeigt sich in mittelalterlichen Badeszenen ebenso wie in Landschaftsgemälden oder im Nachbau eines historischen Spielbankzimmers. Die historischen Blütezeiten der Stadt sind die Römerzeit, die Zeit um 1500 und vor allem das 19. Jahrhundert. Die Funde aus der Zeit des römischen Kaiserbads ›Aquae Aureliae‹ wie Votivsteine (zum Teil Repliken), Terra Sigillata, eine Jupiter-Gigantensäule, der Torso einer Merkurstatue und Grabsteine im Eingangsbereich des Museums werden von einigen vorgeschichtlichen Funden aus dem Oostal ergänzt.

Linke Seite: Außenansicht der Staatlichen Kunsthalle mit der Bodenplastik von David Rabinowitch und der Lichtinstallation von Dan Flavin

Baden-Badener Metallstuhl, Vorgänger des Riemerschmid-Stuhls (s. S. 115)

Das Mittelalter wird im Stadtmuseum vor allem durch Exponate wie die Portalfiguren von der Stiftskirche (Ende 15. Jahrhundert) und den Grabstein Hans Ulrich des Scherers (gest. 1492) repräsentiert, welcher jenes Mannes gedenkt, der sich sehr um das Badewesen verdient machte und das berühmte Kruzifix des Niclaus Gerhaert von Leyden stiftete (s. S. 94 f.). Mit dem mittelalterlichen Badewesen macht ein kleiner Raum im ersten Obergeschoß des Museums vertraut.

Sammlungen von Baden-Badener Porzellan und Steingut sowie Gläser des 19. Jahrhunderts aus Böhmen verweisen durch Dekor und Funktion ebenfalls darauf, daß wir uns in einer Bäderstadt befinden. Als ›Badeglas‹, Pokal oder Kelch sind sie oft mit Baden-Baden-Motiven versehen. Das Thema ›Baden‹ behandeln auch die vom Jugendstil geprägten Fliesenbilder aus dem inzwischen leider abgebrochenen Augustabad. Büsten und Bilder zeigen die großen Spielbankpächter des 19. Jahrhunderts ebenso wie die Badischen Großherzöge und Baden-Badener Ehrengäste, seien es Künstler, Könige oder Kaiser.

Die im Dachgeschoß gelegene *Künstlerwohnung* wird jährlich neu an bildende Künstler, Schriftsteller oder Komponisten mit dem Baldreit-Stipendium vergeben.

Die im 19. Jahrhundert freigelegten Reste der **Römischen Soldatenbäder** wurden schon im Kapitel über die ›Kunst des Kurens‹ erwähnt (s. S. 48 ff.). Hier, unter dem Friedrichsbad, zeigt sich das unterirdische Wasser nicht nur als Segen. Denn in unkontrolliertem Lauf hat es die antiken Überreste mit der Zeit durchtränkt und stark beschädigt. Die notwendige Restaurierung wird sich wohl über mehrere Jahre erstrecken. Wenn dieser römische Baderundgang wieder zur Besichtigung freigegeben ist, wird man von einer Plattform aus

Blick in die ›Römischen Soldatenbäder‹

dann noch gut erkennen können, wie das Hypokaustensystem die Heißluft zirkulieren ließ und wo die Soldaten schwitzten (Sudatorium), vom Warmwasserbecken (Caldarium) ins Kaltwasserbecken (Frigidarium) wechselten, um sich schließlich in den Ruhe- und Massageräumen von den Badeanstrengungen zu erholen.

Reinhold Schneider

Literarische Gedenkstätten

1970 erhielt die Stadt aus dem Nachlaß des Schriftstellers Otto Flake dessen Arbeitszimmer und Teile seiner Bibliothek. Daraus entstand in der **Stadtbibliothek** (Lange Straße) das *Flake-Zimmer* als Kern der daraus entwickelten ›Literarischen Gedenkstätten‹ für Literaten, die mit Baden-Baden als Geburts- oder zeitweiligem Wohnort verbunden waren. Neben Erinnerungsstücken an Otto Flake gehören inzwischen auch die Veröffentlichungen, Fotos, Porträts und Büsten von Reinhold Schneider, Werner Bergengruen, Franz Büchler und Georg Groddeck zu dieser Sammlung.

Der baltendeutsche Lyriker und Erzähler *Werner Bergengruen* (1892–1964) lebte 1958–64 in Baden-Baden. Wie Reinhold Schneider, mit dem er befreundet war, verstand auch Bergengruen in den Jahren des Nationalsozialismus die Literatur als eine notwendig kritische Instanz gegenüber Terror und Zensur. Seine Gedichte, Romane und Erzählungen gaben zwischen den Zeilen zu erkennen, welch tiefe Menschenverachtung das nationalsozialistische Regime in sich trug. Arbeiten wie der 1935 erschienene Roman ›Der Großtyrann und das Gericht‹ waren aber trotz Verschlüsselungen so unmißverständlich, daß Bergengruen aus der Reichsschrifttumskammer ausgeschlossen wurde. Daraufhin ließ er seine ›Widerstandsgedichte‹ 1938 anonym erscheinen. 1958 kehrte er aus der Schweiz nach Deutschland zurück und ließ sich in Baden-Baden nieder.

Franz Büchler (1904–1990), dem gebürtigen Straßburger, ist ebenfalls ein Ehrenplatz in den literarischen Gedenkstätten gewidmet. Er nahm 1944 seinen Wohnsitz in Baden-Baden und machte sich in der Region nicht nur durch die Veröffentlichungen einiger Dramen, Theaterstücke und Romane bekannt, sondern betätigte sich auch als Bildhauer und Maler. Ein Zimmer erhielt auch der in Sachsen geborene Schriftsteller, Psychoanalytiker und ›Erfinder der Psychosomatik‹ *Georg Groddeck* (1866–1934). Er hatte in Berlin Medizin studiert und ließ sich 1897 in Baden-Baden nieder, wo er zur Jahrhundertwende im heutigen ›Hotel Tanneck‹ in der Werderstraße ein Sanatorium eröffnete. Nicht nur seine Körper und Seele ganzheitlich betrachtenden Behandlungsmethoden waren fortschrittlich, sondern auch sein soziales Engagement. Er gründete 1911 in Baden-Baden einen modellhaften genossenschaftlichen ›Konsumverein‹ und war 1912 Gründungsmitglied der ›Gemeinnützigen Baugenossenschaft Baden-Baden‹, die mit der Ooswinkel-Siedlung eine noch heute bestehende gemeinnützige Wohnanlage schuf.

Werner Bergengruen

Der ›Blaue Salon‹ im Brahmshaus

Brahmshaus

»Ich habe hier eine wunderschöne Wohnung gefunden und unglaublich billig, so daß ich ohne Gewissensbisse mich an der schönen Aussicht freuen kann.« So schreibt Johannes Brahms an seinen Vater (ein paar Tage, nachdem er sich im Mai 1865 bei der Witwe Becker im Haus Lichtental Nr. 8 eingemietet hatte) über die zwei Dachgeschoßzimmer, die er während der Sommermonate der Jahre 1865–74 bewohnte. Inzwischen führt die Maximilianstraße an dem einst allein am Hang stehenden Brahmshaus vorbei. Klein und bescheiden zeigt sich in der Mansardenwohnung der ›Blaue Salon‹ mit nachgebildeten Möbelstücken so, wie der berühmte Untermieter ihn eingerichtet hatte. Heute würde sich kaum ein Kurgast mit diesem schmalen Komfort zufriedengeben: Klavier, Bett, Stuhl, Waschtisch und Kommode. Daneben belegen Briefe, Fotos und andere Dokumente das erfüllte Leben des Komponisten.

Daß diese Künstlergedenkstätte in den 60er Jahren nicht abgerissen wurde und heute neben der zu besichtigenden Atelierwohnung seit 1968 auch ein Studio für Komponisten, Interpreten, Musikstudenten und Musikwissenschaftler aus aller Welt beherbergt, ist das Verdienst der 1966 gegründeten ›Brahmsgesellschaft‹, die alle zwei Jahre im Mai die ›Brahmstage‹ ausrichtet, um mit dem Erlös auch die Unterhaltung des Hauses zu bestreiten.

Staatliche Kunsthalle (Margrit Brehm)

Schon ein erster Blick auf die Staatliche Kunsthalle genügt meist, um die Gemüter der von weit her angereisten Baden-Baden Besucher in zwei Gruppen zu spalten. Während die einen für die Schönheit des neoklassizistischen Baus in hellem Sandstein, der sich malerisch in die von alten Bäumen gesäumte Lichtentaler Allee einpaßt, hohe Lobestöne finden, aber die an der Fassade und im Außenbereich plazierten modernen Kunstwerke ignorieren oder als störende Zutaten empfinden, sind die anderen gerade von der gelungenen Symbiose von altem Gebäude und zeitgenössischer Kunst fasziniert. Nur diese werden es sein, die die Stufen hinaufsteigen, bereit, auch weniger leicht zugängliche Kunst zu betrachten und in der Ruhe des Hauses den Dialog mit dem Werk zu suchen.

Das ›Licht des Anstoßes‹ – sei es im positiven Sinne der Motivierung oder im negativen der Erregung, ist eine Lichtinstallation des amerikanischen Künstlers *Dan Flavin* (geb. 1933), die seit dem 25. Februar 1989 die Fassadengliederung des Seitenflügels der Kunsthalle in fünf Segmente nachzeichnet. Die vertikalen, ›badisch‹ roten und gelben Stabreihen schreiben eine dezente, doch unübersehbar leuchtende Zeichenfolge in die klassisch-strengen Konturen der Architektur ein und richten unter dem Titel ›to the people of Baden-Baden, respectfully‹ einen heraldischen Gruß an die Stadt. Die Reaktionen der Bevölkerung auf diese nach außen getragene Kunstäußerung waren von Anfang an gespalten. Den begeisterten Befürwortern der Lichtbahnen, die nach jener international bedeutsamen Flavin-Schau mit Mitteln des Landes Baden-Württemberg für die Staatsgalerie in Stuttgart angekauft werden konnten, standen die Kritiker gegenüber. In offenen und nicht-offenen Briefen wurde die Arbeit geschmäht und die ›Verschandelung‹ des Hauses beklagt. Einer der Schreiber fand sich durch das klare Leuchten gar an »heruntertropfendes Vanille- und Erdbeereis« erinnert. Ähnlich widerstreitende Positionen lösten auch die beiden während einer Ausstellung von *Richard Serra* (geb. 1939) im Jahr 1978 errichteten Stahlplatten aus, die sich treppenartig in den Hang vor der Kunsthalle einschneiden und dessen Abstufung unterstreichen. Scheinbar widerspruchslos hingegen fügt sich *David Rabinowitchs* (geb. 1943) Eisenquader in die historische Umgebung. Die ›Lineare Masse‹, 1971 konzipiert und 1992 anläßlich einer Werkschau realisiert, akzentuiert seither als Dauerleihgabe die terrassierte Anlage rechts neben der Eingangstreppe. An der Seitenwand des Hauses, vom Laub der Bäume fast verdeckt, ist eine weitere Installation Flavins zu entdecken. Nachts schimmert blaues Licht durch das Laub; ausgehend von fünf ultravioletten Leuchtstoffröhren, die der Künstler anläßlich der 1989 gezeigten Ausstellung den Mitarbeitern der Kunsthalle gewidmet hat.

Innnenansicht der Kunsthalle kurz nach der Eröffnung 1909

Kontroverse Geschichte

Wichtige Ausstellungen seit 1952

1953 Schweizer Kunst der Gegenwart
1956 Ars viva Baden-Baden 56
1957 George Grosz
1958 Gustav Klimt und Egon Schiele
1962 Paul Klee
1964/65 Emilio Vedova
1966 Amerikanische Plastik USA 20. Jh.
1967 Fernand Léger
1968 Pablo Picasso, Spätwerk seit 1944
1968/69 Henry Moore
1970 Wassily Kandinsky
1971 Salvador Dali
1974 Juan Gris
1976 Symbolismus in Europa

Diskrepanzen prägen die Geschichte der Kunsthalle von Anfang an, und vielleicht kann es die Kritiker nachdenklich stimmen, daß die Streitpunkte von einst heute einem Konsens gewichen sind. Die ersten Meinungsverschiedenheiten datieren bereits vor der Eröffnung des Hauses mit der ›I. Deutschen Kunstausstellung‹, die im April 1909 in Baden-Baden stattfand. Damals stand die Kritik an dem Entwurf des Karlsruher Architekten Hermann Billing und seines Partners Wilhelm Vittali für das heute als einer der schönsten Kunsträume geltende Gebäude im Vordergrund. Viel zu einfach, ja geradezu unwürdig sowohl im Inneren als auch von außen sei dieser für Baden-Badens Renommee so bedeutsame Neubau geraten. Noch neun Jahre später erntete ein Abgeordneter im Badischen Landtag Beifall, als er das Gebäude als »Stall« abqualifizierte. Daß es trotz scharfer Kritik überhaupt zu dem Bau der Kunsthalle kam, ist hauptsächlich privaten Kunstförderern zu verdanken. Noch heute erinnert eine Gedenktafel im Inneren des Gebäudes an die Initiatoren, unter denen der Maler Robert Engelhorn (1856–1944), der als wohlhabender Rentier in Baden-Baden lebte, den Löwenanteil zur Finanzierung des Projekts aufbrachte. Nutznießer des Gebäudes sollte die ›Freie Künstler-Vereinigung Baden e. V.‹ sein, deren Ziel es war, »der deutschen Kunst ein würdiges Heim zu schaffen und zu erhalten …« sowie die bildende Kunst durch Ausstellungen zu fördern. Ein enger Bezug zu Künstlerkreisen in Karlsruhe war durch die Beteiligung von Professoren der dortigen Akademie, wie Hans Thoma und Wilhelm Trübner, in der Jury des Ausstellungshauses gegeben.

Bis 1934 wechselten die Präsentationen in der Regel nur im Jahresabstand und waren dem Publikum lediglich in den Sommermonaten zugänglich. Fast alle Ausstellungsstücke konnten erworben werden, wodurch einerseits die Künstlerschaft unterstützt, andererseits aber die Institution als solche finanziert werden sollte. Die Rechnung ging nicht ganz so auf, wie man sich das vorgestellt hatte. Nach dem Ersten Weltkrieg fehlten Mäzene, und schon 1927 ging die Kunsthalle in staatlichen Besitz über. Der Nationalsozialismus brachte Veränderungen im Programm, den Abfall in die Provinzialität und eine Vereinnahmung der Kunst zu propagandistischen Zwecken. 1935 wurde die Freie Künstlervereinigung aufgelöst und durch einen Beirat ersetzt, in dem auch die Reichskulturkammer vertreten war.

In den ersten Nachkriegsjahren nutzte die französische Besatzungsmacht das Haus dann als Bibliothek und ›Centre de Documentation‹ für die Garnison. Nach einem Zwischenspiel als Proberaum für das benachbarte Theater Baden-Baden begann im Jahr 1952 die bildende Kunst wieder ihr Recht einzufordern, und Erwin Heinrich, der 1951 schon maßgeblich an der ›VIII. Ausstellung der Badischen Sezession‹ mitgewirkt hatte, wurde zum ersten Direktor der Kunsthalle ernannt. Dietrich Mahlow, der ab 1956 diesen Posten innehatte, öffnete die Kunsthalle für die internationale zeitgenössische Kunst und legte damit den Grundstein für das Programm, das seine Nachfolger Klaus Gallwitz (1967–74), Hans Albert Peters (1974–80) und Katharina Schmidt (1980–85) jeweils entsprechend ihren persönlichen Interessen ausbauten. Das Ansehen der Kunsthalle im In- und Ausland wuchs seither beständig, und es war nicht übertrieben, wenn ein Journalist 1973 notierte: »Man nannte in Kunstkreisen nun die Linie Hamburg, Hannover, das Rheinland, Baden-Baden und Basel.« Jochen Poetter, seit 1986 Hausherr in der Kunsthalle, knüpft an die Arbeit seiner Vorgänger an und widmet sich besonders der akzentuierten Vorstellung amerikanischer Kunst in Baden-Baden. Von den sechs bis acht Ausstellungen pro Jahr ist unter Poetter zumeist eine einem amerikanischen Künstler gewidmet, dessen Werk eng mit den Neuorientierungen der Kunst der 60er und 70er Jahre unseres Jahrhunderts verbunden ist.

Die Präsentationen in der Kunsthalle, nicht selten Auftakt zur Neu- oder Wiederentdeckung eines künstlerischen Œuvres in Europa, werden stets in enger Zusammenarbeit mit den Künstlern realisiert. Die strenge Architektur der Ausstellungsräume blieb mit ihren klaren Konturen auch bei einer Generalrenovierung im Jahr 1990 auf Drängen der Direktion frei von postmodernen Schnörkeln. Sie dienen bei Ausstellungen nicht nur als ›Kunstgehäuse‹, sondern erscheinen als gestaltetes Gegenüber, das den Dialog herausfordert und die Künstler zu einer raumbezogenen Formulierung von Ideen einlädt.

1976 Robert Delaunay
1977 Alfred Kubin
1978 Richard Serra
1980 Stilleben in Europa
1981 Arnulf Rainer
1982/83 Yves Tanguy
1984 Cy Twombly
1986/87 ZEN 49
1987 Carlo Carrà
1988 Mario Sironi
1989 Jean Cocteau
1990 Sigmar Polke
1992 Hamish Fulton
1992 David Rabinowitch
1993 Richard Tuttle
1993/94 Vladimir Tatlin
1994 Chuck Close

Programm ohne Routine

Die Staatliche Kunsthalle Baden-Baden war immer ein reines Ausstellungshaus. Da es keine eigene Sammlung gibt, stehen alle Räume für Wechselausstellungen zur Verfügung. Bedeutet dies einerseits, daß es keine engen Vorgaben bei der Festlegung des Ausstellungsprogramms gibt, so fehlt andererseits aber auch die Möglichkeit, mit eigenen Beständen zu arbeiten und damit eine Kontinuität zu schaffen, die als Fundament für die Präsentation einzelner Künstler oder Richtungen dienen kann. Der Umstand, ausschließlich Ausstellungsinstitut zu sein, macht sich auch auf drei technisch-organisatorischen Ebenen bemerkbar. Erstens ist jede Ausstellung mit einem hohen finanziellen Aufwand verbunden, weil stets Kunstwerke nach Baden-Baden transportiert – und für die Dauer der Ausstellung versichert werden müssen. Zweitens muß die Kunsthalle bei den Leihgebern stets als Bittsteller auftreten, denn es können keine Kunstwerke im Tausch angeboten werden. Die dritte Konsequenz aus dieser Situation ist es aber, die jeden Ausstellungsmacher besonders schmerzt: Es ist die ›Arbeit auf Zeit‹. Alles, was in mühseliger Kleinarbeit organisiert wird, ist stets auf wenige Wochen angelegt. Jede Ausstellung, egal wie erfolgreich (den Besucherzahlen nach) oder wie wichtig (dem Zuspruch der Fachleute nach), verschwindet nach kurzer Zeit, ohne in den Galerieräumen Spuren zu hinterlassen. Die Chance, Werke aus der Schau für das eigene Haus direkt vom Künstler anzukaufen, kann nur für Flächen im Außenbereich der Kunsthalle genutzt werden. Die einzige Möglichkeit, Exponate über die Zeit der Präsentation hinaus der Öffentlichkeit zugänglich zu machen, besteht in der engen Kooperation mit Sammlungen, an die ausgestellte Werke öfter vermittelt werden. Eine andere Möglichkeit, dem Moment Dauer zu verleihen, ist der Katalog. So bemüht man sich in Baden-Baden besonders, jede Ausstellung so genau wie möglich im Katalog durch Installationsfotos zu dokumentieren und auch durch das Layout Korrespondenzen zur Ausstellung herzustellen. Dadurch können sich auch jene ein Bild von der Präsentation machen, die keine Gelegenheit finden, die Ausstellung zu besuchen.

Spätestens alle zwei Monate mit einer neuen Ausstellung aufzuwarten, bedeutet für die kleine Crew – neben dem Direktor drei Kunstwissenschaftler und elf weitere Mitarbeiter – eine konstante Belastung. Daß der Streß trotzdem noch Spaß macht, ja alle Mitarbeiter zur Kreativität motiviert, ist der Kunst und den Künstlern zu verdanken, die jede Monotonie und Standardisierung verhindern. Routine gibt es nicht.

Praktische Reiseinformationen

Reisevorbereitung

Informationen für unterwegs

Informationen von A bis Z

Reisevorbereitung

Auskunft

Die Vorwahl von Baden-Baden ist ✆ 0 72 21, nur davon abweichende Nummern werden angeführt. Siehe auch Informationen A bis Z: Telefonvorwahl.

Baden-Baden
Gästeinformation Baden-Baden
Haus des Kurgastes, Augustaplatz 8
76530 Baden-Baden
✆ 27 52 00, Fax 27 52 02
Tägl. 9–22 Uhr, So und an Feiertagen 10–22 Uhr.
Ende 1996 wird ein Informationspavillon am Autobahnzubringer vor den Toren der Stadt eröffnet. Damit verbunden wird auch die bisherige Informationsstelle am Augustaplatz umziehen, aber weiterhin im Stadtzentrum zu finden sein.

Bürgerbüro
Jesuitenplatz (unterer Eingang Rathaus)
76530 Baden-Baden
✆ 93-2015
Mo, Di und Mi 9–13 und 14–17 Uhr, Mi bis 17.30 Uhr, Fr 9–12 und 13–16 Uhr.
Das Bürgerbüro steht zwar eher den Einwohnern als dem touristischen Publikum zur Verfügung. Wer dort aber nach Fahrplänen der Stadtbusse, behindertengerechten Einrichtungen oder anderen, dem Gast nützlichen Dingen fragt, wird nicht abgewiesen.
Während allgemeiner Bürozeiten ist der ›Lift Bürgerbüro‹ durch das Rathaus zum Marktplatz zugänglich: oberster Knopf, dann 50 m rechts, eine Treppe runter → Rathausinnenhof.

Rastatt
Stadtinformation
Rathaus, Marktplatz 1
76437 Rastatt
✆ 0 72 22/97 24 62,
Fax 97 21 08
Mo, Di und Do 8–16.30 Uhr, Mi 8–17 Uhr, Fr 8–13 Uhr.

Rebland
Tourist-Info Badener Rebland
Mauerbergstraße 97
76534 Baden-Baden (Neuweier)
✆ 0 72 23/5 74 84, Fax 6 00 08
Juni bis Okt. Mo–Fr 13.30–17.30 Uhr

Anreise

Mit dem Pkw
Autobahn A 5 Karlsruhe–Basel, Ausfahrt Baden-Baden, Zubringer zum Stadtzentrum gut ausgeschildert; ebenso über die Bundesstraßen B 3 von Rastatt und B 500 (Schwarzwaldhochstraße).

Mit der Bahn
Der Bahnhof Baden-Baden liegt im Stadtteil **Oos** an der Hauptstrecke Frankfurt–Basel. Die ca. 3 km zum Stadtzentrum sind durch gute Busverbindungen oder Taxi schnell zu überbrükken.
Gepäckservice: ✆ 0 72 21/ 6 14 45

Mo–Fr 6–20 Uhr, Sa 6–18 Uhr, So 9–20 Uhr.

Mit dem Flugzeug
Die nächstgelegenen internationalen Flughäfen sind Frankfurt am Main (187 km), Stuttgart (138 km), Basel (165 km) und Straßburg (72 km). Von und zu den genannten Flughäfen gibt es Zubringerdienste, die bei der *Gästeinformation* oder den Hotelrezeptionen erfragt werden können. Der vor dem Zweiten Weltkrieg von der Lufthansa angeflogene Flughafen Baden-Baden-Oos bietet heute Start- und Landemöglichkeit für Flugzeuge bis LCN 20. Flugtaxis sind vorhanden.

Vorschläge für Kurzaufenthalte

Erster Tag in Baden-Baden:
Schloßberg mit dem *Quellgebiet der Thermen*
Neues Schloß und **Stiftskirche**
Badeherberge **Baldreit** mit Stadtmuseum
Kloster vom Heiligen Grab
Sophienstraße/Leopoldsplatz
Lichtentaler Allee
Kloster Lichtenthal

Zweiter Tag:
Besuch des **Friedrichsbads** oder der Caracalla-Therme
›Badischer Hof‹
Alter Stadtbahnhof
Stourdza-Kapelle
Trinkhalle
Kurhaus
Theater

Dritter Tag:
Villenspaziergang
Südwestfunk
Molkenkur
Russische Kirche
Gönneranlage
Staatliche Kunsthalle (Ausstellung!)
eventuell Ausflug nach **Rastatt** und Schloß **Favorite**

Informationen für unterwegs

Unterkunft

Hotels

Es gibt viele und gute Hotels und Pensionen in Baden-Baden und Umgebung, hier kann nur eine kleine und individuell zusammengestellte Auswahl genannt werden, die historisch interessante und vom Ambiente hervorstechende Häuser berücksichtigt. Preisangaben sind Stand 1995 und nur Annäherungswerte, in der Regel inkl. Frühstück.

Hotelliste und Buchungen durch:
Baden-Baden Marketing
Augustaplatz 8
76530 Baden-Baden
✆ 27 52 00, Fax 27 52 02

Baden-Baden
Luxushotels
(Doppelzimmer ab DM 250)
Brenner's Park-Hotel & Spa
Schillerstraße 4/6

76530 Baden-Baden
✆ 90 00, Fax 3 87 72
Das Flaggschiff der Gastlichkeit in Baden-Baden und weit darüber hinaus. In der großen traditionsbewußten Anlage des Luxushotels bleiben keine Wünsche offen.

Der Kleine Prinz
Lichtentaler Straße 36
76530 Baden-Baden
✆ 34 64, Fax 3 82 64
Von Hotelzeitschriften preisgekrönt wegen der individuellen Art, dem Luxus- und Romantikbedürfnis der Gäste entgegenzukommen.

Holland-Hotel
Sophienstraße 14
76530 Baden-Baden
✆ 356-0, Fax 35 61 21
Eines der großen Traditionshäuser am ehemaligen Stadtgraben, der Sophienstraße; schöne Restaurantterrasse am großen rückwärtig gelegenen Park des Hotels.

Steigenberger Avance Badischer Hof
Lange Str. 47
76530 Baden-Baden
✆ 934-0, Fax 93 44 70
Historisch das erste Luxushotel Europas; im ehemaligen Kapuzinerkloster kann man heute in einem großen Thermalbecken baden, um danach in dem von Weinbrenner umgebauten Klosteratrium eine märchenhafte Kulisse zu genießen.

Steigenberger Europäischer Hof
Kaiserallee 2
76530 Baden-Baden
✆ 933-0, Fax 2 88 31
Warum Max Beckmann (s. S. 75) hier, im ersten Hotel und Ausgangspunkt der Steigenberger-Dynastie, gern weilte, läßt sich noch heute sehr gut nachvollziehen. Daß dieses Haus mit seinen weiten Fluren und Gemächern etwas Patina angesetzt hat, muß nicht als Nachteil empfunden werden.

Mittlere Preislage
(DZ ab DM 150)
Atlantic
Sophienstraße 2a
76530 Baden-Baden
✆ 361-0, Fax 2 62 60
Im Gebäude des ehemaligen ›Englischen Hofs‹ erfährt man als Gast Gediegenheit im besten Sinn des Wortes. Mitten im Kurgarten, Chippendale, Gemütlichkeit, schönes Speise- bzw. Frühstückszimmer.

Badhotel zum Hirsch
Hirschstraße 1
76530 Baden-Baden
✆ 93 90, Fax 3 81 48
Seit dem späten Mittelalter Badehotel. Bei Politikern und Gästen des Südwestfunks beliebt wegen seiner schönen Stadtlage und seines historischen Ambientes.

Preisgünstige Hotels
(DZ bis DM 150)
Altes Schloß
Alter Schloßweg 10
76532 Baden-Baden
✆ 2 69 48, Fax 39 17 75
Für etwa DM 40 pro Person und Nacht kann man keinen Luxus erwarten, aber diese empfehlenswerte Herberge liegt idyllisch mitten im Wald unmittelbar am Alten Schloß.

Forellenhof
Gaisbach 91
76534 Baden-Baden
✆ 974-0, Fax 97 42 99
Eine Fernsehserie hat dieses Waldhotel in den 60er Jahren in Deutschlands Wohnstuben bekannt gemacht; etwas außerhalb gelegen; Schwarzwaldhausatmosphäre; Restaurant und frische Forellen aus den Teichen der benachbarten Fischkultur.

Tannenhof
Hans-Bredow-Straße 20
76522 Baden-Baden
✆ 27 11 81, Fax 27 11 86
Ein preiswertes und schön gelegenes Haus in unmittelbarer Nachbarschaft des Südwestfunkgeländes am Fremersberg.

Bühl
Schloßhotel Bühlerhöhe
Schwarzwaldhochstraße 1
77815 Bühl
✆ 0 72 26/550, Fax 5 57 77
Luxushotel; das von außen monumental wirkende Bauwerk in luftiger Schwarzwaldhöhe verbreitet im Inneren eine lichte und behagliche Atmosphäre.

Rastatt
Hotel-Restaurant Katzenbergers Adler
Josefstraße 7
76437 Rastatt
✆ 0 72 22/3 21 03, Fax 3 79 38
Preisgünstiges historisches Haus mit berühmter Küche; allerdings seit längerem nicht mehr unter Führung der Gastronomendynastie Katzenberger.
Hofmetzger Philipp Jakob Katzenberger bekam 1847 die Schildrechte des Wirtshauses ›Schwarzer Adler‹. Rudolf Katzenberger, Nachfahre des Hofmetzgers, hat das Restaurant mit Erfolg durch das deutsche Wirtschaftswunder der Nachkriegszeit geführt. Berühmt wurden vor allem seine ›Kirschwasserbömble‹, Halbgefrorenes aus drei Eiern, 80 g Zucker, einem Südweinglas Schwarzwälder Kirschwassers und ¼ l Schlagsahne.

Rebland
Heiligenstein
Heiligensteinstraße 19a
76534 Baden-Baden (Neuweier)
✆ 0 72 23/52 02 25,
Fax 5 89 33
Ein sympathisches und komfortabel eingerichtetes Schwarzwaldhaus-Hotel mit Restaurant, das inmitten der Weinberge des Reblands liegt.

Zur Traube
Mauerbergstraße 107
76534 Baden-Baden (Neuweier)
✆ 0 72 23/5 72 16, Fax 67 64
Mittlere Preisklasse; Zimmer mit Himmelbetten und Kamin; feine regionale Küche im hauseigenen Restaurant.

Weinberg
Umweger Straße 66
76534 Baden-Baden (Steinbach)
✆ 0 72 23/9 69 70, Fax 96 97 30
Mittlere Preisklasse; altes Gebäude, liebevoll als Gästehaus umgebaut; gute Küche.

Roederhof
Im Nußgärtel 2
76534 Baden-Baden (Neuweier)
✆ 0 72 23/5 20 44, Fax 5 26 12
Preisgünstig; ein familiär geführ-

tes Haus mit 30 Betten und schönem Garten.

Jugendherberge und Kloster

Jugendherberge Baden-Baden
Hardbergstraße 34
✆ 5 22 23.

Kloster Lichtenthal
Hauptstraße 40
76530 Baden-Baden
✆ 7 23 32
Das Kloster ermöglicht seinen Gästen in Einzel- und Doppelzimmern mehrtägige Aufenthalte, pro Person DM 40 inkl. Frühstück. Dazu ist allerdings in jedem Fall eine Anmeldung nötig. Wer Ruhe sucht und etwas Zeit zur Besinnung, wird sich hier, am Anfang der Lichtentaler Allee, sehr wohlfühlen.

Restaurants

Die badische Küche ist bodenständig, gehaltvoll und kreiert, besonders im Umland von Baden-Baden, kunstvolle Interpretationen traditioneller Rezepte; Forellen, Schinken, Riesling, Kirschwasser und Schwarzwälder Kirschtorte ist bei weitem nicht alles, was von Küchenmeistern und Konditoren der Region geboten wird. Die angegebenen Zeiten verstehen sich als Küchenzeiten, Preise bewegen sich hauptsächlich auf mittlerem Niveau, wo sie davon abweichen, sind sie angegeben.

Baden-Baden
Baden-Badener Weinkeller
Maria-Viktoria-Straße 2
✆ 27 11 88
Tägl. außer So und an Feiertagen 17–23 Uhr.
Feine badische Küche zu guten Weinen; schöne Gartenterrasse; Reservierung ratsam.

La Provence
Schloßstraße 20
✆ 2 55 50
Tägl. 12–1 Uhr.
Ein großes, gemütlich eingerichtetes Gewölbe mit preiswerter Küche; seit Jahren ein beliebter Treffpunkt für alle, die lässiges Genießertum zu schätzen wissen; Reservierung ratsam.

Molkenkur
Quettigstraße 19
✆ 3 32 57
Tägl. 10.30–14.30 und 17.30–23 Uhr.
Ein altes Schwarzwaldhaus gleich neben dem Südwestfunkgelände am Fremersberg; Terrasse; bürgerliche Küche; gegenüber läßt sich der große Garten der Villa Turgenjew einsehen.

Kurhausrestaurant
Kaiserallee 1
✆ 907-0
Tägl. 10–24 Uhr.
Eine Möglichkeit, mitten im Kurpark zu dinieren, einen Imbiß einzunehmen oder einen Kaffee zu trinken; für Nachtfalter gibt es im *Casino* auch nach 24 Uhr bis ca. 2 Uhr noch etwas zu essen.

Palais Gagarin
Augustaplatz 1
✆ 2 58 38
Tägl. außer Mi 12–14 und 18–22 Uhr.
Ein romantisches kleines Restaurant im geschichtsträchtigen, zen-

tral gelegenen Haus der Gagarins; Terrasse; internationale Küche; berühmter als das Restaurant ist die Bar.

Papalangi
Lichtentaler Straße 13
✆ 3 16 16
Tägl. 12–14.30 und 18.30–23.30 Uhr.
Das Restaurant von Starkoch Peter Wehlauer ist wie ›La Provence‹ ein Muß in Baden-Baden; gehobene Bistroküche in einem unkonventionellen Ambiente; schöne Innenhofterrasse; Reservierung ratsam.

Stahlbad
Augustaplatz
✆ 2 45 69
Tägl. außer So und Mo 12–14.00 und 17.30–22 Uhr.
Traditionsreiche feine Adresse im Zentrum der Stadt; internationale Küche; Gartenterrasse.

Waldgaststätte Scherrhof
Scherrhof
✆ 74 17
Tägl. außer Mo und Di durchgehend bis 21 Uhr warme Küche. Da der Gasthof mitten in einem Wandergebiet liegt, sollte man in den kalten Jahreszeiten nachfragen, ob die Küche geöffnet ist.

Weinstube Baldreit
Küferstraße 3
✆ 2 31 36
Tägl. außer Mo 17–22 Uhr.
Ein Lieblingsplatz der Baden-Badener; zusammen mit dem Stadtmuseum und dem Stadtarchiv in der mittelalterlichen Badeherberge Baldreit untergebracht.

Bühl
Wehlauer's Badischer Hof
Hauptstraße 36
✆ 0 72 23/2 30 63
Tägl. außer So und Mo 18.30–22 Uhr.
Gehobene Preisklasse, das Stammhaus des international bekannten Kochs Peter Wehlauer; mit Hotel; selbst verwöhnte Gourmets aus Frankreich finden den Weg hierher.

Gude Stub
Dreherstraße 9
✆ 0 72 23/84 80
Tägl. außer Di 12–14 und 18–21.30 Uhr
Gehobene Preisklasse; in der Küche der Bühlerhöhe mit Sternen dekoriert, kocht Ludwig Bechter seit Anfang 1995 in einem kleinen Schwarzwaldhaus in Bühl; wohnliche Atmosphäre; schöne Gartenterrasse.

Kuppenheim
Raubs Restaurant
Oberndorf Hauptstraße 41
✆ 0 72 25/7 56 23
Tägl. außer So und Mo 12–14 und 18.30–22 Uhr.
Gehobene Preisklasse; ob im edlen Restaurant oder im legeren *Kreuzstübel* – das Essen von Raub allein lohnt die Fahrt nach Kuppenheim.

Neuweier
Rebenhof
Weinstraße 58
✆ 0 72 23/55 51
Tägl. außer So (ganztägig) und Mo (mittags) 12–14.30 und 17–22.30 Uhr.
In den Weinbergen gelegenes preiswertes Hotel-Restaurant, das sich gut als Standort bei

einem Baden-Baden Aufenthalt eignet.

Schloß Neuweier
Mauerbergstraße 21
✆ 0 72 23/5 79 44
Das rustikal eingerichtete Schloßrestaurant gibt in einschlägigen Führern keine festen Zeiten an; der Restaurantbesuch ist also telefonisch abzustimmen.

Zum alde Gott
Weinstraße 10
✆ 0 72 23/55 13
Tägl. außer Do (ganztägig) und Fr (mittags) 12–14.30 und 19–22.30 Uhr.
Gehobene Preisklasse; die große Gourmetküche des Reblands.

Zum Engel
Mauerbergstraße 62
✆ 0 72 23/5 72 43
Tägl. außer Mo und Di ab 17 Uhr.
Deftige und preiswerte Mahlzeiten in der urigen Weinstube, die von der Familie Fröhlich schon mehr als 100 Jahre geführt wird.

Cafés

(alle Baden-Baden)

Café Beeg
Gernsbacher Straße 42
✆ 36 76-0
Eine schöne Möglichkeit, nach dem Friedrichsbad oder der Caracalla-Therme im Bäderviertel noch gemütlich zu sitzen.

Café im Hotel Atlantic
Sophienstraße 2
✆ 36 10
Atmosphäre eines Wintergartens mit Blick auf den Kurgarten.

Café Wien im Hotel Quellenhof
Sophienstraße 27–29
✆ 938-0
Das im Sommer 1995 eingerichtete Café war gleich ein großer Erfolg; Wiener Atmosphäre bei Sachertorte und kleinem Braunen.

Café König
Lichtentaler Straße 12
✆ 2 35 73
Das Café hat seinen großen Namen wahrlich verdient; beste Kuchen; die einzige handgerührte Trinkschokolade weit und breit; Chippendale-Atmosphäre.

Capri Eiscafé
Sophienstraße 1
✆ 2 37 51
Terrasse für Leute, die Sonne tanken und Leute beobachten möchten.

Sehenswürdigkeiten und Öffnungszeiten

Baden-Baden

Alteberstein, Burgruine
Bei Ebersteinburg, wenige Kilometer von Baden-Baden.
✆ 2 88 99
Während der Sommermonate tägl. außer Fr 11–20 Uhr.
Turm begehbar; Café; Wein- und Vesperstube.

Alter Stadtbahnhof
Lange Straße, etwa Nr. 79
Der 1892–94 errichtete Neorenaissancebau soll ab 1998 das Foyer eines neuen Festspielhauses werden.

Altes Schloß
Alter Schloßweg 10
✆ 2 69 48
Tägl. außer Mo 10–22 Uhr.
Großer Parkplatz; Café; Restaurant; Pension.

Autobahnkirche St. Christophorus
Autobahnraststätte Baden-Baden (A 5)
Tägl. 8–19 Uhr.
Auch für Behinderte gut zugänglich.

Brahmshaus
Maximilianstraße 85
76534 Baden-Baden
✆ 7 11 72, Fax 9 98 72
Mo, Mi und Fr 15–17 Uhr, So und an Feiertagen 10–13 Uhr sowie nach telefonischer Vereinbarung.
Einzige in Deutschland noch erhaltene Wohnung des großen Komponisten; siehe auch Urlaubsaktivitäten, Veranstaltungen: *Brahmstage.*

Caracalla-Therme
Siehe Urlaubsaktivitäten: Thermen

Casino/Kurhaus
Kaiserallee 1
✆ 2 10 60
Das Casino ist tägl. 9.30–12 Uhr zu besichtigen.
Spielbetrieb 14–3 Uhr; Bakkarat 15–6 Uhr.

Ebersteinburg
Siehe Alteberstein, Burgruine

Evangelische Stadtkirche
Augustaplatz
✆ 39 12 59
Tägl. 9–17 Uhr.
Gottesdienste: Sa 18 und So 10 Uhr.

Friedrichsbad
Siehe Urlaubsaktivitäten: Thermen

Geroldsauer Wasserfall
Markierte Wanderwege im Grobbachtal; Rhododendronanlage; gleich nach dem Wasserfall Wald-Gasthaus Bütthof.
✆ 7 37 47

Frauenkloster vom Heiligen Grab
Römerplatz 7
✆ 35 07-0
Kirche tagsüber zugänglich.
Katholisches Frauenkloster; heute auch Gymnasium und Internat.

Kloster Lichtenthal
Hauptstraße 40
✆ 7 23 32
Mo–Sa 14.30–17 Uhr, So 15–17 Uhr; 1. Sonntag im Monat geschlossen. Geführte Besichtigung (inkl. Klostermuseum) nur in Gruppen ab 7 Personen nach Anmeldung.
Zisterzienserinnen-Abtei mit Klosterkirche, Fürstenkapelle, Museum und schönem Klosterhof.

Merkur
Der 668 m hohe Hausberg von Baden-Baden; vom Bahnhof Merkurwald führt eine Standseilbahn zum Gipfel des Berges; Aussichtsturm; Wanderwege; Café.
Merkurbahn
✆ 27 71 und 27 73 52
Tägl. von 10–17 Uhr im 15-Minuten-Takt.

Neues Schloß
Schloßstraße
Ehemalige Residenz der Markgrafen. Nachdem im Oktober 1995 das gesamte, seit Jahrhunderten gesammelte Inventar versteigert wurde, steht auch das Schloß zum Verkauf. Auch der schöne Schloßpark ist seit Anfang der 90er Jahre nicht mehr frei zugänglich.

Römische Badruinen (Soldatenbäder)
Römerplatz
✆ 27 59 36 und 27 59 40
Die Anlage wird saniert und soll erst ab 1997/98 wieder zugänglich sein. Besichtigungszeiten sind dann bei der Gästeinformation zu erfragen.

Russische Kirche
Lichtentaler Straße 76
✆ 39 06 34 und 7 29 91
Besichtigung: 1. April bis 1. November tägl. 10–18 Uhr.
Gottesdienste: 1. u. 3. Wochenende im Monat Sa 17 und So 10 Uhr.

Russisches Haus
Lange Straße 85
✆ 79 79
Eine Etage dieses Hauses, in der die Turgenjew-Gesellschaft die ehemalige Beliebtheit der Kurstadt in Rußland wieder wachrufen möchte. Wer sich für russisches Kulturgut und das ›russische Baden-Baden‹ interessiert, bekommt wertvolle Hinweise von Renate Effern, Turgenjew-Gesellschaft.

Schloß Eberstein
Bei Gernsbach
✆ 0 72 24/46 46
Gaststätte tägl. außer Di 10–23 Uhr.
Ehemalige Ritterburg mit Rittersaal und Restaurant.

Schwarzwaldhochstraße
Bundesstraße 500
Berühmte Panoramastraße zwischen Baden-Baden und Freudenstadt; vielfältige Möglichkeiten zum Wandern und Einkehren.

Spielzeugmuseum
Gernsbacher Straße 48
✆ 3 25 11
Di–Fr 15–18 Uhr, So 14–18 Uhr.
Puppenhäuser aus zwei Jahrhunderten.

Spitalkirche (altkatholisch)
Römerplatz
✆ 5 34 28
Tägl. 10–18 Uhr.
Gruppenführungen nach Voranmeldung.
Sonntagsgottesdienste 10–11 Uhr.
Chorgestühl; außen Grabplatten des alten Friedhofs und die steinerne Ölberggruppe.

St. Johannis (Englische Kirche)
Bertholdstraße 5
✆ 2 54 76
Nur zu Zeiten des Gottesdienstes oder besonderer Konzertveranstaltungen zugänglich; entsprechender Aushang vor der Kirche.

Staatliche Kunsthalle
Lichtentaler Allee 8a
✆ 2 32 50
Tägl. außer Mo 11–18 Uhr, Mi 11–20 Uhr.
Jeden Mittwoch 18 Uhr Führungen.

Wechselnde Ausstellungen auf hohem internationalem Niveau.

Stadtbibliothek mit ›Literarischen Gedenkstätten‹
Lange Straße 43
✆ 93 22 51
Di, Mi, Do und Fr 10–18 Uhr, Sa 10–13 Uhr, Mo geschlossen.
Nachlaß von Otto Flake, Erinnerungsstücke an Werner Bergengruen und Reinhold Schneider.

Stadtgeschichtliche Sammlungen
Schloßstraße 22
✆ 93 22 74
Geöffnet von April bis Oktober Mi–So 10–12.30 und 14–17 Uhr.
Funde aus der Römerzeit, Küchengeräte, Puppen- und Spielzeugsammlung; Sonderausstellungen zur Stadtgeschichte.

Stadtmuseum Baden-Baden
Baldreit, Küferstraße 3
✆ 93 22 72
Tägl. außer Mo 10–12.30 und 14–17 Uhr
Archäologie der Region; Bädergeschichte; Porzellane und Gläser, Gemälde.

Stiftskirche (katholisch)
Marktplatz
✆ 2 49 48
Tägl. 8–18 Uhr; kostenlose Führungen nach Vereinbarung.
Kruzifix des Niclaus Gerhaert von Leyden; Sakramentshäuschen; Grabdenkmäler badischer Markgrafen.
Gottesdienste: Sa 18.30 Uhr, So 10, 11, 15 und 19 Uhr.

Stourdza-Kapelle
Stourdzastraße
✆ 2 85 74
Tägl. 10–18 Uhr; telefonische Voranmeldung erwünscht.
Gottesdienste finden während der Sommermonate So vormittag statt.

Südwestfunk
Hans-Bredow-Straße 20
✆ 9 24 84
Wer gleich eine Führung beantragen möchte, wendet sich an:
✆ 92 25 96. Die Führung ist nur für Erwachsene gedacht und dauert etwa drei Stunden; eine langfristige Anmeldung ist ratsam.

Theater Baden-Baden
Goetheplatz/Werderstraße 1
✆ 27 52 65
Besichtigung für Gruppen nach Voranmeldung.
Vorverkaufskasse und Programm im Kurhaus:
✆ 93 27 00

Thermalbrunnen Drei-Schalen-Brunnen
Lange Str. 47, im Garten des Hotels ›Badischer Hof‹; das langjährige Sendebild des Südwestfunks ist eines der bekanntesten Wahrzeichen von Baden-Baden; mit dem **Reiher-Brunnen**, Sophienstraße, einziger Thermalbrunnen im Freien.

Trinkhalle
✆ 27 52 77
Kaiserallee 3
April bis Oktober 10–17.30 Uhr, November bis März 10–16.30 Uhr.
Ausschank von Quellwasser in der Halle; angegliederter Lesesaal mit einer breitgefächerten Auslage von Zeitungen und Zeitschriften.

Ursprungquelle
Marktplatz
Im Alten Dampfbad, nicht zugänglich.

Yburg
✆ 2 54 75
Ehemalige Ritterburg auf dem Yberg, oberhalb von Varnhalt im Rebland; Restaurant mit Parkplatz.

Rastatt

Schloß Rastatt
Herrenstraße
✆ 0 72 22/97 83 85
Besichtigung der Prunkräume der *Beletage* nur mit Führung:
Tägl. außer Mo 9.30–17 Uhr, letzte Führung 16 Uhr.
Die *Schloßkirche* ist im Rahmen von Führungen zu besichtigen:
Jeden Sa 11 und 14 Uhr.
Themenbezogene Sonderführungen (z.B. Kunstgeschmack des 18. Jh., Alltag einer fürstlichen Familie etc.) sind unter der angegebenen Telefonnummer zu erfragen.
Wehrgeschichtliches Museum
✆ 0 72 22/3 42 44
Tägl. außer Mo 9.30–17 Uhr.
Erinnerungsstätte für die Freiheitsbewegungen in der deutschen Geschichte
✆ 0 72 22/3 94 75, 3 34 21.
Tägl. außer Mo 9.30–17.00 Uhr.

Stadtmuseum
Herrenstr. 11
✆ 0 72 22/97 24 40
Mi, Fr, So und an Feiertagen 10–12 und 15–17 Uhr.

Städtische Galerie (Fruchthalle)
Kaiserstr. 48
✆ 0 72 22/972-443,
Fax 972-466
Di–So 10–17 Uhr.

Schloß Favorite
Rastatt-Förch, Favoritestraße
✆ 0 72 22/4 12 07
16. März – 30. September, tägl. außer Mo 9–17 Uhr.
1. Oktober – 5. November, tägl. außer Mo 9–16 Uhr.
Fällt ein Mo auf einen Feiertag, ist geöffnet und am darauffolgenden Di geschl.
Führungen zu jeder vollen Stunde.
Porzellanausstellung im 2. OG.
Eremitage (Magdalenen-Kapelle) Sa 11 Uhr.

Parks und Gärten

siehe auch Urlaubsaktivitäten: Botanische Führungen

Gönneranlage
Jugendstilanlage an der Lichtentaler Allee (gegenüber den Tennisplätzen); 300 verschiedene Rosenarten.

Florentiner Berg
Ehemaliges Gartenschaugelände am Fuße des Neuen Schlosses. Der vom Thermalwasser erwärmte Boden läßt hier eine üppige Mittelmeervegetation erblühen.

Lichtentaler Allee
Der ›Grüne Salon‹ von Baden-Baden; 300 verschiedene Baum- und Straucherarten; März bis April Blüte der Zwiebelgewächse, April bis Juni Rhododendronblüte. Der Stadtpark entlang der Oos ist ganzjährig frei zugänglich.

Siehe Urlaubsaktivitäten: Botanische Führungen

Paradies
Wohn- und Gartenanlage mit Wasserkaskaden zwischen der Markgrafenstraße und der Zeppelinstraße.

Rosengarten Beutig
Information: *Gartenamt*
✆ 93 12 01
Ende Juni bis Anfang Juli tagt seit den 50er Jahren eine internationale Jury, um die auf dem Beutig blühenden internationalen Rosenneuheiten zu bewerten. Der große Rosengarten ist von Juni bis September frei zugänglich. Man erreicht den Garten von der Werderstraße aus über den Beutigweg.

Urlaubsaktivitäten

Angeln

✆ 93 16 60
Im Grobbachtal kann man Forellen angeln.

Baden

Siehe auch Thermen
Bertholdbad
Ludwig-Wilhelm-Straße 24
✆ 93 26 11
Di, Mi, Do und Fr 7.45–9 und 13–20 Uhr, Sa 7.45–15 Uhr, So 7.45–13 Uhr
Hallenbad und beheiztes Freibad im Stadtzentrum.

Strandbad Sandweier
✆ 5 14 33
Von Mitte Mai bis September. Ehem. Kiesgrube am Kühlsee.

Ballooning 2000

76534 Baden-Baden-Steinbach
Dr. Rudolf-Eberle-Straße 5
✆ 0 72 23/6 00 03, Fax 6 00 05
Die größte europäische Heißluftballon-Flotte startet meist frühmorgens zu ihren Fahrten über den Nordschwarzwald und das Elsaß; Fahrzeiten und Preise auf Anfrage.

Botanische Führungen

Gästeinformation oder
Gartenamt: ✆ 93 12 01
In den Parks, Gärten und Waldgebieten von Baden-Baden finden regelmäßige botanische Führungen statt.

Golf/Kleingolf

Golfclub Baden-Baden
Fremersbergstraße 127
✆ 2 35 79
Dieser 18-Loch-Golfplatz in landschaftlich sehr reizvoller Lage in der Lichtentaler Allee ist der einzige Kleingolfplatz in Deutschland mit Rasenbahnen.

Konzerte
siehe Veranstaltungen

Museen
siehe Sehenswürdigkeiten

Pferderennen

Veranstalter ist der *Internationale Club*
Lichtentaler Allee 8
✆ 21 12-0
Die große Welt des Pferdesports zieht es Jahr für Jahr im Mai und

Ende August/Anfang September für jeweils eine Woche nach Baden-Baden bzw. nach Iffezheim, wo mit dem ›Frühjahrs-Meeting‹ und der ›Großen Woche‹ zwei international besetzte Galopprennen stattfinden.

Reiten

Reithalle und -schule
Gunzenbachstraße 4a
✆ 3 18 76
Eigene Pferde können in Boxen Ferienquartier beziehen.

Baden-Baden Reitclub e.V.
✆ 6 46 66 oder 5 59 20
Reiten auf clubeigenen Pferden.

Roulette

siehe Sehenswürdigkeiten: Casino

Tennis

Tennis-Club Rot-Weiß
Lichtentaler Allee
✆ 2 41 41

Tennis-Club Blau-Weiß
Am Selighof
✆ 2 53 25

Dr. Ertl Tennishalle
Aumattstraße
✆ 6 33 11 und 2 41 41

Theater

siehe Sehenswürdigkeiten

Thermen

Caracalla-Therme
Römerplatz 11
✆ 27 59 40
Tägl. 8–22 Uhr, letzter Einlaß 20 Uhr.
Eintritt etwa DM 20 bis DM 32 (je nach Aufenthaltsdauer); Badekleidung und Saunatücher sind mitzubringen; eine moderne und weitläufige Bade- und Thermallandschaft.

Friedrichsbad
Römerplatz 1
✆ 27 59 20/21
Tägl. 9–22 Uhr, So ab 14 Uhr, letzter Einlaß 20 Uhr.
Sa ganztägig, So ab 14 Uhr, Di und Fr 16–22 Uhr gemischt; sonst sind die Bade- und Saunagänge für Frauen und Männer getrennt; es wird nackt gebadet; Handtücher sind vorhanden.
2,5 Stunden ohne Massage ca. DM 30.

Veranstaltungen

Siehe auch Sehenswürdigkeiten: Theater Baden-Baden

Musik, Theater, Shows, Gabälle und andere große Kulturveranstaltungen haben in Baden-Baden ebenso Tradition wie die Salonkultur. Viele der Konzerte auch des *Musikalischen Sommers* und der *Brahmstage* finden im Kurhaus statt.

Kurhauskasse (Programme und Vorverkauf)
Kaiserallee 1
✆ 93 27 00/1
Tägl. 10–13 u. 14.30–18.30 Uhr.

Informationen:
Musikalischer Sommer
✆ 18 13 14
Brahmstage
✆ 9 98 72.

Promenadenkonzerte finden an mehreren Tagen der Woche jeweils ab 16 Uhr im Kurgarten (bei kühler Witterung im Weinbrennersaal des Kurhauses) statt. Da die Konzerttage nicht regelmäßig bestimmten Wochentagen zuzuordnen sind, empfiehlt sich ein Blick in den Veranstaltungskalender der Stadt.

Konzerte des *Südwestfunks* im Rosbaud-Studio.
Information: ✆ 92 25 96.
Programme und Karten sind an der Kurhauskasse erhältlich.
Zu großen Musikveranstaltungen lädt der Sender SWF 3 ein- bis zweimal im Jahr nach Baden-Baden ein.

Zu den Salon-Veranstaltungen gehört seit 1990 das *Literarische Café* im Kaminzimmer des Hotel Atlantic.
Information: ✆ 36 10,
Fax 2 62 60
Unregelmäßig an Sonntagen.

Nachtgespräch in ›Brenner's Park-Hotel‹
Beliebt wegen der lebendigen Moderation von Alfred Marquart und bekannter Gäste aus dem Kulturleben; wird vom Südwestfunk aufgezeichnet.
Information: ✆ 90 00,
Fax 3 87 72

Kammermusik bietet das Atrium der Max-Grundig-Klinik Bühlerhöhe.
Schloßhotel Bühlerhöhe
✆ 0 72 26/550, Fax 5 57 77

Zwischen April und Oktober finden in den nahen *Schlössern Rastatt* und *Favorite* regelmäßig Konzerte statt.
Amt für Schulen, Kultur und Sport
Kaiserstraße 48
76437 Rastatt
✆ 0 72 22/3 29 20

Wandern

Viele Rundwege und Routen mit verschiedensten Längen und Steigungsgraden laden im Stadtwald von Baden-Baden zu schönen Wanderungen ein. Naturlehrpfade sind in der im Buchhandel erhältlichen Wanderkarte gekennzeichnet.

Weinbergbegehung und Weinproben

Auskünfte erteilt die
Gästeinformation Baden-Baden
Haus des Kurgastes
Augustaplatz 8
76530 Baden-Baden
✆ 27 52 00, Fax 27 52 02
Im *Rebland*:
✆ 0 72 23/5 74 84, Fax 6 00 08

Informationen von A bis Z

Antiquariate

Antiquariat Thelen
Büttenstraße 11
✆ 3 33 98

Kunstantiquariat Peter Weber
Eichstraße 12
✆ 2 55 71

Apotheken

Alte Hofapotheke
Lange Straße 2
✆ 2 49 25

Dr. Rössler's Hofapotheke
Sophienstraße 7
✆ 2 21 53

Sehenswerte historische Apothekeneinrichtungen.
Nacht- und Wochenenddienste bitte in den Hotels erfragen oder der Tagespresse entnehmen.

Ärztliche Versorgung

Rotes Kreuz/Rettungsdienst
✆ 1 92 22

Stadtklinik Baden-Baden
Balger Straße 50
✆ 91-0

Zahnärztlicher Notfalldienst
✆ 22 22 22

Baden-Baden Card

Dieses 1995 eingeführte ›Gastgeschenk‹ erhält jeder Gast, der mindestens dreimal in Baden-Baden übernachtet, zwischen dem 15. 11.–15. 3., ausgenommen die Zeit vom 24. 12.–2.1. Der kleine Ausweis ermöglicht Vergünstigungen in Hotels, Restaurants, Casino, Einzelhandel und öffentlichen Verkehrsmitteln.
Gilt voraussichtlich bis 1997.

Banken

Am Anfang der Sophienstraße, wo sich die Straße zum Kurpark hin öffnet, befinden sich zwei Bankfilialen mit Geldautomaten.

Behinderte

Bürgerbüro
Jesuitenplatz
✆ 93 20 15
Informationen über behindertengerechte Einrichtungen in Baden-Baden; Faltblatt mit einem Nachweis von Behindertenparkplätzen und -toiletten.

Buchhandlungen

Möller
Gernsbacher Straße 7
✆ 2 95 92

Straß
Kreuzstraße 3
✆ 2 41 35

Wild
Sophienstraße 1b
✆ 2 42 22

Carl-Flesch-Akademie

✆ 27 53 97
Die an den großen Geiger Carl Flesch erinnernde Akademie bietet unter Beteiligung hervorragender Künstler und Lehrer alljährlich Sommerkurse für Streichinstrumente an. Zu diesen Kursen sind immer auch Zuhörer willkommen (Tageskarte DM 30).

Einkaufen

In den Kolonnaden vor dem Kurhaus reihen sich exklusive kleine Läden von Weltruf; ausführlicher kann man in der Langen Straße und Gernsbacher Straße bummeln.

Fotografieren

Geschäfte mit Fotobedarf finden sich in der Langen Straße.

Galerien

Art-Galerie Frank Pages
Sophienstraße 4/Ecke Kreuzstraße
✆ 2 57 55
Gegenüber vom Palais Hamilton gelegen, mit dem Kunstschaffen französischer Künstler als deutlichem Schwerpunkt.

Galerie Baden-Baden
Werderstraße 1
✆ 3 11 91
Im Wechsel Werke der klassischen deutschen Moderne und zeitgenössischer Künstler aus der Region.

Galerie Elfriede Wirnitzer
Lilienmattstraße 6
✆ 2 67 25
Die große alte Dame der Baden-Badener Galeristen; mit Künstlern wie Max Pechstein, Karl Hofer, Karl Schmidt-Rottluff oder Ernst Ludwig Kirchner persönlich bekannt, hat sie ihr Leben den Expressionisten gewidmet. Ihre in einer Privatwohnung eingerichtete Galerie gehört zu den wenigen in Deutschland führenden Häusern für Druckgrafik des deutschen Expressionismus; Besuch unbedingt vorher anmelden.

Galerie Elwert
Lichtentaler Straße 40
✆ 2 44 64
Zeitgenössische Kunst; Künstlereinladungen und Engagement bei städtischen Kulturaktionen.

Galerie Suzanne Fischer
Stephanienstraße 14
✆ 27 14 37
Suzanne Fischer gehörte zu dem Baden-Badener Kreis um die Zeitschrift ›Das Kunstwerk‹, der nach dem Krieg frischen Wind in die Kunstszene brachte. Sie hat den Kontakt zu der Gruppe ›SYN‹ (s. S. 77) nie abreißen lassen. Auch zeitgenössische Künstler, die in Baden-Baden lebten oder leben gehören zum Programm der Galerie.

Kunsthaus Roosevelt
Kaiser-Wilhelm-Straße 1
✆ 2 65 48
Zeitgenössische Kunst; der als Beuys-Sammler bekannt gewordene Alfred Greisinger, in dessen ›Café König‹ es nebenbei die besten Torten gibt, hat die Villa

Roosevelt Anfang der 90er Jahre aufwendig restauriert und zu einem Treffpunkt für Kunstliebhaber gemacht.

Gottesdienste

Stiftskirche (kath.)
Marktplatz
Sa 18.30, So 10, 11, 15 und 19 Uhr.

Stadtkirche (evang.)
Augustaplatz
Sa 18 und So 10 Uhr.

Karten

Den ›Amtlichen Stadtplan Baden-Baden‹ sowie die ›Wanderkarte Baden-Baden und Umgebung‹ erhält man im Buchhandel und bei der *Gästeinformation*; dort auch kleinere Innenstadtpläne.

Kurkarte/Kurtaxe

Die Kurtaxe von DM 4 (zentrale Lage) bzw. DM 1,50 (außerhalb des Stadtkerns) pro Übernachtung wird von jedem Gast erhoben. Sie kommt den öffentlich rechtlichen Haushalten zur Unterhaltung der Bäder- und Kureinrichtungen zugute. Die dafür erhaltene Kurkarte berechtigt zum Besuch und zur Nutzung der Kureinrichtungen.

Märkte

Wochenmärkte im Stadtkreis Baden-Baden
Jeweils 7–12 Uhr.
Di und Fr auf dem Lichtentaler Klostervorplatz;
Mi und Sa beim Alten Bahnhof;
Sa auf dem Bernhardusplatz.

Flohmarkt
Am Alten Bahnhof
Sa in größeren Abständen in den Frühlings- und Sommermonaten; aktuelle Orte und Zeiten sind bei der *Gästeinformation* und dem *Bürgerbüro* bekannt.

Merkurbahn

Siehe Sehenswürdigkeiten

Notfall

Siehe Ärztliche Versorgung bzw. Polizei

Öffentliche Verkehrsmittel

Die Stadtbusse der *Baden-Baden Linie* verbinden innerstädtische Ziele (zum Beispiel Bahnhof Oos und Kloster Lichtenthal) ebenso wie die Kurstadt mit dem nahen Rebland. Linienpläne sind durch die *Gästeinformation* oder im *Bürgerbüro* erhältlich.

Parken/Parkhäuser

Der gesamte innerstädtische Bereich von Baden-Baden läßt sich gut zu Fuß entdecken. Mit dem Auto ist man hier (große Fußgängerzone) fehl am Platz.
Zentrale Tiefgaragen:
Augustagarage
Augustaplatz

420 Plätze, durchgehend geöffnet.

Kurhausgarage
Kaiserallee
590 Plätze, durchgehend geöffnet.

Vincentigarage
Vincentistraße 4
390 Stellplätze, täglich 7–1 Uhr.

Brenners Parkgarage
Ludwig-Wilhelm-Straße 10
durchgehend geöffnet.

Polizei

Notruf: ✆ 110
Polizeidirektion mit allen Dienststellen der Schutz- und Kriminalpolizei:
Gutenbergstraße 15
✆ 680-0

Post

Sophienstraße 2
✆ 368-0
Mo–Fr 8–18 Uhr, Sa 8–12 Uhr.
Mehrere Telefonzellen im Postamt sind auch außerhalb dieser Zeiten zugänglich.

Stadtführungen

Baden-Baden

✆ 27 52 00
April bis Oktober regelmäßig Mi 10 und So 10.30 Uhr.
Sie dauern in der Regel ca. 2 Stunden und beginnen am Augustaplatz. Da die Zeiten und Führungsschwerpunkte häufig wechseln bitte bei der *Gästeinformation* nachfragen.

Rastatt

Ausgangspunkt ist oft die *Badner Halle*.
Kapellenstraße 20–22
✆ 0 72 22/97 24 62
Schwerpunkt: Barockschloß, Schloßgarten, Museumstor, Pagodenburg, Wasserturm, Maria-Einsiedeln-Kapelle.
Dauer ca. 1 Stunde.

Telefonvorwahl

Baden-Baden mit den Ortsteilen Ebersteinburg, Haueneberstein und Sandweier: ✆ 0 72 21
Bühl mit Reblandgemeinden Varnhalt, Steinbach und Neuweier: ✆ 0 72 23
Rastatt: ✆ 0 72 22
Sinzheim: zum Teil Vorwahl Baden-Baden, zum Teil Vorwahl Bühl.

Veranstaltungsprogramm

Das monatliche offizielle Veranstaltungsprogramm liegt bei der *Gästeinformation* und in den Hotels aus, außerdem informiert das *Badische Tagblatt* regelmäßig über aktuelle Veranstaltungen und Programme.

Zeitungen

Neben der in Baden-Baden erscheinenden Tageszeitung *Badisches Tagblatt* berichtet auch die Lokalredaktion der *Badischen Neuesten Nachrichten* ausführlich über das Stadt- und Regionalgeschehen.

Glossar

Achse Gedachte Linie durch ein Gebäude, die in der Regel die Symmetrieachse angibt. Im Aufriß nennt man Fassadenelemente Achsen, aus deren Reihung die Fassadengliederung entsteht.

Altan Im Gegensatz zum Balkon ein bis zum Erdboden unterbauter, mit einer Brüstung versehener Austritt an oberen Geschossen.

Altarretabel Tafel bzw. Schrein auf dem Altartisch, meist mit dem Altar gleichgesetzt; entweder direkt auf der Platte des Altartisches (Mensa) oder auf einem Zwischenstück (→ Predella).

Apsis Meist halbkreisförmiger, mit einer Halbkuppel gedeckter Abschluß eines Hauptraums; in einer Kirche meist der Abschluß des Chors.

Attika Eine niedrige Mauerzone über dem Hauptgesims der Säulenreihe eines Bauwerks, meist mit einem Gesims oben abgeschlossen.

Atrium Von Säulengängen umgebener offener Innenhof ursprünglich eines römischen Hauses; in der christlichen Baukunst ein von Säulenhallen umgebener westlicher Vorhof einer Kirche.

Balneologie Bäderkunde oder Heilquellenkunde.

Basilika Drei- oder mehrschiffige Kirche, deren Mittelschiff, deutlich höher als die Seitenschiffe, mit durchfenstertem Obergaden für Lichteinfall sorgt. In der frühchristlichen Architektur ist sie der bevorzugte Kirchentypus, und bleibt für die gesamte christliche Baukunst des Abendlands auch in späteren Stilentwicklungen maßgebend.

Beletage Hauptgeschoß eines Gebäudes, meist über dem Erdgeschoß, mit Repräsentationsräumen.

Bergfried Hoher, starker Turm einer mittelalterlichen Burg von quadratischem bis rundem Querschnitt, der der Beobachtung und der letzten Zuflucht der Bewohner dient.

Bosse Eine nur roh zugerichtete Stirnfläche eines Steins oder Quaders, die einem so gebauten Mauerwerk einen buckeligen Charakter verleiht.

Caldarium In römischen Thermen das repräsentative Warmbad, meist nach Süden gelegen, damit Licht und Sonne soviel wie möglich einwirken können.

Chor Der Geistlichkeit vorbehaltener Raum, der durch Verlängerung des Hauptschiffes nach Osten, über das Querschiff hinaus, entsteht und an den sich der Chorschluß oder eine Apsis anschließt.

Chorbogen Bogen, der einen Chor vom Langhaus oder der Vierung abtrennt; oft ein → Triumphbogen.

Chorgestühl Im Chor für die Geistlichkeit aufgestellte, meist reich mit Schnitzereien versehene Sitzmöglichkeiten in zwei oder mehreren Reihen; hohe Rückwände; die hinteren Reihen erhöht.

Epitaph An der Außenwand oder im Inneren einer Kirche an einer Wand errichtetes

Denkmal, das mit einer Inschrift und teils figürlichen Darstellungen an einen Verstorbenen erinnert, der aber hier nicht bestattet sein muß. In der Renaissance und im Barock wird es zu einem aufwendigen, prunkvollen architektonischen Gebilde mit allegorischen Darstellungen.

Fayence Tonwaren, deren einmal vorgebrannter, meist farbiger Scherben mit einer undurchsichtigen weißen und mit Scharffeuerfarben bemalten Zinnglasur überschmolzen wird.

Fiale Gotisches Ziermotiv, das als spitz zulaufendes Türmchen häufig zur Bekrönung eines Pfeilers dient; endet meist in einer Kreuzblume.

Fries In der Architektur ein glatter oder ornamentierter Streifen zur Abgrenzung oder Unterteilung von Flächen oder einzelnen Baugliedern; besonders ein unter dem Gesims des Daches entlanglaufendes Band.

Frigidarium Das Kaltbad in römischen Thermen, das neben dem → Caldarium das Herzstück der Bäder ist.

Gesims Bauelement, das eine Außenwand meist horizontal in einzelne Abschnitte gliedert und sich von der Wandfläche abhebt; eine Sonderform ist das Dach- oder Kranzgesims, das, besonders ausladend, meist von Konsolen unterstützt wird und den Dachansatz abschließt.

Hypokausten Befeuerungssystem der antiken Bäder: Von einem tiefer gelegenen Heizraum → Praefurnium wird Heißluft in Hohlräume unter die Fußböden und durch Tonrohre in den Wänden geleitet, und erwärmt somit die Räume.

Ikonostase Gemeinde- und Altarraum einer orthodoxen Kirche trennende, mit Bildern bedeckte Wand.

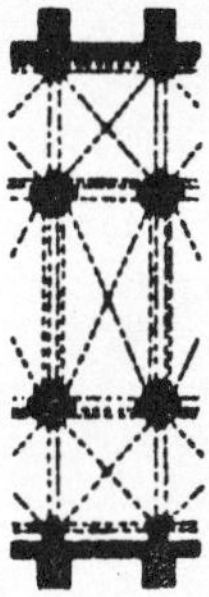

Joch Gewölbefeld eines Bauwerks, das in Längsrichtung gezählt wird; die Einteilung wird durch Wandgliederung und Jochbögen verdeutlicht.

Kämpfer Architekturelement am Ansatz des Bogens oder Gewölbes, wo die Lasten vom aufgehenden Mauerwerk, von Säule oder Pfeiler aufgenommen werden können.

Kapitell Oberer Abschluß einer Säule oder eines Pfeilers; ein ionisierendes Kapitell orientiert sich am antiken Vorbild des ionischen Kapitells und weist beiderseits eingerollte Voluten über einem Wulst aus Eierstab und Akanthusblättern auf.

Karyatide Weibliche Gestalt mit korbförmigem Kopfputz, die anstelle von Säule oder Pfeiler ein Gebälk oder Gewölbe trägt.

Kranzgesims → Gesims

Kreuzblume In Grund- und Aufriß kreuzförmiges stilisiertes Blattgebilde, das als Krönung von Türmen, Giebeln oder auch → Fialen dient.

Kreuzrippengewölbe Kreuzgewölbe mit unterlegten Rippen, die sich als Diagonalen des Gewölbefelds schneiden.

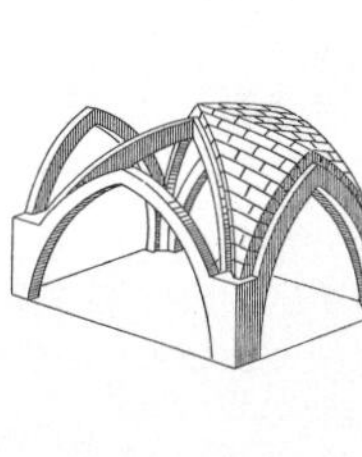

Krypta Raum unter dem Chor einer Kirche zur Aufbewahrung von Reliquien, für Grabstätten von Heiligen oder

Märtyrern; später auch Grabstätte von geistlichen und weltlichen Führern.

Laterne Runder oder polygonaler durchfensterter Aufbau über einer Decken- oder Gewölbeöffnung, meist über der Scheitelöffnung einer Kuppel.

Lisene Vertikale, schwach hervortretende Mauerverstärkung ohne Basis oder Kapitell zur Gliederung von Fassaden.

Loggia Offene Laube oder Säulenhalle eines Bauwerks; unter dem Dach seltener als Dachloggia.

Maßwerk Geometrisches Bauornament der Gotik, ursprünglich zur Aufteilung großer Fenster entwickelt, später auch zur Gliederung von Wandflächen, Giebeln und Brüstungen.

Medaillon Rundes Schmuckelement einer Wand oder Decke mit Flachrelief in Stuck oder Terrakotta.

Mezzanin Halb- oder Zwischengeschoß.

Misericordie Meist reichgeschnitzte Gesäßstütze an der Unterseite der Klappsitze eines Chorgestühls, um auch längere Zeit bequem stehend beten zu können. Da sie versteckt angebracht sind, bieten sie die Möglichkeit der Darstellung profaner bis absonderlicher Motive.

Molkenkur Molke gilt seit Hippokrates und Galen als Heilmittel gegen Gicht; im 19. Jahrhundert gegen Rheuma, Erkrankungen der Verdauungsorgane u. a. Leiden.

Narthex Vorhalle einer Kirche, besonders einer frühchristlichen → Basilika.

Neobarock, -klassik, -renaissance, -romanik Richtungen der neueren Baukunst, die die jeweiligen ursprünglichen Stile wieder aufgreifen und zur Geltung bringen; Zeichen einer romantisch historisierenden Haltung.

Pagodenburg Gartenschlößchen im ›ostasiatischen‹ Geschmack beim Nymphenburger Schloß.

Palas Herrschaftlicher Wohn- oder Saalbau einer Burg.

Pfeiler Mauerstütze zwischen Öffnungen (Türen, Fenster etc.) mit quadratischem bis polygonalem Grundriß.

Piaristen In Rom gegründete Klostergemeinschaft für den Schulunterricht.

Pilaster Der Wand oder einem andern Bauteil vorgelegter vertikaler Mauerstreifen mit Basis und Kapitell.

Pluviale Der ärmellose Schultermantel eines katholischen Geistlichen.

Portikus Eine von Säulen getragene Vorhalle vor der Hauptfront eines Gebäudes; auch eine Säulenhalle mit geschlossener Rückseite an Straßen oder Plätzen.

Praefurnium Brennraum in antiken Thermen zur Erzeugung der Heißluft.

Predella Sockel des → Altarretabels oder Schreins eines Flügelaltars, meist mit Malereien oder Bildwerken geschmückt.

Refektorium Speisesaal in einem Kloster.

Risalit Ein in ganzer Höhe aus der Flucht eines Gebäudes vorkragender Bauteil, der als Mittel-, Eck- oder Seitenrisalit zur Gliederung der Fassade beiträgt. Einen vom Hauptgebäude stärker abgehobenen Eckrisalit mit besonderer Dachform nennt man auch Pavillon.

Rocaille Muschelförmiges asymmetrisches Dekorationselement des Spätbarock, nach dem der ganze Stil auch Rokoko genannt wird.

Sakramentshaus Turmartiges Bauwerk, das aus einem Fuß, einem überleitenden ›Korb‹, dem Gehäuse, und einem Baldachin besteht und der Aufbewahrung der geweihten Hostien, Kelche und liturgischen Gefäße dient.

Sala terrena Als Übergang zum Park angeordneter Gartensaal im Erdgeschoß eines Schlosses, meist im Mittelteil unter dem Hauptsaal.

Scagliola Im Barock verwendeter Stuckmarmor, der aus unterschiedlich eingefärbten Pasten aufgetragen und poliert wurde.

Schlußstein Oberster, als letzter eingesetzter Stein eines Bogens oder → Kreuzrippengewölbes, oft ornamental verziert.

Segmentbogen Flacher Bogen, dessen Kontur von einem Kreissegment gebildet wird.

Sudatorium In antiken Thermen der Heißluftsaal; besonders in Militärbädern.

Supraporte Bemaltes oder reliefiertes und gerahmtes Feld über dem Türsturz.

Table d' hôte In Gaststätten oder Hotels die Mahlzeit an einer gemeinsamen Tafel.

Tepidarium In antiken Thermen ein mäßig erwärmter Verbindungs- und Durchgangsraum zwischen den Warm- und Kaltbaderäumen.

Terra Sigillata Mit Töpferstempeln versehene rotglänzende Gebrauchskeramik, die im Römischen Imperium in verschiedenen Töpfereien Italiens und der Provinzen hergestellt wurde.

Thermen Antike, repräsentativ gestaltete Badeanlagen mit unterschiedlich temperierten Schwimm- und Badebecken in verschiedenen Raumfolgen mit Ruheräumen, Bibliotheken, Gymnastiksälen sowie Restaurationsräumen.

Tiefburg Eine Burg in einer Ebene, auch Niederburg.

Triumphbogen Ehrenbogen; in mittelalterlichen Kirchen der Bogen zwischen dem Mittelschiff des Langhauses bzw. der Vierung und dem Chor.

Tympanon Giebelfeld eines antiken Tempels; Bogenfeld über einem mittelalterlichen Portal, meist mit plastischem Schmuck.

Typologie Die Vorstellung, daß es zu Ereignissen des Neuen Testaments ein oder mehrere des Alten Testaments gibt, wobei das AT als die Ankündigung des NT und dieses als Erfüllung des AT gilt.

Vierpaß Figur des gotischen → Maßwerks mit vier Pässen (= Kreisteilen) in einem Kreis.

Walmdach Wenn bei einem Satteldach die Giebel jeweils durch eine weiter Dachfläche ersetzt werden, entsteht ein Walmdach.

Zwinger Bereich zwischen Vor- und Hauptmauer einer Burg oder Stadtbefestigung.

Stammtafel der Markgrafen und Großherzöge von Baden

Hermann I. († 1074)
Markgraf von Verona, Graf im Breisgau

Hermann II. († 1130)
Erster Markgraf von Baden

Hermann III. († 1160)

Hermann IV. († 1190)

Hermann V. († 1243)

Heinrich I. († 1231)
Graf im Breisgau,
Gründer der Linien
Hachberg
und Sausenberg

Linie 1503 erloschen

Hermann VI. († 1250)
Herzog von Österreich
und Markgraf von Baden

Friedrich von Österreich

Linie erloschen

Rudolf I. († 1288)

Bernhard I. († 1431)

Karl I. († 1475)

Christoph I. († 1527)
1535 Teilung der Markgrafschaft

Mgf. von Baden-Baden,
kath. Linie
Markgraf Bernhard IV.
von Baden-Baden (1515–1536)

Markgraf Ludwig Wilhelm,
›Türkenlouis‹ (1677–1707)

Linie 1771 erloschen

Mgf. von Baden-Durlach
ab 1556 ev. Linie
Markgraf Ernst von Baden
(1533–1552)

Markgraf Karl II. (1553–1577)

Markgraf Karl Wilhelm
(1709–1738)

Karl Friedrich (1738–1811)
Markgraf von Baden-Durlach
und ab 1771 von Baden-Baden, 1803 Kurfürst,
1806 erster Großherzog von Baden

Erbprinz Karl Ludwig
(† 1801)

Karl (Ghz. 1811–1818)
verm. mit Stephanie
de Beauharnais

Ludwig
(Ghz. 1818–1830)

Leopold
(Ghz. 1830–1852)

Ludwig II.
(† 1858)
regierungsunfähig

Friedrich I.
(1852; Ghz. 1856–1907)

Friedrich II., letzter
Großherzog (1907–1918)

Prinz Wilhelm
(† 1897)

Prinz Max († 1929)
1918 Reichskanzler

Berthold Friedrich († 1963)
führt Markgrafentitel weiter

Maximilian (Max) * 1933
Markgraf von Baden (seit 1963)

Ludwig
* 1937

Michael (* 1976)

Bernhard, Erbprinz (* 1970)

Leopold (* 1971)

Berthold (* 1976)

Literaturauswahl

Arbeitskreis für Stadtgeschichte e.V.: Stadtführer Baden-Baden, Baden-Baden 1994

Baden-Baden Lexikon, Ettlingen 1982

Badewonnen: Gestern – Heute – Morgen, hrsg. von Hansgrohe, Köln 1993

Baedekers Baden-Baden: Freiburg 1977, Ostfildern/Kemnat und München 1988

Baser, Friedrich: Große Musiker in Baden-Baden, Tutzing 1973

Bergengruen, Werner: Badekur des Herzens – Ein Reiseverführer, Zürich 1956

Berl, Heinrich: Baden-Baden im Zeitalter der Romantik, Baden-Baden 1936

Berl, Heinrich: Das Badener Tagebuch, Baden-Baden 1937

Johannes Brahms in Baden-Baden und Karlsruhe, Ausstellungskatalog Karlsruhe und Baden-Baden 1983

Brödner, Erika: Die römischen Thermen und das antike Badewesen, Darmstadt 1983

Brunner, Herbert und Alexander von Reitzenstein: Reclams Kunstführer, Deutschland II, Baden-Württemberg, Stuttgart 1979

Casino: Die Welt der Spielbanken – Spielbanken der Welt, von Ralph Tegtmeier (Mitverf.), Köln 1989

Cistercienserinnen-Abtei Lichtenthal: 750 Jahre Kloster Lichtenthal, Festschrift zum Jubiläum, Baden-Baden 1995

Dehio, Georg: Handbuch der Deutschen Kunstdenkmäler, Baden-Württemberg I, München/Berlin 1993

Döblin, Alfred: Zwei Seelen in meiner Brust, Schriften zu Leben und Werk, München 1993

Ebert, Karlheinz: Der Schwarzwald und das Oberrheinland, Köln 1990

Eckert, Reinald: Zwei Parkanlagen des frühen zwanzigsten Jahrhunderts in Baden-Baden: die Gönner-Anlage und das Paradies von Max Laeuger, in: Die Gartenkunst, 1989, Nr. 2, S. 266-278, Worms 1989

Elbert, Claudia: Die Theater Friedrich Weinbrenners, Bauten und Entwürfe, Karlsruhe 1988

Faszination eines Klosters: 750 Jahre Zisterzienserinnen-Abtei Lichtenthal, Ausstellungskatalog Badisches Landesmuseum Karlsruhe 1995

Fischer, Klaus: Aquae Aureliae – Geschichte der Stadt und des Kurortes Baden-Baden 1945 bis 1992, Baden-Baden 1993

Fischer, Klaus: Baden-Baden erzählt – Die Kurstadt in altem und neuem Glanz, Bonn 1985

Fischer, Klaus: Russen in Baden-Baden, Baden-Baden o.J.

Fischer, Klaus: Spiel in Baden-Baden, Der kleine Casino-Führer, Baden-Baden 1988

Flake, Otto: Hortense oder die Rückkehr nach Baden-Baden, Frankfurt 1984

Foltz, Hans: Dises puchlein saget vns von allen paden die von natur heiß sein, Nürnberg um 1480, Neuaufl.: Straßburg 1896

Frommel, Carl Ludwig: Baden-Baden und seine Umgebungen in malerischen Ansichten, Vier Hefte, Karlsruhe

1823–1828, Neuauflage: ›Die bibliophilen Taschenbücher‹, Dortmund 1979

Fundamentum zur Geschichte der Stadt Baden-Baden, zusammengestellt von W. Daferner, M. Krehl und M. Schrader, Baden-Baden 1988

Fuss, Margot: Aus der Chronik der Sofienstraße, Arbeitskreis für Stadtgeschichte Heft 17, Baden-Baden 1980

Fuss Margot: Baden-Baden damals – 1860–1910, Konstanz 1982

Fuss, Margot: Baden-Baden – Kaiser und Könige / Rund um den Gausplatz / Bertholdplatz, Baden-Baden 1994

Fuss, Margot: Die Chronik der Stefanienstraße, Badisches Tagblatt, Baden-Baden 1987

Guinot, Eugène: Ein Sommer in Baden, Leipzig 1858

Haebler, Rolf Gustav: Geschichte der Stadt und des Kurortes Baden-Baden, Band I und II, Baden-Baden 1969

Hederer, Oswald: Leo von Klenze, Persönlichkeit und Werk, München 1964

Heyen, Franz-Josef und Friedrich P. Kahlenberg (Hrsg.): Südwestfunk, Vier Jahrzehnte Rundfunk im Südwesten, Düsseldorf 1986

Hirschfeld, Peter, Emil Lacroix und Heinrich Niester: Die Kunstdenkmäler des Landkreises Rastatt. Die Kunstdenkmäler Badens 12, 1, Karlsruhe 1963

›Hommage à Baden-Baden Stadt und Landschaft‹, Kunstwettbewerb, Ausstellungskatalog Baden-Baden 1981

Jorger, Karl: Sagen der Trinkhalle, Baden-Baden 1989

Kiby, Ulrika: Bäder und Badekultur in Orient und Okzident, Antike bis Spätbarock, Köln 1995

Kreuzhage, Albert: Tagebuch der Reise nach Baden und dem Schwarzwalde 1836, Sigmaringen 1982

Krízek, Vladimír: Kulturgeschichte des Heilbades, Leipzig 1990

Lacroix, Emil, Peter Hirschfeld und Heinrich Niester: Die Kunstdenkmäler der Stadt Baden-Baden. Die Kunstdenkmäler Badens, Bd 11., Karlsruhe 1942

Lacroix, Emil und Heinrich Niester: Kunstwanderungen in Baden, Stuttgart 1959

Lanzenauer, Reiner Haehling von: Reinhold Schneider aus Baden-Baden, Arbeitskreis für Stadtgeschichte e.V., Baden-Baden 1991

Lauts, Jan: Schwäbischer Meister 1489, Zwei Altarflügel aus Kloster Lichtenthal, Karlsruhe 1966

Martin, Alfred: Deutsches Badewesen in vergangenen Tagen, Jena 1906

Martin, Peter: Salon Europas – Baden-Baden im 19ten Jahrhundert, Konstanz 1983

Ohnmacht, Mechtild: Das Kruzifix des Niclaus Gerhaert von Leyden in Baden-Baden von 1467, Frankfurt/Main 1973

Ortskernatlas Baden-Württemberg, Stadt/Stadtkreis Baden-Baden, bearbeitet von Wolf Deisenroth, Stuttgart 1993

Reimann, Ute und Joachim Draheim: Clara und Robert Schumann in Baden-Baden und Carlsruhe, Ausstellungskatalog Baden-Baden 1994

Schäfer, Ursula u.a.: Das Baden-Badener Rebland unter der Yburg, Historischer Verein für Mittelbaden e.V., Mitgliedergruppe Yburg e.V. (Hrsg.), Baden-Baden 1989

Schallmayer, Egon: Aquae – das römische Baden-Baden. Führer zu archäologischen Denkmälern in Baden-Württemberg, Bd 11. Stuttgart 1989

Schmieder-Matten, Annetraut: Baden-Baden Stadtführer, Freiburg 1979

Schindler, Angelika: Der verbrannte Traum, Jüdische Bürger und Gäste in Baden-Baden, Baden-Baden 1992

Schneider, Reinhold: Der Balkon, Aufzeichnungen eines-Müßiggängers in Baden-Baden, Wiesbaden 1957

Schnell ›Kleine Kunstführer‹: Autobahnkirche St. Christophorus Baden-Baden, 1992; St. Bernhard Baden-Baden, 1989; Stiftskirche Baden-Baden, 1991 (alle München)

Simon, Petra und Margrit Behrens: Badekur und Kurbad, Bauten in deutschen Bädern 1780–1920, München 1988

Sophienstraße Baden-Baden, Forschung, Planung, Resultate, Kunsthistorisches Seminar an der Staatlichen Akademie der Bildenden Künste Karlsruhe, München 1982

Der Stadtkreis Baden-Baden, Kreisbeschreibungen des Landes Baden-Württemberg, Landesarchivdirektion BW, Sigmaringen 1995

Theater am Goetheplatz, Festschrift zur Wiedereröffnung 1992

Emil Wachter Öffentliche Arbeiten Wo und Wann, Bonn 1994

Friedrich Weinbrenner 1766-1826, Ausstellungskatalog des Instituts für Baugeschichte an der Universität Karlsruhe, Karlsruhe 1977/78

Wenzel, Maria: Palasthotels in Deutschland, Untersuchungen zu einer Bauaufgabe im 19. und frühen 20. Jahrhundert, Hildesheim 1991

Wirth, Günter: Kunst in Baden nach 1945 – Die Sammlung der Städtischen Galerie Rastatt, in Hauskatalog der Städtischen Galerie Fruchthalle Rastatt, Rastatt 1993

Zitatnachweis

(Zitate in den Marginalspalten s. S. 270)

S. 9: »Baden ist die …«
Martin Zeiller 1632, in: Oskar Rössler: Baden-Baden als Heilbad, Erster Teil, S. 137, Verlag Dr. Willy Schmidt, Baden-Baden 1936

S. 20: »… alle über dem Rhein«
Rolf Gustav Haebler: Geschichte der Stadt und des Kurortes Baden-Baden, Bd. 1, S. 37, Verlag Dr. Willy Schmidt, Baden-Baden 1969

S. 24: »… ist dreierlei …«
Hans Rott: Baden-Baden im 16. und 17. Jahrhundert und ein Aufbauprojekt nach dem grossen Brand von 1689, in: Zeitschrift für die Geschichte des Oberrheins, Bd. 41/1, S. 40, Karlsruhe 1928

S. 26: »Nun wohl …«
Varnhagen von Ense: Die Höfe zu Baden. Nach Hans Leopold Zollner, Greif & Zarenadler, Aus zwei Jahrhunderten badisch-russischer Beziehungen, Seite 127, Badenia Verlag Karlsruhe 1981

S. 29: »tausendjährigen Nacht«
J.L. Klüber: Beschreibung von Baden, Bd. 1, in: B. Fischer, Der Badische Hof, Cottas Hotel in Baden-Baden, S. 4, Cotta-Archiv, Marbach 1994

S. 38: »Mein Lieb! …«
Angelika Schindler: Der verbrannte Traum, Jüdische Bürger und Gäste in Baden-Baden, S. 123, Elster Verlag, Baden-Baden 1992

S. 51: »… so du in ein Bad …«
Meistersinger Hans Foltz um 1480, in: Rolf Gustav Haebler: Geschichte der Stadt und des Kurortes Baden-Baden, Bd. 1, S. 92 f., Baden-Baden 1969

S. 52(1): »Jeder Badegast …«
Margot Fuss: Armenbad – Landesbad – Rheumakrankenhaus, in: Staatliches Rheumakrankenhaus Baden-Baden, FS zum 100jährigen Jubiläum, S. 18, Walter Verlag, Heitersheim/Baden-Baden 1990

S. 52(2): »… etlich schwere …«
Rolf Gustav Haebler: Geschichte der Stadt und des Kurortes Baden-Baden, Bd. 1, S. 105, Baden-Baden 1969

S. 59(1): »Den 20. Juli kamen wir …«
Heinrich Berl: Baden-Baden im Zeitalter der Romantik, S. 169 f., Stadtgeschichtlicher Verlag, Baden-Baden 1936

S. 59(2): »Der Entrepreneur …«
Friedrich Baser: Große Musiker in Baden-Baden, S. 19, Verlag Hans Schneider, Tutzing 1973

S. 63: »Welches mir so gut …«
Ute Reimann und Joachim Draheim (Hrsg.): Clara und Robert Schumann in Baden-Baden und Carlsruhe, S. 107, Ausstellungskatalog, Baden-Baden 1994

S. 64: »Manch glückliche …«
Jeannot Heinen: Johannes Brahms, Brahmshaus Baden-Baden, S. 1, Baden-Baden o.J.

S. 65(1): »… in die Villa der …«
Friedrich Baser: Große Musiker in Baden-Baden, S. 113, Tutzing 1973

S. 65(2): »… wie sie da mit dem Goldstift …«
Karl Jörger: Pauline Viardot-Garcia und Iwan Turgenjew, Zwei große Namen in Baden-Badens großer Zeit, Arbeitskreis für Stadtgeschichte

Baden-Baden, Heft 13, S. 22, Baden-Baden o.J.

S. 67(1): »... der ersten und ...« Klaus Fischer: Baden-Baden erzählt, S. 55, Keil Verlag, Bonn 1985

S. 67(2): »Ich glaube fest ...« Helmut Oberst: Twains scharfsichtige Betrachtungen, in: Badisches Tagblatt, Baden-Baden 23. Juli 1994

S. 68: »Roulette bis sechs ...« Klaus Fischer: Baden-Baden erzählt, S. 28, Bonn 1985

S. 70: »Es ist die schlimme ...« Reiner Haehling von Lanzenauer: Reinhold Schneider aus Baden-Baden, Arbeitskreis für Stadtgeschichte Baden-Baden, Heft 3, S. 47, Baden-Baden 1991

S. 77: »ersten Baden-Badener« Klaus Fischer: Baden-Baden erzählt, S. 171, Bonn 1985

S. 90 f. »Zerstörungslust ...«, »... den Eintritt ...« Hans Rott: Baden-Baden im 16. und 17. Jahrhundert und ein Aufbauprojekt nach dem grossen Brand von 1689, in: Zeitschrift für die Geschichte des Oberrheins, Bd. 41/1, S. 68, Karlsruhe 1928

S. 118: »Wenn die ..., (119) wir glauben ..., (120) da der Zweck, (126) für ein Gebäude ...« August Stürzenacker: Das Kurhaus in Baden-Baden und dessen Neubau 1912–1917, alle Zitate S. 30, C. F. Müllersche Hofbuchhandlung M.B.H., Karlsruhe 1918

S. 123: »Ich gehe mit einer ...« Klaus Fischer: Baden-Baden erzählt, S. 118, Bonn 1985

S. 131: »... ein Maiabend ...« Heinrich Berl: Das Badener Tagebuch, S. 9, Verlag Ernst Brockhoff Nachf. Wilhelm Fehrholz, Baden-Baden 1937

S. 142: »... einfach und billig ...« Mark Twain: Bummel durch Europa, S. 175, Diogenes Verlag, Zürich 1990 (Rechte heute wieder beim Aufbau Verlag Berlin)

S. 152: »Es war ein lebhaftes ...« »Es war ein netter ...« Eugenie Schumann, Erinnerungen, Stuttgart 1925, in: Margot Fuss: Das Haus der glücklichen Sommer, ›Tribüne‹ (Zeitschrift) 5/1963, S. 15, Baden-Baden 1963

S. 153: »Er war in lustiger ...« Heinrich Berl: Das Badener Tagebuch, S. 252, Baden-Baden 1937

S. 181: »Diesen angenehmen ...« Eugène Guinot: Ein Sommer in Baden, S. 53 f., Verlag J.J. Weber, Leipzig 1858

S. 184 »Schwung einer ...« Lore Kleey: Filigrane Leichtigkeit – Das Haus von Egon Eiermann, in: Raum und Wohnen 2/93, S. 38 ff., Etzel Verlag AG, Zug 1993

S. 207: »... von einer Rotte ...« Rolf Gustav Haebler: Geschichte der Stadt und des Kurortes Baden-Baden, Bd. 1, S. 133, Baden-Baden 1969

S. 215: »Wir laufen hier alle ...« Friedrich Baser: Große Musiker in Baden-Baden, S. 113, Tutzing 1973

S. 216 f.: »Die seel ist ...« Heinrich Berl: Baden-Baden im Zeitalter der Romantik, S.95, Baden-Baden 1936

S. 218 (1): » ...zu dieser Zeit ...« Peter Martin: Salon Europas, Baden-Baden im 19ten Jahrhundert, S. 85, Verlag Friedrich Stadler, Konstanz 1983

S. 218(2): »wimmelte es …«
Klaus Fischer: Faîtes Votre Jeu, Geschichte der Spielbank Baden-Baden, S. 22, Baden-Baden 1975

S. 219: »fünfzehn Reit und …«
Klaus Fischer: Halbweltdamen im Oostal (2), Cora Pearl, in: Badisches Tagblatt 27. Juli 1994, Baden-Baden

S. 236: »Ich habe hier …«
Jeannot Heinen: Johannes Brahms, Broschüre zum Brahmshaus Baden-Baden, S. 4, Baden-Baden o.J.Marginal

Marginalspalten

S. 51: »… wozu ein Mensch …«
Margot Fuss: Armenbad –Landesbad – Rheumakrankenhaus, in: Staatliches Rheumakrankenhaus Baden-Baden, S. 12, Festschrift zum 100jährigen Jubiläum, Heitersheim/Baden-Baden 1990

S. 52: »Damit die Kranken …«
Theophrastus Paracelsus, 1541, in: Baden-Baden und seine Thermen, S. 48, Stadtgeschichtlicher Verlag, Baden-Baden o. J.

S. 63: »Hier in Baden …«
Clara Schumann, Tagebuch, in: Ute Reimann und Joachim Draheim (Hrsg.): Clara und Robert Schumann in Baden-Baden und Carlsruhe, S. 19, Baden-Baden 1994

S. 64: »Ich höre …«
Johannes Brahms in Baden-Baden und Karlsruhe, S. 33, Karlsruhe 1983

S. 68: »Fedja kehrte …«
Tagebuch der Frau Dostojewski, in: Berl, Heinrich: Baden-Baden im Zeitalter der Romantik, S. 137, Baden-Baden 1936

S. 71: »Ich suchte mich …«
Alfred Döblin: Schriften zu Leben und Werk, S. 450, Walter-Verlag, Solothurn 1986

S. 108: »Dieser Spaziergang …«
Albert Kreuzhage, Tagebuch der Reise nach Baden und dem Schwarzwalde 1836, S. 21, Sigmaringen 1982

S. 147: »Eine Gönner- …«
Werner Bergengruen: Badekur des Herzens, S. 65 f., ›Die Arche‹, Zürich 1956

S. 149: »Ode an die Oos«
Friedrich Hollaender, in: ›Boulevard Baden-Baden‹ (Ztsch.), Sommer 1994, Burkert & Müller Verlag, Heidelberg 1994

S. 161: »Die Sonne bist …«
Justinus Kerner, in: Heinrich Berl: Das Badener Tagebuch, S. 254, Baden-Baden 1937

S. 187: »Was brauchts Dir …«
Johann Wolfgang von Goethe, Von deutscher Baukunst. D.M. Ervini a Steinbach, 1772

S. 206: »… du solt meiden …«
Margot Fuss: Armenbad – Landesbad–Rheumakrankenhaus, in: Staatliches Rheumakrankenhaus Baden-Baden, S. 12, Festschrift zum 100jährigen Jubiläum, Walter Verlag, Heitersheim/Baden-Baden 1990

S. 215: »… Nichts kann …«
Marie Colombier: Fin d'Empire, Paris 1898, nach Klaus Fischer: Halbweltdamen im Oostal (3), Badisches Tagblatt, Baden-Baden, 27. Juli 1994

S. 218: »Roulette bis sechs …«
Klaus Fischer: Baden-Baden erzählt, S. 28, Bonn 1985

S. 227: »Es ist ein altes …«
s. S. 71, Alfred Döblin, S. 390

Abbildungsnachweis

Amt für Stadtmarketing, Stadt Rastatt Abb. S. 195
Arbeitskreis für Stadtgeschichte Baden-Baden Abb. S. 66
Archiv für Kunst und Geschichte, Berlin Abb. S. 16, 26 u., 169, 206
Artothek, Peissenberg Abb. S. 76
Bäder- und Kurverwaltung, Baden-Baden Abb. S. 56
Badische Landesbibliothek, Karlsruhe Abb. S. 70, 235 o.
Maja Beckmann, Murnau Abb. S. 75 u.
Belser Verlag, Stuttgart Abb. S.191
Uwe Benitz, Karlsruhe Abb. S. 200
bildarchiv preussischer kulturbesitz Abb. S. 26 o., 28, 30, 35, 52, 207
Brahmsgesellschaft Baden-Baden e.V. Abb. S. 63
Bühlerhöhe, Schloßhotel Abb. S. 211, 212
F&F Burda Gesellschaft für Beteiligungen GmbH & Co KG, Baden-Baden Abb. S. 122
Casino Baden-Baden, Spielbank Abb. S. 219
Cistercienserinnen-Abtei Lichtenthal Abb. S. 12, 22, 160
Deutscher Kunstverlag, München Abb. Rückseite Mitte, S. 178
Erzbischöfliches Bauamt Heidelberg, Außenstelle Karlsruhe Abb. S. 93, 182
Flöter und Kerth, Pforzheim Abb. S. 150/151
Galerie Schlichtermaier, Schloß Dätzingen Abb. S. 36
Generallandesarchiv Karlsruhe Abb. S. 117
Hansgrohe Historisches Archiv, Schiltach Abb. S. 51
Siegfried Himmer, Köln Abb. S. 42
Huber, Bildarchiv Abb. S. 131
Institut für Baugeschichte, Universität Karlsruhe Abb. S. 111 rechts
Achim Käflein, Freiburg Abb. Umschlagklappe vorn, S. 121, 140
Björn-Eric Kohnen, Köln Abb. S. 53
Klaus Kramer, Schramberg Abb. S 51
Lacroix, Hirschfeld und Niester, Die Kunstdenkmäler der Stadt Baden-Baden Abb. S. 91, 94, 97, 98, 103, 157, 184
Landesdenkmalamt Baden-Württemberg, Außenstelle Karlsruhe Abb. S. 87
Ingeborg F. Lehmann, Pforzheim Abb. S. 8, 21, 47, 78/79, 84, 84/85, 93, 98, 105, 118, 123, 126, 162, 171, 188, 192 o. s. auch Antiquariat Thelen
Luftbildverlag Hans Bertram Abb. S. 154/155
H. P. Merten, Fotodesign Saarburg Abb. S. 194
Werner Richner, Saarlouis Abb. Titel, Rückseite oben, S. 1, 57, 102 o., 116, 147, 176, 179
Robert Gabor Verlag, Gaggenau Abb. S. 40/41
Robert Schumann Haus, Zwickau Abb. S. 64, 136 o., 152, 153
Schnell & Steiner Verlag, Regensburg Abb. S. 202
Luca Siermann, Stuttgart Abb. Umschlagklappe hinten, S. 11, 14, 24, 38, 54, 55, 58, 80, 90, 95, 99, 102 o., 104, 106, 110, 127, 141, 144, 145, 158, 159, 165, 172/173, 181, 183, 190, 192 u., 199, 201, 204, 214, 221, 224, 234 u., 236

Sotheby's Pressebüro, Zornheim Abb. S. 99
Staatliche Graphische Sammlung, München Abb. S. 129, 164
Staatliche Kunsthalle Baden-Baden Abb. S. 74, 232, 238 (S. 74 von Andreas Freytag, BFF Foto Studio, Stuttgart; S. 232 von Nic Tenwiggenhorn)
Staatliches Hochbauamt I Karlsruhe, Außenstelle Baden-Baden Abb. S. 92, 156
Staatliches Russisches Museum, St. Petersburg Abb. S. 65 u.
Staatsgalerie moderner Kunst, München Abb. S. 76
Stadtarchiv im Baldreit, Baden-Baden Abb. S. 19, 31, 50, 61, 62, 65 o., 68, 73, 75 o., 111 li., 119, 115, 180, 208, 209, 216, 218, 234
Stadtarchiv Rastatt Abb. S. 27
Stadtbibliothek Baden-Baden Abb. S. 69, 235 u.
Städtische Galerie, Fruchthalle, Rastatt Abb. S. 196
Südwestfunk Pressestelle, Baden-Baden Abb. S. 228, 230
Antiquariat Thelen, Baden-Baden (Foto I. L. Lehmann) Abb. Rückseite unten, S. 6/7, 18, 60, 108, 217, 222, 223
Dieter Volz, Baden-Baden Marketing Abb. S. 44, 133
Felix Wachter, Düsseldorf Abb. S. 203

Farbige Karten und Pläne, Berndtson und Berndtson, Fürstenfeldbruck

Nicht einzeln aufgeführte S/W Pläne und Grundrisse, DuMont Buchverlag

Alle übrigen Abbildungen stammen aus den Archiven des Autors und des Verlags

Danksagung

Meine Spurensuche in Baden-Baden wurde stets durch Gastfreundschaft und viele hilfreiche Gesten begleitet. Dafür bedanke ich mich insbesondere bei der ehemaligen Stadtarchivarin und Publizistin Margot Fuss. Dieser engagierten Kennerin der Stadt verdanke ich viele wertvolle Hinweise. Es betrübt mich, daß sie dieses Buch nicht mehr durchblättern kann. Sie starb im August 1995. Ich möchte ihr dieses Buch widmen.

Mein Dank gilt auch Roland Seiter, dem Pressesprecher der Stadt, den mit Leib und Seele Stadtgeschichte betreibenden Emilie Ruf und Berthold Gruber sowie den Direktoren von ›-Brenner's Park-Hotel‹ und dem ›Europäischen Hof‹, Richard Schmitz und Henrik von Köller. Für die Überlassung historischen Bildmaterials habe ich außerdem dem Stadtarchiv, dem Kloster Lichtenthal, dem Antiquariat Thelen und der Galerie Elwert zu danken. Ein herzlicher Dankesgruß richtet sich auch an meine Co-Autoren Margrit Brehm und Karl Heinz Hanisch.

Personenregister

Ortsregister

Umgebung

Umschlagvorderseite: Friedrichsbad und Altes Dampfbad
Umschlagklappe vorn: Trinkhalle
Umschlagklappe hinten: Säulenhalle des ›Badischen Hofs‹
Umschlagrückseite oben: Gönneranlage; Mitte: Grundriß Friedrichsbad; unten: Kurhaus, Lithographie nach einer Zeichnung von Philippe Benoist, um 1840
Abb. Seite 1: Brunnen vor dem Neuen Schloß

Helmuth Bischoff, geb. 1953, arbeitet seit seiner Promotion (Die Presse Spaniens im Demokratisierungsprozeß) als freiberuflicher Journalist und Autor. Durch seinen Wohnsitz in Heidelberg fühlt er sich seit mehr als 20 Jahren in besonderer Weise mit Baden verbunden. Bei DuMont erschien von ihm ›Richtig Reisen: Barcelona‹.

Die Deutsche Bibliothek – CIP-Einheitsaufnahme

Bischoff, Helmuth:
Baden-Baden: Die romantische Bäderstadt im Tal der Oos
Kurbetrieb zwischen Casino, Park und Kloster/Helmuth Bischoff
Köln: DuMont, 1996
(DuMont-Kunst-Reiseführer)
ISBN 3-7701-3086-3

Satz und Druck: Rasch, Bramsche
Buchbinderische Verarbeitung: Bramscher Buchbinder Betriebe

Printed in Germany ISBN 3-7701-3086-3